"开放的思想"丛书 第二卷

梵 之 音
印度思想之旅
Sound of Brahman: A Journey in Indian Thought

李华平 著

图书在版编目（CIP）数据

梵之音：印度思想之旅/李华平著．—北京：世界知识出版社，2018.9

（开放的思想丛书：第2卷）

ISBN 978-7-5012-5849-9

Ⅰ.①梵… Ⅱ.①李… Ⅲ.①哲学—研究—印度 Ⅳ.①B351

中国版本图书馆CIP数据核字（2018）第215085号

责任编辑	范景锋
特邀编辑	狄安略　袁　超
责任出版	赵　玥
责任校对	马莉娜

书　　名	梵之音：印度思想之旅 Fan Zhi Yin: Yindu Sixiang Zhi Lü
作　　者	李华平
出版发行	世界知识出版社
地址邮编	北京市东城区干面胡同51号（100010）
网　　址	www.ishizhi.cn
电　　话	010-65265923（发行）　010-85119023（邮购）
经　　销	新华书店
印　　刷	北京虎彩文化传播有限公司
开本印张	710毫米×1000毫米　1/16　34 1/4 印张
字　　数	510千字
版次印次	2018年11月第一版　2018年11月第一次印刷
标准书号	ISBN 978-7-5012-5849-9
定　　价	58.00元

版权所有　侵权必究

出版说明

我们生活在一个中西文化交融碰撞的时代，东西方的先哲们以不同的方式剖析人性、解释世界，而不同时空中的文明间也有很多思想文化上的共通之处，如重视道德、追求科学、强调理性等。未经审视的人生是不值得过的。人们今天还在代代相传地传诵和纪念那些令人敬重的先贤，不是因为他们的权位和财富，而是因为他们的学识和思想，是因为他们对人类文明的进步所做出的卓越贡献。在人类历史的夜空中，他们犹如一颗颗散落着的熠熠生辉的繁星，永远闪耀着启迪后人、泽被万世的智慧之光。而对于正在加速进化的中国来说，只有秉承中国优秀传统文化，开放包容地吸纳世界各民族的优秀文明成果，用全人类的智慧武装国民，才能屹立世界先进民族之林。

先哲思想中的人文关怀能提升阅读者的修养和境界，然而阅读经典时，艰涩的大部头专著令人望而生畏，普及性的读物又往往浮光掠影。在当今名著阅读遇冷，人文研究深闺"象牙塔"的情况下，"开放的思想"丛书的作者李华平先生凭借自己的才华和想象力，以超越时空的"对话"形式深入浅出地对东西方百余位先贤哲人的思想观点进行了诠释和解读。作者和那些先哲们在一起，聆听教诲，参与辩论，与这些思想大师、文化巨人进行灵魂深处的交流的同时，也展示了自己对世界、人生的深邃思考。

丛书内容精练、语言通俗易懂，富于哲理，把高深的理论通俗化，大师的思想精华化，可谓"博采众长"，"集思广益"。在对话中，作者也具有很强的批判和自我批判意识。"可爱者不可信，可信者不可爱"，作者对这些思想家们持有取舍的疑信态度。一问一答的思辨过程中，夹杂着疑问与批判，碰撞出思想的火花。那些生活在遥远时代和地域的思想家似在咫尺，作者向他们的提问直击自己乃至广大读者心中的很多疑惑，而大师们的回答则鲜活质朴而又耐人寻味，友好的交锋中透露着机智诙谐。一场心灵的时空旅行过后让人豁然开朗。

著作是作者二十余年来对哲学、刑法学、政治经济学、国际关系学等学科笃志研究、积累撰写而成的。作者著有《超越2012——世界危机与人类的选择》

梵之音：印度思想之旅

《论天下》《跨越时空的对话》《改造中国》《中国之路》《宇宙是活的》《思想二十年》《大国论》《智慧年代》等多部著作，引发较高的社会反响，在读者中具有一定的影响力。其中，《论天下》于2013年2月被中共中央外宣办指定为其公务员考试三本必考书之一，而另外两本分别是史学大家钱穆先生的《国史大纲》和著名哲学家冯友兰的《中国哲学简史》，足见李华平先生著作的理论深度和现实价值。

作者勇于创新，大胆挑战。著作对于世界著名思想家思想的介绍和解读，涵盖政治学、哲学、历史学、经济学、物理学、化学、生物学等多领域学者的学术思想和研究成果。这种长时段、多领域、跨领域的研究冲破了彼此不同的各个学科之间的藩篱，展示了作者多年所积累的丰富的阅读量和渊博的知识储备，也体现了社会科学和自然科学对于人类的发展进步和前途命运问题上的共通和共鸣。看似"班门弄斧"的研究，实际达到了"举一反三""触类旁通"的广度和深度。

作者与时俱进，关注现实。著作把握现当代西方科学研究的学术前沿，如对哲学家福柯、物理学家霍金、经济学家保罗·克鲁格曼、环境学家拉伍洛克等人的思想观点进行了评析和介绍。作者研究历史上对人类产生过影响的思想家的观念及其发展历程，同时对国家的进步与发展深刻关切。"古为今用，洋为中用"，任何一个国家的文明都是世界文明的不可分割的有机组成部分，任何国家的发展也都需要思想的开放、视野的扩大、观念的更新，批判地吸收历史上起过重要作用的其他国家的文化和思想。

列宁曾说："只有用人类创造的全部知识财富来丰富自己的头脑，才能成为共产主义者。"民族文化的发展离不开世界文化，回顾人类文明历程不难发现，人类经历了从原始的闭塞、孤立、分散逐步向开放、依存和联系的世界转变的过程。再先进的民族文化，其发展与繁荣也不能舍弃对世界文化营养的汲取。

在新的时代，人类思想的交流在时间和空间上、深度和广度上都达到了空前的速度和规模。了解和学习世界各国、各民族的先进文化，可以让我们博采众长，知古鉴今。唯有在思想和智慧层面占据人类之巅峰的民族才有可能成为先进民族，拥有知识的国民自然也是现代社会得以发展进步的基石。熔中外文化之长于一炉，碰撞出绚烂夺目的火花，这个时代赋予了我们广阔的舞台，也赋予了我们传承和创新的历史使命。

Introductory Notes

We are living in an era of cultural collision and cultural fusion between China and the West. Sages of the past, both from China and the West, went to great lengths to explore the substance of human nature and tried to understand the world surrounding them. Civilizations in different space and time share some commonalities in belief and culture, like emphasizing moralities, pursuing science, and cherishing rationality, among other things.

A life without self-reflection is not worth living. Today, people remember and pay tribute to those sages of the past, not because of their power and wealth but due to their knowledge, thoughts and the outstanding contribution they made to the progress of human civilization. On the dark sky of human history, they are like scattered shining stars that guide the later generations with their wisdom.

China is experiencing exponential changes. Only by inheriting the excellent traditional Chinese culture, learning with open-mindedness from other cultures, and changing the mind of our citizens with wisdom from the whole world can we stand firmly in the family of nations.

The thoughts of sages of the past, especially the human solicitude in their works, can help the readers improve their inner wellbeing. For most people, however, reading those big and indigestible classic books is a daunting challenge. On the other hand, those interpretative books about classics tend to fall short of depth.

Today, people lost their enthusiasm to read classics and humanities research is confined to the Ivory Tower. Under such a circumstance, Mr. Li Huaping authored the Open Thought Series with his unmatched talents and imagination. By conducting "dialogues" with 100-plus sages and philosophers both of the east and the west, the author travels back to history and make in-depth interpretations of their thoughts with simple language. In this series of books, the author "sit" side by side with those sages and philosophers, "listen" to their preaching, and "engage" in their debates. Through in-depth exchanges with those philosophical and cultural giants, the author shares his profound views on the world and life. This series of books is outstanding with its succinct content and simple language, by which the author interprets those abstract and philosophical theories and makes the quintessence of classics more understandable to ordinary readers. In this process, the author is open and inclusive to very diverse arguments.

In these dialogues, the author shows his strong inclination toward critical thinking and the awareness of self-criticism. As one saying goes, those that look nice might not be trustworthy while those that are trustworthy might not look nice. The author does not take the arguments of sages for granted but scrutinize them with critical thinking. With a One Question One Response format, the author's skepticism and critical thinking generate many sparks of thought. The author did a great job by narrowing the distance between the readers and those great thinkers who once lived in the remote past. He asks them questions that have long baffled him and possibly many like-minded readers. The "responses" from these great thinkers, on the other hand, are simple but thought-provoking. In these generally friendly exchanges, readers can detect the wit and wisdom of the sages and the author. What an enlightening journey!

This series of books is based on the author's painstaking researches on philosophy, criminology, political economy, and international relations in the past two decades. The author has published a list of influential books including *Beyond 2012: the World Crisis and Choices of Humankind*, *Under the Heaven*, *Dialogues with History*, *Reforming China*, *The Chinese Road*, *The Universe is Alive*, *My Thinking in the past Two Decades*, *On Big Powers*, and *The Era of Wisdom* etc. In particular, *Under the Heaven* was designated by the Central Office for International Publicity as one of the three must-read books for civil service exam while the other two books are respectively *The Guideline of Chinese History* by Mr. Qian Mu and *A Short History of Chinese Philosophy* by Feng Youlan, a famous Chinese philosopher. Such an honor attests to the theoretical contributions and practical values of Mr. Li Huaping's works. The author is an innovative and courageous challenger. In this series of books, he introduces and interprets the thoughts of some world-class thinkers, straddling a wide range of disciplines including political science, philosophy, the history, economics, physics, chemistry, and biology, etc. The author's research focuses on the long history and is interdisciplinary indeed. By so doing, he helps break the fences among different disciplines. Such a methodology attests to his tremendous amounts of reading and extensive knowledge on the one hand and demonstrates the shared concerns for the progress and fate of the humankind by social sciences and natural science on the other. At first glance, the author's research seems unprofessional. As it turns out, however, he tremendously extends the scope and depth of his research through inference and analogy. The author is sensitive to the trend of this era and the reality. He concentrates on the latest academic development in the west. For example, he introduces and comments on the thought of Foucault (a philosopher), Hawking (a physician), Paul Krugman (an economist) and Lovelock (an environmentalist). Focusing on the thoughts of those thinkers who once influenced the trajectory of humankind and with an eye on the evolution of their ideas, the author is deeply concerned with the progress and development of China. As one saying goes, we should adapt ancient things for present purposes on the one hand and learn from foreign countries for China's benefits on the other. The culture of each nation is an integral component of the human civilization. Only through emancipating the minds, broadening the perspectives, refreshing the ideas, and critically learning from the cultures and thoughts of other nations that once made a difference in history can one country develop itself.

Lenin once argues that one cannot become a Communist without assimilating the wealth of knowledge amassed by mankind. The culture of a nation cannot separate itself from the human civilization. In retrospect, we can see the evolution of human civilization from the closeness, isolation, and dislocation of the primitive era to the openness and interdependence of today. The culture of a nation, no matter how advanced it could be, must nourish itself from the positive elements of the world culture; otherwise, it cannot develop and prosper. We are entering a new era, in which idea exchanges among the people are becoming unprecedentedly extensive, in-depth and instant. We should know more about and learn from the advanced cultures of other nations. By so doing, we can borrow the merits of others and then better understand both the history and ourselves. Only those nations that enjoy the world-class thoughts and wisdom can become pacesetters in the world. The development and progress of modern society would become impossible if the nationals of a country are kept ignorant. This new era endows us a promising prospect to integrate the Chinese and foreign cultures and enjoy the abundant fruits of cultural collision. It is also our historical mission to inherit and refresh our culture.

Biography of the Author

Li Huaping was born in Shuyang County, Jiangsu Province in 1965. He got the bachelor of laws from the Political Education Department of Nanjing Normal University in June 1988. In January 1991, he got a master degree of laws from the Law Department of China University of Political Science and Law. He once worked for the General Office of the CPC Central Committee and Xinhua News Agency, among other things. As a lawyer, Li Huaping is also a member of China Law Society.

With academic interests in a list of fields like political science, the history, philosophy, jurisprudence, criminology, religious studies, intellectual history, sociology, natural science, and archeology etc., he has published over 20 articles on some Chinese Social Sciences Citation Index journals like *Tribune of Political Science and Law*, *Legal Science*, *Science of Law*, *Law Science Magazine* etc. One of his magnum opuses is *Several Issues on Human Rights: A Perspective from Philosophy of Right*.

Li Huaping is the author to a list of books, including *Reforming China*, *The Chinese Road*, *Beyond 2012: The World Crisis and Choices of Humankind*, *Under the Heaven*, *Dialogues with History*, *My Thinking in the Past Two Decades*, *The Universe is Alive*, *On Big Powers: A Dialogue with History*, *The Era of Wisdom*, and *Open Ideas* (15 Volumes).

序一：普及·探索·开放

李华平先生出的书已经有十几本了，我曾经为他的《跨越时空的对话》写了序。如今，他写的十五卷本"开放的思想"丛书又将问世，他希望我为他的这本宏卷写序，我欣然答应。

这十五卷本的新书也是采用"跨越时空的对话"的方式，作者采用这种方式写的书已经是第五本了。用现代人和历史上著名人物对话的形式国外也有，但在中国是颇为罕见的，尤其是涉及政治领域的话题，更多人视为危途，不敢涉及。另外，这种写作形式，要求作者通晓历史人物的观点，平生经历。一两个历史人物比较好写，像本书那样涉及200来个著名历史人物，其博学之深，不是胸中深有把握的，一般人是不敢涉足的。

通观这十五本的巨著，我感觉体现了这六个字精神：普及、探索、开放。

首先是普及。我曾经翻阅过李华平先生的《智慧年代——访谈20位古希腊哲学家》，在20万字的书里，访谈了20位古希腊哲学家，把握了他们的主要思想观点，介绍了他们的平生经历，阅读了60本文献资料，使得我们读者能在一本20万字的书中概括了解了20位古希腊哲学家的思想，这不是一本很好的普及读物吗？人的知识分为两种：一种是专业知识，另一种是非专业知识。对于非专业知识，涉及面非常广，一个人的时间有限，不可能深入涉及，这就需要普及。"开放的思想"，可以引人入胜的方式解决知识的普及问题！

其次是探索。探索就是"探求真理"，被采访的著名历史人物都对人类做出过巨大贡献，可以说，他们在探求真理的漫漫长路上迈进了一大步，但谁都不能说他们已探求到了真理。在当时已经探求到的真理中，在今天看来，有的还有些价值，有的已经缩了水，有的已经被推翻。"开放的思想"可以用今人的眼光来审视历史人物的贡献。历史不断前进，不断在发展，历史就是探求真理的试金石。

最后是开放。纵观中国的历史，基本上是属于闭关锁国的历史。"自力更生、奋发图强"深入人心。改革开放近四十年来，对西方先进文化的引进，也更看重在科学。对西方的社会科学，更多是防范。事实证明，西方的自然科学远远胜于中国的传统自然科学；就是西方的人文科学诸如哲学、政治学、社会学、经济学、法学、伦理学、心理学等，也比中国传统的儒学更深入、更科学。作者在这十五卷与历史著名人物的对话中，更多的是介绍西方的人文科学，让人们更了解他们的历史成就。

李华平先生是中国政法大学的毕业生，中国政法大学的毕业生中主要从事文学写作与思想研究的是很少见的，我为他感到骄傲！

是为序。

2017 年 12 月 1 日

序二：我思，故我在

一

人，是地球上大脑最发达、情感最复杂的动物。人的大脑神奇无比：它大约由140亿个神经元组成，尽管质量只占人体的2%左右，但血液循环量占心脏排出量的20%左右，氧气消费量占全身的20%左右，葡萄糖的消耗量占到了25%左右。人的大脑，掌控着人体的一切，是宇宙中结构和功能最复杂、最精细、最完美、最奇妙的一种物质和一种高级生命形式；它与物质结构、宇宙演化、生命起源三者并列，被认为是困扰当今人类的四大科学之谜。科学家推测：有朝一日，我们搞懂了人的大脑，就能明白人的大脑在人类的思维、情感、理性和爱情等方面的潜力和限制。只有真正搞懂了人的大脑，人类才可以彻底明白自己究竟何以为人。这个问题，不仅是一个科学问题，也是一个哲学问题。人的大脑，之所以如此神奇，是因为它有能力产生思想。思想，是人脑特有的智能，是高级思维活动，是思索，是探究和发现，是感悟和知觉，是认知。

人，因思想而存在，因思想而有尊严。人类的进化史，是一个一个的人、一颗颗杰出的灵魂和一个个"理性思维的英雄"（黑格尔）凭借理性思想的巨大能量深入人的内在，深入大自然和社会的内在，甚至深入上帝的内在，不断思索、发现、肯定、否定和认知普遍性、本质和规律的历史进程，其精髓，无疑是思想的进化史。没有思想，就没有文化，就没有历史。没有了思想，人和阿狗阿猫相比实在没什么区别。所以，完全有足够的理由这样说：思想，就是人的本质，是人生命现象的内核。正因为能思想，人才不同于地球上一切的其他和其他的一切；正因为思想的差异，个人与个人之间才可能存在本质的、非现象的或者说内在的、非外在的"辨识度"或"识别度"。这个人才有可能区别或类似于那个

梵之音：印度思想之旅

人，才出现了不一样的你、我、他，或志同道合的你们、我们、他们。人与思想之间的这种神奇的生理张力，决定了每个人都与思想共存亡，每个人都必然拥有思想的权利，而且与生俱来，除了死亡，不能被剥夺。

自然界的神秘、无限和客观纯粹，养育了无数伟大的思想，或者说，伟大的自然科学思想。人文界不如自然界那么客观纯粹，自古以来，不但人神混杂，而且人妖难辨。所以，迄今为止，尽管古今中外先哲辈出，但人文思想却五花八门，如汗牛充栋，令人眼花缭乱，且不说良莠不齐。一方水土养一方人，养一方文化，养一方历史，养一方思想。思想是自由的，不自由的思想，先天不足，注定畸形；思想是宽容的，容不得批判和怀疑的思想，注定愚妄；思想是开放的，他山之石，可以攻玉，自我封闭的思想，注定萎靡；思想是独立的，失去人格的独立，必然丧失思想的独立，为达到某种目的（特别是对权力或资本）有意（刻意）或无意（无知痴愚）地谄媚、吹捧、效忠，或者阿谀奉承、盲目愚崇，都无疑是一种精神的贿赂或思想的自我奴化，注定是灵魂的犯罪或堕落。任何一种思想，无论从哪里来，只要是自由、宽容、开放、独立的，只要恪守人类文明的底线，尊重人的生命、财产、平等和自由，不损害人的尊严，不损害人追求幸福的权利，不损害人类的和平共存与发展，都可以与人共享，都有理由与其他的思想共存。相反，任何一种思想，再博大精深，再神秘莫测，再自命不凡，如果背离了这个大方向，逆天理而行，也只能是离经叛道的胡思乱想。

思想是人的本质，思想的本质则是理性，理性是思想的正常状态，或者说，是思想正常的存在方式，是求知、求真、求善、求美，是理智、是格物致知，是万物与我为一，是阿伦特终身捍卫和倡导的不甘于"平庸之恶"的批判性思考。伟大的理性思想，成就人类的文明和福祉。反之，逆天理而行、离经叛道的胡思乱想，酿造的必然是人类的灾难；换言之，思想也会有"非理性"或"不理性"的时候，也存在假、恶、丑。尤其是在强烈的内在欲望或强大的外界刺激下，难免偏离正常态而"走火入魔"。人，会因为思想所具有的这种负面存在而变得片面、偏执、抑郁、任性、冲动、狂躁、堕落、残暴和失去理智，有时甚至禽兽不如。正是从这个视角和从这种意义上，我们有理由期冀：未来的教育，一切教育，无论是基础教育还是大学教育，其最崇高最简洁的宗旨，就在于自幼培养学生有足够的能力去辨别"有人是否在胡思乱想""有人是否在胡说八道"或者

"有人是否在不讲道理"。

必须在这里提醒的是，此处我所说思想的"非理性"或"不理性"，不等同于西方哲学史上所谓的"非理性主义"或"反理性主义"。我个人以为，现代西方哲学思想，或者说19世纪末和20世纪以降的西方哲学思想，与其说（貌似）是批判和否定传统理性主义的哲学思想，不如说，是一种坦诚直面人类精神危机，勇敢潜入（甚至乐此不疲，恋恋不舍，流连忘返，乐不思蜀）现实世界中非理性、非逻辑（或者说偶然、无序、不可知，甚至荒诞）的泥潭，企图超越自古希腊到欧洲近代启蒙时代所形成的理性主义传统的哲学思想；不如说是一种填补传统理性主义不足并使之更接地气的一种哲学思想；不如说是自文艺复兴到19世纪，三百年"浮士德精神"的继续延伸和更精致的自我突破；不如说是欧洲的"艺术浮士德"向"哲学浮士德"的时代转换。

二

人，因思想而有价值；思想，因人的困惑而催生。人的困惑，永远是思想的猎物，永远是思想最直接的对象或客体。

人的困惑，不外乎在于对自身存在的困惑和对自身以外存在的困惑，不外乎存在于人活着所必须去想、必须去做的那些事儿：吃喝拉撒、衣食住行、学习工作、爱恨情仇、喜乐哀怒、人情世故、谈婚论嫁、生儿育女、七情六欲、生老病死；不外乎存在于由上述这些人的基本生存活动所不断衍生出来的政治、经济、军事、外交、法律、宗教、人伦道德、科学探索和发现、艺术、教育、医疗、自然生态保护等一系列貌似错综复杂晦涩深奥的各种人与人之间的社会关系、人与自然的关系；用极简主义来抽象概括，从根本上讲，人的困惑不过就是——人性和欲望的困惑。

笼统归纳，人类发展史上有六次关于人的伟大发现：第一次人的发现，是发生在古希腊的"智者运动"；普罗泰戈拉的著名命题"人是万物的尺度"是这一运动最好的思想表述，人第一次被重视，走进了世界和社会的中心，这是有史以来人类自我意识的第一次觉醒。第二次人的发现，是在14—16世纪的欧洲。中世纪的欧洲，天主教的存在是通过否定人的独立存在和人性的存在而存在的，经

梵之音：印度思想之旅

过文艺复兴和人文主义者（薄伽丘、但丁、彼特拉克、达芬奇、米开朗琪罗、拉斐尔等）的思想洗礼，特别是通过马丁·路德宗教改革（"信仰自由"和"君权神授"）的思想解放运动，才第一次把人的命运从主宰一切的神权中拯救出来。第三次人的发现，也在欧洲；通过近代欧洲的思想启蒙运动（孟德斯鸠、伏尔泰、狄德罗、卢梭、康德、霍布斯、洛克等），以"天赋人权"取代"君权神授"，用"法治"取代了"人治"，用"民主"取代了"专制"，这种被称为以理性为基础的社会制度第一次把人的生命、财产、平等和自由从至高无上的君权中解放了出来。第四次人的发现，是"女性的重新发现"；远古时代的女性，曾经拥有过一段值得荣耀和骄傲，而且漫长又辉煌的悠悠岁月；在"知母不知父"的母系氏族时代，作为女性，特别是作为母亲，不但是一种荣耀和骄傲，也意味着权力和地位；距今大约 10 万—30 万年前，人类就进入母系氏族时代，一直延续到距今大约 1 万年前的新石器时代早期，人类才从"女阴崇拜"过渡到"男根崇拜"，由此逐渐演化成了几乎全世界所有民族都经历过的歧视、压迫和奴役女性的男尊女卑习俗和制度。所以，所谓"女性的重新发现"主要就是废除各种男尊女卑习俗和制度，提倡男女平等和一夫一妻制，简单地说，就是把女人从男人特有的夫权统治中解救出来。第五次人的发现，是未成年人的发现；未成年人是民族和人类的未来，"少年智则国智，少年富则国富，少年强则国强，少年独立则国独立，少年自由则国自由，少年进步则国进步"（梁启超）；所以，对未成年人的受教育权、人身权、身心健康权等权利的重视和特殊保护，已逐渐成为人类文明社会的共识。简而言之，就是把未成年人从容易受侵害的弱势地位中援救出来，其中也包含了把未成年人从父母无微不至的担忧和过度监护中援救出来。第六次人的发现，是安乐死的发现。虽然迄今为止安乐死尚未被世界上多数国家的法律所承认，但从大趋势上看，越来越多的人觉醒并意识到，赋予病情危重而又无法治愈的病人自愿结束自己生命的权利和自由，是符合人道主义精神和关怀的；或者说，法律应该允许把身患绝症、濒临死亡、处于极度痛苦中的患者或处于不可逆昏迷的植物人从病痛的折磨或丧失尊严中解脱出来。

在这里，我之所以列举人类历史上关于人的六次（也许不止六次）发现，只是为了说明和强调上述发现中的任何一个发现，都属于对"人的外在"的发现，完全不同于人对自己内在的认识。或者说，完全不同于人类对自我内在的发现，

序二：我思，故我在

即对人性和对人的欲望以及对人的内在理性化的认识和发现。这种对人的内在的发现，虽然由来已久，且渐行渐深，但远未嵌入人心，尚未被充分和全面认知，仍有漫漫长路要走。尼采说过：生活是一面镜子，我们努力去做的第一件事，就是从镜子中辨认出自己。

人有自己的天性，这无需逆袭到遥远的人类历史起点，也大可不必像霍布斯、洛克或卢梭那样，去假设某种"自然状态"。人性，迄今为止，如此不尽如人意，如此反复无常，已然是一个不争的事实；人性，姑且放下东西方思想中由来已久的"性恶论"和"性善论"之争，说白了，只是一种存在的可能性，或可能性的存在。就像一个空瓶子，你往里装什么就是什么，借用萨特的话语，无非是"存在先于本质"，也可以类比弗洛伊德"三我"中的"自我"；人性，就像一枚硬币一样，至少有正反两个面，恶的一面和善的一面。这种二元结构可以这样被诠释：人性，既有堕落也有升华的天性；在一定强度的压力或诱惑驱使下，人性是经不起考验的，恶也是有能力铤而走险的，如休谟所言，自私与人性是不可分割的；同样，在一定温度的滋养中，人性不是不可以战胜自我，通过内心的自我审判或升华，散发出爱的气息和善的光芒。尼采说，自由的人可能为善也可能为恶，犹如歌德笔下浮士德所做的坦诚表白：有两个灵魂在我胸中，总想分道扬镳，一个怀着浓烈的情欲，以她的卷须紧紧攀附着现世；另一个却拼命想超凡脱俗，高飞到崇高的神圣之地。

人的欲望，是达成某种目的的冲动和渴望，它受享乐原则支配，既是人的原始生理本能，也是动物性在人身上的体现，犹如凯恩斯所说的"动物精神"，时常以一种非理性和无意识（下意识或潜意识）的心理或行为显现，是一种发自内心深处且难以自控的对事对物的强烈向往。人性无时无刻不受欲望的驱使，人生所经历的一切，真或假、苦或乐、爱或恨、悲或乐、喜或愁、美或丑、贪婪或廉洁、文明或野蛮、公正或偏激、希望或失望、战争或和平、特权或平等、自由或奴役、人治或法治、民主或专制……无不根源于欲望的强度和大小，无不根源于对欲望的满足和不满足。佛祖释迦牟尼，于人的灵魂深处，洞察到了人有贪、嗔、痴（三毒）；儒家学说中，且不论孔子的"饮食男女，人之大欲"，荀子着眼人的自然本性，提出人"生而好利""生而好色""生而有耳目之欲"；亚当·斯密，在经济和金钱层面上，揭示了人的贪婪和利己主义本性；弗洛伊德，深入性的王国，发现了"力比多"无处不在的秘密，并把由此产生的欲望归类于"三我"中的"本我"；叔本华和尼采，甚至玩世不恭地断定，生命的本质就是意志，即一种贪得无厌的欲望和创造本能，意志高于认知和理性；韦伯，以一个社会学家的魄力和淡定，将人的欲望量化为三样东西：金钱、权力和名望；马斯洛，则从生理和心理需求出发，有条理地把人的欲望从低到高分为五个层次：生理需求、安全需求、爱和归属感需求、尊重需求、自我实现和自我超越需求……

  假如人性是一辆汽车，那么，欲望就是发动机。没有发动机的汽车指定是一堆废铁，正如禁欲主义总是把人性搞得半身不遂一样。人类历史上，无论是宗教的还是世俗的，无论在古代希伯来或古希腊，还是在古印度，不问是欧洲的中世纪，还是东方的皇权社会，禁欲主义无不试图以"灭人欲"来教化和驯服人性，从而宣扬自诩伟大的精神力量和高尚的道德境界。一如叔本华所言：人是利己的，欲望的满足总会受到各种挫折，所以，"世上唯有人的痛苦最深……每一部生命史都是痛苦史……生命整个地根本地就是痛苦"；所以，"人只有在彻底摆脱强烈的欲望冲动时才能获得根本的解放"。然而，事实胜于雄辩，禁欲主义，不但没有如愿以偿，反而适得其反，被长期压抑和高度浓缩的欲望，犹如星星之火，在阴暗之中集聚起洪荒之力，暗度陈仓，不但扭曲和伤害人性自身，也扭曲和危害社会，直到暗无天日，在非人道的悲鸣声中土崩瓦解。

  承认——事实上也不得不承认——欲望是人性的发动机，并不等于必然承认欲望可以信马由缰、肆无忌惮、为所欲为，并不等于否认欲望极度膨胀后所产生的破坏力和杀伤力；相反，调节欲望的方向，节制欲望的任性，多一点儿理性和文明，少一点儿野蛮和残暴，这才是承认欲望合法性存在的初衷和终点。一辆汽车，既需要轮子和发动机，当然也需要方向盘和刹车板。

  如果把调节欲望和节制欲望看作是一个欲望不断接受理性监护的过程，那么，自律和他律就是促使欲望变得理性化的两座重要桥梁。

  自律，是自尊、自重和自爱，是个人的自我约束、自我纠错和自治，是自我的良心发现和觉悟，是抵制或控制躁动于自己内心的某种异常欲望的一种正能量。在道家那里，就是"无为"；在儒家思想里，就是"慎独"，就是孔子的"仁、义、礼"，孟子的"仁、义、礼、智"，董仲舒的"仁、义、礼、智、信"；用王阳明的心学来解读，就是"知行合一，格物致知"；在佛语里，就是"修为"或"修行";也可以说就是弗洛伊德"三我"中的"超我";用康德的话说,就是"纯粹理性",就是自己给自己立法,自律者方得自由。福柯,曾经这样诗情画意地描述过人的内在世界:灵魂如同一叶小舟,被遗弃在浩瀚无际的欲望之海上,忧虑和无知的不毛之地,知识的海市蜃楼或非理性的世界中;这叶小舟完全听凭疯癫大海的支配,除非它能抛下一只坚实的铁锚——信仰,或者扬起它的精神风帆,让上帝的呼吸把它吹向港湾。

他律,是一种来自个人自身以外的力量和游戏规则,是强加于个人之上、人人必须遵守的外在约束和底线,一旦被冲破,将受到惩戒。自律,是一种软约束,比如良心、教育(理念和知识)、道德伦理或者信仰(世俗的或宗教的),而且每个人的自律方式和自律能力也千差万别,对于那些自制力低弱、容易原谅自己或者侥幸心理强大的人来说,对于那些利欲熏心、不知廉耻和乐于铤而走险的人来说,自律显然是软弱无力的;但是,这丝毫不影响自律作为一种调节和节制欲望的方法而存在,而且是一种最常用的重要方法。相对自律而言,他律是硬约束,比如法律(法治),它不但有国家的强制力或社会的公信力做后盾,而且可以通过理性的立法和公正公开的司法程序形成一个可预期的制度体系,从而合理有效地实现调节欲望和节制欲望的目标。正如孟德斯鸠所说:法律的制定是为了惩罚人类的凶恶悖谬,所以,法律本身必须最为纯洁无垢。

我崇尚《道德经》!我也尊崇《论法的精神》!

除了自律和他律,还有一样与欲望息息相关的东西值得一提,这个东西众所周知、人人躲不过去,而且只有人才感知得到,它就是大名鼎鼎的"死亡"。死亡,是一切欲望的最后终结,正如出生是一切欲望的开启。死,是一个生理过程,每个生命从出生就开始,每分每秒,都走在通向死的过程中;亡,是消亡,是生命肉体的从有到无,是人走向死亡过程的终端。人的生命只要没有消亡,就一直在向死的方向活着,在向死的路上存在着("在场"),并且通过意识(只能通过自我意识)能够去真实感知到自我的存在感(类似于贝克莱的"存在就是被感知",也类似于王阳明的"心外无物、心外无事、心外无理")……这就是海德格尔所谓的"向死而生"。海德格尔说:"向死而生的全部意义在于,当你无限接近死亡,才能深深体会生的意义。"思考和认识死亡,不但可以消除或减弱对死亡的恐惧,还可以让人强烈感受生的欲望,而且可以激发人内在积极的

梵之音：印度思想之旅

生命活力，看淡或拒绝诱人的各种物欲，释放精神和灵魂深处的正能量，敬畏和珍惜生命的理性存在，并以这样一种客观和乐观的态度去唤醒对生与死的觉悟，坦然面对死亡，乃至藐视死亡：生命的喜悦之处在于不必重来！

让人性和欲望向理性靠拢，并接受理性的监护，我相信这高于一切，应该是人类自身的终极关怀。我想说的是，所谓的人类思想和人类文明，不过就是为了调节和节制那些无所顾忌的、来自人内心深处的、有违天理、膨胀过头的欲望。

追溯过去，人类的发展历史，始终是一个以人（个人、组织、民族或国家乃至全人类）为中心，为了不断满足人的欲望升级，无限向外、向他人（个人、组织、民族或国家）和向自然界扩张，掠夺他人和自然资源的历史。自工业革命和科学革命以来，特别是近一百年来，更精准地说，近50年来或近20年来；自从发明了蒸汽机、发电机和计算机以来，特别是发明了互联网、物联网、大数据和人工智能以来；人类的主流文化，不仅离上帝越来越远，而且深深沉沦于一个"着魔的时代"，一个着魔于科技、享乐、消费和冒险的时代。在日新月异的所谓科技创新、逐利资本的推波助澜和激烈的竞争制度的合谋刺激下，人类的物质生活和物质文明貌似蒸蒸日上。与此同时，人的欲望也水涨船高，亦步亦趋，芸芸众生对金钱、权力和名望的追逐，对消费、享乐和奢侈的膜拜，越发不可收拾，物欲横流，甚至巧取豪夺，不择手段。在如此膨胀的欲望驱使下，人性却越来越脆弱，越来越无常，越来越经不住享乐主义的诱惑和机会主义的刺激，浮躁偏激，失去了应有的内敛和平衡，抛弃了与自然万物的和谐，忽略了宝贵的简单淳朴和良知信仰，欲壑难填，铤而走险，总是有意无意徘徊在或者"向善"或者"向恶"的十字路口。

假如真有这么一天，科技可以让人长生不死，永远年轻美貌，而这只有少数人花大钱才能办到，或者说，这个世界不公正到如此地步，连死亡面前的人人平等都化成泡影的时候，那么，人一定会因此而疯狂。科技、金钱和权力一定会绞尽脑汁狼狈为奸，试图摇身一变成为主宰这个世界的新上帝。倘若真的有那么一天，恰如霍金和马斯克所担心的那样，未来已来，人工智能远远不再是只存在于科幻小说和科幻电影中。如果新版或更新版的"阿尔法狗"具备了超人类的自学能力、思考能力、语言能力和创造能力，除了下围棋足以打败人类之外，六亲不认杀一个回马枪，调过头来秒杀人类，超越令人类毛骨悚然的核武器，那么它将

序二：我思，故我在

成为人类的最后宿命和真正终结者……这绝非危言耸听，我们确实正处在尽情享受欲望所创造的人类物质文明之中，我们确实也陷入了被膨胀的欲望绑架的高度危险和殃殃病态之中。也许我们还记忆犹新，犹如一百年后《人类简史》的作者赫拉利是一位非凡的怪才一样，一百年前，一位德国的青年中学历史教师——斯宾格勒，头顶第一次世界大战的浓浓硝烟，躲在慕尼黑一个漆黑的贫民窟里，在昏暗的烛光下写出了一本轰动世界的奇书《西方的没落》。在书里，斯宾格勒铿锵有力地忠告和预言：世界上所有的文化和文明都是有生命的，都有生老病死。

存天理节人欲，倡导或保留理性的和向善的欲望，节制或去除偏执的和向恶的欲望——或许，我们应该这样去诠释"存天理灭人欲"，还朱熹一个公道；或许，这样的诠释方可再次打开人类的脑洞，冷静下来，与时俱新，尽可能放下傲慢偏见、砸碎禁锢枷锁，以古为师、以人为师、以心为师、以自然为师，用坦诚和理性去面对人类共同的困惑、共同的现实、共同的利益和共同的未来。"面向事物本身"（胡塞尔），在求同存异、以和为贵的氛围中，借鉴和融合古今中外不同的思想文化，和而不同，变"向外"为"向内"，或者说，平衡"向外"和"向内"的方向，以每个人的自身和人类的自身为目标，向每个人的内心和人类的内心求救；通过对人的本质和思想本质的进一步思考，通过对人性和人的欲望更深入的认识，通过对人性和人的欲望的理性调节和节制，通过不断改良和完善自律和他律，通过加深对死亡与存在的探索和觉悟，通过开放的思想和思想的开放，在思想文化范畴里，在意识世界里，呼唤一种更理性、更和谐、更有幸福感、更具包容性、更适合人类共同生活和可持续发展的生存理念，重构一个新的理性的人类思想的命运共同体，促进人的全面发展。

福柯说过，知识分子的工作不是为了改变他人的政治意愿，教导他人去做什么，而是要通过自己专业领域里的分析研究，一直不停地对设定为不言自明的公理提出疑问，动摇传统的心理习惯、行为习惯和思维习惯，解构熟悉的和被认可的事物，重新审视规则和制度，并在此基础上重新问题化，从而完成一个知识分子的使命和一个公民的责任。

沉思，就是缄默加思考；沉思，高于纯粹的行动。亚里士多德说，唯有沉思的生活才是最有价值的生活。或许上述我的这一番自言自语，太滑稽荒诞，太浪漫可笑；或许现在就是改变方向，调转船头的时候了。

永远铭记，古希腊奥林匹斯山上德尔斐神殿里的那块石碑，上面写着：认识你自己！永远不要忘却，苏格拉底常挂在嘴边的那句话：我除了知道我无知这个事实外，一无所知！对于未来，我们也许真的不能停止《人类简史》中赫拉利的那个弱弱诘问：人类究竟想要什么？变成什么？

或许，四百年前的笛卡尔是对的：征服你自己，没必要去征服整个世界。

"我相信，一切事物的价值必将重新评估。"（尼采）我相信，人类终将能够被思想的理性和理性的思想收养。

我相信，这个世界的善良。

三

人的本质是思想。思想的本质是理性，思想的对象是人的困惑。人，当之无愧，就是思想的主体。每一个人，都是自己思想不容置疑的天经地义的唯一主体，都是一个一个活生生的当仁不让的思想者。每一个人，其人格的独立和平等，顺理成章就是思想的存在前提，或者说，是思想存在之存在。

在此，我很乐意引一段弘一法师的弟子丰子恺先生在《我与弘一法师》小自传里说过的话。鉴于言之有理，所以拿来分享，本想从先生的文字中"取其精华"，琢磨再三，感觉还是引原文为好，原汁原味的，更生动鲜活，更利于表达其本意：

"我以为人的生活，可以分作三层：一是物质生活，二是精神生活，三是灵魂生活。物质生活就是衣食。精神生活就是学术艺术。灵魂生活就是宗教。'人生'就是这样的一个三层楼。懒得（或无力）走楼梯的，即把物质生活弄得很好，锦衣玉食，尊容富贵，孝子慈孙，这样就满足了。这也是一种人生观。抱这样人生观的人，在世间占大多数。其次，高兴（或有力）走楼梯的，就爬上二楼去玩玩，或者久居在里头，这就是专心学术文艺的人。他们把全力贡献于学问的研究，把全心寄托于文艺的创作和欣赏，这样的人在世间也很多，即所谓'知识分子''学者''艺术家'。还有一种人，'人生欲'很强，脚力很大，对二层楼还不满足，就再走楼梯，爬上三层楼去，这就是宗教徒了。他们做人很认真，满足了'物质欲'还不够，满足了'精神欲'还不够，必须探索人生的究竟。他们以为财产子孙都是身外之物，学术文艺都是暂时的美景，连自己的身体都是虚幻的存在。他们不肯做本能的奴隶，必须追究灵魂的来源，宇宙的根本，这才能满足他们的'人生欲'。这就是宗教徒。世间就不过这三种人。"

坦率地说，我基本认同丰子恺先生的说法。或许换一种角度，见仁见智，还可以这样说：人活着有三种不一样的状态：第一种是世俗活着，世俗思考；第二种是世俗活着，超世俗思考；第三种是超世俗活着，超世俗思考。放眼人世，第一种人多，第二种人少，第三种人是"奇葩"。在我看来，三者各有各的格调和品位，不宜论高下，更不可妄论贵贱和好歹，贵在愿意不愿意，贵在选择不选择，贵在"己所不欲勿施于人"（孔子）。人生百态，众生芸芸，说简单也简单，捏吧捏吧，捋一捋，人世间，不过这三种。

尼采（1844—1900年），除了是一个疯狂热爱生命的德国思想家、哲学家、诗人，还是一个作曲家、文学评论家和语言学家，他也说过一句掷地有声的话，直截了当，不拐弯不抹角："没有真理，只有诠释。"

歌德（1749—1832年），众所周知，是一位杰出的德国大文豪，但他在大学学的是法律。他除了是一位小说家、剧作家和诗人，还是一位画家、科学家和思想家。在他著名的长篇诗剧《浮士德》里，歌德借魔鬼靡菲斯陀之口，说了这样一句话，既蕴涵了厚重和矜持的浮士德精神，又彰显了诗的气息和浪漫："尊贵的朋友，所有的理论都是灰色的，而生活这棵金树是绿色的。"

莱辛（1729—1781年），德国启蒙运动时期的著名剧作家、美学家、文艺批评家，虽然他不是哲学家，但留下了一句很有哲理的话：对真理的追求比对真理的占有更可贵。

笛卡尔（1596—1650年），法国著名的哲学家、物理学家、数学家、神学家，被誉为"解析几何之父"和"近代科学之始祖"。他的墓碑上写着："笛卡尔，欧洲文艺复兴以来，第一个为人类争取并保证理性权利的人。"对于人和理性，他这样说过："只有服从理性，咱们才能成为人。"

或许，我不一定喜欢这四个人，但我一定喜欢这四句话。

四

"开放的思想"丛书是学弟李华平三十年磨一剑，呕沥心血写成的一部大书。

梵之音：印度思想之旅

这部书根基于这样一个大构想：从远古到中世纪再到现代、从地中海到日本海、从大西洋到太平洋、从欧洲大陆到亚洲大陆再到美洲大陆、从印度半岛到西伯利亚……通过分析解读比较不同地域、不同时期、不同类别的各种不同思想，通过穿越时空的思想对比和碰撞，围绕着人和思想的本质、人性和欲望、自律和他律、死亡与存在等古老且永恒的问题，解构和重构一幅人类的思想版图，玩味"平行空间"中不同思想文化的殊途同归和异曲同工之妙，澄清被人为夸大（或曲解）的不同地域思想文化之间、古今思想文化之间、物质世界与精神世界之间的差异性、排斥性和对抗性，去除不同思想文化之间的隔阂、鄙视、妄自尊大和妄自菲薄，发现人类精神世界里的"思想文化纠缠"。

例如，古代中国老子（公元前571年—前471年）的"道"，古希腊赫拉克利特（公元前535年—前475年）的"逻各斯"（logos）和古印度释迦牟尼（公元前465年—前385年）的"菩萨思想"，这些不同地域的远古思想之间真的就不存在任何值得关注的共性和交集吗？

又例如，伴随当代物理学"暗物质""暗能量"和"量子纠缠"的发现，人的"意识"已不再是一种与"物质"相对立的存在，如果把"意识"放在"量子态"去分析，"意识"其实就是"物质"的一种；既然通过"量子纠缠"，"意识"和"物质"已经可以握手言和，那么，"唯心"和"唯物"为什么就不可以谈情说爱呢？

预览全书，古今中外几百位思想家昂首挺立、栩栩如生，复活在一篇篇既充满思辨又丰富多彩的访谈之中，历历在目。作者李华平作为一个穿越古今的记者，从头到尾穿梭其中，秉承"去政治化""去功利化"和"去主义化（去体系化）"的本色，摘下人类鼻梁上沉重的有色眼镜，冲破固化和僵化的语言、概念、逻辑和结构的枷锁，还原思想的本质，回到思想家本身；掰开揉碎，用自己独特的评判视角和话语腔调，无拘无束、海阔天空地大胆解构和细心重构，与每一位思想家平等对话，促膝谈心，开怀论道。

"开放的思想"，无论解构或重构，都不意味着否定过去的一切和一切的过去，而是一种与时俱新和不断与时俱新的思想意识，或者说，是一种对与时俱新和不断与时俱新的善意提醒或呐喊；也可以说，是换一个角度看世界。就像德里达所理解的那样，解构主义（后结构主义）不是要取代结构主义，更不是要取代哲学史上存在已久的逻各斯和形而上学传统，也取代不了……它只是反中心、反权威、反二元对抗，是一种反观或反省人类思想文化和人类文明的思想意识。

二十多年前，我在德国学法律读博士的时候，听过导师海因·科茨教授的课。导师是德国著名的法学大家，在私法和比较法等领域建树颇丰。记得他在课堂上这样说过：比较法，不是别的，就是研究比较分析不同的国家和地域，在处理同样或类似的人与人之间的纷争上，法律理念和技术运用的优劣，互为借鉴，寻求一个相对理性的、合乎逻辑的、公平正义的解决问题的方法。

我深信，"开放的思想"丛书的作者李华平，正是怀揣"忧天下之忧"和为人类"排忧解难"的一片苦心，敲开了古今中外几百位思想家的大门，与不同时代、不同地域、不同流派的思想家谈天说地；数十年如一日，放眼纵横，鸟瞰时空，神游万里，思接千年，活像串珠子一样，日积月累，把散落在人类思想海洋里的一颗颗耀眼的珍珠，用理性之光贯穿成一串串向真向善向美的念珠；边走边思，边思边想，启迪思索，开启民智……一路自弹自唱，弘扬"独立之精神，自由之思想"（陈寅恪）。

感谢华平对我的信任，邀我给"开放的思想"写序。寥寥数千字，东拉西扯，左支右绌，岂能承受洋洋百万言之重。

思想，是爱智，是思想者的智慧欢愉（毕达哥拉斯），

思想，是思想者坚持不懈的批判和怀疑（福柯），

我思，故我在（笛卡尔），

谨此，

向所有的，逝去的和活着的，

尤其向，为人和人类的苦难、福祉和命运"操心"的思想者，致敬，

必须的！

2017 年深秋　北京

目　录

第一章　吠陀哲学思想
　　　　——对话《梨俱吠陀》作者 ………………………………… 1

第二章　《奥义书》哲学思想
　　　　——对话《奥义书》作者 ……………………………………… 18

第三章　《薄伽梵歌》哲学思想
　　　　——对话《薄伽梵歌》作者 …………………………………… 32

第四章　顺世论
　　　　——对话阿耆多·翅舍钦婆罗 ………………………………… 38

第五章　论数论哲学
　　　　——对话迦毗罗 ………………………………………………… 49

第六章　论瑜伽哲学
　　　　——对话钵颠阇梨 ……………………………………………… 71

第七章　论弥曼差哲学
　　　　——对话阇弥尼 ………………………………………………… 85

第八章　论胜论哲学
　　　　——对话迦那陀 ………………………………………………… 94

第九章　论吠檀多哲学
　　　　——对话跋达罗衍那 …………………………………………… 113

第十章　论正理论哲学
　　　　——对话乔达摩 ………………………………………………… 127

第十一章　论《圣教论》
　　　　——对话乔荼波陀 ……………………………………………… 142

第十二章　论梵与我
　　——对话商羯罗 …………………………………… 157

第十三章　论"制限不二论"
　　——对话罗摩奴阇 ………………………………… 186

第十四章　论二元论
　　——对话摩陀婆 …………………………………… 203

第十五章　论哲学与社会改革
　　——对话罗姆莫罕·罗易 ………………………… 209

第十六章　"回到吠陀去"
　　——对话达耶南陀·萨拉斯瓦蒂 ………………… 222

第十七章　论"人类宗教"
　　——对话罗摩克里希那 …………………………… 241

第十八章　走向"世界宗教"
　　——对话钱德拉·森 ……………………………… 255

第十九章　论哲学与宗教改革
　　——对话德·泰戈尔 ……………………………… 265

第二十章　"两个民族论"
　　——对话赛义德 …………………………………… 275

第二十一章　改革：印度社会唯一可选择的道路
　　——对话罗纳德 …………………………………… 287

第二十二章　论哲学与宗教
　　——对话斯瓦米·维韦卡南达 …………………… 304

第二十三章　论"印度自治"
　　——对话提拉克 …………………………………… 339

第二十四章　世界就是"自我"
　　——对话伊克巴尔 ………………………………… 353

第二十五章　关于"自我的科学"
　　——对话薄伽万·达斯 …………………………… 367

目录

第二十六章　哲学之研究
　　——对话薄泰恰里耶 ··· 381

第二十七章　精神进化论
　　——对话奥罗宾多 ··· 401

第二十八章　论人与国家的命运
　　——对话泰戈尔 ··· 426

第二十九章　真理就是神
　　——对话甘地 ··· 453

第三十章　论普遍之爱
　　——对话拉达克里希南 ··· 474

第三十一章　论哲学、科学与宗教
　　——对话尼赫鲁 ··· 494

参考文献 ··· 512

著后记：人生与思想 ·· 514

第一章 吠陀哲学思想

——对话《梨俱吠陀》作者

引　子

公元前 10 世纪，居住于印度的雅利安人创立了婆罗门教，其经典是《吠陀》。"吠陀"（veda）的意思是求知或知识，也可以解释为"圣经"。它最初有三种或曰"三明"，后来又增加了一种即所谓四"吠陀"。雅利安文化及其医学的来源是四部《吠陀》。第一部《梨俱吠陀》或译作《赞诵明论》，大约于公元前 1500—前 900 年间陆续写成，是印度医学的起源。《梨俱吠陀》是印度古代《吠陀》文献中最古老的一部，它和《阿闼婆吠陀》同为上古诗歌的总集，是印度现存最古老、最重要的诗集。它在印度文化中的地位，酷似中国上古诗歌的总集《诗经》一样。让我们从哲学的角度来研究《梨俱吠陀》吧。

一　《梨俱吠陀》：典型的多神教

记者：

很多宗教都是一神教，也就是说它们崇拜的神明是一而不是多。但通过研究《梨俱吠陀》这部古典文献，我发现你们所推崇的宗教是典型的多神教。

《梨俱吠陀》作者：

没错。我们的多神教有这样的一个特点，不知道你有没有注意？

记者：

你说一说。

《梨俱吠陀》作者：

我们所推崇的神明都是一些自然神，都是从自然现象中抽象出来的。

记者：

这个特点你不用说我都知道。

《梨俱吠陀》作者：

在我们的宗教中，大大小小的神有三十三位，有的住在天上，有的住在地下，有的住在天地之间。大体说来，天界的神明主要有天父神、司法神、太阳神、金色神、黎明女神、日光神，等等；空中的神明主要有雷神、风神、荒神、水之子神、海龙神、海光神、雨神、暴风神，等等。

记者：

那住在我们人间的神有哪一些呢？

《梨俱吠陀》作者：

住在人间的神明主要有火神、酒神、创造神、盛和女神等。

记者：

可不可以这样来说，你们所推崇的宗教是一种建立在自然崇拜基础上的多神教？

《梨俱吠陀》作者：

没错。这一点并非只有我们的宗教是如此，在我们同时代的其他地区，如古埃及，也是如此。

二 依次被崇拜，轮流来坐庄

记者：

很显然，你们印度最古老的宗教是多神教。

《梨俱吠陀》作者：

是的。

记者：

但后来有一些学者说，你们的宗教也是一种一神教。

《梨俱吠陀》作者：

谁这么认为呢？

记者：

西方有一位学者叫麦克斯·缪勒，缪勒就说你们的宗教是"尊一神论"，意思就是说你们的宗教还是尊重一神的，既然尊重一神，那不就是一神教吗？

《梨俱吠陀》作者：

这种说法也可以说对，也可以说不对。

记者：

此话怎么讲？

《梨俱吠陀》作者：

与犹太教以及后来的伊斯兰教比起来，我们印度的宗教绝对不能说是一神教，我们的宗教中不存在某一个至高无上且一直不变的神明，因此说我们的宗教是一神教肯定不对。但是……

记者：

但是什么呢？

《梨俱吠陀》作者：

但是，在我们的宗教思想中也隐含了一种从多神论向一神论过渡的倾向。

记者：

为什么这么说？

《梨俱吠陀》作者：

在我们先祖所崇拜的神中，每个神都拥有最高的地位，并肩而立，可以说是多神的。但是人们在一个特定的时期，往往只拥立某一个神居于最高的位置，而其他神则处于相对次要的位置，不同时期不同的神都有可能被提升到最高的位置上来。

记者：

说得通俗一点就是轮流坐庄呗。

《梨俱吠陀》作者：

也可以这么讲，我们的神明可以说是依次被崇拜，轮流来坐庄。

记者：

据说在后期有一些神明取得了几乎至高无上的地位？

梵之音：印度思想之旅

《梨俱吠陀》作者：

是的，例如一切者神就曾经在很长的时间内占据着最高的地位，而其他神则被下放为局部的神，也就是小神。

记者：

这不就是一神教吗？

《梨俱吠陀》作者：

遗憾的是这种情况并非一成不变，而且在我们祖先以及我们这些学者始终认为，总有一天会轮到曾经被我们崇拜的那些神明当家做主，因此只能说我们的宗教中具有某种从多神教向一神教发展的趋势，但终究不是严格意义上的一神教。

记者：

看你们写的《梨俱吠陀》，感觉其中的《原人歌》很有意思。

《梨俱吠陀》作者：

你为什么感觉它有意思？

记者：

几位大神把原人捆绑起来放到火上烤，和我们现在用火烤一些肉吃很相似。我不明白那些大神为什么要如此折腾这位原人呢？

《梨俱吠陀》作者：

你只是看到表面上的事情，实际上这个过程代表着宇宙产生的过程。

记者：

如此深奥？你给我好好地解释一下。

《梨俱吠陀》作者：

神用原人的身体创造宇宙万物的过程大概是这样的：先将原人沐浴，洗得干干净净的，然后在他的身上涂抹酥油。这些酥油和柴火以及贡品三样，就分别构成了春夏秋三个季节。

记者：

冬天跑哪去了？

《梨俱吠陀》作者：

冬天是什么意思？

第一章 吠陀哲学思想——对话《梨俱吠陀》作者

记者：

冬天就是结冰、下雪呗。

《梨俱吠陀》作者：

我们生活的这个地方整年都很热，没见过雪、没见过冰，所以我们只知道有春夏秋三季。

记者：

原来是这样。

《梨俱吠陀》作者：

不要打岔，听我继续讲原人的身体是如何一步步造就宇宙万物的。

记者：

好的。

《梨俱吠陀》作者：

经火烧烤之后，这些膏脂就变成了天空、森林和村庄中所有的那些东西。四大种姓制度也是这么产生的。

记者：

你讲的有鼻子有眼，难道天地万物就是这么产生的？

《梨俱吠陀》作者：

是的，到了一定的阶段从原人的身上就产生出了天、地、空三界，日、月和诸位神明也因此而产生。大神用原人创造了空间，创造了时间，把世界本身分为过去、现在和未来三世。

记者：

你的意思我明白，正是在几位大神烧烤原人的过程中，原人身体的各个部位分别创造了宇宙间的所有的事物，包括太阳、月亮、诸位神明，以及我们人类自身、时间、空间、春夏秋冬，等等。

《梨俱吠陀》作者：

没错。

记者：

你们的故事，听起来虽然有点别别扭扭，但是，我感觉你们似乎也在从事着某种哲学性的思考，那就是在某一种存在中去寻找世界的终极来源。难怪有人说

《梨俱吠陀》也包含着某种一神论的追求。

《梨俱吠陀》作者：

可以这么说，但是有一点我也必须提醒你注意，那就是我们的原人在被烧烤的时候已经有了几位神明的存在，足见与原人并存的还有其他神明，因此你也不能简单地把我们的哲学称为一神论。只能说有这种趋势。

三　印度最古老的时代为啥称为吠陀时代？

记者：

看与印度有关系的书总遇到这样一个提法，那就是吠陀时代，不知道这个吠陀时代具体指的是哪个时代？

《梨俱吠陀》作者：

这在我们印度是个常识。印度最古老的时代，或称上古时代就是你所说的那个吠陀时代。

记者：

吠陀两个字是什么意思呢？

《梨俱吠陀》作者：

吠陀这两个字的意思经历了一些变化，它的原意是学习或知识。据说你们中国人把这个词翻译为明，在我们印度的语言里面，吠陀这两个字的意思也很平常，但后来它的地位越来越高，逐步被赋予圣典的含义。

记者：

难道你们印度最古老的时代就与圣典挂起钩来？

《梨俱吠陀》作者：

没错。与世界上其他民族比起来，我们印度可能是宗教氛围最浓厚的国度，宗教就是我们的生活，我们的生活就是宗教生活；同样，我们的文化就是宗教文化，宗教文化就是我们的文化。

记者：

你说的所谓圣典是不是也与宗教有关呢？

《梨俱吠陀》作者：

这是明知故问，我们印度古老的圣典都是与我们的宗教有关，说到底都是歌颂神的文化典籍，这些典籍在我们印度人的生活中被称为吠陀。也正因为如此，人们把印度最古老的时代称为吠陀时代。

四　吠陀中的哲学：狭义吠陀与广义吠陀

记者：

据说，你们把吠陀分成两大类，一种是狭义吠陀，一种是广义吠陀，如何理解？

《梨俱吠陀》作者：

你弄错了，这种划分不是我们分的，而是后人分的。但对这种划分，我是知道的，也认可。

记者：

请你说说。

《梨俱吠陀》作者：

我们刚刚已经说过，在印度的上古时代，人间一切事业的成功，都依赖天神的庇护。因此，我们的祖先是高度重视祭祀活动的，我们的祭祀活动分两大类，即家庭祭和天体祭。

记者：

何谓家庭祭？

《梨俱吠陀》作者：

所谓家庭祭，就是老百姓在自己家里进行的祭祀活动。当老百姓遇到孩子的出生、婚丧嫁娶等日常生活的关键事情时，就会搞祭祀活动。具体做法是，点燃一堆火，由家长本人担任祭祀的主持。当然，一些富裕的家庭，也可以请祭司来协助。这是家庭祭。另一种就是天体祭。所谓天体祭，就是贵族、富人尤其是国王举行的祭祀活动。在搞祭祀活动的时候，人们在祭坛的东边、西边和南边点燃三堆火，由四位祭官统领一批祭司担任司祭者。这四位祭官，他们所念颂到的东西，就是我们刚才所讲的那些《吠陀》，也就是你刚才所讲到的狭义吠陀之类的内容。

记者：

刚才扯远了，你还是具体说一说。

《梨俱吠陀》作者：

在举行天体祭的时候，四位祭官，他们分别是：颂者祭司，由他来念颂《梨俱吠陀》颂神辞，来赞美诸神，并邀请诸神出席祭祀仪式。你听好了，这是第一部《吠陀》，就是《梨俱吠陀》。歌者祭司，由他伴随着供奉的祭品，高唱歌曲，高唱颂神的赞歌。这个颂神的赞歌也是《吠陀》，就是《婆娑吠陀》，你记住了，这是第二部《吠陀》。行进者祭司，由他负责执行全部祭祀，他一边做祭祀仪式，一边低声朗诵祈祷诗文。这个祈祷诗文又是一部《吠陀》，叫《夜柔吠陀》。

记者：

你已经说过三部《吠陀》，还有别的《吠陀》吗？

《梨俱吠陀》作者：

还有一部，那就是《阿达婆吠陀》。这部《吠陀》与其他的《吠陀》比起来，编撰时间比较晚，它主要是与巫术有关的一些诗歌。我们刚才所提到的与祭祀有关的四部《吠陀》，即：《梨俱吠陀》《婆娑吠陀》《夜柔吠陀》和《阿达婆吠陀》就构成狭义吠陀。一般人所讲的《吠陀》，指的就是这四部经典。

记者：

经过你这么费劲的解释，我基本上明白你的意思。就是说，《吠陀》从狭义上讲，就是印度四部最古老的歌颂神灵的典籍。

《梨俱吠陀》作者：

没错。当然，《梨俱吠陀》在这四部经典中是最经典的了。

记者：

那广义吠陀还有哪些呢？

《梨俱吠陀》作者：

广义吠陀，除了我们刚才所谈到的四部经典以外，还包括解释《吠陀》的相关文献。具体说来，如《梵书》《森林书》《奥义书》以及其他用于学习的辅助学科，如语言学、语法学、天文学、语源学等。这些东西，我们一般是将其作为附录包含在四部经典中的。广义的吠陀，也把这些东西包含在内。如果你想对印度的四部经典《吠陀》做透彻的了解，不去研究相关的文献，是不可能的。尤其是，作为一个搞哲学的人，你要想研究印度的哲学，不去研究《奥义书》等参考文献，是不可能了解印度哲学的。

五 宗教思想：印度种姓制度的由来与固化

记者：

地球人都知道，种姓制度是你们印度最具代表性的制度。我想请你介绍一下，这个制度是怎么来的？

《梨俱吠陀》作者：

关于种姓制度，我们曾经在《原人歌》中说过这样的话，大意是原人的嘴是婆罗门，原人的双臂是刹帝利，原人的双腿是吠舍，原人的双脚是首陀罗。也就是说，是原人的嘴、双臂、双腿和脚，形成了印度的四个种姓。婆罗门是祭祀阶层，主管国家的精神文化事业；刹帝利是国家的行政管理人员；吠舍则是那些手工业者和商人等；而最低的等级是首陀罗，大多是奴隶、仆役等。

记者：

你的意思是说，你们印度的种姓制度与《梨俱吠陀》的记载有关？

《梨俱吠陀》作者：

也可说有关，也可说无关。我们只能说，这些文字是关于印度种姓制度最早的记载。但不能说印度的种姓制度就是根据这一条而产生出来的。

记者：

那印度社会是如何一步一步地形成等级森严的种姓制度的呢？

《梨俱吠陀》作者：

关于印度的历史，我相信你知道一些。在印度，我们雅利安人是征服者，而印度的土著人则是被征服者。我们雅利安人是按照血统的不同进行划分的，而印度的土著人，则是按照祖先的种族进行划分的。这两种划分与《梨俱吠陀》所记载的按照职业的划分，没有必然的联系。

记者：

原来如此。

梵之音：印度思想之旅

《梨俱吠陀》作者：

最初的雅利安人都属于一个阶级，可以说相当于一个种姓，每个人都可以是祭司、士兵、商人，或者是种田者。在这些人中，那些负责祭祀的婆罗门并不拥有什么特权。每个人都可以向神直接供奉，不需要任何人作为其中介。从财产上来看，那些负责祭祀的，与贵族、与普通人并没有明显地分开来。最初，吠舍一词，也包括所有人，并不仅仅是那些手工业者和商人。

记者：

听你的介绍，在你们征服印度的雅利安人中，一开始并没有明确的阶层划分，可以说是混合在一起，没有等级森严的阶级差距。

《梨俱吠陀》作者：

没错。但是，后来情况发生了变化。

记者：

什么变化？

《梨俱吠陀》作者：

随着社会的发展，祭祀活动在整个社会中的作用越来越重要。一些家族因为拥有学问、智慧，能够吟诵一些诗歌、能够讲解哲学，因而，这些人就脱颖而出。慢慢地，这些人摆脱了为生存而工作的负担，专门从事精神事务。久而久之，这些人已经不再是过去那种简单地负责祭祀活动的阶层，而成为一种深受人们敬重、且以塑造人们高级生活为职业的知识贵族。

记者：

我明白了，婆罗门阶层由此而产生。

《梨俱吠陀》作者：

没错。与婆罗门阶层相比，那些掌握王权的国王们，也不得不对婆罗门阶层予以特别的敬仰。他们也在日常行政工作中，对婆罗门阶层予以特殊的保护。

记者：

这就是刹帝利阶层？

《梨俱吠陀》作者：

没错。其余的人们慢慢地变成了印度种姓制度中低等的阶层，那就是吠舍和首陀罗。

记者：

根据你的描述，最早的种姓制度与某人所从事的某个职业是无关的。职业与种姓挂钩，也是历史发展的结果。

《梨俱吠陀》作者：

没错。在早期阶段，人们无论是从事写作，还是当医生，还是种玉米的农民，这些都是很正常的事情。也没有人因为自己从事不同的工作，在自己的心理上产生差异。但久而久之，到了后期，种姓与所从事的各种职业的联系越来越紧密；种姓之间的界限，也越来越森严。慢慢地，这个制度就固化了。

六　宇宙创世的若干种假说

记者：

关于宇宙从何而来这个问题，你们的《梨俱吠陀》似乎提出了若干种假说。

《梨俱吠陀》作者：

是的，有三种假说，要不要听一听？

记者：

当然要听一听。

《梨俱吠陀》作者：

第一种假说是建造说。

记者：

建造是工程术语，你们是不是说众神一个个都是能工巧匠，他们都是土木工程师，用能获得的材料创造了宇宙万物？

《梨俱吠陀》作者：

就是这么回事。在我们那个时代，太阳被认为是宇宙的生产者，天、地、水都是由太阳创造出来的。同样，太阳神也用他所能获得的材料建造了宇宙万物。

记者：

有点意思。你是说天下所有事物都是由太阳神运用他能获得的各种材料建造的？

梵之音：印度思想之旅

《梨俱吠陀》作者：

也不全是这样。有时候我们也提出，世界是由一些神像冶炼师一样把万物焊接在一起，通过各种各样的焊接而造就了宇宙万物。

记者：

焊接是一种技术，神在焊接之前应该是已拥有了很多材料，那这些材料从何而来呢？

《梨俱吠陀》作者：

这些材料本身早就存在。这就是我们的建造说。

记者：

还有什么假说？

《梨俱吠陀》作者：

第二种假说是生殖说。

记者：

这很好理解，你们是不是说，神造就宇宙万物就如父母生育子女一样？

《梨俱吠陀》作者：

就是这样。第三种假说是开展说，也就是说宇宙万物是从某一个大神中一步步分化出来的。

记者：

我们中国有一个神话，叫盘古创世。这个神话说盘古死了以后，他的头成了周山，他的眼睛成为日月，他的血液成为大海，他的毛发成为草木。我想你们所谓的发展说是不是也是这个意思？

《梨俱吠陀》作者：

差不多。这个被肢解的巨人就是原人，关于原人造就宇宙万物的事，我们慢慢再聊。

七 善有善报，恶有恶报

记者：

听说在你们那个时代火葬非常流行？

第一章 吠陀哲学思想——对话《梨俱吠陀》作者

《梨俱吠陀》作者：

是的，人死了以后用火将人烧成灰，然后把骨灰放到罐中埋到地下，使死亡的痕迹消失得无影无踪。我们都是这么做的，我们这些人死后，我们的后代也会用这种方法来处理我们的遗体。

记者：

在我们东方对先辈的遗体非常尊重，用火将其予以烧毁，这实在是有点大不敬。不过现在人们已普遍接受了这种方法。

《梨俱吠陀》作者：

人死后他的灵魂到另外一个地方去了，留下来的就是一块肉而已。人本是来自于自然，用火葬的方式，让人的眼睛归于太阳，让人的气归于风……总之，从哪里来的又回到哪里去，一切都归于自然，这哪能谈得上是对死者的不尊重呢？此外，我们不愿意留下大大小小的坟墓，让死者的后代远离这些埋葬死者的地方也有利于让死者的后代身心保持清静，这同样是对逝者后继者的保护，有什么不好呢？

记者：

你刚才说人死后灵魂将转移到另外一个地方去，你们烧掉、埋葬的仅仅是一块肉而已。我想问一下，人死后他的灵魂到哪里去了？

《梨俱吠陀》作者：

不知道你们中国人是怎么看的，在我们看来，人死后他的灵魂将到达天国。在那里有一个神，名字叫阎摩，他负责甄别那些死去的灵魂是好的灵魂还是不好的灵魂。如果是好的灵魂，阎摩就让这些灵魂到天国去；相反，如果是不好的灵魂，阎摩就让这些灵魂到地狱里面去受苦。

记者：

通过你所讲的这些，我能感觉印度最古老的哲学也相信善有善报，恶有恶报。

《梨俱吠陀》作者：

是的。作为对那些优秀灵魂的奖赏，在我们印度的宗教中，神允许那些好的灵魂重入人间，再享生活，也就是说可以再生。

记者：

你的意思是说，那些不好的灵魂将永远待在地狱中，而那些好的灵魂将可以获得再生，重新以人的形式享受人间的幸福生活？

《梨俱吠陀》作者：

是的。所以，只要在人间知道行善并身体而力行之的人无须担心死亡，即便是他们短期到了另一个世界，但终会再度回归人间。

八　世界秩序与人间道德

记者：

通过研究你们的《梨俱吠陀》，我感觉你们这些印度的学者非常看重自然规律的存在。

《梨俱吠陀》作者：

没错。宇宙的存在是有规律的，这个规律就是宇宙的秩序，就是万物之父。世界的运行有规律，太阳、月亮、星星的运行，同样也必须遵循这些规律。

记者：

我们中国的文化，非常强调天和人之间的关系。我们认为，天之道和人之道是相通的。不知道你们是如何看待这个问题的？

《梨俱吠陀》作者：

我们的观点也是这样。规律是自然界的规律，它在人间就表现为美德，表现为正义，表现为人间秩序。自然界万事万物依照规律而行事；体现在对人的要求上，那就是，人类也应该依从人类道德而行事。违背自然规律，必然遭受惩罚；同样，从事邪恶行为，也迟早会受到制裁。

记者：

在我的印象中，你们说过这样的一句话，那就是：合乎德行的生活，不仅包括对神要尽义务，而且对人也要尽义务。

《梨俱吠陀》作者：

没错。最基本的一条就是，在我们看来，美德与自然的法则和神的法则是一致的。有些基本的东西，是必须做的。例如，乐善好施，就是我们该做的。给穷人施舍一些东西，不会减少你的财富；家里有美味佳肴，并不会因为你帮助一些饥寒交迫的人而有丝毫的改变。再例如，关爱他人，这也是神的要求。如果我们伤害了爱我们的人，错怪了我们的朋友或同事，或者在无意间伤害了一个邻居或者一个陌生人，我们要发自内心地谴责自己，请求神宽恕我们的罪过。

记者：

依你之见，似乎在天地之间存在着一些能够管控人类行为的神灵？

《梨俱吠陀》作者：

你这是明知故问，这是老话题了。在众神之中，虽然有些神正义的程度不是那么高，但是，大多数的神不会在乎你供奉的祭品的多少而改变他自己的德行，他也不会接受一些坏人的劝说而改变正义之道。他们会永远在那里，不分前后左右，也不分白天黑夜，他们不眨眼也不睡觉，明辨邪恶。即便是对那些远在天边的人或者事情，他们也看得清清楚楚。善者在他们这里，会得到赞扬和肯定；而恶者在他们这里，会得到惩罚和消灭。一句话，合乎德行的生活，要求我们必须对神尽义务，也必须对人尽义务，善是至高无上的要求。

九 《梨俱吠陀》也是哲学著作

记者：

在没看你们的《梨俱吠陀》之前，我原以为这本书通篇都是一部祭祀著作，里面不是各种各样神话的传说，就是随意的想象。但看了以后，感觉不是那么回事。

《梨俱吠陀》作者：

你是说，我们这部书写得不好？

记者：

你误会了。看你们的《梨俱吠陀》，感觉这本书通篇充满着各种各样的提问。好多提问，就是深刻的哲学探讨，你们的《梨俱吠陀》看起来也像一部哲学著作。

《梨俱吠陀》作者：

你能从这个角度来看问题，还得真的感谢你。我们这些作者大多具有哲学方面的基本素养，对神的看法，我们也与一般人不同。我们并不是仅仅接受各种神的存在，我们要做的工作，也是要对它们何以存在、如何存在等问题做深入的探讨。

记者：

感觉是这样。

《梨俱吠陀》作者：

太阳是神，但它晚上到哪里去了？这是值得探讨的。星星是神，但它白天到哪里去了？这也是值得探讨的。太阳神为什么总是挂在蓝天之上，而不掉下来呢？还有，白天和黑夜哪一个更早？哪一个更晚？风到底是从哪里来的呢？它具体又要刮到哪里去？这些问题，我们要思考。这些问题，我们如果不思考清楚，我们就无法解释给别人去听。

记者：

这些问题确确实实会引发一些对哲学，乃至对科学的思考。

《梨俱吠陀》作者：

我们这些学者，在编撰圣歌的时候，也不是简单地相信观察到的事实，而经常对一些似是而非的问题，做追根究底式的思考。例如：谁曾经看见过那原始的创造者是如何从无形创造出有形的？生命的本体到底在哪里？还有，一些神像木匠建立房屋一样创造世界，我们想知道，这些神建立房屋的木材是怎样搞到的？有人说梵是创造天地的材料，我们又想知道梵是怎么来的？我们又想知道，那些伟大的神，在没有先天材料的情况下，他们是完全依靠自己创造世界，还是利用先前别的神灵所留下的那些材料来创造世界的？这些问题，都是我们反反复复地研究而搞不清楚的。或许，正是对这些问题的关注与思考，才使得我们的《梨俱吠陀》看起来并不仅仅像神话。

记者：

我感觉是这样。因为，从哲学的角度去看你们这些经典更顺畅。

《梨俱吠陀》作者：

或许是，也应该是。

十　精神或是促使宇宙万物得以产生的重要动因

记者：

研究你们关于宇宙起源的几种假说，我有这样的一种感觉，那就是，你们也特别强调精神性因素在宇宙创设中的作用。

《梨俱吠陀》作者：

没错。在《无有赞歌》第四节中，我们是专门谈这个问题的。在我们看来，宇宙的起源是唯一物，也就是指各种各样的神灵。这些神灵何以能够创造宇宙万物，其原因在于有某种精神性的东西进入了这种唯一物之中，从而使得唯一物开始有了无和有两种基本元素。而无和有两种基本元素相互作用，从而才一步一步促成了宇宙的产生。

记者：

看来，我的感悟是没错的。在你们印度哲学中，作为世界的本原并不仅仅是物质性的东西，或许是既有物质又有精神的某种生命体。

《梨俱吠陀》作者：

你的概括和我们要表达的意思基本差不多。

第二章 《奥义书》哲学思想

——对话《奥义书》作者

引 子

《奥义书》，顾名思义，是具有深刻含义的典籍，是古印度一类哲学文献的总称，是印度千年不衰的圣书。它不仅是古代印度圣贤对弟子进行传道授业的秘传，而且是印度人思考自我和宇宙的源泉。印度的宗教哲学多是从《奥义书》发展而来，其千百年来对印度文化和西方文化均产生了巨大影响，因而有印度的《论语》和东方的《沉思录》之誉。印度的佛教思想也是缘于《奥义书》，佛陀正是运用了他的大智慧将《奥义书》的哲学义理融会在其思想之中。让我们走近《奥义书》。

一 《奥义书》：印度古今哲学之根

记者：

《奥义书》在你们印度哲学乃至世界哲学中的影响，都是公认的。我非常喜欢的一位德国哲学家叔本华是这样来评价《奥义书》的。

《奥义书》作者：

叔本华是怎么说的？

记者：

叔本华是这么说的："在这整个世界，没有比研读《奥义书》更令人受益和振奋的了。它是我生的安慰，也将是我死的安慰。"

第二章 《奥义书》哲学思想——对话《奥义书》作者

《奥义书》作者：

感谢这位叔本华先生对《奥义书》的高度评价。

记者：

我也曾看过我们中国当代的一些哲学家，也是对你们的《奥义书》赞赏有加。他们说《奥义书》是传统印度哲学的思想渊源，印度古今一切哲学流派包括佛教哲学在内，都可以寻根于此书。

《奥义书》作者：

也非常感谢你们中国的哲学家对我们的高度评价。

记者：

据说《奥义书》仅仅是《吠陀》的一个部分，它为什么得到人们如此高的评价？

《奥义书》作者：

如果你要我分析其原因，或许是这样的：四部《吠陀》中的神曲和有关祭祀的一些书，更关注的是一些宗教仪式，而很少关注我们雅利安人的思想。而《奥义书》虽然是《吠陀》文献中的最后一个部分，但是，《奥义书》的重点不在于祭祀，而在于对世界的本质、人在宇宙中的地位等，并对其进行深入的哲学思考。《奥义书》体现了我们祖先对世界与人的本质、对人类精神生活世界的追求和探索。人们之所以特别喜欢《奥义书》，或许与此有关。

记者：

顺便问一下，"奥义书"三个字是什么意思？

《奥义书》作者：

这很简单。所谓"奥义书"，就是靠近坐下，听老师讲课。后来，慢慢演变成从导师那里接受秘密教育的意思。

记者：

明白。那为什么有很多人又把"奥义书"称为"吠檀多"呢？

《奥义书》作者：

这好理解。所谓"吠檀多"就是指知识、秘密的意思。还有一点，"吠檀多"也指《吠陀》的终极文献的意思。人们将"奥义书"称为"吠檀多"，也表明人们认为《奥义书》是对《吠陀》哲学的系统的总结。

二　"五元素说"第一次出现在《奥义书》中

记者：

研究你们的《奥义书》，我有这样的一种感觉。

《奥义书》作者：

说。

记者：

我发现，你们这些思想家在很多问题上观点并非完全一致。例如，在世界的终极本原这个大是大非的原则性问题上，你们的看法彼此分歧就不小。

《奥义书》作者：

说说你的看法。

记者：

根据我的研究，你们《奥义书》思想家的大多数人认为，梵是世界的终极本原。但是，也有很多学者提出了不同的观点，有些观点还是互相矛盾的。不知道我的这个看法对不对？

《奥义书》作者：

你的看法是对的。关于世界的本原问题，有不少学者认为世界是由精卵产生的。具体的说法大概是这样的：在宇宙产生的最早的时期，世界是无，什么都没有。其后，发展为有。也就是说，由无产生了各种具体的东西。由各种具体的物质经过发展，最后成为一个卵，如鸡蛋一样的卵。这个卵经过一年左右的时间孵育之后，蛋壳分成两片，一片是精，一片是液。精发展为天，液发展为地。卵的壳发展为群山峻岭，壳里面的东西，演变为云和雾。卵的脉演变为陆地，卵的液体演变为海洋。

记者：

有点意思。我在你们印度流传到中国的一些佛教的书中，也看过类似的记载。当然，这些书是翻译过来的，你们印度的文字，我是看不懂的。

《奥义书》作者：

那就对了。你们中国的一些佛教的书，完全是从我们印度传过去的，佛教又是从我们印度教的一些经典中借鉴的。所以,两者之间有一些相似之处,非常正常。

记者:

关于世界的本原,除了"精卵"说之外,还有别的说法吗?

《奥义书》作者:

当然有了。有一些思想家提出,水是万物的本原。他们认为,天是由水变来的,神、人、鸟、兽、草木、牲畜、虫蝇、蚂蚁等,都是从水变来的,水是万物的根源。

记者:

提到水,我就想到古希腊有一位哲学家泰勒斯,他也是一位数学家,他就提到水是万物的本原的观点。此人的出生时间,要远远在你们之后。我现在真的怀疑,泰勒斯的理论是从你们这儿学的。

《奥义书》作者:

这种可能性绝对存在。但是,说这个东西就扯得太远了。

记者:

也是。

《奥义书》作者:

还有一些学者认为,构成世界的本原是火,也有一些人认为是风。当然,更有一些人提出,构成世界的本原是五种元素,它们是:空、气、火、水、地。具体的程序是,从自我也就是我们公认的梵中生出空,空生出气,从气生出火,从火生出水,从水生出地,从地生出草,从草生出食物,从食物生出种子,从种子生出人。

记者:

真费劲,生了一大圈,人终于出现了。

《奥义书》作者:

人是由食物中的精华构成的,因而也是万物之灵啊。

记者:

在你所说的从被生到生的过程中,是否有套规律、程序可遵循呢?希望你讲一讲。

《奥义书》作者：

当然有，那就是，较高者拥有较低者的性质。最先是空，具有声音这唯一的性质，通过它，我们就能够听见；由空到气，气除了具有声音的性质之外，还有可感觉性。通过它，我们就能够听见和感觉到；由气到火，通过它，我们就能够听见、感觉到和看到；由火到水，我们就能够尝到它的味道；由水到地，通过它，我们就能够听见、感觉到、看到、嗅到和尝到。这就是它们彼此之间内在的逻辑关系。

记者：

在你讲的一番理论中，我还真的感觉到我们中国春秋年代所讲的"五行五味说"，或许其与你们的理论还真有一些渊源关系。

《奥义书》作者：

这不是我们所研究的理论课题。

三 宇宙是梵，梵即是我，梵我本来就是一回事

记者：

通过认真拜读你们的《奥义书》，我感觉说来说去你们的观点就是：宇宙就是梵、梵就是自我，梵与我似乎就是同一种东西。

《奥义书》作者：

没错，我们的观点旗帜鲜明，宇宙世界你别看那么大，其实它存在于我们的内心之中，它比一粒米要小，它比一粒麦子要小，总之比任何你看得见的东西都要小，也可以说无限小。同样，我们心目中的东西也可以无限大，比地大、比天大，比任何空间都大，比任何世界都大。它包容一切行为，一切愿望，一切一切的味道。

记者：

在你们这里无限大的宇宙与人类无限小的自我都走到了一起。

《奥义书》作者：

没错，梵我归一就是最终的结论。

四　宇宙与人体之间的对应关系

记者：

你们写的《奥义书》，一会儿把自然现象称为神，一会儿把人体的各种感官也称为天神。似乎自然是神，人是神，也似乎人与自然完全等同似的。

《奥义书》作者：

可以这么讲。在我们的哲学中，自然与神是等同的，宇宙与人也是等同的。

记者：

你们的观点，颇有我们中国哲学所讲的天人合一的味道。

《奥义书》作者：

你们的哲学具有什么味道，我们不管。我们只是强调，在宇宙这个大我与我们人类自身这个小我之间，存在着某种对应的关系。

记者：

我看过你们的《大森林奥义书》，将宇宙中的水、火、风、太阳、方位、月亮、闪电、雷和空间，分别与人的精液、语言、气息、眼睛、耳朵、思想、声音和心相对应。还有，在别的一些地方，你们的《奥义书》将人的生命气息分为元气、下气、中气、行气和上气，并把这五气与太阳、大地、空中、风与火相对应。看了你们这么多的描述，让人感觉，在你们的哲学中，宇宙与人就是一回事似的。

《奥义书》作者：

简单地说，宇宙与人就是一回事，是有点问题的。但毫无疑问，如果将宇宙的一些自然现象和人体的很多功能比起来，确确实实，它们之间具有某种神秘的对应关系。

五　生命本身就是一种祭祀

记者：

我曾经认真地把你们的《奥义书》与你们之前的《吠陀》《梵书》进行了比

较，我有个发现。

《奥义书》作者：

神叨叨的，什么发现？

记者：

我的发现是，你们之前的那些经典非常强调要重视祭祀的作用，而你们对此似乎不以为然？

《奥义书》作者：

你还真猜对了。我们从来就不认为，通过对神灵给点吃的、给点喝的，你的灵魂就能够得到解脱。

记者：

那如何才能让灵魂得到解脱呢？

《奥义书》作者：

举行祭祀，并不能使灵魂得到解脱。各种各样的祭祀，是低层次的宗教生活。建立在对宇宙进行深入的、哲学上的洞察的基础上的精神生活，才能让人类的灵魂获得真正的解脱。

记者：

所以，你们反对一切形式的祭祀活动？

《奥义书》作者：

也不是。在我们看来，如果用一种诚心去对待祭祀，这种祭祀也是一种个人的自我实现。真诚地做好祭祀，也为灵魂真正地获得解脱创造了条件。

记者：

此说法有点意思。

《奥义书》作者：

我们也认为，生命本身就是一种祭祀，祭祀的主体是每一个人。人通过每天早晨向神祭祀，向神敬献酒品；在日常的吃喝玩乐中，严格遵守神圣的规则；在欢笑中、宴饮时、结婚时吟唱神曲，同时做到自制、不害别人、说老实话……这些都是祭祀。人在死亡的时候，把自己洗得干净，这同样是祭祀。这些形形色色的祭祀活动，无疑有利于人实现灵魂的净化，从而走向最终的解脱。

六　四位说：世界上最古老的精神分析理论

记者：

看你们写的《奥义书》，我发现在三四千年以前你们这些学者就特别精通心理学。我不知道当很多思想者埋头于研究现实政治的时候，你们为什么把研究的重点带到心灵哲学这个领域？

《奥义书》作者：

你的观察很敏锐，我们在《奥义书》中多次提到，梵就是世界的本质，宇宙就是梵，但同时这个梵也就是存在于我们心灵中的那个最高的自我。

记者：

你是用另一种语言表达了天人合一的概念。

《奥义书》作者：

话也可以这么说，一切事情都是人通过其灵魂对世界进行感悟的结果。人的灵魂是我们人类观察世界的窥视口，我们的内心越干净，我们能够掌握的真理越清楚；相反，我们的灵魂越肮脏，我们越是无法感受这个世界。

记者：

你的话有点深奥。

《奥义书》作者：

一点都不深奥。在我们的日常生活中，我们经常能够感受到宇宙力量的巨大，这种巨大不是来自宇宙自身，而是来自人类心灵的自我感受。

记者：

你的意思是说，外在宇宙的存在和我们人类心灵的力量也是密切相关的。

《奥义书》作者：

没错。归根结底讲，万物之所以能够存在，真正决定它的那个梵，那个上帝，那个唯一的最高本质，是存在于你我心中的那个大写的我。

记者：

我终于明白你们这些哲学家为什么那么高度重视心理学研究了。

梵之音：印度思想之旅

《奥义书》作者：

既然主宰世界的力量归根到底来自人的心灵，要研究宇宙，我们就必须研究人的心灵。

记者：

谈谈你们的发现。

《奥义书》作者：

通过研究我们发现，人在不同的条件下处于四种不同的状态，第一种是醒位，也就是说在这个时间段人是醒着的。

记者：

在这个时候人是清醒的，因而他心灵的力量也应该是最大的。

《奥义书》作者：

错。人在醒着的时候，人的主观精神与外部世界的对立是最尖锐的，我们人类的主观精神受到外部世界的束缚是最严厉的。因此，醒着的时候是最不自由、最痛苦的时候。

记者：

梦中如何？

《奥义书》作者：

第二种状态就是梦位，也就是说，在这个时候我们人类是处于睡眠的状态，但是有梦。此时主观精神部分脱离了客观世界的束缚，处于一种不看、不听的状态。但是做梦本身就是白天外部经验留给内部心灵的残余，说明人的精神依然处于外部世界的部分主导之下。这种状态同样有恐怖，有痛苦，人还不是完全自由的。

记者：

如果睡得很死，呼噜声不断是不是最好的状态？

《奥义书》作者：

睡得很熟、也不做梦，毫无疑问比梦位，也就是说睡着了但还有梦那种状态要好一些。但是，这种状态中的人依然受到肉体的支配，还不能实现彻底的解脱。

记者：

那在什么状态才是最高层次的呢？

《奥义书》作者：

这种状态叫大觉位，又称死位。在这种状态我们人类不仅完全摆脱了客观外界的束缚，而且也摆脱了自身肉体的束缚，达到了真正的自由与解脱。只有在这时才有可能与梵达到真正的合一。

记者：

这种状态让我想到了死亡，让我想到佛教所讲的劫数。

《奥义书》作者：

也可以这么理解。

七　"三道四生"

记者：

我记得你曾经说过，一个人重新转世的形态取决于他本人现在的行为。是不是此人在此间行善，就有好结果；反之，就有坏结果？

《奥义书》作者：

就是这么回事。一个人，如果信奉神明，按照吠陀的规定，在森林中苦行、苦修，那么，他死后就会进入太阳、月亮之中，最终到达梵的世界，不再回到人间。这个道路就是神道。那些不断进行祭祀、行为端正的人，死后进入月亮中，在那里享受生前积存的道德的报答。享受完之后，便化成风，然后成为云、雾，降到地上，化作米、麦等食物。如果运气好的话，进入男子的身体，化作精子，然后进入母胎，获得再生。这条路，我们称为祖道。

记者：

你刚才说的，都是行善的例子，如果做了坏事，怎么办？

《奥义书》作者：

一些人在人间干尽了坏事，不信奉神明，就会变成狗，就会变成猪，就会变成贱民，甚至会变成更加低层次的小虫子或者低等的植物。这是最坏的结果。

记者：

我知道，这就是你讲的"三道"理论。你还讲过"四生"，"四生"又是什么？

《奥义书》作者：

这个很简单，我给你讲一讲。我把有生命的物种分成胎生、卵生、湿生和种生四种。人和兽是属于胎生动物；鸟和鸡属于卵生动物；湿生就是从湿气中生出来的，如蚊子等；种生就是从种子生出来的，如草木。

八 梵：至高无上的唯一神

记者：

我曾经对你的前辈们写的《梨俱吠陀》做过研究，我发现，在那部经典中，印度人传统的多神教理念似乎发生了变化，已经开始显露出向一元化过渡的倾向。

《奥义书》作者：

在《梨俱吠陀》中，确确实实多神论已经受到削弱，世界由唯一的本体所创造的观念已经开始形成。

记者：

你们这些《奥义书》的思想家们之所以能提出梵是宇宙间唯一的神这个观点，是不是与《梨俱吠陀》有关？

《奥义书》作者：

毫无疑问，我们的《奥义书》就是对那些经典做哲学上的解读，我们的很多解读是以它们为基础，可以说没有这些经典就没有《奥义书》。

记者：

你们很谦虚。据说，你们确立梵是宇宙间唯一的神这个理论的过程中，也经历了很多曲折的事情。

《奥义书》作者：

没错，在我们那个时代，绝大多数人相信多神教，太阳神、时间神、食物神等，这些神多被看作能够主宰一切的神，谁也不让谁。大家是依次被崇拜，轮流来坐庄。说是有一神论的倾向，但归根到底还是多神论。但最终，我们这些学者还是在梵是至高无上的神这一点上达成了共识。

记者：

你们是如何处理被人们崇拜的其他神明与梵的关系的呢？

《奥义书》作者：

我们承认梵是唯一精神主体，梵无限永恒、不可理解，是世界的创生者、维持者和毁灭者，是宇宙的光、主和生命，他独一无二，是崇拜的唯一的对象。总之，他是至高无上的、独一无二的。

记者：

我是问，你们是如何处理众神与梵的关系的？

《奥义书》作者：

印度人多神观念根深蒂固，因此我们也不能轻易将这种观念摧毁。为此，我们的理论是这样处理他们之间的关系的：首先一点，众神都必须服从唯一的神，如果没有梵，其他的神连一片树叶也烧不动，连一根稻草也吹不动；但是，我们也认为那些众神也被视为唯一神的组成部分，唯一神的存在并不否定他们的存在，只是地位不同而已，这就是他们之间的关系。

九　梵与自我乃最高知识

记者：

在你们印度，人们都把吠陀时代的四部经典作为至高无上的知识。但在你们的《奥义书》中，似乎对此不以为然。

《奥义书》作者：

是的，吠陀时代的四部经典是真理的探索者，但远没有抓住真理。

记者：

你是说《吠陀》所揭示的东西并非真理？

《奥义书》作者：

是的，在我们看来唯有梵与自我才是人间最高的知识，不知道梵与自我就是无知，唯有认识到梵与自我的统一性，人才能获得最终的解脱。关于梵与自我的知识，正像埋藏的金库，人们虽然在它上面走来走去，但无人知道它的存在。一切众生天天走过这个世界，但丝毫察觉不到这个伟大真理的存在。

记者：

所以你将四部经典称为低下的知识？

《奥义书》作者：

是的。知识可以分为两种，一种叫上知，是高层次的知识；一种是下知，就是低层次的知识。无论是《黎俱吠陀》《夜柔吠陀》《娑摩吠陀》《阿达婆吠陀》，还是那些为这些《吠陀》服务的语言学、礼仪学、语法学、词源学、司乐学和天文学，都是层次不高的学问，属于下知，而唯有对梵的认知才属于高层次的知识。

记者：

在全社会都把四部《吠陀》作为圣典崇拜的时代，你们却如此藐视《吠陀》的知识，这可能要出问题的。

《奥义书》作者：

没错。但是不同的时代可以说不同时代的话，在我们的那个时代，一个新兴的阶层已经崛起，那就是国家的统治者刹帝利阶层。他们开始主导社会的方向，他们不再把传统的婆罗门所讲的那套奉为经典。负责祭祀的阶层在社会中也不再是至高无上的特殊群体，我们之所以提出这种理论，确确实实也与刹帝利阶层对我们的支持有关。

十 每一个人的灵魂都可以在另一个躯壳中复活

记者：

你们的《奥义书》中有一个观点似乎特别醒目，那就是轮回的思想。

《奥义书》作者：

没错。关于灵魂轮回的思想，《梨俱吠陀》中没有出现，一些梵书谈到过这个问题，但彼此很矛盾，更谈不上系统。真正对这个问题有系统研究的，应该就是我们的《奥义书》。

记者：

你说人的灵魂可以在各种事物之间进行流转是什么意思？

第二章 《奥义书》哲学思想——对话《奥义书》作者

《奥义书》作者：

我们的观点很简单，也就是说，人的肉体是一种没有价值的东西，它无非就是由骨骼、皮肤、精肉、骨髓、肥肉、津液、血浆、黏液、泪水、鼻涕、尿水、粪便、肠气、胆汁与痰组成的结合体，臭不可闻、丑陋不堪。而欲望不过就是这块肉体所具有的一些低下的东西，人体所具有的欲念、怒火、幻想、恐惧、沮丧、嫉妒、饥饿、口渴、死亡、衰老、疾病等，都是过眼云烟，它们永远得不到满足，即便得到满足马上又再次产生。我们的肉体就如世间干涸的海洋、坍塌的山峰和不断移动的北极星一样变来变去，因此过分看重这些眼前的东西是毫无价值的。

记者：

你的意思是说灵魂是不死的？

《奥义书》作者：

是的，相比之下人的灵魂是永恒的，是不死的，即便是在人的躯体和欲望灭绝之后，它可以从一个物体转移到另一个物体上去。

记者：

我想知道人的灵魂要经过哪些阶段才能实现轮回呢？

《奥义书》作者：

大体分为五个阶段，第一，进入月中；第二，变成雨；第三，下到地上变成食物；第四，成为男子的精子；第五，进入母胎中再生。这就是人类灵魂不断轮回的基本轨迹。

第三章 《薄伽梵歌》哲学思想
——对话《薄伽梵歌》作者

引 子

  《薄伽梵歌》是印度教圣经之一，为古今印度社会中家喻户晓的梵文宗教诗。此诗原为大史诗《摩诃婆罗多》第六篇中的一部分。作者与成书年代均不详。学术界对此书的成书年代有甚多异说，而所推定的时间，大约是在公元前一千年到公元后四世纪之间。这篇诗歌原是薄伽梵派的圣典，由于薄伽梵派的教主被认为就是《吠陀经》中的毗湿奴神，因此它被吸收到正统婆罗门圈内。

  此书对于印度思想界有莫大的影响，而且是近世印度思想家的精神支柱。此书采取对话方式，借阿朱那（Arjuna）王子与黑天（Kriṣna）两人所做的问答，论述在既存的社会制度之中，必须毫无私心，各尽本分，对唯一的神应当做绝对的皈依与奉献。由于所含思想极为复杂，在哲理与实践、信仰与现世的关系上，此书常有矛盾与不统一之处，但其中所述及的道理与解脱之道，最符合印度人的所好，因而成为全体印度教徒的福音书，至今仍是印度人早晚必须读诵的经典。

一 最高我是世界的起源与根本

记者：

  在关于世界的起源与根源问题上，我感觉《薄伽梵歌》与《奥义书》的观点也不一样。

《薄伽梵歌》作者：

  不可能一样。《奥义书》更多的是强调对抽象理论的思考，而我们《薄伽梵歌》则希望将这些理念应用于人类的日常生活。因此，我们对这些问题的思考角度与《奥义书》是不一样的。

记者：

你们把"最高我"这个概念视为世界的起源和根本。如何理解？

《薄伽梵歌》作者：

在我们这里，最高我是世界的起源和本源，是一切生命中不可见的能量。最高我拥有高和低两种物质，低的元素物质产生自然界的一切变化，而高的元素物质，则产生灵魂与精神之类的东西。

记者：

难道你所讲的最高我既包含物质性的性质，也包含精神性的性质？

《薄伽梵歌》作者：

可以这么讲。当我们强调低的元素物质是最高我的性质时，我们更多的是强调最高我的自然性，也就是物质性质。当我们说灵魂也是最高我的性质时，我们则更多的是强调最高我的精神属性。总体来讲，你说我们把最高我视为物质和意识的结合体，基本上可以这么理解。但大多数《薄伽梵歌》的作者，更重视最高我的精神性。

二 智慧之道与精神的解脱

记者：

我印象中你说过，有智慧的人最容易实现精神上的解脱，也最容易实现与你哲学中所崇尚的最高我的融合。

《薄伽梵歌》作者：

没错。我们人类的知识大体上可以分为两种。

记者：

哪两种？

《薄伽梵歌》作者：

一种是理性知识。这种知识试图通过理性的方法和科学的方法，来理解外在的现象。第二种是精神直觉。人们试图通过直觉的力量，来把握现象背后终极的真理。

记者：

听你的表述，哪一种方法更好呢？

《薄伽梵歌》作者：

无所谓哪一种方法更好。这两种知识代表了探索真理的不同方面，是可以进行互补的，而不是截然对立的。

记者：

是这样吗？

《薄伽梵歌》作者：

是的。就理性知识来讲，它的基础是科学方法。但是，科学的方法，也有其局限性。通过科学的方法获取的知识并非最高层次的知识。相反，这是低级的知识。要想获得对至高我的全面的认识，除了有科学的方法以外，还必须有我刚才所讲的精神直觉所获得的知识来予以补充。只有两种方法相互补充，才能获得关于至高无上的最高我的正确认识。

记者：

《薄伽梵歌》多次提到，人必须剔除私欲的影响，才能获得更高层次的精神直观及洞察力。这如何理解？

《薄伽梵歌》作者：

没错。对绝大多数人来讲，心灵上有很多垃圾和污染。我们的心灵之眼，经常被这些东西所遮掩。因此，我们就无法将我们的心灵和我们的精力专注到我们最应该关注的东西上去。因而，我们对世界的认识，经常是朦朦胧胧，像云又像雾。所以，唯有驱除激情之火和欲望的影响，我们才能获得关于世界的终极认识。

记者：

据说，《薄伽梵歌》把瑜伽作为一种修炼的方式提出来？

《薄伽梵歌》作者：

没错。所谓瑜伽体系，就是一种修炼的方法、一种去除心灵垃圾的方法。它大概分这样三步：第一步，清静意识、身体与各种感官，让神占有它们。第二步，把意识从追逐感官的散乱的思想活动中收回来，专注于至高无上的神也就是最高我。第三步，立足前两步以后，我们就可以把我们的灵魂与至高我这个世界的终极存在联系起来，从而实现精神的绝对的平静。

记者：

那到底什么叫瑜伽呢？

《薄伽梵歌》作者：

从理论上讲，瑜伽是一种状态，是一种不再有心灵痛苦的状态。当人的思想清清爽爽，不再像灯光一样闪烁不定时，人就有可能达到这种瑜伽状态。当人们超越感官的享乐，而每时每刻都想到真理，这说明人的状态是一种瑜伽的状态。总之，当人不再为任何痛苦所影响，不再有任何痛苦，而最终实现与至高无上的神合二为一的状态，就是瑜伽的状态。

记者：

你们印度哲学很神秘，说实话，不好懂。在我们现在人看来，认识真理的最好方法是科学，而你们却把精神直觉视为最佳的路径。

《薄伽梵歌》作者：

没错。精神直觉有科学为支撑，有情感来支持。人的意识不再混乱，人的心灵将获得真正的平和。有了这种精神直觉，我们不可能认识不到真理的终极存在，而一旦到了这个层次，我们人类就能够实现精神的圆满。

三 把事业做好，就能得到解脱，精神就会圆满

记者：

看《薄伽梵歌》，感觉史诗的精神非常的积极。

《薄伽梵歌》作者：

如何获得解脱，让自己的精神得到圆满？这是每一派学者都必须回答的问题。《吠陀》强调尊重祭祀的仪式，《奥义书》强调对真理的追求，佛教强调无为二字。相比来说，《薄伽梵歌》更强调要把人间的事做好。在我们这里，强调一个"业"字，就是把"业"做好。"业"，就是行为，就是工作。

记者：

你们不提倡无所作为，这点非常明确。我想了解一下，在一个时时刻刻都特

别强调种姓等级的国度，人如何能积极做好自己的工作？

《薄伽梵歌》作者：

你问的这个问题，问得好！有几点必须要把握，从大的方面来看，人必须把自己的工作做好，无论是针对人的工作，还是针对神的工作都必须做好。做这些工作，要保持一颗纯洁的心灵，不能时时刻刻都为自己着想，而应该有利他主义的安排。当然，作为人不可能没有私欲，但是，私欲不能膨胀。人应该把自私的欲望升华为利他的欲望，只有这样，才能把工作做好。这是第一点。

记者：

还有什么？

《薄伽梵歌》作者：

第二点，那就是要尊重印度社会所存在的种姓制度。种姓制度没什么不好的，每个人都应该按照种姓制度规定的义务好好地工作，每个人都应该清楚地知道自己的定位，应该清楚地知道自己应该履行的义务，不应该有超越种姓制度不正常的想法。说得通俗点，就是每个人要做好自己该做的事情，不应该有非分之想。这是第二点。

记者：

似乎还有第三点？

《薄伽梵歌》作者：

当然有。第三点就是一个观点、一句话，我们不主张苦行僧式的生活。我们主张行动比无为要好，苦行不可能让精神获得圆满，苦行不可能让自己获得解脱。只有积极地生活，积极地工作，才能实现理想的目标。

四 绝对的信仰是唯一的道路

记者：

为了实现灵魂的解脱与精神的圆满，《薄伽梵歌》似乎特别强调爱与信仰的作用？

《薄伽梵歌》作者：

肯定是这样，绝对的信仰是唯一的道路。如果我们不去爱，不去信仰，我们

第三章 《薄伽梵歌》哲学思想——对话《薄伽梵歌》作者

就只能躲在自我的牢狱之中。而当我们用爱去把我们与那个至高无上的神联系起来，我们就会感受到那个至高无上者也就是神的存在。这条道路，对所有人都是敞开的。无论是体弱多病者、还是卑贱者，无论是文盲、还是无知者，这都是一条接近神最容易的道路。爱，不像苦行修炼或苦思冥想那么艰难。

记者：

难道只要全身心地去爱和信仰，什么知识都不需要吗？

《薄伽梵歌》作者：

不是这个意思。我从来没有否定过知识在帮助人类走向神的过程中所起的作用。所有爱神的人，都离神很近。但那些拥有知识的人、拥有智慧的人，离神最近。而其他的人，虽然离神也很近，但大多拥有自己的小目标、自己的小九九，一旦他们的目标实现了，他们就不去爱神了。而唯有那些智者也就是那些拥有知识和智慧的人，才能永远与神在一起，也只有他们，才能得到神永远的眷顾。

第四章 顺世论
——对话阿耆多·翅舍钦婆罗

引 子

顺世论是迄今为止人们所知的印度唯物主义的突出代表,在唯物论方面所取得的成就令人瞩目。顺世论哲学的价值在于直接提出鲜活的哲学问题,并促进其他哲学家放弃教条主义,而越来越显示其批判性。顺世论哲学最引人注意的是他们的快乐论哲学。让我们走近顺世论哲学的创始人阿耆多·翅舍钦婆罗。

一 "四要素说"

记者:

关于世界的本原问题,这是任何研究哲学的人都无法回避的。在你之前的印度哲学中,神、灵魂、天界等很多问题,都被一些人视为世界的终极本原。不知道你对此是如何看的?

阿耆多·翅舍钦婆罗:

要解决世界的本原问题,首先必须把标准说清楚。标准与原则说清楚了,这个问题就好说了;不把原则和标准说清楚,这个问题就不好说。

记者:

那是当然。

阿耆多·翅舍钦婆罗:

在我们的哲学中,感觉被我们认为是知识的唯一来源。那么,从理论上来说,只有那些能够被感觉所感知的对象,才有可能是真实的,也只有这些才可能是世界的本原。

记者：

从逻辑上讲，应该如此。

阿耆多·翅舍钦婆罗：

《吠陀》《奥义书》等宣称神、灵魂、天界、生前、死后，还有其他一些东西，他们认为那些东西是世界的本原。这点，我们不以为然。因为，这些东西不能被感知，不能被感知的，就一定不是世界的本原。

记者：

那在你们看来，什么东西构成世界的本原呢？

阿耆多·翅舍钦婆罗：

物质，物质才是能够被我们所感知，其真实性才是能够为我们感知的唯一的对象。

记者：

你的意思是说，世界的本原是物质？

阿耆多·翅舍钦婆罗：

是的。

记者：

研究你们印度的思想史，我也发现，曾经有不少学者提出过，物质是构成世界的本原这个观点。他们同时还提出：空、风、火、水、地五大元素是构成世界的本原。你的观点是否和他们相同？

阿耆多·翅舍钦婆罗：

大同小异。我们只是认为，空这个东西是不存在的，因为它不能被感知，它是通过推理推出来的。因此，构成物质世界的本原是四种要素，而不是五种。

记者：

明白了。

阿耆多·翅舍钦婆罗：

无论是那些有生命的东西，如植物、动物、人，还是那些没有生命的东西，如山、水、土地等，它们都是由这四大元素聚合而成的，万物也都是由这四大元素聚合而成，灭亡以后，也将回归这四大元素。这就是我们的所谓"四要素说"。

二 《吠陀》是人为的创作，是糟糕透顶的作品

记者：

依照你的观点，似乎《吠陀》之类伟大的作品，都不再具有权威？

阿耆多·翅舍钦婆罗：

当然是。《吠陀》是什么？《吠陀》是一些狡猾的祭司提供的用以欺骗无知者和其亲信并赖以维生的作品而已。这些《吠陀》以虚假的希望和允诺劝人举行各种各样的祭祀。唯一受益的是那些祭祀的主持和祭司。我明确告诉你，《吠陀》中全部都是假话，没有任何意义。

记者：

是否太过极端？

阿耆多·翅舍钦婆罗：

一点都不。有一些咒语模糊不清，有一些咒语荒诞不经，有一些是老调重弹，有一些则是自相矛盾。各部《吠陀》之间，经常相互矛盾，内部纠缠不清。一部《吠陀》强调、提倡的观点，在另一部《吠陀》中，则遭到谴责。这些所谓的思想家，给人们描绘的都是一些未被实现的东西，都是一些开出的虚假的支票。所以，我说这些人为的创作，糟糕透顶，它不可能给人们指出正确的方向，不可能把现实的人带向未来。

记者：

据说，你对婆罗门教所主张的种姓制度是持严厉批评态度的？

阿耆多·翅舍钦婆罗：

没错，各种《吠陀》经典所鼓吹的种姓制度完全是胡说八道。在我看来，无论是婆罗门还是普通的老百姓，乃至那些乞丐、贱民，他们血管中流的血都是红的，都是从娘胎里生出来的，因此大家没有高低贵贱之分，都是平等的。

记者：

你的观点倒是旗帜鲜明。

阿耆多·翅舍钦婆罗：

应该如此。即便是国家的那些统治者也不应该享有什么特权，这些人并不是天生就应该成为人民的统治者，没有人民的认可，他们对人民的统治就是非法的。

三 身体没了，灵魂也随之而亡

记者：

据说，你不承认灵魂这个问题？

阿耆多·翅舍钦婆罗：

我的观点，并不是如此简单。关于灵魂与肉体的关系，有多种多样的说法。但很多人都认为灵魂是与身体不同的另一种实体，也就是说，灵魂可以脱离身体而存在，正如刀和刀鞘的关系一样，刀可以离开鞘。因此，灵魂可以脱离身体。

记者：

你持不同的看法？

阿耆多·翅舍钦婆罗：

是的。在我看来，对一个人来讲，肉体是人的本质，灵魂不过是肉体的机能或者说形式而已。说到底，意识是物质的派生物或者说副产品。至今，我们也没有发现能够独立于身体而存在的灵魂。

记者：

事实上，你是否认灵魂的独立存在。

阿耆多·翅舍钦婆罗：

没错。人的灵魂至今无法证实，也没有人能够证明灵魂是不死的。身体死了，一个个个体就会灰飞烟灭，灵魂自然也就没了。那么，关于前身、后世、再生、天界、地狱之类的说法，自然也就毫无意义。

记者：

按照传统的唯物主义的定义，你是一个不折不扣的唯物主义者。

阿耆多·翅舍钦婆罗：

你不用给我划到什么主义的名下，咱们有事说事。

四　无须神的帮助，世界照样很精彩

记者：

根据我的观察，世界需要设计，没有精神的参与，世界就会变得尘土一片。例如，就一个陶罐子来说，如果离开陶工的设计，那么，陶罐就永远也不会出现，泥土不会自动变成陶罐。同样，就整个世界而言，如果没有精神力量的参与，那么，我们这个五彩缤纷的世界从何而来呢？

阿耆多·翅舍钦婆罗：

你的这个问题，已经有人上万遍地说过。我只是想告诉你，就物质世界来讲，它本身都有着各自固定的性质，它们的运动和变化，都有其内在的规律，它们可以按照不同的方式，形成我们这个世界。世界变成什么样子，它不需要神的帮助与设计。到目前为止，也没有任何证据能够证明，世界是某种设计的产物。

记者：

那我们当下的世界是从何而来？

阿耆多·翅舍钦婆罗：

当下的世界是物质世界偶然变化发展的产物。世界的背后并没有某种意识和目的的存在。

记者：

古希腊哲学家亚里士多德说过，万物的背后，皆有其目的性。你的观点似乎与此完全相反？

阿耆多·翅舍钦婆罗：

我不知道亚里士多德是谁，我只知道世界之所以有现在，都是物质世界运动变化发展的产物，它是偶然的，而不是必然的；它是无意识的，而不是有目的性的。这就是我的观点。

五　天堂与地狱都是祭司们的发明

记者：

一些印度的哲学家说，人生的最高目标就是通过人活着的时候——也就是今生——举行各种各样的祭祀活动，以求得来世获得升天。他们有鼻子有眼地告诉人们说，那是一种美满的、圆满的状态。

阿耆多·翅舍钦婆罗：

这是胡说，来世的生活从未经证实过。既然未经证实过，那么祭司们说的来世的生活便是胡说八道。所谓的天堂和所谓的地狱都不存在。

记者：

你的观点旗帜鲜明。

阿耆多·翅舍钦婆罗：

没错。天堂和地狱都是祭司们的发明创造，他们就是用这些东西去吓唬那些不听他们话的人。被他们吓唬住的人，就通过不断地举行祭祀，以给这些祭司们提供吃的、喝的，把他们像神一样供起来。

记者：

难道你从不相信这些事？

阿耆多·翅舍钦婆罗：

真正觉悟的人们，都不应该被他们欺骗。只有傻蛋、傻瓜才把他们的胡说八道当一回事。

六　人生的目标是获取最大限度的快乐

记者：

通过与你交谈，感觉你对今生今世的生活特别地在乎？

阿耆多·翅舍钦婆罗：

笑话。除了今生今世，就不再有别的生活；除了我们的肉体，就不再有别的存在。就当下的生活来讲，并非简单地快乐，也并非简单地痛苦，而是快乐与痛苦并存。在这种情况下，我们人类所要做的，就是最大限度地减少痛苦、最大限度地获取幸福。

记者：

在把精神的享受视为人间第一追求的印度文化中，你的观点确确实实很另类。

阿耆多·翅舍钦婆罗：

我们人的存在仅限于今生今世的存在，仅限于身体的存在。我们人类活着的快乐只有一种，那就是身体所带来的快乐。作为人，生活在这个世界上，不能舍弃今生的幸福，而图那种可望不可求的来世的幸福。我的观点非常明确，人活在世界上，他的价值是尽可能地获得最大的快乐。

记者：

你的价值标准确确实实跟别人不一样。

阿耆多·翅舍钦婆罗：

在我的伦理学中，所谓好的行为，就是那些能够给人带来快乐的行为；所谓不好的行为，就是那些不能给人带来快乐而只能带来痛苦的行为。

记者：

你的哲学，堪称享乐主义哲学。

阿耆多·翅舍钦婆罗：

也可以这么说吧。有人说，人生在世有四大目的，那就是：财富、享受、美德和解脱。在我看来，解脱往往与死亡挂起钩来。人一旦死了，万物成灰，哪有什么快乐可言！善恶都是圣典定的一些条条框框，本身也是不存在的。因此，人生所追求的东西，除了财富，就是享受。相比之下，财富仅仅是获得享受的手段。因此，人生最大的目标，应该是享受，而财富不过是手段而已。

七　感觉不能为因果关系提供其存在的证据

记者：

在我们日常的研究中，因果原理每个人都会碰到，世界万物存在各种各样的因果关系，这也是大家所普遍认可的一种关系。人们完全可以通过因果关系来获

第四章 顺世论——对话阿耆多·翅舍钦婆罗

得很多知识,而你似乎对此也不以为然?

阿耆多·翅舍钦婆罗:

我们要确定某一件事是否是另一件事发生的根本原因,就必须先弄清楚二者之间有没有必然性与相关性的因素,如果有,就说明二者之间有相关性的因果关系;如果没有,那说明他们之间就不存在因果关系。

记者:

你这句话说的没问题,只要我们能够确定二者之间存在有必然性与相关性,那我们完全就可以通过这种因果关系获得相应的知识,是不是?

阿耆多·翅舍钦婆罗:

从理论上讲,没错。但是这种确定性是依靠我们的感觉永远无法得到的。

记者:

这是为什么?

阿耆多·翅舍钦婆罗:

感觉的有限性使然。

记者:

怎么讲?

阿耆多·翅舍钦婆罗:

感觉是以感官与其对象的实际的接触为前提,因此我们的感觉仅限于现在,也就是说,具有此时此地的特点。

记者:

也就是当下呗。

阿耆多·翅舍钦婆罗:

可以这么说。我们的感觉仅限于当下,它既不能扩大到过去与未来,也不能扩大到它所没有接触的地方去,因此,它就无法判断两个不同事物之间超过当下以外的联系。也就是说,它无法为在两个事物之间建立因果性的普遍联系提供支持。

记者:

我大概明白你的意思。你的意思是说,感觉只能提供此时此地和当下的特殊的两个事物之间的联系,而这些关于特殊事物的知识不可能放之四海而皆准、不具有普遍性。既然不具有普遍性，那人们自然无法根据这些所谓的因果关系去获取相应的知识，是不是这个意思？

阿耆多·翅舍钦婆罗：

你总结得非常到位。

八　来自感觉的知识，才是唯一有效的知识

记者：

在认识论问题上，你似乎特别看重来自感觉的知识的重要性？

阿耆多·翅舍钦婆罗：

没错。在我看来，唯有来自感觉的知识才是唯一有效的知识。而通过其他渠道获得的知识，其真理性值得怀疑。

记者：

为何有如此看法？

阿耆多·翅舍钦婆罗：

我把知识分为理解与记忆两种，前者又分为感知与假设两种。在所有知识中，感知是最基础、也是最真实的知识。究其原因，所谓感知，就是通过五种感官包括视觉的、味觉的、嗅觉的、触觉的和听觉的这五个渠道而获得的知识，与之对应的知识就是有关色、味、气、触与声的知识。在我们看来，能够被感官感知是事物存在的唯一标准，一切未被感知到的事物都将被视为根本不存在的。

记者：

这个观点是否有点绝对？

阿耆多·翅舍钦婆罗：

一点都不。详细的争论可以在以后进行，我只想告诉你，在我们这些被称为顺世论的哲学家看来，眼、耳、鼻、舌、身等感官是人类有效知识的来源，是人类获得终极真理的最有效的手段。而企图通过其他手段来接近真理的种种做法，都可以说基本上是缘木求鱼。

九　永远的解脱意味着永远的死亡，与快乐毫不沾边

记者：

你们印度的一些哲学家说，解脱是人生的最高目标，一旦实现了解脱，就将消灭一切苦难。有的人相信人死后就是解脱，有人相信今生也可以获得解脱。你怎么看？

阿耆多·翅舍钦婆罗：

这些都是胡说。刚才我们已经说过，来世的生活完全是一种想象，肉体没了，灵魂自然就没了；人死后，无所谓快乐不快乐。同样，说人今生就可以过一种彻底消灭一切苦难的生活，这同样是胡说。这是一种不可能实现的理想。

记者：

如何理解呢？

阿耆多·翅舍钦婆罗：

人生在世，经常是快乐与痛苦并存，不可能出现只有快乐而没有痛苦的情况。作为我们每一个个体，我们所能够做到的，就是最大限度地减少痛苦、最大限度地增加快乐。

记者：

你的说法和欧洲伊壁鸠鲁学派的一些说法，有点相似。

阿耆多·翅舍钦婆罗：

我不管你说的什么伊壁鸠鲁学派的什么说法，我只谈我的观点。一些人说什么人通过压制自然的欲望，就能够实现自我的超越，就能够获得永恒的幸福，这也完全是胡说。人活在世间，确保肉体的幸福是第一位的。人不应该为了所谓的灵魂这个外壳的幸福，而去牺牲肉体的幸福。如果为了追求所谓精神的快乐而牺牲肉体的幸福，就与那些把骨肉扔掉而抱着外壳的傻瓜没有什么区别。

阿耆多·翅舍钦婆罗简传

阿耆多（Ajita Kesakambali，约公元前6—前5世纪），顺世论先驱，彻底的唯物主义者。"顺世论"是古印度著名唯物主义哲学流派，从感觉经验出发，主张四大元素独立存在为世界万物的物质基础，从而否定梵天创世等天神创世说。主张肉体与精神的统一，认为人的意识是由四大元素组合而生；人死后四大元素分散，灵魂湮灭；世界万物自然产生和消亡，不存在万物的超自然主宰。反对婆罗门教的祭祀行为，反对种姓制，反对神创论。否认来生业报轮回。主张积极乐观的入世，反对苦行、禁欲和虚伪的道德。

第五章 论数论哲学

——对话迦毗罗

引 子

古印度婆罗门教的哲学思想自《吠陀》和《奥义书》时期形成之后,历经长期的发展,到公元前的数百年间,逐步开始系统化,陆续出现了属于婆罗门教的几个相对独立的哲学流派。数论派哲学就是其中之一。数论哲学在印度有着非常古老的传统,它最初的一些思想观念在不少印度的远古文献中都有记述。

在形成独立的学派以后,数论派的理论一直受到印度思想界的高度重视,中国学者对这个学派的关注也要远远超过其他学派。数论派在本体论上坚持的是一种特殊的二元论,在宇宙论上坚持的是"因中有果论",人生学说上的轮回原理与解脱原理则让数论哲学中的人生理论颇具特色。让我们开始研究数论哲学。记者与之对话的人士便是数论哲学的创始人——迦毗罗先生。

一 数论哲学的来源

记者：

一提起你们印度的数论哲学,人们就会想起一位名字叫自在黑的人,此人写的《数论颂》被众多人视为数论哲学的经典。但据我了解,自在黑是约公元4世纪的人,他的《数论颂》自然也是约公元4世纪时候写的书。

迦毗罗：

我是数论哲学的创始人,自在黑是我之后数论哲学最重要的理论家之一,他写的《数论颂》对于你们这些晚辈研究数论哲学很有帮助,但他绝对不是数论哲学的创始人。数论哲学的历史要比自在黑所活动的年代早得多。

记者：

据说你是公元前 4 世纪的人，是不是说数论哲学的历史开始于公元前 4 世纪？

迦毗罗：

其实还要早。

记者：

早到什么时间？

迦毗罗：

最起码与佛教的历史差不多，释迦牟尼曾经向我们的前辈请教过关于精神统一问题，因此在释迦牟尼时代，我们的数论哲学就已经成系统了，影响也很大。

记者：

如此说来，那连你都不是数论哲学的创始人啊！

迦毗罗：

何出此言？

记者：

你说公元前 6 世纪时数论哲学就已经很成系统，而你的出生时间是在公元前 4 世纪，那很显然你不是数论哲学的创始人啊！

迦毗罗：

这……最起码说，我是创始人之一吧！

记者：

不为难你了。既然你是数论哲学的创始人，那我问你：你们的数论哲学既然被奉为印度婆罗门哲学的正宗，印度的古代哲学哪一些对你们创立数论哲学起过关键性的作用？

迦毗罗：

张嘴就来，《吠陀》《奥义书》《摩诃婆罗多》……尤其是其中最伟大的史诗《薄伽梵歌》是我们数论哲学最正宗的渊源。

记者：

可否说说这些经典中的哪些部分对你创立数论哲学产生过重大影响？

迦毗罗：

太过细节性的问题，建议你去看看相关的著作，让我用几句话说清楚这个问题，有点为难我了。

二 数论哲学与"数"有关吗？

记者：

数论哲学这个名称，特别容易让人联想起你所创立的学说流派似乎与"数"有关，真的有关吗？

迦毗罗：

毫无疑问，数论与"数"有关，我们的哲学列举了一定数量的基本哲学概念，并在这些概念的基础上创立了数论哲学。但严格说来，数论哲学不是研究数的，数这个概念除了具有数学上的含义外，还具有"探求""省察"等含义。此外……

记者：

此外什么呢？

迦毗罗：

数论哲学还有很多别名。

记者：

说说看。

迦毗罗：

一个别名是迦毗罗论，这是以我的名字命名的。一个别名是"雨众外道"，这是以我的大弟子名字命名的。还有一个名字叫作"僧佉"……

记者：

"僧佉"是什么意思？

迦毗罗：

这是你们汉族人的译法，大概是"计算"的意思吧。

三　特殊的二元论

记者：

在关于宇宙和世界的终结本原上，你的哲学到底是属于一元论，还是属于二元论呢？

迦毗罗：

我的哲学，既不是典型的一元论，也不是典型的二元论，可以说是一种特殊的二元论。

记者：

怎么讲？

迦毗罗：

古印度哲学具有一元论的理论取向，因为这种哲学把各种实体，如无、有、原人、太一或唯一者、金胎、遍照者、理法、火、地、梵、我等视为世界和宇宙的终结本原和最终原因。我们的数论哲学也是将物质与精神现象统一于最终实体原质，因此，把我们的哲学定位为一元论哲学，是没问题的。但是我们哲学的一元性，与普通哲学的一元性有所不同。

记者：

不同点在哪里？

迦毗罗：

我们的理论又把神我视为宇宙的另一个本原，虽然这个本原在促进宇宙世界发生变化的过程中不起作用。

记者：

不理解。

迦毗罗：

打个比方说吧。一个残疾人装有一个假肢，人看起来是由两只脚支撑着，但其中一只是假的，假肢虽然能保持人体的平衡，但假肢并不属于身体的一部分。

记者：

还有一点不理解。

迦毗罗：

你只要知道我们的数论哲学是一种特殊的二元论就行了，随着交流的深入，你会一点点明白我打的这个比喻的。

四 "原质"，即"原初物质"是宇宙的本体与本原

记者：

很显然，原初物质，也就是你所说的原质，是你哲学的核心概念，我想请你介绍一下这个概念。

迦毗罗：

所谓原质，也就是原初物质，也叫根本原质，它是指万物之间的差别还没有形成之前的物质状态，在此意义上讲，原质就是万物的质料。

记者：

《数论颂》称原质为"未显"，也就是"未开展"，与你说的是不是一个意思？

迦毗罗：

差不多。一句话，原质是万物得以产生的终结原因，大千世界，无论是实实在在的物质世界，还是看不见摸不着的精神世界，都是由原质而产生出来的。

五 关于原质的证明

记者：

你凭什么相信在大千世界的背后有一个作为万物本原的原质的存在呢？

迦毗罗：

有五个理由让我相信原质的存在。

记者：

哪五个理由？

迦毗罗：

第一个理由：宇宙的万千具体事物千差万别，它们都拥有有限的数量和质

量，每一个拥有有限数量和质量的物体，都来自于另一个同样拥有有限数量和质量的事物。比如，一个瓦罐，质量和形体都是有一定的限度，它也是通过特定有限的陶土烧制而成。但是，如果将一切差别和有限的元素包括在内，则最终必然存在着一个无限的存在，这个无限的存在则成为一切有限事物的最终原因和基础。

记者：

第二个理由是？

迦毗罗：

第二个理由是：宇宙间事物是千差万别，形形色色，但无论如何不同，终究存在着共同性，比如，只要是水，不论是冷水，热水，都具有潮湿性这个共同特征。原质就是万事万物的共同性。

记者：

第三个理由是什么？

迦毗罗：

第三个理由是：凡事物皆有其创造者，如无创造者则不可能有这些事物的存在，而沿着这个逻辑往上推理，将推导出万物的终结创造者是某种非具体的存在，这种非具体的存在就是原质。

记者：

第四个理由是什么？

迦毗罗：

第四个理由是：所有显性的原因和结果是有差别的，原因与结果具有不同的功能，而具有某种具体功用之物必以具有某种具体功用之物为因，但后者必然蕴含前者存在之可能。

记者：

太绕了，举个例子说说。

迦毗罗：

如瓦罐能盛水，但用于制造瓦罐的陶土则不能盛水，但是陶土毫无疑问蕴含着瓦罐的可能，如果陶土不蕴含着这种可能性，则不可能造出陶罐。如果按照这个逻辑顺序推理下去，我们会发现存在着这样一些事物……

记者：

什么事物？

迦毗罗：

这些事物虽然不具有某种具体的功用，但是却蕴含着一切的可能性，因而有可能成为万事万物的创造者，这就是原质。

记者：

那第五个理由又会是什么呢？

迦毗罗：

第五个理由是：原因是产生结果的原因，结果是原因创造出来的结果，因此，当结果毁灭时必然复归于原因。比如，陶土烧制成陶器，当陶器毁坏时，这些陶器必然会复归成为陶土。沿着这个逻辑顺序推理，我们必然得出这样一个结果：宇宙万物终会走向灭亡而复归到宇宙演化前的物质状态，这种状态就是万事万物的终结原因，就是原质。

六　原质与觉（现象界）的九大区别

记者：

在你们的数论哲学中，原质像云像雨又像梦，看不见、摸不着，似乎这个东西永远都无法把握。

迦毗罗：

如果原质永远停留在原始状态，那人们是无法把握它的，但是原质到了一定时候会发生变化而出现进化或异化，进化或异化的产物就是现象界的万事万物，我们有时候也把现象界的万事万物称为次级存在即觉。

记者：

原质与现象界的区别应该是很明显的吧？

迦毗罗：

是的。其间的区别表现在九个方面。

梵之音：印度思想之旅

记者：

说说看。

迦毗罗：

一、现象界的一切事物都是有原因的，都是由其他事物和原因而引起的；而原质的存在则不需要其他原因，原质本身就是最终的原因。

记者：

二是什么？

迦毗罗：

二、现象界是无常的，但是原质则是常住而不生不灭的。三、现象界深受空间的限制，因而现象界并非是普遍存在的，而原质则是无处不在，无时不有。四、现象界处于不断的变化之中，而原质则是不变的，自身不会发挥作用。五、现象界是杂多的，而原质则是唯一的……

记者：

接着说。

迦毗罗：

六、现象界各个现象之间是相互依赖的，而原质是独立的，不存在相互依赖性。七、现象界最终会回归到原初状态，而原质不会回归于任何事物。八、现象界的各种现象是可分的，而原质是不可分的一体……

记者：

那最后一点是什么？

迦毗罗：

九、现象界的一切事物都是隶属于上位的，而原质则是无主的独立体。

记者：

说来说去，你是强调原质的本质特征，那就是无因性、常住性、无处不在性、静止性、不可分割性、唯一性、自主独立性……

迦毗罗：

正是，唯有通过与现象界的比较，才能准确把握原质的本质。

七　神我：终究是一个消极的旁观者

记者：

在你的哲学中，你一方面把原质视为宇宙和世界的本体，另一方面又把神我看作是宇宙和世界的另一个本体，我想请你先告诉我到底什么是神我，然后再请你告诉我这两种本体之间到底是一种什么样的关系。

迦毗罗：

神我，有时候我们又称之为我知者、人我、我，有时候我们干脆称之为神，它是生命体真正的精神本体。

记者：

原质是宇宙和世界的物质性终结实体，神我是不是就是宇宙和世界的精神本体呢？

迦毗罗：

可以这么说。

记者：

在决定和创造宇宙世界的过程中，原质和神我的作用分别是什么呢？

迦毗罗：

物质性的原质是积极性的动力元素，是宇宙演化的本原，而神我只是一个消极性的旁观者，它不直接参与宇宙的演变过程。

记者：

唯物主义素来就非常强调物质性元素的作用，你们似乎也是如此？

迦毗罗：

在这一点上，我们确实与唯物主义有不少相似之处。在我们这些数论哲学家看来，神我的特征是"见证、独存、冷漠、观看、无活动"。

记者：

很显然，神我是一种精神主体，是不是万事万物的精神特征，如感觉、意识就是由其创造的呢？

迦毗罗：

不是，即便是宇宙万物的精神特征也不是由神我所创造。

记者：

那神我还有什么作用呢？

迦毗罗：

一句话，很消极，如一位隐遁山林的修士，什么都不做，只是冷冷地看着这个世界。似乎是可有可无！

记者：

既然可有可无，你还把它列为万物的主体干吗？

迦毗罗：

我只是说它似乎可有可无，其实并非可有可无。

记者：

神我到底有什么作用呢？

迦毗罗：

关于原质与神我在创造现象世界的过程中所起的作用，我可以用一个比喻来说。

记者：

最好不过了。

迦毗罗：

一个腿脚不好的瘸子，他可以看路，但脚坏不能行走。一个眼睛有问题的盲者，虽然因为眼睛坏不能看路，但他可以用脚走路。这两个人单独都不能行路，只有彼此配合才能到达目的地。

记者：

难道神我与原质的关系也是如此？

迦毗罗：

是的。

记者：

怎么讲？

迦毗罗：

严格来说，神我如那个瘸子，对周围的一切非常明白，但是不能行走。虽然心知肚明但却难以有所作为。而原质如那个盲人，虽然看不清周围的一切，但却能到处行走。简单说来，神我是知者而不是行者，原质是行者而不是知者。

记者：

明白。

迦毗罗：

知者与行者相互配合，世间万物就得以出现，历史的车轮就会开始转动，人间的轮回自然也提上议事日程。没有二者的配合，一切都处于最原始的状态。在这种彼此配合中，神我被原质及其由原质创造出来的现象世界所包围，因此，神我虽然不是行者，但却被人们当作能行动的行者。而原质由于得到神我的配合，做任何事情都表现出很强的主观性，因而也往往被视为知者。

八 关于神我存在的证明

记者：

你是如何证明神我存在的呢？

迦毗罗：

我说其中的几个给你听听，或许你认为复杂了些，不过没关系，慢慢你就会明白的。

记者：

说吧。

迦毗罗：

第一个证明是：一般说来，事物的聚合都是为了他物的缘故，例如用各种部件组合成为一张床，其目的并非为了床自身，而是为了让人睡觉……

记者：

是啊。

迦毗罗：

同样，血、肉、骨骼等生理部分与知觉、感觉器官组合而成的身体，其存在的目的也不是为了自身，而是为了自身以外的某个支配者，否则就毫无价值。

记者：

你是想说这个身体之外的支配者就是你要证明其存在的神我？

迦毗罗：

是的。身体存在是为了供支配者和主宰者享用，这个支配者和享用者，就是神我。

记者：

明白。

迦毗罗：

第二个证明是：物质性的事物，包括人的身体，其自身是无知无觉的，所以必须要一个支配者，这个支配者就是神我。我们的身体之所以成为一种有意义的存在而不停地运动，恰恰证明了神我的存在。

记者：

继续。

迦毗罗：

第三个证明是：世间存在着酸甜苦辣等味道，说明必有体验这些味道的主体存在。同样，对于任何一种经验，必有经验者存在。由此推导下去，全体事物都是经验，必有最终的经验者存在方有意义。这个最终的经验者就是神我。

记者：

还有吗？

迦毗罗：

有，第四个证明是：解脱就是灵魂完全脱离身体的束缚，如果身体内没有神我，那所谓的解脱就毫无意义。既然人们相信解脱的存在，就说明神我也是客观存在的。

九　每一个生命体皆有一个神我

记者：

说来说去，神我就是一种精神主体，是不是所有的精神主体都是一样的呢？

迦毗罗：

否，神我并非只有一个，每一个生命体之所以是自身而不是别的，说明其背后皆有一个神我与之对应。如果没有了神我，所有的生命体将是一个面孔。

记者：

在你的哲学中，主体包括原质和神我两个，神我本身又是有若干个，有多少生命体，就有多少神我。这种观点很显然与传统的吠檀多哲学不一样。

迦毗罗：

是的。如果完全一样的话，我们就不会受到那么大的批评了。

十　因果运行造就宇宙万物

记者：

原质与神我是宇宙的两大本体，前者是物质性的，是积极主动性的。后者是精神性的、旁观性的。我想知道，从你的理论中，能不能得出宇宙万物是原质与神我相互作用的结果？

迦毗罗：

得不出这个结论。原质和神我的地位和作用是完全不对称的。

记者：

那宇宙万物是如何产生出来的呢？

迦毗罗：

宇宙万物是在因果关系中显现出来的，换句话说，万物是在转变、演化的种种因果关系中显现出来的。

记者：

我关心的是在这个因果关系的演化进程中，原质和神我的作用到底是什么？

迦毗罗：

原质的作用是核心的，原质是在神我的配合下一步步演变出现象世界的。神我虽然不直接参与宇宙万物的创造，但神我代表着原质创造活动的目的。

记者：

你是说原质正是为了实现神我的目的而创造出宇宙万物？

迦毗罗：

正是，但绝对不能说神我直接参与了万物的创造。正如大海中的灯塔系统虽然对船的航行起到一定的导向性作用，但其作用与船本身的动力系统显然不能相提并论。

十一 "三德"方是真正的启动者

记者：

船的航行靠的是自己的动力系统，那我问你：原质造就万物的动力来自哪里？

迦毗罗：

在于原质内部所拥有的三种特性，我称之为"三德"。是"三德"的相互作用失去平衡，而引发宇宙万物的演化。

记者：

何谓"三德"？

迦毗罗：

所谓"三德"就是指原质的三种属性。第一种属性表现为喜欢，是物质处于平静状态时的特征；第二种属性表现为忧愁，与风的特征类似；第三种属性表现为郁闷、沉重，与大地的特征相似。当第一种属性居于主导地位的时候，人的肢体变得轻快，人的感觉变得明晰；当第二种属性居于主导地位的时候，生命体表现出兴奋与冲动；当第三种属性居于主导地位的时候，生命体的肢体变得沉重，人的各种器官遭受蒙蔽。

记者：

原质的三种属性与宇宙万物是什么关系呢？

迦毗罗：

正是因为这三种属性的互动，才促使万物得以出现。没有这三种属性，就不会有大千世界的出现。

记者：

能不能做这样的归纳：在万事万物出现的进程中，原质的作用处于核心地位，神我是一个旁观者，不直接参与万物的创造，但神我昭示着原质创造万物的方向，原质创造宇宙万物，依靠的是其内在的三种属性，正是这三种属性的互动，促使万物得以产生。

迦毗罗：

可以这么归纳。

十二 "因中有果说"及其证明

记者：

你的哲学中，"因中有果说"非常具有独特性，我想看看你是如何论证这个理论的？

迦毗罗：

在介绍关于"因中有果说"的论证之前，我先把这个理论的内容给你说说。

记者：

好啊。

迦毗罗：

"因中有果说"的内容是：在因果关系中，果已经在因中蕴含着，果只是因中之果的展开和显现而已。

记者：

可否通俗地解释一下？

迦毗罗：

通俗地讲，"因中有果说"的意思是：宇宙间万事万物不过是作为本体的原质的展开而已。

记者：

通俗不到哪里去。

迦毗罗：

一句话，任何事物都不是全新的东西，说到底都不过是原质的转变而已。

记者：

如此说来，原质与其所生成的万物之间必然具有一定的关联性，正是这种关联性把万物与其创造者即原质联系在一起。与原质比较起来，万物处于一种变动状态，而原质则处于一种永恒状态。从你的理论中，似乎能得出宇宙守恒的定律。

迦毗罗：

应该是。

记者：

我希望你谈谈你的证明。

迦毗罗：

第一个证明是：世界万物绝对不可能无因而生……

记者：

应该是这样。

迦毗罗：

世界上每一个事物的出现与存在，必须以另外事物的存在为原因，而且作为原因的事物，必须蕴含作为结果的事物，才可能生成该结果。否则这个结果就不可能出现。

记者：

举例说说。

迦毗罗：

比如，从沙中不能榨出油来，那是因为沙里本来就不蕴含油，我们之所以从麻里榨出油来，那是因为麻里本来就蕴含着油。

记者：

说得通。

迦毗罗：

第二个证明是：在因果关系中，一定的果必须有与之相对应的因。因此，要实现特定的果，就必须具备特定的因。否则是不可能从其他事物中得出这个结果的。这就说明因中必定有果。

记者：

举例。

迦毗罗：

比如，要得到奶酪，就必须以牛奶为原料，这就说明奶中蕴含着奶酪，否则为何不能从水中制出奶酪呢？

记者：

有一定道理，你这是反证法。请继续说。

迦毗罗：

第三个证明才是真正的反证法。

记者：

请说吧。

迦毗罗：

第三个证明是：如果因中不蕴含着果，果就不需要从相应的因中产生出来。如此一来，果就可以从任何一个事物中产生出来。而这恰恰是不可能的。

记者：

可以这么说。

迦毗罗：

第四个证明是：世上万物只能是特定的因中造出特定的果，也说明因中包含着果。最后一个证明，也就是第五个证明是：世界上任何一个事物必然由具有同类性质的事物所创造出来，即果与因在性质上是一致的。比如麦芽与麦种是同类事物，麦芽才能从麦种中被创造出来。因与果在性质上的一致性说明因中必然有果。

十三　"因中有果说"的独特性

记者：

很显然，"因中有果说"在印度的思想中颇具独特性，这种独特性最显著的体现是什么？

迦毗罗：

我用比较的方法来说明一下，你就会明白的。在印度的哲学中，有一个流派叫"胜论派"，他们提出"因中无果说"。这个理论认为，世界上万事万物都是由各种各样的原因混合而成，如此一来，混合的结果与原因就不可能是一样的。

记者：

这倒也是。既然结果是由原因混合而成的，那么这种结果是什么样的，人们就无法判断。

迦毗罗：

你说得没错。肯定了"因中无果说"，那就等于肯定了由原因所引起的结果是不确定的，如梦如幻，也不可能是真实的。既然这个结果是不真实的，那么人类也就无法去研究这个东西了。

记者：

经过你这么解释，那你提出"因中有果说"等于承认了万事万物的真实性。这个理论显然比"因中无果说"要有价值得多。

迦毗罗：

应该是这样

十四　感觉的局限性

记者：

作为一个哲学家，不可能不对认识论表态。我想请你告诉我，人类如何才能获得真理？

迦毗罗：

我用很大的篇幅来研究这个问题。在我的理论中，人类要获得真理，有三个途径。第一个途径是，感觉；第二个途径是，推理；第三个途径是，引经据典。

记者：

请详细说说看。

迦毗罗：

感觉，就是指用我们的感觉器官去认识世界。可以说，我们人类的所有知识都是通过感觉得到的。没有感觉器官对外面世界的接触，人就不可能获得这种知识。当然……

记者：

当然什么呢？

第五章 论数论哲学——对话迦毗罗

迦毗罗：

我的意思是说，人的感觉器官存在着很大的局限性，有很多知识是人感觉不到的。例如，有的东西太远了，人就不可能看得见；有的东西太近了，人也不可能看得见。

记者：

怎么可能呢？什么东西太近了，而看不见呢？

迦毗罗：

人是看不见眼睛里面的灰尘的，恰恰就是因为这些灰尘离人眼睛太近而看不见。有时候，当人的感觉器官受到伤害，他也就不可能去感觉外面的世界：耳朵聋的人，就听不见外面的声音；眼睛瞎了，就看不见东西。还有，当你对一个人说话的时候，如果这个人三心二意，那么，他也就听不见你在说什么。有些东西太过细微，人们也看不见；还有一些东西，如果被墙阻隔，你也看不见它们。再有，太阳出来了，在太阳的遮盖之下，星星和月亮，你也看不见。还有，当许多东西混杂在一起，而且它们非常相似，你要想感知它们，也是难于上青天。例如，一颗豆子混在大量同类的豆子之中，你就难以分辨。

记者：

你说得没错。人的感觉器官确确实实存在局限性，仅靠感觉无法对世界做出全面的把握。

迦毗罗：

正因为这个原因，所以，人们必须借助于推理来把握这个世界。所谓推理，就是依据人们已经观察到的现象，对事物之间的因果关系来进行合理的推论。推论总体来讲有三种。一种是由原因推导出结果，如见到黑云，我们就可以推断必然会下雨；一种是从结果来推导原因，如见到江中有很多浊水，我们就可以推断上游下雨。还有一种推理是同类推理。打个比方说，我们看到柳树发芽，就可以推知其他地方的柳枝也在发芽。

记者：

对于掌握真理，你刚刚说过，引经据典也是途径之一。这怎么讲？

迦毗罗：

有些圣人拥有很高的天赋，他们说的话，他们写的书，也经常成为真理的来源。通过听圣人说的话，看圣人写的书，我们也能够发现真理。

记者：

在你所提出的研究真理的若干种途径中，哪种方式更或最接近真理？

迦毗罗：

相对来说，圣人和古代经典往往是我们获得真理最好的、最权威的途径。当然，这也不是绝对的。

十五　轮回与生命之苦

记者：

关于人生，数论哲学与印度的主体思想似乎没有什么不同，基本上是否定性的。

迦毗罗：

没错。印度哲学对人生的看法基本上是悲观性的，在印度哲学看来，现世生活是苦的，所有生命体生生世世都处于苦的链条之中。这就是苦的轮回。

记者：

人生既然是苦的，那么生命就没有任何意义、目的可言了吗？

迦毗罗：

那倒不是。既然生命处于苦的轮回之中，那么生命的意义就是追求解脱，解脱就是对苦的否定。

记者：

人生苦在何处呢？

迦毗罗：

人生之苦是多方面的。我曾经把人生之苦分成三大类：第一大类，我称之为"依内苦"。

记者：

何谓"依内苦"？

迦毗罗：

所谓"依内苦"，就是人的生理和心理的苦。它是由身体内部的原因引起来的，如：由于身体对风和热的不适应而引起的苦，以及由于对有些事情不喜欢甚至讨厌等心理原因而产生的苦，就叫"依内苦"。

记者：

那还有什么苦呢？

迦毗罗：

另一种苦叫"依外苦"。所谓"依外苦"，是指由外部的物体或者动物而引起来的苦。如：受到野兽的伤害，或者由于山崩地裂受到的伤害，都是属于"依外苦"。

记者：

那还有什么苦人类必须承受？

迦毗罗：

还有一种苦叫"依天苦"。所谓"依天苦"，是指由天性或天上的自然现象引起的痛苦。如：由寒、热、风、雨、雷、电等给人造成的痛苦。

十六　永远的解脱

记者：

既然人生在你看来是苦的，那么，只有超越痛苦，这样的人生才有意义。

迦毗罗：

没错。人不能永远生活在痛苦之中，人应该想尽一切办法，来超越这些痛苦。

记者：

那如何超越呢？

迦毗罗：

超越痛苦的方法很多，但是，在我们数论派看来，超越痛苦的最根本的方法，就是智慧的方法。

记者：

你是说，智慧的方法是超越痛苦的最好方法。那何谓智慧呢？

迦毗罗：

前面我已经说过，在超越痛苦的方法中有很多是不可能产生任何效果的，超越痛苦最根本的方法，就是认识真理。认识了我们数论派哲学所揭示的真理，就能够逐步把神我与原质加以区别，从而使两者不再结合。既然两者不再结合了，那么，人生的轮回也就被消灭掉了。既然人生的轮回被消灭了，那么所有的痛苦也就会被超越。

记者：

你的这些思想与佛教所讲的摆脱痛苦的方法和基本思路似乎大同小异。

迦毗罗：

也可以这么讲。

迦毗罗简传

迦毗罗（Kapila，大约生活在公元前350—前250年），著名的数论哲学大师。数论派是古代印度的六种正统派哲学中之一派，传说其创始人是迦毗罗。迦毗罗的基本哲学体系是"二元二十五谛"。具体包括因中有果论、三德说、三分法量论、解脱观等，通过阐释25个概念范畴之间的相互派生转换关系来说明其所认识的世界的性质和规律。

第六章 论瑜伽哲学

——对话钵颠阇梨

引　子

从思想史的角度来看，瑜伽哲学一直与数论哲学密不可分，两者都是数论思想与瑜伽思想的一种结合。数论哲学与瑜伽哲学之间相互渗透，使两者在印度传统思想中并称为数论瑜伽学说。与数论哲学相比，瑜伽哲学在有神论的坚持方面以及对各种修炼方法的系统研究方面，要深入得多。让我们走近瑜伽哲学理论的集大成者钵颠阇梨先生。

一　三千五百年前的巫术

记者：

有人曾经研究过你们的瑜伽思想，发现瑜伽思想起源非常早。

钵颠阇梨：

瑜伽思想的起源，应当追溯到公元前1500年前。

记者：

这么久远？

钵颠阇梨：

大约在公元前2750年到公元前1500年，这时雅利安人还没有进入印度河流域。此时印度的土著人已经建立了自己的宗教信仰。我们提出的瑜伽思想就与印度土著人的宗教信仰有关。

梵之音：印度思想之旅

记者：

愿闻其详。

钵颠阇梨：

在那段期间，人们就喜欢盘腿打坐，呈冥想的状态。

记者：

你说的这些太过久远。是一种想象，还是有考古的证明呢？

钵颠阇梨：

这些并非是简单的想象。有考古学家在印度河流域挖掘到一枚印章，这枚印章的历史就可以追溯到公元前1500年前。这个印章上就有一座神像，这个神像盘腿打坐，呈现着冥想的状态。经过考古学家的研究，这尊像就是后来流行全印度的印度教三大神之一湿婆的原型。

记者：

你的意思是说，在公元前1500年前，印度人的宗教活动中就有通过盘腿打坐，呈冥想的状态来进行宗教活动的传统？

钵颠阇梨：

是的。据一些历史学家研究，公元前1500年前，雅利安人开始入侵印度。雅利安人偏重于精神性的活动，而当地的印度土著人则强调用瑜伽和忘我的修行来与雅利安人对精神性的提倡进行抗衡。

记者：

结果怎样？

钵颠阇梨：

雅利安人颇具宽容精神，他们吸收了印度土著人的瑜伽修行的方法，并在此基础之上创立了婆罗门教体系的六派之一，这就是瑜伽哲学。

记者：

有人说，从其价值取向上看，瑜伽修行与当时流行的母权社会有关，是这样吗？

钵颠阇梨：

在母系社会，女性处于社会的主导地位，女性偏重安静，而对集体性的精神性的活动呈抵制状态。这种盘腿打坐、禅定修行的方法，就与这种母系社会的追求有关。所以说，你刚才说的是有一定道理的。

二　与数论哲学并称为姊妹哲学

记者：

很显然，瑜伽哲学的历史很久远。据我了解，数论哲学的历史也很久远。

钵颠阇梨：

没错。瑜伽哲学与数论哲学的关系非常特殊。特殊性表现在，这两种哲学都属于二元论，在许多问题上观点完全一致。因此，瑜伽哲学与数论哲学在印度六派哲学中并称为姊妹哲学。

记者：

有很多学者说，瑜伽哲学在印度六派哲学中是最缺乏独立性的一派。这种看法你是否赞同？

钵颠阇梨：

这种说法有一定的道理。相对于印度其他五种学派，我们瑜伽哲学缺乏一定的独立性，因为我们瑜伽哲学的核心点的做法，是其他流派都通用的一种方法。因此说我们瑜伽哲学缺乏一定的独立性和独创性，有一定道理。但是……

记者：

但是什么呢？

钵颠阇梨：

但是也不能说得太绝对，哪一种修行方法的研究都没有我们对瑜伽方法的研究更深入。可以说，正是由于我们瑜伽哲学的参与，才使得各种瑜伽修炼的方法成为人们最喜欢的方法。

三　瑜伽的来源

记者：

一些资料显示，在印度最早的《吠陀》文献中，就有瑜伽思想。

钵颠阇梨：

没错，在《梨俱吠陀》中就有。

记者：

《梨俱吠陀》是如何谈到瑜伽的呢？

钵颠阇梨：

《梨俱吠陀》是这么谈到的：宇宙的起源是唯一物，但由于欲念进入了唯一物，从而使唯一物开始出现了有和无这两种原初的元素，世界万物与众神由此而开始产生。

记者：

瑜伽这个概念是怎么出现的呢？

钵颠阇梨：

在《梨俱吠陀》中，曾经提到"苦行"这个概念，"苦行"就是瑜伽的意思。这个词的原意是：给牛和马套上驭具，后来意思转变为：活动、联想、冥想、心的统一；再到后来，这个词又变成忍受痛苦、自我禁欲等。具体说来，它代表着人通过苦行这种方法与神进行交流，进而得到不可思议的超自然的力量。修炼的方法有多种，如节俭饮食、控制睡眠、压迫呼吸、断绝与外界的接触、一心不乱地修炼等。

记者：

看来，瑜伽思想的萌芽在《吠陀》文献中早就有了。

钵颠阇梨：

自然。从形象的角度来看，瑜伽这个词的意思还有：指身体通过修炼，达到"灼热"的程度。这代表着人修炼要经过激烈的努力，并要付出很大的代价，而结果就是达到一种超脱、一种超自然能量的获取。这就是最早的瑜伽的含义。

四 《奥义书》中的瑜伽思想

记者：

据说，瑜伽思想到了《奥义书》的时代就相当成熟了？

钵颠阇梨：

没错。研究印度哲学的人都知道，《奥义书》研究的都是哲学问题，《奥义书》所关心的是人通过对自我的证悟，来实现与宇宙的融合。而要实现这种融合，人必须通过某种相应的方法。

记者：

什么方法呢？

钵颠阇梨：

是通过内省的方法，也就是通过控制自己的肉体，去寻找生命的本质和价值。而要这么做，就涉及瑜伽问题。

记者：

怎么讲？

钵颠阇梨：

要实现自我的证悟与发现，就必须通过瑜伽修炼才能够实现。人通过瑜伽修炼，就能够自觉地断绝与外界的联系，从而抑制人的感觉和精神的活动，进而促进人的深层次的反省，最终见到自我，从而实现与宇宙的合二为一。

记者：

看来，瑜伽和《奥义书》的关系是非常紧密的。

钵颠阇梨：

没错。根据我的考察，最早的《奥义书》中，如《广森林奥义》《歌者奥义》，虽然没有对瑜伽进行详细的描述，但是，它们中有很多文字对如何调节呼吸、抑制情感，都有详细的记载。

记者：

听说中期的《奥义书》对瑜伽的论述更完备。

钵颠阇梨：

没错。中期的《奥义书》对瑜伽的论述非常完美，这个阶段《奥义书》对瑜伽的论述与数论哲学是合在一起的。当然，在中期的《奥义书》中，我们也可以看出数论哲学与瑜伽哲学分化的苗头。

记者：

什么意思？

钵颠阇梨：

在这个阶段，数论哲学从理论上将人的身体和精神分别进行考察，而瑜伽则是通过压制身体，侧重对人的精神进行考察。到了这个阶段，数论哲学与瑜伽哲学之间的区别已经非常明显了。

五　瑜伽体系的完成

记者：

依照你的理论，到了中期《奥义书》的时候，瑜伽哲学已经成为一个体系了，是不是？

钵颠阇梨：

评价瑜伽是不是一个独立的体系，应该从四个方面来进行判断。第一，看看瑜伽哲学的原理是否完备；第二，看看瑜伽实际修行的方法是否完美；第三，看看它的实际效果如何；第四，看看它在解脱方面的观念如何。我通过研究《鹧鸪氏奥义》，可以得出结论。

记者：

什么结论呢？

钵颠阇梨：

这个结论就是，到了中期的《奥义书》，也就是《鹧鸪氏奥义》的时候，瑜伽哲学已经形成了自己完整的体系。

六　《薄伽梵歌》视数论哲学与瑜伽哲学为一体

记者：

能不能说《奥义书》标志着瑜伽哲学的最终完成？

钵颠阇梨：

也不能这么说。到了印度的大史诗年代，有很多重要的诗篇，也对瑜伽思想做了深层次的表述，如《薄伽梵歌》就是如此。《薄伽梵歌》把数论和瑜伽思想作为重要的哲学理论，认为这两种理论既是哲学的理论，又是宗教的实践。只要能够认真落实这两种理论，人们就可以获得解脱。

记者：

你的意思是说，《薄伽梵歌》把数论和瑜伽哲学既视为理论上的指导，也是行为上的指导？

钵颠阇梨：

没错。需要特别说明的是，《薄伽梵歌》提出，数论哲学和瑜伽哲学本来就是一回事。人们相信通过数论哲学能够达到的境界，通过瑜伽哲学也能达到。在《薄伽梵歌》里，数论哲学和瑜伽哲学基本上就是一回事。

七　瑜伽哲学是有神论，数论哲学是无神论

记者：

在瑜伽修炼的过程中，人们必须经常不断地敬神，是不是说在瑜伽哲学中存在着某个至高无上的神？

钵颠阇梨：

这个问题不像你想得这么简单。

记者：

怎么讲？

钵颠阇梨：

瑜伽哲学发展到鼎盛期之后，与数论哲学越来越趋同。两派哲学都认为原智和神我的结合是痛苦的结合，它们结合的目的就是要使神我断绝与原智的关系，从而使神我取得独立存在的地位。瑜伽修炼的目的，就在于将原智的开展中最有力的心加以抑制，从而摆脱束缚。在这一点上，瑜伽哲学与数论哲学是完全一致的。

记者：

不一样的地方在哪里？

钵颠阇梨：

这个问题问得好。数论哲学中，没有神的地位；而在瑜伽哲学中则有神的

存在。

记者：

这个神是哪一位大神呢？

钵颠阇梨：

这位神的名字叫自在天。

记者：

你是说，在瑜伽哲学中，自在天是万物的创造者，是高居于原智和神我之上的大神？

钵颠阇梨：

从理论上讲，自在天是宇宙创造的源泉，也是人生最终归宿的目标所在。但是，在瑜伽哲学中，自在天并没有被看作是万物的创造者。在瑜伽哲学中，世界万物真正的创造者或是原智，或是来自于促使原智与神我相结合的那种永恒的力量，这种力量并非自在天。

记者：

那自在天的作用是什么呢？

钵颠阇梨：

打个比方说，水稻成长的根本原因是来自于种子与河水的结合。但是，水稻的种子与河水不能自动地结合，需要农民去帮助它们。在这里，农民的作用是相当大的，但农民不是种子与河水相结合的原因，而是促使种子与河水相结合的辅助性因素。自在天的作用，和农民的作用一样。

记者：

我基本明白。在瑜伽哲学中，有一个神叫自在天，从理论上讲，它的作用很大。但实际上，它并非是万物产生的根本原因，它不过是促使原智与神我相结合的辅助性因素。可以说，瑜伽哲学中的有神论，是一种弱有神论。不知道这种表述对不对？

钵颠阇梨：

这种表述不尽准确，但还是可以接受的。

八　心的五种状态

记者：

瑜伽哲学特别强调心的作用。众所周知，心每时每刻都受到外界环境的影响，而外界环境在不断地变化，人的心就会发生变化。那如何才能促进人的心灵修炼呢？

钵颠阇梨：

你的问题提得好。当我们对心所处的状态做出详细的分析之后，也就对如何推进心的修炼找到了答案。

记者：

请你具体讲一讲。

钵颠阇梨：

人的心可分为五种状态，一种状态叫扰心。在扰心的状态下，人的心受到外界事物的干扰，迷惑不堪，狂乱不已。这是一种状态。盲心也是一种状态，在盲心的状态下，人的心受到外部环境的刺激，产生痴迷、昏聩，而无法对事物的状态做出正确的判断。迁心也是一种状态，在迁心的状态下，人的心处于一种不稳定的情况，胡思乱想，无法安定。

记者：

很显然，你所讲的三种状态，是指人处于一种负能量的状态。那人的心还有哪些状态呢？不至于人的心都是处于负能量的状态吧。

钵颠阇梨：

你说得没错。人的心还有两种状态，这种状态是我们人类所应该追求的状态。一种状态叫一心，在一心的状态下，人能够专注于某些事物，并对事物的真相予以准确地把握，为进一步抑制心的作用作了准备。最后一种状态叫灭心，在灭心的状态下，人的心的作用已经断灭，而恢复起本来的平静的状态。这种状态是从一心的状态逐步转化而来的。

记者：

灭心的状态是不是人心的修炼达到了最高的状态？这种状态是一种超级稳定

的状态？

钵颠阇梨：

可以这么说。在瑜伽哲学中，我们把这种状态称为三昧状态。在三昧状态下，人的心与对象完全融合在一起，主客观完全重复在一起。到了这种状态，人的心可以说是达到了完全的解脱。

九　心灵状态影响事物的存在状态

记者：

你们印度的哲学家习惯于把心视为人的认识器官。

钵颠阇梨：

难道不是吗？

记者：

现代人把大脑视为人的认识器官。

钵颠阇梨：

差不多。

记者：

人的心是如何认识事物的呢？

钵颠阇梨：

对于心来说，存在有其独立存在性，一部分存在属于为人认知的存在，一部分认知为人所没有认知的存在。

记者：

存在如何才能被人类所认识，换句话说，人类如何去认识存在呢？

钵颠阇梨：

心是铁，事物是磁铁，事物要想被人类所认识，就必须能够对人类的心产生吸引力，一旦事物对人类的心产生吸引力，人的心就可以对外部事物予以认识或者说予以反应。

记者：

事物如果不能够对心产生某种牵引，事物就不能被人类认识；而外部事物一旦被人类的心灵予以对象化后，就成为人类的认识对象是吗？

钵颠阇梨：

不同心灵对同一事物，可能产生不同的反映。同一心灵，在不同状态下，对同一事物的反应也不尽相同。

记者：

现代最顶尖的科学即量子力学认为，人类的主观态度也参与决定着外部事物的存在状态，通俗点说，外部事物的存在不具有所谓的客观性，其存在形态与人类的主观状态也密切相关。

钵颠阇梨：

我不知道什么量子力学，但人的精神决定着存在的状态，这点我是赞同的。

十　瑜伽修行的八个阶段

记者：

瑜伽哲学非常强调修行的重要性，似乎没有修行就不可能实现人的精神上的解脱？

钵颠阇梨：

没错，瑜伽修行非常讲究修炼的方式。

记者：

希望你说一说。

钵颠阇梨：

瑜伽修行大体上分为八个阶段。第一阶段我称为禁制阶段。这个阶段就是要求人们有些行为是不能做的。例如：不能杀生、不能胡言乱语、不能偷盗别人的财物、不能奸淫、不能贪图别人的财物。这些禁忌对修行非常重要。

记者：

在我的印象中，佛教也非常讲究各种禁忌。

钵颠阇梨：

没错。无论是佛教，还是别的什么教；无论是正统的教派，还是那些不正统的教派，都非常强调各种戒律，没有戒律，就没有修行。

记者：

第二个阶段是什么呢？

钵颠阇梨：

如果说第一个阶段是强调消极的不作为，那么第二个阶段就提倡要积极地做很多事情。例如：人必须注意保持身体的干净，同时要知足，不能贪得无厌，还要忍受各种苦行。除此以外，人还要学习古代吠陀经典，不断地念神。也就是说，要亲近自在神。这是第二个阶段。第三个阶段，就是按照一定的坐姿调整自己的身体，确保自己的身体稳固，而不能过分地用力。否则，精神就处于不自然的状态，瑜伽修行就不可能达到应有的程度。

记者：

据说，瑜伽修行对坐法的要求非常之多，达到八九十个？

钵颠阇梨：

没错。第四个阶段，就是要调整好呼吸。无论是呼，还是吸，都要调整好呼吸的次数和每个呼吸之间的间隔，都必须相当地讲究。只有相当地讲究，才能够达到瑜伽修行的目的。第五个阶段，就是要学会控制自己的感官，不能胡思乱想。第六个阶段，就是要使自己的心专注于一处，保持不动。人所关注的对象，可以是自己的肚皮、鼻尖，也可以是外界的某个神像。总之，要让自己的心专注于一处，而不能胡思乱想。第七个阶段，就是禅定状态。所谓禅定，就是要让自己的观念保持某一种状态，而不能随便摇动。在这个阶段的基础之上，瑜伽修行就会到达最后的阶段，这个阶段，我称为等持阶段，这是瑜伽修行的最后阶段，也是最高阶段。到了这个阶段，人的精神不再涣散，精神的集中得以实现。人的心与对象合二为一，人的主观完全消融于客观之中。这个阶段，便是瑜伽修行的最高阶段。

十一　都是烦恼惹的祸

记者：

我看过西方的一些哲学，它们认为人类的痛苦源于人的欲望。它们的这种说法似乎与你们印度的哲学有着密切的联系？

钵颠阇梨：

没错。在我们瑜伽哲学看来，人类之所以痛苦，人生之所以不幸，就是因为烦恼的存在。

记者：

烦恼是不是也有多种类型？

钵颠阇梨：

没错。烦恼的状态大概有五种类型，一类是无名。所谓无名，就是缺乏正确的认识，它们会把无常、不干净颠倒看成正常、干净等。一句话，它们对世界的看法是颠倒的。这种无名的状态是基本的烦恼。第二种状态就是自以为是，就是人不能够公正地看待世界，容易以自己的偏见来取代一切真理。第三种烦恼就是贪。所谓贪，就是顽强地追逐某种快乐而不放松。第四种烦恼就是拒绝一切痛苦。说到底，也是追求某种感官的享受，而拒绝苦行。最后一种烦恼，那就是爱，这种爱就是人太过追求长生不老，而对死亡抱有太大的恐惧。正是因为人类有这么多的烦恼，而使得人陷于永恒的痛苦的轮回之中。

十二　最终的解脱

记者：

追求解脱似乎是所有印度哲学的最终目的？

钵颠阇梨：

没错，我们所有哲学的最终目的就是解脱。

记者：

你的哲学多次强调，人缺乏对这个世界的正确认识是造成痛苦的原因。是不是消灭了无名，获得了对这个世界的正确的知识，人就可以解脱了呢？

钵颠阇梨：

可以这么讲。修行的最高境界就是促使人们获得更高级的行为和知识，这些知识既包括过去和未来的知识，也包括关于生命和生物的知识，包括前身的知识，包括关于他人的知识，包括关于死亡、世界、星宿、身体系统和关于心的知识。当然，在这些知识中，关于神我的知识最为重要。

记者：

在数论哲学中，也是这么说的。

钵颠阇梨：

当人类最终认识到神我与原质是不同的，当人的神我与原质彻底分离以后，人就能彻底摆脱俗念、摆脱罪恶的种子，从而取得独立存在的地位。到了这种状态，人就能够实现真正的也就是最终的解脱。这就是我们印度所有哲学的最至高无上的追求。

钵颠阇梨简传

钵颠阇梨（Patañjali，大约生活在公元前4世纪）是第一个将古老的瑜伽传统系统地介绍给世人的圣者。他创作了《瑜伽经》，印度瑜伽在其基础上才真正成形。钵颠阇梨赋予了瑜伽所有理论和知识，形成完整的理论体系和实践系统，所以他被公认为瑜伽的创立者，被尊为瑜伽之祖。

第七章　论弥曼差哲学

——对话阇弥尼

引　子

弥曼差派哲学属于印度正统六派哲学中最正统的一个。就其核心思想来讲，它是对《吠陀》圣典的思想最直接的继承。在这一点上，它与吠檀多哲学大同小异。弥曼差派哲学是祭祀中心主义的产物，它的标志性理论是语言不灭论。让我们走近弥曼差派哲学的创始人阇弥尼先生。

一　我们是正统派哲学中最正宗的一个

记者：

弥曼差这个名字怪怪的。我想请教一下，弥曼差在你们印度的梵文中到底是什么意思？

阇弥尼：

弥曼差这个词是从思维、审察、探究转变而来的。说到底，就是研究思维方面的哲学。这派哲学最核心的思想认为，声音是神圣的、永恒的，因此，也有人将这个哲学派别称为声论学派。

记者：

据我了解，你们弥曼差派哲学属于印度正统六派哲学之一，你们的渊源首推《吠陀》时代的经典。不知道这个判断对不对？

阇弥尼：

对，也不对。

记者：

此话怎么讲？

阇弥尼：

我们弥曼差派哲学与其他五家哲学，也就是数论哲学、瑜伽哲学、胜论哲学、正理派哲学、吠檀多哲学等，我们都来自于吠陀时代的经典，我们都把《吠陀》的经典作为真理的权威性的来源。但是，在与经典的亲疏关系上，还是有很大区别的。

记者：

怎么讲？

阇弥尼：

数论哲学、瑜伽哲学、胜论哲学、正理派哲学从思想来源上来看，并非主要继承自《吠陀》的传统，它们更多的是独立地发展。在某种意义上说，他们推出《吠陀》主要是标榜自己的合法性和正统性而已，而唯有我们弥曼差派哲学才是正统派哲学中最正宗的一个。

记者：

你是说，其他五家哲学并非正宗？

阇弥尼：

说错了。我们是和数论哲学、瑜伽哲学、胜论哲学、正理派哲学四家哲学派别比起来，我们是正宗中的正宗，而吠檀多哲学和我们是一样的，我们两家都是基于《吠陀》传统而构建起来的学说。准确地讲，应该说我们弥曼差派哲学和吠檀多哲学两派才是印度哲学中最正统的两派。

二　祭祀中心主义的产物

记者：

弥曼差派哲学是在什么历史条件下形成的呢？

阇弥尼：

从学术思想上来讲，弥曼差派哲学来源于吠陀时代的经典；从其实际起源来看，弥曼差派哲学是吠陀祭祀中心主义发展的产物。

记者：

此话怎么讲？

阇弥尼：

印度人非常讲究祭祀，祭祀是印度人的主要生活方式。在吠陀年代，祭祀是由婆罗门来亲自负责，这是自古以来延续下来的习惯，在祭祀的过程中，必然产生很多疑问，需要得到权威、统一的回答。此外，在当时的年代，还存在着反对婆罗门祭祀主义的思潮。在这种情况下，为了应对这些现象，弥曼差派哲学便应运而生。

记者：

你的意思是说，弥曼差派哲学一方面是为了解答祭祀活动中可能出现的一些问题，同时，也是出于对各种反婆罗门思潮进行反驳的需要。

阇弥尼：

没错。弥曼差派的哲学家，可以说是婆罗门祭祀主义的辩护者和祭祀教科书的制定者。

三 前弥曼差派哲学与后弥曼差派哲学

记者：

在研究你们弥曼差派哲学的过程中，经常会遇到前弥曼差派哲学与后弥曼差派哲学这种说法。我想请你解释一下，何谓前弥曼差派哲学？何谓后弥曼差派哲学？

阇弥尼：

这个问题好多人都搞不清，我给你讲一下。我们古代吠陀经典包括《吠陀》本集、《梵书》《奥义书》等，其内容大概可以分为两个方面：一是实际方面的事情，也就是婆罗门教关于祭祀的规则、应尽的义务等；第二块，是属于哲理方面的，主要指《吠陀》《奥义书》的"梵""我"思想，前者是属于弥曼差派关注的内容，后者则属于吠檀多派关注的内容。具体来说，弥曼差派主要探讨吠陀传统关于祭祀的规则、义务、意义等方面的学说，并解答相关的内容；而吠檀多派则主要是组织、发挥吠陀传统中的哲学方面的思想。严格来说，这两派是一派,两者是互补关系,由于两者在时间上有先后顺序的不同,弥曼差派故被称为前弥曼差派,而吠檀多派则被称为后弥曼差派。不过,久而久之,人们便越来越把弥曼差派用来专指前弥曼差派部分的哲学,而用吠檀多派这个名词来取代后弥曼差派哲学的这个提法,我想你应该清楚了吧?

四 祭祀是到达天堂的必由之路

记者:

你的著作通篇都在谈论祭祀,没想到祭祀那么重要。

阇弥尼:

没错。有些人可能会认为我的分析和讨论非常的烦琐和枯燥。但是,祭祀这个东西太重要了,必须认真地对待与研究。

记者:

明白。

阇弥尼:

在我们看来,祭祀就是法,法就是祭祀,它是《吠陀》圣典规定我们必须予以照办的事情,这些东西具有神圣性和真理性,任何人不得违背。

记者:

背后的原因是什么呢?

阇弥尼:

祭祀是人类通向天堂的必由之路,而天堂又是人们共同向往的最高幸福。离开祭祀,人类就不可能在死后升入天堂,就不可能获得终极的幸福。所以,祭祀十分重要。

五 关于祭祀之五支说

记者:

你的著作对祭祀都有严格的规定,可否详细地介绍一下,都有哪些内容?

阇弥尼：

我的著作对祭祀都有详细的规定，我们称为五个分支，具体包括：仪规、祭文、祭名、祭制、释义五大方面。

记者：

希望你详细解释一下。

阇弥尼：

所谓仪规，是指关于仪式的规定。具体说来，它包括对祭祀开始时的说明，对祭祀做法的说明，对祭祀先后顺序的说明，以及对祭祀的资格的具体规定。这方面的内容主要来自《梵书》。这是第一支。第二支是祭文，分为赞歌、歌咏、祭词。这方面的内容主要来自《吠陀》本集。具体说来，赞歌是指劝请神灵降于祭祀者方面的言论，主要来自《梨俱吠陀》本集的内容。歌咏部分，是对所劝颂之神赞颂之辞，主要来自《婆摩吠陀》本集的内容。祭词是指，在祭祀过程中奉献谷物时所低声聆颂的歌词，主要来自《夜柔吠陀》本集的内容。第三支是祭名，主要包括《吠陀》中所指出的各种祭祀的名称，如：火祭、新月满月祭等。第四支是祭制，是指关于祭祀中各种禁制的规定。第五支是释义，具体是指祭祀的由来及其孝奉的说明。

记者：

真是相当具体啊！

阇弥尼：

刚才所讲的五大祭祀的方面，是根据《吠陀》本集和《梵书》有关方面的规定。在我看来，这些规定是神圣的、不容置疑的，应该无条件地奉行。

六 "无前"：促使人们祭祀的自然力

记者：

地球人都知道，祭祀就是为了敬拜神灵，指望得到神的佑护而得到好的报应。

阇弥尼：

你这个话通常说起来是对的。但是，对我们来说，并非如此。

梵之音：印度思想之旅

记者：

那是什么原因促使你们一定要坚持祭祀活动的呢？

阇弥尼：

当人们没有进行祭祀活动的时候，他的行为在将来可能产生的后果之间没有必然的关系。但是，在举行祭祀活动以后，就有某种力量促使人的行为在未来一段时间产生一定的效果。而促使产生一定效果的某种力量，就是我所讲的"无前"。

记者：

是某种神灵在起作用吗？

阇弥尼：

这种促使人的行为与后果之间联系的力量，并非来自某种神灵，而是一种自然力。

记者：

明白你的意思。你认为，人们从事某种祭祀活动是要在人的行为与可能产生的结果之间建立某种因果联系，这种内在的原因并非某种神灵的作用，而是自然的力量。

阇弥尼：

没错。这就是人们常说的自然法则。

记者：

有点意思。你们印度的文化就是宗教文化，宗教文化每时每刻都与神打交道。而经过你这么一解释，似乎在你们的祭祀活动中，没有了神的存在。

阇弥尼：

你的这个说法没错。我的著作《弥曼差经》通篇可以说都是无神论，我相信，我的那些继承者们也是如此。

记者：

没错。你以后的继承者们大多是不承认神的，一个为敬拜神灵而创立起来的学说竟然是一种无神论，挺有意思。

阇弥尼：

或许是吧。

七　语言不灭论

记者：

一谈起你们弥曼差派哲学，很多人就会想起"语言不灭论"，有些人甚至说，"语言不灭论"是弥曼差派哲学所特有的。不知道这种说法对不对？

阇弥尼：

这种说法最起码说是不全面的。在我们印度各大流派中，如印度的文法学派、瑜伽派、吠檀多派和佛教的一些派别，很多人都主张"语言不灭论"。

记者：

原来如此。

阇弥尼：

我们的前辈非常注意对语言哲学的研究。在梵书时代，就有人把《吠陀》看成是天启的经典，《吠陀》是最高的经典和权威，《吠陀》的一言一行都具有无限神秘的力量，这些语言因而是无限神秘的存在。

记者：

看来你所提出的"语言不灭论"，就是建立在众多前辈的学说基础之上的。

阇弥尼：

没错。我们所讲的语言或许与你所讲的语言不同，在我们这里，语言包括三个层次的含义。

记者：

说说看。

阇弥尼：

第一层含义是指，人发出声音；第二层含义是指，声音所包含的含义；第三层含义是指语言所指向的事物。在我们这里，语言不仅能代表个别事物，也代表事物的概念。

记者：

很显然，在这里，语言这个概念获得了更广泛的意义。

阇弥尼：

没错。我们提出的"语言不灭论"的终极意思，是要表明《吠陀》的语言、权威和那些圣人的语言，是知识的终结来源，而不是单独的名称、概念。在这些语言的背后，存在着不变的实在。

八 关于语言不灭论的证明

记者：

在印度哲学史上，围绕着语言灭或不灭长期存在着针锋相对的争论。我想听听，你是从哪些方面来说明语言不灭论的？

阇弥尼：

可以。我们之所以说语言不灭，大概的理由有六个方面。

记者：

请你细说。

阇弥尼：

第一个理由是，我们使用语言、概念的目的是传达一定的意义。如果声音、语言不是不灭的，那就意味着声音一旦发出，就不复存在。如此一来，语言就不能成为一种传达一定的意义的载体，人们就不能进行很好的交流。在这种情况下，即使发出声音，也不能发挥语言的作用。而事实上，语言和声音一直是为人类所共享，这就足以证明声音、语言是不灭的。第二个理由是，声音作为语言，不仅可以指称一个具体的特别的事物，而且还可以作为"类"概念，指称一个种类的事物。例如，当我们说牛的时候，它可以指所有的牛；在此意义上，从指称一类事物的角度来看，类具有永恒性，那么，指代一个类的声音自然也是永恒。而且，与特定的时空无关。也就是说，在一切时间、空间，声音都是永恒的。

记者：

还有别的论证吗？

阇弥尼：

我说过，是六点。第三个理由是，一切事物在每次出现时，都会带上该次出现的标记，但名称或改变，在发挥指代功能时，此种情况则不会出现。第四个理由是，声音和语言的存在，并不依存于其他物，它以自身作为存在的原因。因此，语言和声音不会因为他物的毁坏而不存在。从而也说明语言和声音具有永恒性。第五个理由，语言和声音并非从空气中产生。否则，如果声音是空气的产物，那么，一定具有人们的感官所能够感知的空气。但事实上，没有这种空气的存在，因此，语言和声音具有永恒性。最后一点是，在《吠陀》经文中，有直接说语言是永恒的文句。《吠陀》是至高无上的真理之来源之一，从而这也保障了语言不灭论的真理性。

记者：

听你论证语言不灭论，感觉很费劲，我也觉得你的很多论证牵强得很。

阇弥尼：

那些具体的论证，你不必太过介意，你只要知道我的论证的终极目的，即是要证明《吠陀》理论的真理性就够了，它们与人们通常所理解的语言学意义上的语言和声音关系不大。

阇弥尼简传

阇弥尼（Jaimini，大约生活在公元前2世纪），古印度婆罗门教正统哲学派别之一的弥曼差派创始人，具体生平不详。相传他是吠耶舍（广博仙人）的著名学生，并从师学习《婆摩吠陀》，曾著述了《弥曼差经》和婆罗门教的《天启经》及《山隐师注》。

在印度六派哲学中，只有弥曼差派和吠檀多派被称为真正正统的婆罗门教的两大学派。两派皆尊《吠陀》，并以《吠陀》为中心组织自己的学说。弥曼差派着重于《吠陀》祭礼的解释与研究，吠檀多派则注述《奥义书》的哲理，探讨宇宙与人生的究竟，使"自我"与"梵"归一，最后求得解脱。由于两派的关系极其密切，所以弥曼差派又称前弥曼差派，吠檀多派又称后弥曼差派。

第八章 论胜论哲学

——对话迦那陀

引 子

胜论派哲学被认为是印度六派哲学中最强调自然哲学的一个派别。此派别从源泉上讲,来自婆罗门教的沙门思潮。胜论派哲学对宇宙万物用若干个范畴来加以分类,并且认为各个范畴又下辖各种组成要素,从而构成宇宙万物。范畴论、原子论以及对《吠陀》经典的大胆怀疑,构成胜论派哲学的核心内容。让我们走近胜论派哲学家迦那陀。

一 "胜论"名称的含义

记者:

关于你们的印度的胜论哲学,我们中国人很早就知道。

迦那陀:

印度的佛教对你们中国影响最大,我相信你们是通过佛教知道我们印度的胜论哲学和数论哲学的,是不是?

记者:

没错。不过,无论是胜论哲学还是数论哲学,在中国学术界,都是作为佛教的主要批判对象而被介绍到中国来的。

迦那陀:

原来是这样。

第八章 论胜论哲学——对话迦那陀

记者：

我想向你请教一下，"胜论"这个名称在你们印度语言中，到底是什么意思？

迦那陀：

在印度的梵文中，"胜论"这个词代表着某种差异性以及因差异而显示出优越性的意思。因为这个词具有这个意思，我们印度的胜论哲学重点就在于研究各种现象之间的差异。也就是说，我们的胜论哲学经常把研究各种现象之间的差异性作为研究的重点。

记者：

据我了解，一些学者也认为你们哲学的名称与你们所要建立的一个特殊的哲学范畴"殊胜"或者说"特殊"有关。

迦那陀：

也可以这么说。

记者：

还有一些学者认为，"胜论"这个词也与你们这些哲学家特别强调自己学术的特殊性有关。似乎唯有坚持你们胜论哲学的一些原理，才能够战胜别人。也就是说，你们之所以用"胜论"这个名词来作为你们哲学流派的名词，也代表着某种自我欣赏？

迦那陀：

搞哲学的人，没有几个是谦虚的，每个学派都认为自己所坚信的是天下唯一的真理。在这一点上，我们胜论哲学与其他印度的哲学流派没有什么不同。既然如此，我们也没有什么必要在哲学的名称上来把这种自信予以特别地强调。因此，你刚才的这种说法，不尽正确。

记者：

看来，"胜论"这个名称应该是与你们这个哲学体系所要建立的特殊的概念、范畴有关，而成为你们这套哲学的中心的概念或者范畴，或许是以与研究事物差别性或特殊性有关。这样理解，是不是能够体现你们胜论派哲学特点？

迦那陀：

这种表述，我同意。

二　胜论哲学的起源追不到《奥义书》《吠陀》那里去

记者：

一些学者还说，胜论哲学与其他印度哲学一样，可以追根溯源到《吠陀》和《奥义书》中去，也就是说，你们胜论哲学的起源是《奥义书》和《吠陀》。

迦那陀：

关于胜论哲学的起源，说句实话，我也不太清楚。但是，有一点我要告诉你。

记者：

请讲。

迦那陀：

我们胜论哲学是承认《吠陀》和《奥义书》权威性的，我们的许多概念，在《吠陀》和《奥义书》中早就出现。

记者：

哪一些概念，你们是从《吠陀》和《奥义书》中引用过来的呢？

迦那陀：

关于地、水、火、风等概念就是如此。此外，关于空、实、方、我、义等概念也是如此，这些概念直接来源于《奥义书》。但是……

记者：

但是什么？

迦那陀：

但是，我要告诉你，就我们的哲学体系中的概念分类法等核心点来说，《吠陀》和《奥义书》对我们没有什么直接的影响，因此，那种认为我们胜论派哲学是起源于《奥义书》和《吠陀》的说法，是站不住脚的。一句话，研究胜论派哲学的起源，追不到《奥义书》《吠陀》那里去。

三　沙门思潮与耆那教的影子

记者：

有人说，胜论哲学来源于数论派哲学。

迦那陀：

不可能！

记者：

为什么？

迦那陀：

数论哲学的核心之一是"因中有果说"，而胜论派的理论正好相反，是"因中无果说"。因此，胜论哲学不可能来源于数论派哲学。

记者：

有人说，胜论哲学来源于弥曼差派哲学。

迦那陀：

我们胜论派的很多思想与弥曼差派的思想有一致之处。不能说胜论哲学来自弥曼差派哲学，但是，我们的很多思想是受到弥曼差派的影响。

记者：

还有人说，胜论哲学的很多思想直接来源于吠陀时代婆罗门的非正统思想，也就是沙门思潮，不知这个看法对不对？

迦那陀：

有一定道理。我们很多思想与沙门思想相一致，很多内容非常相似。沙门思想的很多内容，和我们的原子论思想非常一致。沙门学派中的"顺世派"思想，确实跟我们的基础理论方面更有很多吻合的地方。胜论哲学是典型的唯物论学派，它提出万物都产生于原子的合成；它还提出"因中无果说"，这个思想和我们的思想非常一致。

记者：

根据我的研究，中国有学者认为，与你们的胜论哲学更为接近的是耆那教思想。

迦那陀：

可以这么说。我们的很多理论确确实实与耆那教的很多思想相一致，当然，也不能简单地说我们的理论源泉就是耆那教。但是，必须承认，耆那教对我们理论的形成具有最大的影响力。

记者：

归纳起来看，你们胜论哲学的源泉虽然很难用一两句话来概括，但是，可以这么说，婆罗门时代的非正统思想也就是沙门思潮，以及另一派哲学耆那教，对你们胜论哲学具有非常关键性的影响。

迦那陀：

没错。

四　原子的定义

记者：

在印度哲学中，你们胜论哲学被认为是最具科学色彩的哲学。人们之所以这么看，或许与你提出的原子论有关。请问，什么是原子论？

迦那陀：

我们周围的世界，也就是所谓的物理世界，它独立于我们的认识之外，这些物理世界是由不同的原子所构成。所谓原子，是指被分割为最小、最后的单位。例如，我们把布拆散之后，可以得到线；再把线拆散之后，可以得到棉花粒子。这个棉花粒子就是原子。

记者：

原子的形状是圆形的吗？

迦那陀：

是的。原子的形状像球体，它本身是永恒的、不变的。而由它们所形成的客体，也就是物理世界的一切现象，则是可变的、暂时的。

记者：

古希腊哲学家曾说过，万事万物是由原子的聚合而产生，也是由于原子的分散而消亡。你也这么看吗？

迦那陀：

是的。

五　原子的基本形态

记者：

你从定义上对原子做了说明，在现实中，原子是什么形式呢？

迦那陀：

原子结合的形式，或者说最初的形式，是由两个原子成双成对地结合而成的。我们把这种最初的形式，称之为"二重原子"。三个"二重原子"结合成为"三重原子"。"三重原子"就是我们太阳光线中可以看见的具有微尘大小的客体。而四个"三重原子"结合成为"四重原子"，以此类推，一直到"十五重原子"，以至到更多重原子。世界上形形色色的东西，就是这么产生的。

记者：

据说，你把原子的基本形态分为地、水、火、风四种，是这样吗？

迦那陀：

没错。原子的基本形态包括地、水、火，还有风，它们都具有各自不同的性质。如地的颜色是青的，味道是苦的，无所谓好也无所谓不好，触碰它无所谓冷，也无所谓热；水的颜色是透明的，碰到它有冷的感觉，很湿润；火的颜色是鲜明发亮，碰起来是热的；而风碰到它不冷不热。

六　不可见力规律

记者：

原子是如何形成物理世界各种各样的现象的呢？

迦那陀：

原子的一切组合和运动都受一种不可见力规律所支配。这个不可见力规律是事物和世界之所以成立的根本原因。

记者：

何谓不可见力规律？

迦那陀：

关于不可见力规律，有人把它解释为一种伦理范畴如善与恶，有人则把它解释为潜存于自然界内部的一种不可捉摸的势力或自然力。

记者：

你是如何解释的？

迦那陀：

我同意第二种说法。

七 胜论的原子论与德谟克利特的原子论

记者：

根据我的研究，在你之前两三百年古希腊就已经有了原子论，我不知道你是否知道德谟克利特提出的原子论？

迦那陀：

对这个理论，我只是略有所知。但是，我不知道你所说的德谟克利特提出的原子论和我的原子论之间的区别到底是什么？我没有做过严肃的思考。不知你可否谈一谈你的看法？

记者：

可以。我曾经把你提出的原子论和德谟克利特提出的原子论放在一起进行了比较，我感觉有四个方面的不同。

迦那陀：

说说看。

记者：

德谟克利特提出的原子论说原子是无限的、永恒的，它们虽然具有一定的形式、占有一定的空间，但本身不具有任何特殊的属性或性质；而你的原子论则认为原子有四种形式，而且每种原子都具有特殊的性质，这是第一点不同。德谟克利特认为，原子是同一种类，它们在量上有差别，但在质上是没有区别的；而你的原子论则认为，原子无论是在质上还是在量上都是有差别的。这是第二个不同。德谟克利特认为，原子是向着不同的方向进行不同的运动；而你的原子论则认为，原子是按照"不可见力规律"进行运动。原子的运动是一种机械式的位移。这是第三点不同。

迦那陀：

还有什么不同？

记者：

那就是论证方法的不同。德谟克利特提出的原子论运用的方法是数学方法；而你的论证方法基本上是逻辑学方面的方法。两者显然是不同的。

迦那陀：

明白。看来，你真是下了不少工夫。

八 声音并非永恒存在的东西，更无什么神圣性可言

记者：

印度哲学对声音这个东西，也进行过研究。这在其他国家是比较少见的。我想了解一下，你们印度的各大教派关于声音和声音的本质问题，是如何进行研究的？

迦那陀：

印度哲学很早就关注声音问题。印度的婆罗门教把《吠陀》看成是天启圣典，《吠陀》是绝对的真理，《吠陀》的语言和声音同样是神圣的力量，它体现出绝对的和永恒的实在。

记者：

据说，与你们的哲学并行的弥曼差哲学对声音的看法，与婆罗门教的看法也基本相同。是不是？

迦那陀：

没错。在弥曼差派哲学家看来，声音就像礼物一样，可以馈赠给别人，而馈赠给别人的礼物都具有永恒的不变性。《吠陀》就是至高无上的神馈赠给凡人的礼物，它是永恒不变的东西。声音是可以重现的，也是可以再认识的，因此，声音是永恒的，也因而是神圣的。这就是弥曼差派哲学的看法。

记者：

你们胜论派哲学对声音的看法是什么呢？

迦那陀：

我们的看法与弥曼差哲学对声音的看法不一样，与婆罗门教的看法也不一样。在我们看来，声音并非是什么永恒不变的东西，也更没有什么神圣性可言。

记者：

论据何在呢？

迦那陀：

在我们胜论派哲学看来，声音是一种空间的存在，它并不是什么实实在在的东西。而不是实实在在的东西是不可能具有永恒性的。这是第一个论据。声音在发声之前是不存在的，只有当人们发声之后它才存在。声音的产生是有原因的，既然是有原因，那它就不是永恒的。这是第二个论据。第三个论据是，声音往往是因事物的分与合而产生的。如，以掌击鼓，鼓声才能产生。既然它是因为事物的合与离才能产生，那它就不可能是永恒的。

九　世界万象可以分为若干范畴

记者：

看你的著作，有一个名词觉得怪怪的，这个名词就叫"句意"。这个词到底是什么意思？

迦那陀：

"句意"这个词听起来怪怪的，其实很简单，就是范畴、概念的意思。当然，这个名词与那些虚头虚脑的词不一样，它含有对应着相应的实在物的意思。

记者：

如此说来，根据你的理论，你似乎想用你所提出的若干个范畴对宇宙万物进行系统地概括，能做到这一点吗？

迦那陀：

当然可以。世界上的万事万物虽然很复杂，但是所有现象都可以分成若干个范畴，当我们把这些现象弄清楚了，任何事物都可以分析清楚。

记者：

不会如此简单吧？

迦那陀：

信不信由你。让我们把十个范畴一个一个地弄清楚，你就会明白的。

记者：

十个，这么多？

迦那陀：

没错。它们是实体、性质、运动、普遍、特殊、可能、非可能、内属、亦同亦异、非存在。

十 范畴论：关于实体

记者：

在你所列举的十大范畴中，实体排名第一。我想了解一下，何谓实体？

迦那陀：

世界上一切现象的本质自身就是实体。实体是性质、运动等的基础，性质、运动依赖于实体，但又和实体不同。

记者：

实体是不是还可以进行分类呢？

迦那陀：

当然是。实体还可以继续分为九个小类，它们分别是：地、水、火、风、空、时、空间、灵魂、心。关于这九类，我有必要给你详细地说明一下。

记者：

非常感谢！

迦那陀：

在九个小类的实体中，前四类，也就是地、水、火、风，是物质的基本元素，它们是物质存在的基本形式。当然，它们也是由我们刚才所探讨的原子所构成的。

记者：

明白。在你所讲的九个小类的实体中，有一个是空，还有一个是空间。难道空和空间不一样吗？

迦那陀：

是的。所谓空，是一切事物存在和活动的场所；而空间则不是。空间所代表的是，促使东南西北四维上下等所发展变化的原因。由此可见，空和空间不相同。你是否明白？

记者：

还是有点糊涂。那我再问你，在你所讲的九个小类中，你把灵魂和心也放在一起。我想了解一下，灵魂与心有什么不同？

迦那陀：

灵魂是个体也就是我们每个人所拥有的灵魂，是一种存在于我们身体内的一个东西。灵魂是我们人类自我意识的主体，不同的人拥有不同的灵魂。

记者：

你是说，灵魂是一种存在于人身体内的一个东西，这个东西离开了我们的身体，是不是也能够独立存在？

迦那陀：

是这样。

记者：

你凭什么说灵魂是存在的呢？

迦那陀：

人能呼吸、能运动，人有苦乐、人有欲望、人有邪恶、人有意志，这一切足以说明灵魂是存在的。

记者：

那你所说的心是什么东西？

迦那陀：

心是灵魂与外部机关相联络的器官，因此，它与灵魂不一样。

记者：

你凭什么说心这个器官是存在的呢？

迦那陀：

我在我的书中，对这个问题有两点证明。第一点证明是，我们在感知外界的时候,需要外在的器官。例如,我们要体会某种味道,就必须有舌头。因此,当我们在感知人类内部的对象时,也需要一种内部的器官,这种内部的器官就是心。第二点证明是,外在的器官都有其特定的对象,例如,人的鼻子是用来闻气味的,人的耳朵是专门用来闻听的。但是,外在的对象常常会在同时出现,在它们同时出现的场合,就需要调节不同器官的器官,这个器官就是心。

记者:

好多论证似乎是循环论证。

迦那陀:

并非如此,我可以举例说明。当我们看到一个朋友时,既要用眼睛看他的脸,又要用耳朵听他的声音。在这种情况下,就必须假定要有一个调整眼睛和耳朵的机关,从而保证我们对这个朋友有一个全面的认识,这个机关就是心。

记者:

心是不是也是由原子构成的呢?

迦那陀:

是的。心也像原子那样是一个物质性的东西。每一个有机体只有一个心,它经常以极快的速度旋转着,好似充满着我们身体全身。

记者:

你关于实体的看法,是不是可以做这样的归纳,那就是:地、水、火、风,是一切物质存在的基本形态,而空、时、空间则是物质存在的基本形式,人的灵魂则是某种精神或者心理的存在,而人的心则是连接人的灵魂与外部器官的联络者?

迦那陀:

可以这么说。

十一 范畴论:物质的十七种形式

记者:

很多人都认为你们胜论派哲学是印度最具科学性的哲学。据说,你对事物性质的分析非常具体、很细化。我想了解一下，能细化到什么程度？

迦那陀：

对事物性质进行细化研究，是我们胜论派哲学的基本特点。有的哲学家把事物性质分成十七种，有的人则细化到二十四种。

记者：

真的不容易。在你看来，事物的性质具体有哪些呢？

迦那陀：

事物的性质也就是事物的属性，在我看来，大致包括这样一些，那就是：色、香、味、臭、瘦、亮、苦、乐、离、生、行等。

记者：

你说的都太原则，能否再具体细化些？

迦那陀：

对这些太过细节的问题，不应该成为我们探讨的重点，否则，很多具有更加重要的话题将得不到充分的研究。

十二 "因中无果论"

记者：

数论哲学坚持"因中有果论"，而你们胜论哲学则提出"因中无果论"。

迦那陀：

没错，这是我们胜论派哲学与数论派哲学不同点之一。

记者：

说句实话，我是赞成数论派哲学的"因中有果论"。因为，如果原因中不包含结果，那么就不可能从原因的开展中获得某种结果。而在你们胜论派哲学看来，结果似乎与原因无关。这又如何解释呢？

迦那陀：

数论派哲学提出的"因中有果论"，是一个似是而非的理论，这个理论是错误的。我把因和果关系分成八种，你只要仔细听，就会赞同我们的"因中无果论"的。

记者：

请你详细地说一说。

迦那陀：

因和果关系有八种，一，因和果是不同的。例如纱和布在概念上就不是同一个东西。二，因和果的名称是不同的。纱和布在名称上也是不同的。三，因和果在结果上是不同的。例如，纱既可以织布，也可以用作别的用途；而布的作用，要更广泛得多。四，因和果在时间上是不同的。因肯定是先于果，因和果肯定是不可能同时出现的。五，原因和结果在形状上是不一样的。例如，原子的形状看不见，但是，由原子所构成的很多事物，恰恰是看得见的。六，原因和结果在数量上是不同的。如纱可能是很多的纱，但它们做成的衣服则是一件。七，如果原因和结果是统一的。那么，材料和材料的造作者将是统一的，因而造作者的作用就失去了。而实际上，造作者的作用是很明显的。最后一点，原因和结果在性质上是不一样的。例如，用来制造陶罐的原子是永恒不变的，而陶罐则处于永恒的变化之中。

记者：

所以，你认为原因和结果是不一样的，原因中不可能包含结果？

迦那陀：

没错。所有的结果都是原因混合而成的，并非是因为在所谓的原因中存在着结果，才会产生某种结果。

十三　真理的基础应该是感觉认识，而非圣人与经典之言

记者：

作为一个哲学家，不可能不对人类知识的来源问题进行研究。在你们胜论派哲学看来，人类的正确认识的来源到底是什么？

迦那陀：

我在我的《胜论经》中，对此有过清晰的描述。我的观点是，人类正确认识的基础首先是来源于感觉认识，人类的所有知识包括通过推理获得的知识，也包括通过记忆获得的知识，这些知识，都离不开感觉认识，离开了感觉认识，这些

知识就成为无根的浮萍。

记者：

在这一点上，你的观点和许多唯物主义者的观点是一致的。但是，你的《胜论经》多次强调《吠陀经》对人类认识真理的重要性。似乎让人觉得，古代的圣人与经典所记载的一些东西，也应该是真理的一部分。

迦那陀：

这只能说明你没有认真看我的书，如果你认真看了，我相信你不会这么认为的。作为印度的一位哲学家，我尊重《吠陀》在真理方面的权威性。但是，我从未把《吠陀》作为第一等的真理标准。

记者：

如何理解？

迦那陀：

我们虽然公开承认《吠陀》作为真理来源者的地位，但是，我们从来也不认为圣人与经典所记载的言论具有高于感觉知识的价值。相反，只有当圣人与经典所记载的东西与人类的感觉和推理出来的知识相吻合的时候，这些东西才能成为标准之一。

记者：

你的意思是说，圣人与经典所记载的知识对于人类认识真理仅具有参照性的价值，唯有当其与人类的感觉知识相吻合的时候，它才能成为真理的标准？

迦那陀：

可以这么说。

十四　关于确切的知识

记者：

你们胜论派哲学把认识分为确切的知识和不确切的知识。我想了解一下，什么样的知识属于确切的知识？什么样的知识属于非确切的知识？

迦那陀：

确切的知识包括两大类，一类是指人类通过灵魂、心、感觉器官、对象等直接接触外部世界而获得的知识，这些知识与事物的本来状况是吻合的。因而，我们称为确切的知识。另一类，就是指通过正确推理而获得的知识，这些知识也属于确切的知识。

记者：

希望你细化些。

迦那陀：

依靠推理而获得的知识，大致有五种类型。第一种类型是，从结果推知原因，例如，从烟来推知火的存在。第二种类型是，从原因推知结果。如出生后刚开始耳聋的人，他通过见到鼓，就知道有声音。第三种类型是指在有内在联系的两个事物中，从已知推知未知。如一个人有意识，你见到某人，推知此人也有意识。第四种类型是，在有矛盾关系的两个事物中，从已知推知未知。如看见风雹，推知农作物受损，或从农作物受损推知有过风雹。最后一个是，从有关联关系的事情推知另一个事情。如从热水推知水被火烤过。总之，上述两大类知识属于我所讲的确切的知识。

十五　关于非确切认识

记者：

谈完了确切知识，该谈非确切知识了。

迦那陀：

是的，只有这样，我们的认识才是全面的。所谓非确切知识，就是我们对某一事物对象的所有性质的认识与事物的真实性质是不一致的。总体来讲，非确切知识是由于认识器官的不健全以及印象的不完善所引起来的。具体有四种。

记者：

哪四种？

迦那陀：

一种是因疑惑而产生的知识。

记者：

怎么讲？

迦那陀：

所谓疑惑，就是指我们人类面对一个对象，无法确定这个对象到底是什么，这就是疑惑。因疑惑而产生的知识，就是非确切知识。打个比方说，我们看到远方有一个直立的东西，这个东西或许是人，或许是树，也或许是碉堡。但我们感到疑惑，无法确认它到底是哪一种。这类知识属于非确切知识之一。第二种，人类由于犹豫不决而产生的知识，也属于非确切知识。例如，面对远方的一个东西，我们虽然知道这是一棵树，但这棵树到底是杨树，还是桃树，仍无法确定，这就是犹豫不决。因此而产生的知识，也属于非确切知识的一部分。第三种是指因错误而产生的知识，也属于非确切知识。这类知识，或者是因为感觉器官的不健全，或许是由于客观对象过大、过小、过远、过近等原因而引起，这类知识也是不可靠的。最后一种非确切知识，是通过梦境而获得的知识。人经常在睡眠前受到过强的刺激，大喜或者大悲，因而在梦中产生一些认识，这些认识基本上属于幻觉，也同样属于非确切知识。

十六　解脱之道

记者：

印度几乎所有的哲学家，都把其最终的归宿定位在解脱这个问题上。我相信，你们胜论派哲学也应该是如此吧？

迦那陀：

没错。如果说与别的什么哲学流派有什么不同的话，那就是，我们对造成人间痛苦的原因的看法，稍有不同。

记者：

绝大多数的印度哲学家认为，人间痛苦与个人的欲望、意志和行为有关。难道你们有什么新的说法？

迦那陀：

是的。我们认为，与其说个人的解脱是与个人的欲望、意志和行为有关，毋宁说是与宇宙的规律相联系着。正是因为宇宙的规律像铁的枷锁一样，操纵着自然和人一切，从而使人类陷入万劫不复的痛苦之中。要想使人类获得解脱，就必须打破这种规律。只有打破这种规律，才能使人的灵魂获得解脱成为可能。

记者：

那应该如何做呢？

迦那陀：

要想实现灵魂的解脱，首先，必须获得我们的哲学范畴的知识，从而获得对这个世界的真理性的认识。其次，就是要履行《吠陀》所规定的种种宗教义务，如：灌顶、绝食、梵行、林居、祭祀、布施、奉献等。

记者：

如果我没有记错的话，在我的印象中，你们胜论派哲学对《吠陀》经典的看法，并不是那么绝对的。你们中的很多人，甚至对《吠陀》经典的权威性都抱有不同程度的怀疑。而你又说，要遵照《吠陀》的指示去履行种种义务。这是不是有点矛盾呢？

迦那陀：

也可以说是有些矛盾，但处理好就没有问题。一方面，《吠陀》是经典，我们应该继承它；但是，又不能迷信它。对《吠陀》规定的许多做法，可以修正或者调整。例如，《吠陀》规定：修行者必须四住期，在具体履行的过程中，我们认为，如果修行者执行仁爱的事业，即使你不放弃世俗的生活，也能获得解脱。同样，我们也并不认为所有《吠陀》规定的东西都是绝对真理。因为，《吠陀》是人写的，《吠陀》得来的很多知识，与我们通过感觉、推理得来的知识相比要低劣得多。

记者：

你一方面强调要执行《吠陀》所规定的种种宗教义务，另一方面又对这些义务大打折扣。因此，在你们这些人的头上加上一顶修正主义的帽子不为过。

迦那陀：

修正主义不是贬义，它在很多地方是一种进步。例如，我们印度的《摩奴法典》规定，对盗窃上等种姓的财物规定必须处以死刑和重刑。其实，这种规定是有问题的。

记者：

从何说起呢？

迦那陀：

如果下等种姓是因为饥饿，在一定时间内为免于饿死而盗窃上等种姓的财物，就属于情有可原，就不应该被判处死刑或者被判处重刑。这正是一种修正，有什么不好！

迦那陀简传

迦那陀（Kan-ada，生活在约公元前2世纪），相传是胜论派亦称"胜论"的创始人。胜论派是印度古代宗教哲学派别之一，属婆罗门教正统派。

迦那陀的主要著作有《胜论经》，内容论述原子论、六句义、因中无果论等。其理论基础是"因中无果论"。认为世界万物均由各要素聚合而成，不同的要素聚合在一起，便产生不同的事物。要素（原因）与事物（结果）性质迥然不同，并没有必然的联系。这些要素在聚合之前，内部均不蕴含将由它们产生的新事物的成分，新事物是聚合以后才产生的，因此称为"因果无果论"。胜论派是印度六派哲学中影响较大的一派，在印度中世纪时期，胜论派具有较大的影响，后势力逐渐衰弱。10世纪后，胜论趋向有神论，并逐渐与印度另一宗教哲学派别正理论相融合。

第九章　论吠檀多哲学

——对话跋达罗衍那

引　子

　　吠檀多派是印度宗教哲学中对后代影响最大的派别,它对《奥义书》以来婆罗门主流思想进行了吸收和发展,是印度正统派哲学的主要代表。吠檀多派哲学出现后,即使是在当今世界,在印度思想界的影响也是举足轻重的。让我们走近吠檀多哲学的第一创始人跋达罗衍那。

一　吠檀多一词的由来

记者:

在印度的各大哲学流派中,吠檀多哲学名气最大。首先,我想问一下,吠檀多这个词是什么意思?

跋达罗衍那:

吠檀多是一个梵文短语,意思是吠陀的终末或末分。通俗地讲,也就是最后一个部分。

记者:

这最后一个部分,指的是哪一块?

跋达罗衍那:

吠檀多哲学主要是以《奥义书》为研究对象。

记者:

你的意思是说,吠檀多这个词最早也是在《奥义书》中出现的,《奥义书》

有那么多，具体是哪种《奥义书》中出现的呢？

跋达罗衍那：

吠檀多一词最早见于两种《奥义书》，一种是《秃顶奥义书》，另一种是《白骡奥义书》。

记者：

明白。那吠檀多哲学到底是一种什么样的哲学？

跋达罗衍那：

吠檀多哲学是关于修行方面的知识，是教派内部不宣示于外人的一种秘密教义。当然了，这主要是早期的理解，到了后来，这个词的意思也发生了一些变化。

记者：

什么变化？

跋达罗衍那：

早期的吠檀多，相对来说，层次比较低；到了后来，吠檀多探讨的都是深奥的哲学道理。从某种程度上，是对古代吠陀思想体系的终结和集大成者。可以说，吠檀多哲学的出现，标志着吠陀哲学走到了巅峰。

二 吠檀多三经

记者：

刚才你说过，吠檀多哲学说到底就是对《奥义书》的研究，是不是说《奥义书》是吠檀多哲学最经典的著作？

跋达罗衍那：

也可以这么讲，但不完全如此。吠檀多哲学并不仅仅是《奥义书》哲学，而是那种承认《奥义书》的绝对权威，对《奥义书》中那些杂乱的哲学理论的圣句，做出统一的解释，从而建立起系统理讫化的哲学系统的一群哲学家所拥有的思想理论的综合。

记者：

基本明白。那吠檀多的哲学经典，除了《奥义书》以外，还有没有别的经典呢？

跋达罗衍那：

有的。吠檀多哲学的经典除了《奥义书》以外，还承认《薄伽梵歌》和《梵经》为其权威。因此，这三部哲学著作，被合称为吠檀多三经。吠檀多的所有哲学家，越往后，越被要求对这三种并无内在矛盾而首尾一贯的文献，做出理解和解释，只有这样的人，才可以称得上是吠檀多哲学家。

三 与弥曼差派同属一家

记者：

学界公认你们吠檀多派与弥曼差派是姊妹哲学，是这样吗？

跋达罗衍那：

没错。吠檀多学派早期与弥曼差派是同一个派别，后来才发展到弥曼差派和吠陀吠檀多派。弥曼差派主要研究的是《吠陀》本集和梵书的祭祀典礼部分，人们将其称为前弥曼差派。而吠檀多学派则主要研究《吠陀》所属最后部分即《奥义书》这一部分，因此，人们把它称为后弥曼差派。我们吠檀多哲学和弥曼差派哲学，被公认为是最能代表婆罗门教精神的。我们两个派别学说的结合，可以说是婆罗门哲学的总称。婆罗门教的学者，大多兼具两个派别的学说。我们的两个派别，从学问的立场或者方法上来看，都是完全一致的。因此，我们同属正统婆罗门教，都把《吠陀》的文献看成是天启圣典，把它作为一切知识绝对的根据。即便是对圣典中的矛盾之处，我们也是站在一定的立场上，对这些矛盾进行协调。因此，我们是姊妹哲学。

四 两派的不同点

记者：

既然吠檀多与弥曼差是姊妹哲学，那我问一下，这两派哲学是由于什么原因在什么时候分开的呢？

跋达罗衍那：

这个问题很难用一句话来概括，只能说这两派哲学在共同捍卫婆罗门哲学的过程中，由于对一些问题的看法从小的不同，逐步累积到根本的不同。也就是说，由量变到质变，才慢慢导致两派的分裂。

记者：

那从根本点上，两者有什么不同呢？

跋达罗衍那：

吠檀多哲学认为，人生的目的是解脱；而弥曼差哲学则认为，人生的目的是实行祭祀。在弥曼差哲学看来，通过圣典所规定的自古以来延续下来的雅利安民族祭祀的实行，可以使人们在现世甚至是来世都能得到繁荣，可以享受好的果报，这是人生最重要的事情。而吠檀多哲学则认为，人生的目的是得到解脱。通过祭祀得到现世和来世的幸福，不是我们真正的目的。要想得到解脱，必须要通过梵的认识，实行祭祀与对梵的认识，这是有根本区别的。实际目标的不同，导致吠檀多派与弥曼差派逐渐在理论上出现了裂痕，从而导致两派的出现。

五　为什么要对数论派哲学斩草除根

记者：

你所写的《梵经》，对当时流行的各个哲学流派，都进行了猛烈地攻击，尤其是对数论派哲学的攻击最引人注意。

跋达罗衍那：

你说得没错。我的《梵经》共555个小段，其中，攻击数论派哲学的就有60篇。确确实实，对数论派哲学的攻击和批评，在我的著作中占有很大的比重。

记者：

这是什么原因呢？据我了解，数论派哲学与你们吠檀多哲学的关系也是非常密切的。

跋达罗衍那：

你说得没错。从历史上来看，在我的《梵经》出现之前，婆罗门系统中最大的哲学流派就是数论派哲学。数论派哲学与吠檀多确确实实有一些联系。例如，数论派哲学中所提出的"三德学说"，就可以在《奥义书》中找到出处。在伟大史诗《摩诃婆罗多》和《摩奴法典》中，也可以找出很多与数论派哲学有关联的论述。这一点，确确实实是个事实。但是……

记者：

请讲但是。

跋达罗衍那：

但是，与我们吠檀多哲学比起来，数论派哲学有一个根本点和我们是完全对立的，是我们完全所不能接受的东西。

记者：

具体表现在什么地方呢？

跋达罗衍那：

数论派哲学及其姊妹派哲学瑜伽派，虽然承认古代经典著作的权威，但对婆罗门教最正宗的经典，却是持鄙视的态度。他们提出的很多观点，大多都是人运用自己的思维能力进行推导的思想，而并非来自上天的启示。

记者：

可否详细地说明？

跋达罗衍那：

数论派哲学认为，世界开始的质料因即根本原质的说法，就是如此。这种说法，在天启圣典中并无根据，这是一种推论的产物，而数论派哲学却奉为经典。我们对数论派哲学的这种做法，深恶痛绝。如果不对数论派哲学进行系统地批判，他们将严重地伤害《奥义书》的权威和天启圣典。这就是我们为什么要对数论派哲学进行斩草除根的原因。

六　阿特曼：梵一般的存在

记者：

你的《梵经》多次提到阿特曼。我想了解一下，阿特曼这个词到底是什么意思？

跋达罗衍那：

我用很多词来解释阿特曼，有一个词叫"有身我"，还有一个词叫"监视者"，还有一个词叫"生命我"。

记者：

听不懂。阿特曼到底是什么？

跋达罗衍那：

阿特曼既可以作为整个宇宙的代表，也可以作为"个我"也就是我们人类的代表。它具有身体，并对身体和感官进行密切地监视，也就是说阿特曼具有生命的特征。

记者：

根据你的解释，阿特曼似乎不仅是一个至高无上的存在，好像也是一个能够活动的主体。

跋达罗衍那：

这个你理解错了。事实上阿特曼是不活动的，如果它要活动的话，必须与各个肌体相结合，只有相结合才能展示自己的存在。

记者：

还是有点不理解。我不明白，你口中的阿特曼与宗教的梵有什么区别？

跋达罗衍那：

说到底，阿特曼就是我们经常说的"原人"。而所谓的"原人"，也就是人们经常讲的梵。

记者：

我明白你的意思。你是说，阿特曼在外形上就是人，而在内只是一种精神的存在，也就是至高无上的精神。说到底，就是你们经常讲的梵。可不可以这么说？

跋达罗衍那：

可以这么说。

七 梵与我的同一性即不异性

记者：

你的理论最核心的部分是"不一不异论"。你可否解释一下？

第九章 论吠檀多哲学——对话跋达罗衍那

跋达罗衍那：

当然可以。首先，我讲一讲"不异"这方面。所谓"异"，就是不同；所谓"不异"，就是相同。

记者：

什么和什么相同呢？

跋达罗衍那：

梵和"个我"存在着相同方面。

记者：

表现何在呢？

跋达罗衍那：

两者是耕耘和产生物的关系。梵是耕耘，"个我"只是梵的派生物。梵与"个我"的关系，犹如光源与光源射出的灯光之间的关系，也犹如太阳和照射在水上的光明的关系。两者在本质上是同一的，只是在空间位置上有所不同。

记者：

你们的吠陀哲学，我还是知道的。你们反复强调梵是一切事物的根源，似乎一切事物都最终会归于梵。

跋达罗衍那：

没错。渔夫迟早要归于梵，奴隶迟早要归于梵，赌博者迟早要归于梵。正是在这一点上，我说"个我"与梵是没有区别的。这是第一点。第二点，我说"个我"与梵之间存在相同性。

记者：

如何解释？

跋达罗衍那：

两者之间的关系，应该是一种包含与被包含的关系。"个我"是梵的一个部分，同时，又体现出梵的存在。梵是全体，是不可分割的。"个我"是梵极小的一个部分，当然是不可缺少的一点。也正是从这个意义上讲，梵与"个我"的关系具有同一性，也就是所谓的"不异"性。

八　梵与"个我"的不同一性即不一性

记者：

那请你讲一讲,梵与"个我"存在哪些不同的地方。

跋达罗衍那：

两者的不同点体现在三个方面：其一,梵是宇宙成立的原因,是世界的支配者；而"个我"并不具备创造和毁灭世界的能力,它只是从属者。其二,两者成立的自身性质不同。梵是一种至高无上的存在,而"个我"并非如此。其三,梵超越一切罪恶,它不会感受苦和乐；而"个我"却是要感受因果报应所带来的苦和乐。这就是它们的不同点。

九　赞同开展说

记者：

作为一个哲学家,不可避免要对宇宙来源做出自己的判断。我想请你谈一谈你对宇宙来源的看法。

跋达罗衍那：

你不问,我也会说这个问题的。在我们印度哲学中,关于宇宙的来源、关于宇宙的生成过程,历来有三种观点。

记者：

哪三种观点呢？

跋达罗衍那：

第一种观点认为,宇宙是由单独的原子积聚而成的。我们把它称为"积聚说"。还有一些人认为,是全知全能的神通过某种梦幻的力量而发展成宇宙万物。这样发展出来的世界并非真实,而是如海市蜃楼般的虚无缥缈。我们把这种学说称为"幻变说"。

记者：

我关心的是,你是怎么看待这个问题的？

跋达罗衍那：

我的主张属于"开展说"。

记者：

"开展说"？怎么讲？

跋达罗衍那：

"开展说"认为，宇宙在太初之始，仅有唯一的精神或者原质存在，然后它自己发展，从而生成万物。

记者：

据说，数论派哲学和瑜伽派哲学都主张用你所讲的"开展说"的观点，来解释宇宙生成和发展的问题的。

跋达罗衍那：

没错。大概是君子所见略同吧。

十　梵是万物之胎

记者：

"开展说"认为，宇宙在太初之始仅有唯一的精神或者原质，世界就是由精神或者原质而一步一步地发展而来的。那我问你，这所谓的精神或者原质又是什么呢？

跋达罗衍那：

这个问题，说起来很复杂，但其实也简单。

记者：

怎么讲？

跋达罗衍那：

这个所谓的精神或者原质就是梵。简单地说，梵是构成世界的基础性材料，梵是促使世界得以产生的最终的创造者，梵决定着世界发展的方向。正是基于这一点，所以，我要告诉你，梵是世界万物得以产生的母胎，是世界发展和灭亡的终极原因。

十一　因中有果论

记者：

你说梵是造就宇宙万物的母胎，是世界得以发展和灭亡的终极原因。我想问一下，梵为什么能够产生宇宙万物呢？

跋达罗衍那：

某些事物作为原因能够导致某些事物的结果产生，那是因为在原因中就包含着结果的东西。这就是我们经常所讲的"因中有果论"。

记者：

你的意思是不是说，梵之所以产生宇宙万物，那是因为在梵中就存在着宇宙万物的种子？

跋达罗衍那：

可以这么说。宇宙万物都不能离开梵而存在，正如罐子不能离开泥土而存在一样。泥土之所以能够造成罐子，那是因为泥土中就包含着罐子的结果。也就是说，罐子的本质是由泥土所决定的。

记者：

说来说去，在因果关系问题上，你的观点属于"因中有果论"。据说，"因中有果论"恰恰是你反对的数论派哲学所强调的一点。我不理解你为什么要用这个理论来解释宇宙产生的原因？

跋达罗衍那：

我们虽然反对数论哲学，但是，有些观点还是可以相互借鉴的嘛。

十二　水、地、火才是构成世界万物的物质元素

记者：

欧洲的哲学家经常用元素来解释世界的构成与发展，据说你也用这个理论来解释。我想问一下，世界是由哪一些因素构成的呢？

跋达罗衍那：

根据《歌者奥义》的观点，世界发展的本质是"有"，而发展的动力是"地域"，或者说是思想。在此基础上，产生了火，火又产生了水，水又产生了地。水、地、火是三个元素。

记者：

你是说，《歌者奥义》是三元素说？

跋达罗衍那：

没错。早期的《奥义书》就是这么说的，到了后期，则有所不同。

记者：

后期怎么说？

跋达罗衍那：

《鹧鸪氏奥义》提出，在世界构成这个问题上，是由火产生了空，由空产生了风，由风产生了火，由火产生了水，由水产生了地。

记者：

刚才，我数了一下，这里有五个元素。那你的看法是什么？

跋达罗衍那：

两种说法，各有其道理。但是，我的《梵经》虽然同意世界是按照五大元素前后产生的顺序而逐步展开的。但在世界构成问题上，水、地、火才是构成世界万物的基本物质元素，而风和空则不是。

记者：

我明白你的意思。在世界开展的问题上，你是坚持五元素说；而在解释自然界的形成时，你坚持三元素说。

跋达罗衍那：

是的。

十三 一个无限循环的世界

记者：

在我的印象中，你把世界看成是一个无限循环的世界。这如何理解？

跋达罗衍那：

刚才，我说过，世界是由火产生了空，由空产生了风，由风产生了火，由火产生了水，由水产生了地这个顺序而展开。而这个世界回归的顺序正好与此相反，也就是说，是按照由地回归水，由水回归火，由火回归风，由风回归空，由空回归火这个顺序。

记者：

按照你的说法，原来世界是按照一定顺序展开，同时也可以按照一定顺序无限往回收的一个过程？

跋达罗衍那：

没错。世界既可以无限地铺展出去，也可在一定的时候予以回归。这就叫循环。世界在无限的循环中扭转轮回，我们每个人也是如此。

记者：

有点意思。

跋达罗衍那：

循环的人生，循环的世界。

十四　悲观主义解脱观

记者：

印度哲学家没有不谈解脱问题的。

跋达罗衍那：

没错。解脱是人生的最高目的和终极意义，自然也是我们哲学研究的最终归宿。

记者：

如何才能实现人生的解脱呢？

跋达罗衍那：

实现"我"与梵的结合、融为一体，这是获得解脱的终极目标。

记者：

一个人靠自我的修炼，能够实现解脱吗？

跋达罗衍那：

应该是可以的，但是，在现世的可能性不大。人只有在死了以后，才能获得解脱。

记者：

难怪后世的哲学家认为你的哲学是悲观主义哲学。

跋达罗衍那：

悲观不悲观，不敢说。总之，人在死亡之前充满着悲剧，要想实现我与梵的统一是不可能的。

记者：

后世的哲学家认为，你所提出的解脱观，容易使修行者丧失信心，他们提出了很多理论，对你的理论进行了修正。有的人提出了身前解脱理论和渐进解脱理论，而对你认为只有死后才能解脱的理论进行了修正。

跋达罗衍那：

也好。只要能够让修行者相信我们的哲学，更好地修炼，最起码说，比那些不修炼的人更加接近终极的解脱。

跋达罗衍那简传

跋达罗衍那（Badarayana，生活在约公元1世纪），是印度吠檀多哲学系统理论的奠基者。相传是印度吠檀多哲学最根本的经典《吠檀多经》或《广博经》的作者。

跋达罗衍那继承和进一步发挥了印度古代经典《奥义书》的思想。他认为梵是世界最高原理，梵是"最高主宰神""最高我"。梵在本质上是一种纯粹的精神，在空间上是无限的，时间上是永恒的，是无差别的，无形态的。梵是世界万物生起、持续和归灭的终极原因，梵演变为世界现象纯然是为了游戏。"个我"

梵之音：印度思想之旅

（个体灵魂）是一切生命的原则。

印度婆罗门教的主流思想在奥义书中就已提出。后来有不少人对这些思想进行归纳、总结和发展。跋达罗衍那是这些人中较早从事这方面工作并做出成绩者。他创作了《梵经》的最初部分。《梵经》的出现是吠檀多派作为一个独立派别形成的主要标志。跋达罗衍那也因而被视为是吠檀多派的创立者。

第十章　论正理论哲学

——对话乔达摩

引　子

　　正理论哲学在印度婆罗门教六派哲学中，与胜论派的关系非常密切，两者堪称姊妹哲学。两派的许多理论相同，而且在十世纪之后开始混合。但两者的学术也有差别，胜论派侧重对宇宙万物的基本成分或类别进行分析；而正理派哲学的研究重点则是逻辑推理和辩论方式。当然，正理论哲学越来越走向有神论化，也是一个特别应该予以关注的问题。让我们走近正理论哲学的创始人乔达摩。

一　论正理论来自印度的辩论术

记者：

我看过一些资料，说你们理论中逻辑推理和亚里士多德的三段论大同小异？

乔达摩：

或许是吧。但是，这个理论归根结底，还是来自我们印度的哲学。我们的理论渊源于我们印度的辩论术，它是我们印度人民思维和社会的生产实践发展到一定阶段的产物。

记者：

请你说得详细一些。

乔达摩：

具体说来，在印度最早的《吠陀》和梵书中，就多次提到辩论术方面的一些问题。当然了，这主要是为了解决祭祀方面的问题而提到的。在其他的文献中，也反复提到。如《乔达摩法经》中就曾经提到辩论思维,《摩奴法典》规定,国王必须学习辩论之术,在进行定罪量刑的时候,除了应有《吠陀》经典方面的专家以外,还要有懂逻辑学的学者参加。《政事论》一书中,把政治学、逻辑学相提并论。并列举了在论证过程中必须掌握的 32 种术语。到了伟大的史诗年代,《摩诃婆罗多》把反对正统派的思想家称为推论家,并且要求人们注意研究辩论之术的长处和短处。

记者:

知道你的意思。虽然你们的学术和欧洲逻辑学的理论有些相似,但你们的理论根还是在印度的文化之中。

乔达摩:

没错。

二 沙门思潮及其他非主流学派的影子

记者:

还有一些学者认为,你们的正理派的理论,除了来源于印度的正统文化之外,还受到一些非正统的文化的影响。不知这种说法对不对?

乔达摩:

这种说法没错。耆那教中就反复强调逻辑学与论证之术,佛教中有很多经典也特别强调逻辑学。此外,我们印度有一本医书叫《恰罗迦本集》,这本书也非常重视逻辑学,这本书在逻辑学研究方面影响非常之大。这本书认为,逻辑学是一个医师必须具备的知识和修养。这本书用了很大的篇幅,研究逻辑效用的类型、格式等。这本书还把人们辩论的方法概括为 44 种。

记者:

如此精细?

乔达摩:

没错。我们的正理派哲学,就是建立在古代的《吠陀》《奥义书》等经典之上,同时,还借鉴了非正统的哲学流派的一些理论基础。可以说,它的渊源是相当多元化的。

三 正理派哲学与胜论派哲学是姊妹哲学

记者：

有很多资料说，你们正理派哲学与胜论派哲学是姊妹哲学。不知道这种说法对不对？

乔达摩：

这种说法没错。我们正理派的历史渊源虽然比较早，但是，作为我们理论的核心基础是胜论派哲学所提出的那些理论。

记者：

你的意思是说，你们正理派的基础是胜论派哲学所提出的一些理论？

乔达摩：

没错。胜论派哲学在论证生命是否永恒这个命题的时候，提出了正反的理论格式，它的这种理论格式就是我们理论的基础，我们正理派的理论就是以这些理论为基础的。所以说，把我们的理论与胜论派哲学说成是姊妹哲学，是说得过去的。当然，两者也不完全相同。

记者：

差异在什么地方呢？

乔达摩：

我们正理派偏重对知识的来源、标准以及论证方法的说明。而胜论派哲学则偏重对宇宙万物的解释与说明，偏重概念分析。也正是因为有这些不同，所以，才一个叫正理派，一个叫胜论派。如果完全一样，那干脆就合二为一算啦。

记者：

那在你看来，从学术历史看，你们两派哲学谁先谁后？

乔达摩：

客观地讲，胜论派在先、正理派在后。如果没有胜论派所提出的辩论原则，我们正理派就失去了基础。

四 认识是个体灵魂对外界接触的结果

记者：

我曾经认真研究过你的理论体系，我发现你提出的十六个范畴几乎都与认识论和逻辑学问题有关。

乔达摩：

没错。我所提出的十六个范畴中，前八个与认识的起源、真理的标准、逻辑的种类、推论的形式有关，后八个范畴主要研究辩论的方式。说到底，我的这些范畴都是以认识论为核心。

记者：

关于认识的本质，学者的看法是不一样的。婆罗门教的一些学者认为，认识的本质是最高的实在，一旦形成，就不会改变。但是，佛教的一些学者认为，认识是一种稍纵即逝的东西，如过眼云烟一般，毫无常性。那在你看来，到底什么是认识呢？

乔达摩：

这两种看法都不对。认识无非是个体灵魂和外界接触的结果，认识说到底是对对象的描述与看法。

记者：

那这种看法到底是一种永远不会改变的东西，还是一种会改变的东西呢？

乔达摩：

这不能一概而论。人的认识有很多种类，大体可以分为确切的知识和不确切的知识。

记者：

我在与胜论派学者迦那陀交流的时候，似乎他也把知识分为确切的知识和不确切的知识。你们似乎非常相似。

乔达摩：

没错。我们是姊妹哲学，对很多问题的看法是差不多的。确切的知识是对外在对象的确切的、无疑的表现，具体包括：知觉、推理、类比和证言四种。而所谓不确切的知识是对外在对象的不确切的或者错误的表现，如：记忆、疑惑、错误、假设，等等。

记者：

我想请你就认识的具体形式、具体方法做详细地表述。

乔达摩：

当然可以，不过说起来话会很长的。

五 知觉：认识的第一来源

记者：

在你的认识论体系中，知觉的作用似乎最具基础性的。我想问一下，你是如何界定知觉这个概念的？

乔达摩：

你说得没错。在我的认识论体系中，知觉是所有知识的基础。所谓知觉，是指感官和它的对象接触所产生的知识，它是决定性的、不可言说的、无误的认识。在这里，必须掌握这样几个形容词：一，所谓决定的，就是指知识是没有疑问，非常确定的。

记者：

你的意思是不是说，我们的感官在与外界接触时，可能会发生确切的知识，也可能会发生让人怀疑的知识。而有些知识属于知觉，有些知识则不属于知觉？

乔达摩：

没错。远方的一小撮尘土，人们可以把它认为是尘土，也可以认为是烟。在这种认识中，有的是错的，有的是确切的，有的是不确切的。而那些正确的知识才属于知觉，那些不确切的和错误的，则不属于知觉。

记者：

那"不可言说"是什么意思？

乔达摩：

关于知觉这些知识，是只能供自己了解，而不能传达给别人。一旦你用自己的语言传达给别人，这种知识就不是知觉了。

记者：

你说这种知识是无误的，是不是说我们人类关于事物的认识与这个事物实际的样子是吻合的？

乔达摩：

没错。当我们观察太阳的时候，发现太阳的有些火焰像水一样，而这些认识显然是错的。这种有错误的认识，同样不能称为知识。总之，知觉作为认识的第一来源，它具有决定的、不可言说的、无误的三个特征。你掌握了这些特征，就为以后理解其他知识的来源打好了基础。

六　推理："一个跟随着其他认识的认识"

记者：

谈完了知觉，是不是该谈推理了？

乔达摩：

没错。正如知觉是认识的来源之一一样，推理同样也是人们获得知识的另一个渠道。

记者：

如何给推理下定义呢？

乔达摩：

所谓推理，就是一个跟随其他认识的认识，也可以说是知觉之后的知识。换言之，知觉是推理的基础。推理是这样一个推论过程，就是我们从某一个事物的特征，来推知其他事物的特征。

记者：

数论派把推理分成了几种形态，不知你是否也要对推理进行分类？

乔达摩：

我对推理的分类有两种，一类是按照时间的关系分为三大类，一类叫接前推理，第二类叫接后推理，第三类是同类推理。此外，我还将推理分成为己推理和为他推理两种。

记者：

你的这种关于推理的分类，无非是从原因推导结果，从结果推导原因，或进行同类方面的推导。我不明白，你把推理分成为己推理和为他推理是什么意思？

乔达摩：

所谓为己推理，是为自我了解而作的推理，是自我一种心理的过程。所谓为他推理，是指为把自己的意见传达给别人或者反驳别人而作的推理。这种推理要用言论或者组织的形式来加以表达。

记者：

亚里士多德曾经把推理总结为三段论。我想知道，你是不是也要把推理进行细化？

乔达摩：

没错。一个推理要分成大词、中词、小词三个部分。例如，我们看见此山有烟，推理出有火的结论。在这里，山是小词。所谓小词，就是主体，是主词。火是大词。所谓大词，就是命题、客体。烟是中词，所谓中词是指理由，是主体和客体发生联系的理由。从此山有烟，推理出有火的过程，也就是通过中词使大词和小词发生联系的过程。当然，烟这个中词和火这个大词的普遍必然关系，是推理的基础。如果没有这个基础，推理就无从谈起。

七　印度的五分法与亚里士多德的三段论不尽相同

记者：

亚里士多德推论是三段论，他把一个论题分成大前提、小前提和结论三个部分。而你则把推论环节分成命题或主张、理由、例证、应用、结论五个部分。但我通过仔细研究发现，从逻辑推理的骨干来讲，你的五分法与亚里士多德的三段论可以说是大致相同。

乔达摩：

没错，很多人的看法和你的看法也都相同。但是，如果仔细分析我的五分法与亚里士多德的三段论，你就会发现，有很多不同点。

记者：

不同点在哪里呢？

乔达摩：

印度的五分法排列的次序是和辩论的次序是相适应的，而亚里士多德三段论的排列的次序则和思维、推论的次序是相适应。也就是说，两者前后的排列次序是不同的。还有一点是关键。

记者：

关键在哪里？

乔达摩：

那就是亚里士多德三段论纯粹是演绎型的，是简单的形式逻辑的范畴。而我们的五分法，则既包含演绎也包括归纳。在亚里士多德那里，演绎、归纳分得清清楚楚；而我们的五分法，则将演绎与归纳融合在一起。不管别人怎么看，我认为我们的五分法要比亚里士多德的三段论好得多，对于人们认识世界可能更好一些。

八　推理错误都是因为对事物把握不准所致

记者：

你的著作用了很大篇幅去研究推理的错误，你分析得很深入。但因为很深入，所以，我们很难对这个问题进行细细地探讨。我想请你解释一下，人出现推理错误的最根本性原因是什么？

乔达摩：

这个问题问得很好。无论是印度的五分法，还是亚里士多德的三段论，依据这些逻辑理论所做出的推导，很难保证百分之百的准确，有时也会有很多的错误。为什么会这样？说到底是中词出了问题。在亚里士多德那里，就是大前提出了问题。这意味着什么，你知道吗？

记者：

这意味着什么呢？

乔达摩：

无论是亚里士多德的大前提，还是我们印度逻辑学的中词，都反映着事物之间的普遍联系。人们要想从已经掌握的知识推论出其他的知识，前提就是我们的依据不能出问题。如果中词出了问题，也就是说，我们对事物之间的普遍联系的了解出了问题，那么我们所做的任何推理都不可能是正确的。

记者：

你的意思是说，要想保证推理的正确性，就必须加深对事物之间因果关系的研究，如果这些关系搞错了，那么，所做的任何推理都不可能是正确的。

乔达摩：

没错。

九　认识的第三个来源：类比

记者：

在我的印象中，印度的唯物主义流派，也就是顺世论派，对你们的哲学有很严厉的批评。尤其是对你所提出的类比推理的方法，批评得更厉害。

乔达摩：

没错。顺世论认为，类比不是一种正确的认识方法，类比不可能给我们提供真实的知识。

记者：

你的看法是？

乔达摩：

在我的认识论体系中，类比很显然是让人们获得正确认识的一种途径。打个比方说，有一个人从来没有见过野牛，他曾经听别人说过野牛和家牛相似。后来，他在丛林里看见一个类似家牛的动物，便把这个动物推定为野牛。难道你能说这种类比不能帮我们正确认识事物吗？很显然，类比是我们认识事物的途径之一。

十　认识的第四个来源：证言

记者：

据说，证言也被你视为认识的来源之一，何谓证言？

乔达摩：

所谓证言，是指从一个值得信赖的人的语言中所得到的知识。总体来讲，它包括两个方面。第一个方面，我称之为可见对象之证言。也就是说普通人、权威者或者圣书，根据人们可见事物所做的言论。如农民对农作物的知识、流传民间的医方。第二个方面，我称之为不见对象的证言。具体来说，也就是指古代《吠陀》或者圣典所做的经典性的言论。虽然它们没有指向具体的事物，但它们的那些判断很显然也被认为是正确认识的来源。

十一　关于真理的标准问题

记者：

你的哲学的核心是认识论问题，既然是认识论问题，就不能不谈到真理的标准问题。

乔达摩：

没错。关于这个问题，我们的观点非常明确。第一点，所谓认识是对外部客观世界内在本质的发现，认识是独立于我们的意识之外，并且是不以我们的意志为转移的。所谓正确的认识，就是对事物原来是怎样存在就怎样了解，原来不那样就不那样了解。

记者：

有点拗口。

乔达摩：

简单说来，既然外界事物是我们认识的来源，那么我们的认识与外界事物的内在本质是否吻合？那就决定着我们的认识是否是真理。如果吻合，就是真理；如果不吻合，就不是真理。

记者：

这种看法，也有一定的道理。

乔达摩：

检验人类认识是否正确的标准，是外界事物。因此，凡是符合外界事物，并能引导我们人类的行为取得成功的，就是正确的认识；相反，凡是不符合外界事物，并导致人类行为失败的，就是错误的认识。要想知道梨子的滋味，就亲口尝一尝；要想知道杯子里的水是甜的还是咸的，最好的办法就是拿来喝一口。

记者：

你的关于真理问题的看法，和我们现代人所强调的实践是检验真理的标准，已经非常靠近了。

乔达摩：

靠近不靠近，无所谓。总之，我们认为检验真理的标准，不取决于我们自己的意志，也不取决于我们人类主观状况怎么样。归根结底，取决于外部世界的本质，取决于外部世界以及我们以什么样的方式去认识这个世界。

十二　世界本原二元论

记者：

作为一个哲学家，必然要对世界的本原问题做出表态。不知道你对这个问题是怎么看的？

乔达摩：

这个问题是哲学的基本问题，作为一个哲学家，不可能不对这个问题做出表达。我曾经说过四句话……

记者：

哪四句？

乔达摩：

我曾经说过：第一句，灵魂是独立的实体，灵魂是个体的、无限的、永恒的。在各种躯体中，有着各种不同的灵魂。第二句，身体是行动、感官和知觉的场所，它是由低的元素所组成。第三句，感觉器官即鼻子、眼睛、耳朵、舌头、皮肤，是由一定的元素即地、水、火、风所构成。第四句，感觉对象即色、香、味、臭、涩，都具有地、气、火、风、空等元素相应的性质。

记者：

通过你讲的几句话，不难看出在世界本原问题上，你是一个二元论者，也就是说，你既承认世界的本原是物质的，也承认世界的本原是精神的。如此说来，

梵之音：印度思想之旅

你是一个标准的二元论者。

乔达摩：

也可以这么说。

十三 从无神论到神学主义

记者：

研究你的著作，我有这样一个发现。

乔达摩：

什么发现？

记者：

我发现你很少提到神。

乔达摩：

严格说来，我只提到过一次。我明确告诉你，神在我的逻辑体系中不占什么重要的位子。我们人类无须借助神灵的帮助，仅凭借自己的理智和思维能力就完全可以认识和理解这个世界的。

记者：

你的那些继承者们似乎不是这样。

乔达摩：

你是说，他们都成了神的崇拜者？

记者：

没错。到了晚期，你们这个哲学流派越来越趋向于有神论，很多学者不厌其烦地论证神的存在。

乔达摩：

他们是怎么说的呢？

记者：

综合起来，你的那些继承者们是这样谈论神的：神是各种有秩序的事物的创造者，神是原子复合物的最终产生的原因，神是使万物有意义的一种力量，神是永恒的《吠陀》的作者，神是善恶的裁判者，神是用数字表达的概念的终极原因。总之,神成了一切,没有神,就没有自然界;没有神,也就没有人类。

乔达摩:

真是没有想到,我的继承者会堕落到这个程度!古人说过,我播下的是龙种,收获的却是跳蚤。这话不无道理呀!

十四　消灭无知乃是根本的解脱之道

记者:

问你一个问题。

乔达摩:

什么问题?

记者:

你的《正理经》一书是哲学书,还是宗教著作?

乔达摩:

你说呢?

记者:

你的书,研究认识论、研究认识的来源、研究认识的方法、研究认识的标准,归根结底是为了帮助人获得正确的认识。如此说来,毫无疑问,《正理经》是一本真正的哲学著作。不对吗?

乔达摩:

你的说法,只对了一半。应该说,我的《正理经》既是一本哲学著作,也是一本宗教著作;从根本上讲,应该说是宗教著作。因为,我研究的目的是为人类的终极解脱寻求正确的道路。因此,我的书应该是宗教著作。

记者:

据说,你对世界的看法非常的悲观?

乔达摩:

谈不上悲观不悲观,我只是实话实说而已。

记者:

怎么讲?

乔达摩：

人类生存的真实面目是苦行，所谓的乐都不过是人们的错觉。在渗透着苦的生存中，人类被物质性的身体所束缚着，不得自在，从而使人类在生生死死的痛苦的轮回中受尽煎熬。

记者：

那导致这种痛苦的轮回的原因是什么呢？

乔达摩：

世间一切痛苦的原因是痴迷、是贪念、是欲求某些东西而不可得。

记者：

那人类如何摆脱这种痛苦？

乔达摩：

要从痛苦中摆脱出来，只有消灭各种痴迷；而要消灭痴迷，只有获得正确的知识才能达到。

记者：

我明白了。你创立逻辑学的最终的目的是为了帮助人们获得知识，从而帮助人类获得解脱。是不是？

乔达摩：

没错。唯有获得正确的知识，才能让人类告别那永远也看不到希望的轮回之苦，消灭无知才是真正的解脱之道。

乔达摩简传

乔达摩（Aksapada Gautama，生活在约公元前2世纪），全称足目乔达摩，是《正理经》（*Nyaya Sutras*，音译《尼夜耶经》）的作者。有人认为正理派的创始人是足目，这个《正理经》于是也就被挂在了足目的名下。有些书上说足目与乔达摩本是同一个人，现在这种观点比较占上风。

乔达摩认为，这"正确结论"是指：消除痛苦，获得解脱。他说，人世间充满痛苦，这种痛苦是由"生"造成的，"生"是由"业"造成的，因为"业"以烦恼为基础，烦恼以无知为根底，所以人们要想消除痛苦达到解脱，就必须消除无知。乔达摩的这种观点与佛教十二缘起基本一致。

《正理经》是古印度六派哲学之一正理派的经典著作。佛教把持不同观点的宗教哲学流派称为外道，正理派正是外道之一。《正理经》是产生于印度次大陆经书时期的一部著作，是婆罗门教正宗之一正理派的根本经典。

第十一章 论《圣教论》
——对话乔荼波陀

引　子

在研究乔荼波陀之前，一直把商羯罗视为吠檀多"梵我不二论"的创始人。而实际上乔荼波陀才是印度吠檀多一元论派的开山鼻祖。他的主要著作《圣教论》是吠檀多派的经典性著作。乔荼波陀哲学是在吸取《奥义书》哲学最精华部分的基础上，逐步形成了一元论派的哲学体系，为后期商羯罗哲学体系的完成，铺平了道路。鉴于乔荼波陀在《奥义书》哲学和商羯罗之间所起的承前启后的作用，任何人都不能否定乔荼波陀哲学思想所具有的历史价值和学术价值。需要特别说明的是，虽然乔荼波陀的哲学中包含有大量的佛教术语，但从总体上讲，我们的主人公并非是个佛教徒，他根本的哲学取向依然是吠檀多哲学。让我们走近乔荼波陀。

一　商羯罗的祖师爷

记者：

你被公认为是印度吠檀多哲学的主要哲学家，你所撰写的《圣教论》是吠檀多派的经典性著作。

乔荼波陀：

谢谢夸奖！

记者：

关于你本人，我有几个问题想咨询一下。

乔荼波陀：

请讲。

记者：

关于你的出生地，有很多种说法，有人说你是孟加拉人。不知这种说法对不对？

乔荼波陀：

或许是吧。不过，我是在喜马拉雅山山峦枣林静修地写下我的《圣教论》一书的。

记者：

明白。商羯罗是你们印度最伟大的哲学家，他在他的著作中多次说，你是他的祖师，是他老师的老师。不知这种说法对不对？

乔荼波陀：

这种说法没错。商羯罗的老师是哥宾达（Govinda），我是哥宾达的老师。所以，商羯罗说我是他的祖师，是他老师的老师，没错。不过，商羯罗这个后生很了不起。

记者：

怎么讲？

乔荼波陀：

商羯罗上学时，我还活着。商羯罗经常到我这里来请教问题，这个后生非常聪明、很谦虚。他经常向我请教吠檀多哲学的有关问题。在很多时候，我也向他学了不少东西呢。

二 佛教的没落为吠檀多哲学提供了机会

记者：

根据我的研究，你处于佛教在印度发展的鼎盛时期。我不明白，在佛教的鼎盛时期，你是如何把对印度教的研究也推到了一个高峰？

乔荼波陀：

你的看法有些问题。

记者：

问题在什么地方？请你说说。

乔荼波陀：

我生活的时代，佛教的发展可以说是在鼎盛时期。但是，它已经开始走下坡路了，很多国王已经不信仰佛教，而是信仰婆罗门教。印度教已经取代了佛教，而被定为国教。

记者：

原来如此！

乔荼波陀：

面对印度教的复兴，佛教也不得不逐步背离原始的佛教，而一步一步地接近基督教。如此一来，虽然对缓和佛教与印度教的矛盾起了一定的作用，但也为佛教最终从印度本土消灭，埋下了隐患。我正是在这个特殊的时期，举起了复兴吠檀多的大旗。可以说，没有佛教的没落，就没有我们吠檀多哲学的进一步发展。

三　我并非佛教徒

记者：

有人认真研究你的《圣教论》一书，他们惊奇地发现，你的书一章比一章宗教色彩浓厚。尤其是第四章，通篇都是佛教梵语的俗语，与吠檀多的经典如《奥义书》和《梵经》几乎没有什么关系。一些学者认为，你就是一个佛教徒，你的《圣教论》简直就是佛教的经典。

乔荼波陀：

这种看法是不对的。在我所在的那个时代，佛教文化在印度社会中占有举足轻重的地位，所有文化不可能不打上佛教的烙印。我们吠檀多哲学自然也会如此。人们在我的著作中看到佛教的术语和概念，是一件非常正常的事情。但是……

记者：

但是什么呢？

乔荼波陀：

我要告诉你，虽然我们使用很多佛教的术语，但是我们的宗旨是恢复印度教、恢复吠檀多哲学。因为，在我们看来，代表印度文化发展方向的，不是佛教，而是吠檀多哲学。所以，尽管我的著作中存在很多佛教化的色彩，但是，我从根本上讲还是一位吠檀多哲学家。

四　关于三相与四位

记者：

说起你的哲学，一上来就碰到"三相""四位"这些名词。我看了若干遍，也看不懂，太晦涩难懂了。请你解释一下。

乔荼波陀：

所谓"三相"，就是指宇宙世界有三种表现形式。一种形式是周遍，一种形式是炎光，一种形式是有慧。而所谓"四位"，是指人对最高存在的认识，要经历四个阶段，或四种状态，即：醒位、梦位、熟睡位和第四位。

记者：

听听都让人头痛。

乔荼波陀：

要理解这些词，你必须先改变你的思维定式。

记者：

如何改变？

乔荼波陀：

你们是传统的唯物主义者，在你们看来，唯有物质世界，才是终极存在；而精神世界不过是物质世界的派生物，从本质上讲是虚幻的。如你强调这种看法的话，你就无法理解刚才所提到的几个短语及其哲学意义。当然，如果你把这种习惯性思维彻底颠倒一下，这些词就好理解了。

记者：

此话怎么讲？

梵之音：印度思想之旅

乔荼波陀：

在我的哲学中，必须把精神看成是世界的本质，而物质世界不过是虚幻的存在。如此一来，就好理解了。

记者：

请你讲下去。

乔荼波陀：

世界的终极状态是最高层次的精神状态，它超越一切精神，超越人类的意识。而要达到这种状态，是极端艰难的，这种状态，就是我讲的"四位说"中的"第四位"。在这种状态，经验世界不复存在，人的认识也不具有任何影响力。

记者：

请你用这种方法来解释另外三种状态。

乔荼波陀：

"熟睡位"就是"四位说"中的第三位。这种状态，离"第四位"最近，外部世界、人的认识都几乎不存在。可以说，这种状态已经接近绝对真理、绝对精神的状态了。但是，这种阶段的认识毕竟还不是绝对真理。因为，知识的匮乏依然让人类难以辨别真理。可以说，这种状态虽然说无限地靠近真理，但是终究不是绝对真理。

记者：

那"梦位"状态如何呢？

乔荼波陀：

在"梦位"状态，人的认识与客观世界已经断绝了联系。可以说，人开始认识精神本身。人的认识已经走向了正确的方向。在这个阶段，绝对精神引领着人的思想，正如阳光引导着万物的生长一样。所以，我把这个阶段宇宙的存在方式称为"炎光"。

记者：

"炎光"是什么意思？

乔荼波陀：

也就是阳光照射万物，引领着万物生长的意思。

记者：

那"醒位"如何呢？

乔荼波陀：

你我现在的状态，就是"醒位"状态。一般人认为，"醒"的这种状态，是人类最好的状态。其实，这种状态是粗糙的状态。

记者：

此话怎么理解呢？

乔荼波陀：

在人醒着的时候，人的认识深受外部经验的影响，可以说也深受外部世界的左右。这个阶段，人的认识能力是最低下的；这个时候，显现出来的外部世界是最粗俗不堪的物质世界。我所讲的"三相"中的"周遍"，就是这种现象的代名词。

五　唵：是梵是心也是自在天

记者：

在你的著作中，我看到有一个怪怪的词，那就是"唵"，我不了解这个词是什么意思？

乔荼波陀：

这个词在我们的哲学中，具有非常重要的意义。

记者：

请你讲一讲。

乔荼波陀：

首先，这个词包含了宇宙世界的所有内容。我刚才讲的周遍、炎光、有惠，都在"唵"的包含之中。其次，"唵"也是至高无上的梵，"唵"也是存在于每个生命体中的"心"。还有，"唵"也是众神之神，是天上人间的创造者。

记者：

听你如此描述"唵"，感觉这个词才是你哲学真正的本体。

乔荼波陀：

也可以这么说。

六　梦中的经验是不真实的

记者：

据说，你对梦很有研究。梦有什么值得研究的呢？

乔荼波陀：

我研究梦，不是目的，我研究梦是为了研究人的"心"。

记者：

那你通过研究梦，得出什么结论呢？

乔荼波陀：

我通过研究梦，得出一个结论，那就是所有的梦中经历的世界是不真实的，是虚幻的。

记者：

可否请你细细地说一说？这个观点似乎没人反对。

乔荼波陀：

研究梦，我有三个发现。第一，梦中所见到的一切事物，在做梦的时候，都不在做梦人的身边；第二，做梦的人，往往不能到梦中所梦到的事物的所在地去观看；第三，做梦者在醒来之后，可以发现，他并没有去过他梦中所去过的任何地方。

记者：

我也经常做梦，你的几个发现，我还是基本认同的。你还是直截了当地说说你的结论吧。

乔荼波陀：

我的结论，做梦的主体，是梦中一切世界的创造者；梦境是产生于做梦者的主观意识，因此，梦中的经验世界是不真实的。这就是我的结论。

七 醒时的经验也是不真实的

记者：

你说，梦中的经验是不真实的，这我不反对；但你说，醒时的经验也是不真实的，这点，我不敢苟同。

乔荼波陀：

在梦中，人的意识摆脱了清醒状态的物质方面的束缚，而对自身进行认识。梦中的对象很显然不受某种客观的存在制约。也就是说，梦中的对象是由人通过人的精神自我设置的，所以，它是虚假的。人在清醒状态的时候，人的认识对象同样也是人通过他的精神来进行设置的，与做梦者的梦中经验是做梦者主观意识的产物一样。同样，人在清醒状态的时候，他的经验也是人主观意识的产物。因而，谈不上有什么真实性可言。

记者：

做梦是一种心理活动，外面看不出来。但人醒着的时候，是一种外在的认识活动，与做梦是明显的不同的呀！

乔荼波陀：

表面看起来，有些事物是在做梦时有意识的内部过程中产生的，存在的时间是短的。而在醒着的时候，人们所见到的事物好像是固定不变的。其实，无论是外部还是内部的现象，它们都是人的心理活动，只有时间、地点的不同，而没有真实、非真实的区别。它们的共同点就是，都是不真实的；如果有什么不同的话，那只是认识的工具不同而已。

记者：

做梦的活动是内在的，而人在醒着的时候，他的活动是外在的。三岁的孩子都知道。

乔荼波陀：

你这是从平常人的眼光来看。如果从绝对真理的角度来看，无论是做梦的时候，还是醒着的时候，都是心理在不同的时间、空间活动的结果。如果放到绝对真理的状态中来评判醒着的时候的经验和做梦时候的经验，我们将发现，两者都是不存在的，都是不真实的。

记者：

你的这些观点，很显然和常识不同。

乔荼波陀：

不管你同意不同意，我的结论是：无论是醒着的时候的经验，或是在梦中的经验，都是人的意识生成的，因此，是不真实的，是虚幻的。无论是经验，还是认识本身，统统都是不真实的，你把它说成是海市蜃楼般的虚幻，一点都不过分。

八　摩耶与经验世界的由来

记者：

看印度哲学，经常会遇到"摩耶"这个词。总觉得是怪怪的。

乔荼波陀：

你说得没错。在印度哲学史上，"摩耶"这个词确确实实是个非常重要的哲学概念。在《梨俱吠陀》中，"摩耶"被看成是超自然的幻力，是至高无上之神也就是"原人"用来创造宇宙世界的神奇的工具。到了《梵书》和《奥义书》时期，"摩耶"一方面继续被看成是神创造宇宙世界的工具，另一方面，它又被赋予科学上"幻"的含义。

记者：

什么叫"幻"？

乔荼波陀：

"幻"无非就是幻想、幻觉的意思呗。

记者：

明白。

乔荼波陀：

"幻"作为一种新的含义，被赋予"摩耶"这个词，从而成为印度很多哲学家观察事物的根本原则或基本的方法。

记者：

从"摩耶"这个角度来观察世界，如何来解释万事万物的变化呢？

第十一章 论《圣教论》——对话乔荼波陀

乔荼波陀：

从"摩耶"理论出发，世界万物无论是主观的还是客观的，都被认为是虚幻的，因而是无常的、变异的、痛苦的，最终都会消亡。在印度哲学史上，除了一些坚持唯物主义的哲学流派，我们印度正统的吠檀多哲学流派，都一致把"摩耶"理论作为共同的基本哲学观点。我也同样如此。

记者：

刚才，你谈到，人在做梦时所看到的一切都是虚幻的、不真实的；你又说，人在醒着的时候所看到的世界同样是虚幻的，从本质上讲，也是不存在的。这又如何解释呢？

乔荼波陀：

光明之神也就是梵，通过"摩耶"这种力量创造了我们能看得见摸得着的世界。也就是说，我们所感觉到的这个世界的变化，都是梵通过"摩耶"这种神奇的力量所创造出来的。当我们不理解"摩耶"这种力量的时候，就会被世界的假象和复杂的变化所蒙蔽。而一旦我们明白了这个道理，我们就会认识道，我们眼前的这个世界还是海市蜃楼一般，本来就不存在。

记者：

理论比较玄奥，可否举例说明？

乔荼波陀：

当然可以。好比一根绳子，在黑暗中我们不加区别地把它误认为是一条蛇或一股水流。然而，一旦我们关于蛇的幻象消除后，绳就会被真实地显现出来。同样，我们之所以被很多世界的假象所蒙蔽，那是因为我们意识不到这个世界是被梵用某种幻力创造出来的。一旦我们意识到这种幻力的存在，并消灭了这种幻力，那么，世界的本来面目就会展现出来。而这个本来的面目，就是不存在。

记者：

通过与你的交谈，我明显感觉到"摩耶"这个概念，在你的哲学体系中占有非常重要的地位。

乔荼波陀：

没错。知道了"摩耶"这个东西，我们就可以对世界做出解释。"摩耶"本身是某种制造世界幻觉的力量,当我们认识到这种力量存在的时候,就能够明白,这个世界在你我面前所展现的各种丰富多彩的现象,都是假的、都是虚幻的。

九 "不生说":乔氏哲学的最高真理

记者:

佛教说,万物无生无死。似乎你对这个观点非常赞同?

乔荼波陀:

没错。我的哲学的核心思想,就是"不生说"。关于"不生",我在书中反反复复写过九次。

记者:

如何理解"不生说"呢?

乔荼波陀:

有人说,凡是存在的事物就是有生的;也有人说,未曾存在的事物就是有生的。其实,这些观点都不对。

记者:

请讲。

乔荼波陀:

万事万物,都不存在生,也不存在死,一切事物都是永恒的;既不是生的,甚至连生的可能性都没有。当然,生的对立面是死,没有生,也就不会有死。这是事物的本性使然。

十 一切因果关系都是不存在的

记者:

如果认可你的"不生说",自然就没有因果之类的说法。

乔荼波陀:

没错,一切因果关系都是不存在的。

第十一章 论《圣教论》——对话乔荼波陀

记者：

看来，在因果关系问题上，你的观点与数论派的观点是完全对立的。

乔荼波陀：

是这样。数论派哲学不过是一种循环不已的游戏理论而已。

记者：

你为什么如此看不上数论哲学呢？

乔荼波陀：

数论派哲学认为"因中有果，果从因生"，"因是不变因，遍存于所有的果之中"。这种说法，明显就不对嘛！

记者：

说说你的理由。

乔荼波陀：

按照数论哲学的观点，因果是不同的，原因是能够产生其他生物的事物，结果是由其他事物所产生的事物。那么，两者都不是无生，也就是说，两者都不是永恒不变的。

记者：

是这样。

乔荼波陀：

问题是，如果你认为果从因生，这本身就是有生。所以，你就不能说果是不生。如果你认为，因是不生不灭的永恒因，然而你又说果从因中产生，这因也就不能说是不生不灭的原因。显然，这是矛盾的。无生的因，就不能产生出有生的果。

记者：

从逻辑上讲，也可以这么说。

乔荼波陀：

数论派哲学认为"因果是无始的"，但是，它又说"神我是一个最初的不变因"。显然这是矛盾的。数论派哲学认为"因果是有始的"，这与它设置的没有开始的终极原因又相矛盾了。原因与结果的关系，如同父与子的关系，如同种子与芽的关系，谁先谁后，是根本不可以有答案的。

记者：

那父与子谁先谁后？种子与芽谁先谁后？你是怎么看的呢？

乔荼波陀：

因与果，犹如动物的两只脚一样，是同时产生的。如果要说因先果后，那么，对因的解释就不够全面。因为，一切现象都因条件而产生。如果承认现象的存在，必然要依因果关系找出其原因，这一原因既是前一原因的结果，又是后一原因的原因。如此一来，因因果果，了无止境。这不就是一个循环往复的游戏吗？

记者：

你说得非常拗口。但我知道你的结论，你是否定一切因果关系。在你看来，数论派哲学的"因中有果论"完全是一个循环往复的语言游戏。

乔荼波陀：

没错。还是那句话，一切因果关系都是不存在的，都是虚幻的。

十一 吠檀多"梵我不二论"的开山鼻祖

记者：

一提到印度的吠檀多哲学，人们自然就会想起"梵我不二论"；而一想起"梵我不二论"，就会想起商羯罗。

乔荼波陀：

为什么呢？

记者：

很多哲学著作告诉人们，商羯罗是"梵我不二论"的创始人。但通过研究你的著作，我发现"梵我不二论"的开山鼻祖不是商羯罗，而是你。

乔荼波陀：

可以这么说。应该说，我提出"梵我不二论"的思想，要远远早于商羯罗。只能说，商羯罗是"梵我不二论"的集大成者。

记者：

你是说，你比商羯罗更早地提出了"梵我不二论"的思想？

乔荼波陀：

没错。没有我提出的"梵我不二论",商羯罗就不可能成就其伟大的体系。早在当学生的时候,我就提出,梵或者大我,是万事万物的根本。一切事物,从本质上讲,是梵或大我的幻现,都是不真实的。而小我既不是梵的部分,也不是梵的变异,它们的关系,如同瓶中的小虚空和瓶外的大虚空一样。

记者：

怎么理解？

乔荼波陀：

瓶中的小虚空与瓶外的大虚空本是一个东西,仅仅是由于瓶子的限制,它们才显示出不同。而事实上,作为人生现象的无数个小我与梵本是一个东西,仅仅是由于身体的限制,它们才显示出不同。两者实际上是一个东西。

记者：

看来,你确确实实是比商羯罗更早地提出了"梵我不二论"的思想。

十二　论修行

记者：

你是吠檀多"梵我不二论"的提出者,那人们如何才能达到亲证"梵我归一"的境界呢？

乔荼波陀：

这个问题很复杂,我们不妨简单地说一说。首先,就是要通过修行,才能达到这种状态;没有修行,是不可能达到的。其次,通过什么修行？我提出过的"无触瑜伽"方法。

记者：

"无触瑜伽"？这是一种什么样的方法？

乔荼波陀：

这种做法,这种境界,一般人达不到。到了"无触瑜伽"这种境界,人就可以控制自己的意识,能够真正达到心和周围的一切浑然一体的状态。通过这种状态,人便可以认识绝对真理,最终领悟到"梵我归一"的伟大理论。到了这种状态，人类就能够实现其最高的智慧，而达到终极的解脱。

乔荼波陀简传

乔荼波陀（Gaudapda，约公元 640—690 年），吠檀多不二论较早和较系统的表述者。

主要著作有《蛙氏奥义颂》（又称《圣教书》）。他认为世界最高的原理是梵，亦即最高我。最高我有四位：第一是普遍位，这是梵的觉醒的状态，它认知着外界的对象。第二是光明位，此时梵处于梦眠状态，已经从外界事物和经验印象中初步摆脱出来，但还认知着内部的精神。第三是智慧位。这是一种深睡状态，一种纯粹意识，梵既摆脱了外界印象，也摆脱了内部的精神对象。第四是最高我的真实存在。在这个状态下，既无主、客观的对立，亦无时间、因果的制约。这个最高位就是梵，也是人的纯粹天性。"四位说"早在奥义书中已经出现，乔氏将其做了进一步的发挥。

关于最高我与个体我之间的关系，乔荼波陀认为二者是同一的，正如瓶中的虚空与大虚空之间的关系一样：当瓶被击破的时候，最高我和个体我就合二为一，这叫"梵我不二"。

"摩耶"的理论是乔荼波陀的一个重要思想。"摩耶"这个词早在奥义书中已经出现，但含义并不很明确。吠檀多哲学家们对此做了阐述和发展后，成为了吠檀多思想的一个中心概念。这个概念的基本意思是，世界是"梵"通过其幻力创造出来的，因而是不真实的，只是一种幻象。这也可以说是印度教对世界最根本的看法，这个概念对以后吠檀多思想的发展有重要影响。

第十二章　论梵与我

——对话商羯罗

引　子

商羯罗是吠檀多派最有影响的哲学家,也是印度哲学史上最著名的思想家之一。商羯罗直接继承和发展了乔荼波陀的不二论学说,对《奥义书》和《梵经》的思想,做了进一步的梳理和改造,构筑了吠檀多思想中最系统的不二论学说。让我们走近商羯罗。

一　英年早逝很可惜

记者:

你是印度中世纪吠檀多哲学的集大成者,是最著名的不二论哲学家。但是,关于你的很多事情,人们至今都是公说公有理婆说婆有理。

商羯罗:

后代人争论我什么方面的事情呢?

记者:

最简单的是,你到底在人间活了多长时间,这就是一个众说纷纭的事。

商羯罗:

我不知道关于这个问题,人们有什么说法呢?

记者:

有一位学者名字叫马克斯·穆勒,他认为,你在人间活了32年,具体是从公元788年到820年。

梵之音：印度思想之旅

商羯罗：

还有什么别的说法吗？

记者：

还有一位叫中村元的学者，他认为，你在人间生活了 50 年，具体是从公元 700 年到 850 年。

商羯罗：

你认为哪一种说法更靠谱？

记者：

根据我的考证，你的著作有 400 多部。400 多部著作，这可是一个天文数字，寿命太短，是不可能写出这么多著作的。就说你在人间只活了 32 年这种说法来看，一生中要把 400 多部著作写完，那就意味着你每一天、每一个小时都在写作，吃饭甚至是上厕所时，都在不停地写作，显然不可能。因此，我认为你在人间生活了大约 50 年，也就是跟我现在的年纪差不多。

商羯罗：

关于我离开人间的时候到底是多少岁，说句实话，我也记不得了。人生无常，有很多事情无法预料。我只记得我是因生病离开人间的，但愿我在人间生活了 50 年。你现在已经是 52 岁了，还继续活着，我还真是羡慕你。

二　乔荼波陀学生的学生

记者：

据说，你曾经跟吠檀多哲学创始人乔荼波陀学习哲学？

商羯罗：

在我很小的时候，乔荼波陀还健在，我多次向他请教过相关的哲学理论。但是，我的真正的老师是哥宾达，我是跟哥宾达学习吠檀多哲学的，也是在哥宾达的指导下写出了《广森林奥义注疏》和《鹧鸪氏奥义注疏》这两本哲学著作的。

记者：

据说哥宾达是乔荼波陀的学生？

商羯罗：

没错。可以说，我是乔荼波陀学生的学生，乔荼波陀是我老师的老师，通俗地说，就是师祖。

记者：

一些资料说，你是出生在南印度，但一生的学术活动是在印度的北方。不知这个说法对不对？

商羯罗：

对。我所建立的研究吠檀多哲学的机构，就在印度的北方。

三　为了人们心灵上的安宁

记者：

据说，你生活的那个时代，是一个政治上四分五裂、社会生活很不稳定的时代？

商羯罗：

没错。我所在的那个时代，政治上处于无政府状态，没有哪一个国王能统治国家，所有的道德规范、法律都不能得到施行。

记者：

政治上的混乱，往往与文化上的繁荣如影随形。你所在的那个时代，文化状况如何呢？

商羯罗：

你说得没错。我所在的那个时代，政治上混乱，但这种混乱为文化的大发展提供了一个机会。在我所在的那个时代，佛教处于全面的衰退时期，印度教得到了复兴，伊斯兰教在我的家乡也得到了发展。如果没有这个阶段政治上的混乱，佛教不衰退，印度教也就没有复兴的机会。

记者：

你所从事的学术活动，应该是印度教复兴中的最大事件之一吧？

商羯罗：

可以这么说。我的学术活动有着明确的目的性。在印度教内部，有许多派别，有些派别太过重视祭祀活动的繁文缛节，而忽视对传统经典吠檀多思想的研究。而离开对传统哲学思想的研究，印度教要想得到复兴，是不可能的。

记者：

所以，你在你的《示教千则》中，多次对这种片面追求祭祀活动的行为，进行了批判。

商羯罗：

此外，我从事的学术研究还有一个目的……

记者：

什么目的呢？

商羯罗：

在我们印度教内部，大家也是争吵不休，很多事情没有结论。大家都期盼着能有一个人站出来，对各派的理论统一调和，使大家都能得到心灵上的安宁。

记者：

你就是这样的一个综合者。在你的思想中，既有大量佛教的思想，也有传统吠檀多哲学的理论，甚至还有一些伊斯兰教的影子。

商羯罗：

感谢你看得这么清楚。

四　通过注解《梵经》而建立自己的体系

记者：

你的著作很多，但是，感觉你为《梵经》所做的注影响最大，可以说，是一个标志性的著作。

商羯罗：

可以这么说。吠檀多哲学的历史大概经历了这样三个阶段：第一个阶段是《吠陀》文献的创作阶段，具体来说，也就是《奥义书》的创作阶段。这个阶段吠檀多哲学的观点，多以神曲、赞歌的形式出现，其内容大多很神秘。第二个阶段，很多人说是以我为《梵经》所作的注为标志。这个阶段，主要对前一阶段的观点进行整理、加工，形成一个体系。第三个阶段与第二个阶段在本质上是一样

记者：

你为什么创作专门的著作来阐述你的思想，而要选择注解？

商羯罗：

在我们印度，最受学者们称赞的是继承传统，而对标新立异的做法，是不太欣赏的。印度许多学者，最终都是采用选择注解的方法来阐明自己的观点，原因就在这里。

记者：

《梵经》这本书我做过研究。你为什么要选择《梵经》作为你注解的对象，进而阐明你的哲学理论呢？

商羯罗：

在我之前，吠檀多哲学的历史文献非常少，人们能够获得的最权威的著作就是《梵经》。如果没有《梵经》，吠檀多哲学就无从发展。但是，《梵经》文体极其简洁，很多都是符号的组合，文章读起来、理解起来非常困难。

记者：

所以，你倾注一生精力进行注解，从而建立了自己的体系？

商羯罗：

是否建立了我自己的体系，我不敢讲。但是，我通过注解《梵经》，进而把我老师的老师乔荼波陀提出的"梵我不二论"推向了一个高峰。很多人把我视为"梵我不二论"理论的终极完成者。

五 最高梵、最高我与主宰神本是一回事

记者：

《梵经》说，梵是这个世界升起的根基。也就是说，梵是世界的创造者。你对这个观点是赞成的吧？

商羯罗：

吠檀多的哲学家对这个观点都持绝对赞成的态度。梵既是客观世界的根基，也是主观世界的根基。也就是说，梵是最高的支持者。用宇宙原理、绝对精神来

表示梵，一点都不为过。

记者：

你的哲学是最典型的一元论，这点似乎没有人反对。但是，在研究你为《梵经》所做的注释时，我发现这样一个问题。

商羯罗：

什么问题？请讲。

记者：

在你的著作中，经常出现最高梵、最高我、主宰神这些名词，给人的感觉似乎最高梵、最高我和主宰神是三个不同的东西。在你之后的一些哲学家也把最高梵、最高我和主宰神加以区别，他们把最高梵置于至高无上的地位，而主宰神则被放到比较低的地位。

商羯罗：

这种做法，我不太赞成。在我看来，无论是最高梵，还是最高我，还是主宰神，其实都是一个东西。在我的著作中，我经常交换使用这些名词。我之所以经常交换使用这些名词，是因为，这三个名词所代表的意思是完全一样的。一些人把梵分为最高梵、最高我与主宰神，我不赞成。

六　唯有"有"存在，无中不能生"有"

记者：

很多印度的哲学家探讨宇宙万物到底是产生于有，还是产生于无。这个问题，不知你的看法如何？

商羯罗：

这个问题在《梨俱吠陀》时期，就开始提到了。《吠陀》时代的人们，在有关宇宙世界的起源问题上，早就展开了关于有和无的争论。《吠陀》时期的哲学家们认为，宇宙分成两个部分：一部分是"有"，它有光热和湿度，受神圣法则所制约；另一部分为"无"，它并无"有"所具有的一切属性。我们的前辈还提出，神仙与人类住在"有"之中，而魔鬼则住在"无"中。神仙与人们应该结成联盟，共同对付魔鬼。

记者：

你的观点是什么？

商羯罗：

在这个问题上，我的观点与《梵经》的观点完全一致。《梵经》认为，梵是虚空，宇宙是由虚空生成，但虚空并非是"无"，而是"有"。《梵经》认为，"有"只能来自于"有"，而不能来自"无"。一句话，"无"中不能生"有"。

七 "知"与"欢喜"也是梵的本质特征

记者：

你把"有"视为梵的特征，同时，你也反对"有"能从"无"中产生。

商羯罗：

没错。这是《梵经》的观点，也是我的观点。

记者：

除了把梵考虑为"有"之外，你还认为梵还具有什么别的特征呢？

商羯罗：

"知"与"欢喜"也是梵的特征。

记者：

如何理解？

商羯罗：

梵本身就是"有"，本身就是智慧体。因此，从本质上讲，"知"也就是智慧，也是梵内在的本性。

记者：

"欢喜"是什么意思？

商羯罗：

梵作为创造物，它要给人以恩惠，"欢喜"这个特征就是这个意思。

记者：

虽然"知"与"欢喜"都是梵的特征，但两者的形式不完全一样。"知"是梵所内在拥有的，它和外在别的任何事物无关。而"欢喜"则是因梵和人的特殊关系而拥有的这种特征。除此以外，梵还有什么特征呢？

商羯罗：

《梵经》中还提到梵拥有"无限""遍在"以及"未开展者"等特征。

八　梵归根结底是无特性的

记者：

你曾经有鼻子有眼地描述了梵的种种特征，如你认为，梵是"有""知""欢喜"。你还曾经说过，梵具有永远的、清静的、自悟的和解脱的等特征。但是，从你理论的根本点来看，感觉你最终认为，梵是具有"无"的特征的。这又如何理解呢？

商羯罗：

你我都是人，你我的智慧不足以认识梵的本质。或许正是因为人类的无知，我们才会把人类所能把握的一些特性赋予梵。

记者：

你的意思是，即便是你所描述的梵所具有的那些特征，也是我们人类不可避免地存在的无知所造成的？

商羯罗：

没错。只要我们消除了这些无知，我们就会认识到世界、认识到梵从根本上讲是没有任何特征的。

记者：

明白你的意思，你从根本上讲是否认梵具有任何特征。

商羯罗：

没错，梵本身与任何固定的特性没有任何联系。因此，我们不要期盼认为梵具有什么特征，梵没有任何普遍性，也没有任何特殊性。梵虽然是世界的创造者，但梵不具有你我所知道的各种生命的任何特征，梵并不负有承担起管理世界、造就世界的职责和义务。梵自身不具有内在的多样性，与之相对应的外部世界也不具多样性。

记者：

似乎你认为，梵在空间上都不具有任何规定性？

商羯罗：

没错。一般的物体都要占有一定的空间，也就是说，这些物体的存在，都要受到空间的限制。但是，梵却具有无限性，它不受任何空间的限制，也不占有任何空间。再有，我刚才也提到过，梵自身是同质的，本身是无差别的，它的内部不存在任何的矛盾性。也就是说，梵是唯一的、不二的。

记者：

通过你的这些描述，我明白人们为什么把你的哲学称为"不二一元论"了。在你这里，梵是唯一的存在，并无第二个存在；在你这里，梵是世界产生的根源，是控制一切有形世界的至高无上的上帝，是创造或者毁灭世界的主宰神。总之，除了梵，别的什么都不是。

商羯罗：

你的理解完全正确。

九　"上梵"与"下梵"

记者：

你口口声声强调梵是统一的、是不二的，但你为什么又把梵分成"上梵"与"下梵"两个呢？

商羯罗：

你说得没错。梵是不能一分为二的，梵是内在统一的，凭借你我的智慧，是不可能对梵的任何属性和任何规定性进行描述。但是，作为人、作为哲学家，我们不可能不去对梵进行必要的思考和认识。那种至高无上的智慧也就是上智，我们不具备，但是，我们可以从普通人的角度对梵进行认识。而一旦从普通的智慧去认识梵，我们就能够把普通人的种种属性如全能、无限等等附加到梵身上。

记者：

我明白你的意思。你是说，梵从根本的角度来讲是一个，人们之所以把梵分成两个，那是因人们认识梵所依据的智慧的不同而产生的。

商羯罗：

也可以这么说。梵从本质上来讲是唯一的，它的本性是无属性、无差别、无限制。但是，当人们从普通智慧的角度来研究梵的时候，梵的表现就带有一定的属性，这时候的梵，我们可以把它命名为"下梵"；而把那种不受人们智慧影响而独立存在的梵，称为"上梵"。

记者：

你刚才的一些表述，很难理解。但从根本上来讲，所谓"上梵"与人的经验无关，与现象世界无关；而你所讲的"下梵"，既与人的经验有关，也与现象世界有关。

商羯罗：

没错。所以，我把"下梵"界定为主观化了的"上梵"，道理就在这里。

十　"上梵"只可以用否定法予以描述

记者：

看你的著作，你对梵一会儿用肯定性的语言来阐述梵的特征，一会儿用否定性的语言来描述梵的特征。不知道哪种方法更好？

商羯罗：

我们刚才已经谈过，梵有两种，一种"上梵"，另一种是"下梵"。我告诉你，能用正面肯定性的语言来进行描述的是"下梵"，是经验与现象世界领域中的梵。而真正的梵，也就是"上梵"不具有任何属性，任何肯定性的描述，都是不准确的。

记者：

你的意思是说，要想准确地描述梵的特征，唯一可行的是全面否定前面正面描述的方法？

商羯罗：

没错，所有对进行正面描述的方法都是不准确的。当然，正面阐述也是解释梵的第一步，而往往也是不可缺少的。例如，人们要解释一颗小行星，先要指出小行星附近的一颗比较亮的星，然后再否定这颗亮星，一步一步地才能对那颗小星进行正面的阐述。

记者：

你说的也有一定的道理。

商羯罗：

梵也就是我们刚才所谈的"上梵"，是不可认识的，"上梵"不具有任何正面的特征，"上梵"超越了人们的理解力，"上梵"不能用感官、不能用推理、也不能用人类的智慧来予以理解。一句话，梵也就是最高梵、也就是"上梵"，只能用否定性的语言来予以描述，任何正确的描述都是不准确的。

十一　作为主宰者与现实世界的"下梵"

记者：

谈完了"上梵"也就是真正的梵，我们是不是该谈"下梵"了？

商羯罗：

应该的。严格说来，梵是不能分为"上梵"和"下梵"的。因为，这种划分容易让人误认为有两个梵。

记者：

请继续讲，你为什么要说这样的话？

商羯罗：

正如我们不能把杯子分成两个：一个是实实在在的杯子，另一个是作为影子而存在的杯子；也正如我们不能把太阳分成两个：一个真正的太阳和另一个透过云雾而看到的太阳，道理是一样的。

记者：

我明白你的意思。你的意思是说，"下梵"本来是不存在的，它只不过是人们因某种原因通过自己的感觉才感觉出来的梵。

商羯罗：

也可以这么说。既然我们都是普通人，普通人又必须要对梵有某种感知。不管是因为什么原因，我们所谈的梵，只是在我们现有智慧水平的基础之上的那个梵。因为我们的智慧不允许我们对那个真正的梵有任何肯定性的认识。

记者：

人类的智慧是有限的，无论是从感官还是从理性，这一些都不允许我们对那个可望而不可即的梵，予以准确地认识，我们所认识的梵，或许是透过云雾而展现在我们面前的那个现实版的梵。

商羯罗：

你的理解，基本上还是站得住脚的。所谓"下梵"，是我们作为普通人所能够理解的那个作为世界的创造者的那个梵，我把这个梵称为主宰神，这个主宰神是宇宙万物的创造者。人所能感觉的那个世界，都是由这个梵所创造的。

记者：

这个梵是通过什么来创造世界万物的呢？

商羯罗：

这个东西，就是那个神秘的摩耶。摩耶就是一种幻力，一种让人能够产生模模糊糊感觉的那种力量。我们之所以说作为梵的创造物的那个世界是虚幻的，原因就在于这个世界是由"下梵"用某种神秘的幻力而创造出来的。

记者：

关于"上梵""下梵"方面的很多研究，总感觉你的说法很矛盾、很不好理解。你可否说得详细些。

商羯罗：

这可以。关于我在解释梵的过程中存在的一些矛盾，我们不妨在下个专题中说得详细一些。

十二　凡认为梵之间存在任何区别的观点都是对绝对者的误解

记者：

与你讨论"上梵"与"下梵"这些概念，虽然你说得头头是道，但是，我总感觉你对梵的解释是充满着矛盾的：一会儿你说梵是无性质的，用语言无法描述的；一会儿你又说梵是世界的创造者，梵具有各种各样的性质，并说梵无处不在，到处都有梵的嘴、到处都有梵的手、到处都有梵的脚。这明显是矛盾的。我不想请你去解释这些矛盾，我只想请你告诉我，到底"上梵"与"下梵"之间是否有某种根本性的区别？

商羯罗：

谢谢你的理解。我也想就"上梵"与"下梵"的关系做个总结。其实，梵只有一个，不存在两种梵。"上梵"和"下梵"，无非是从两个不同的角度来看："下梵"是从经验的角度来看，而"上梵"则是从非现象的角度来看。总之，一句话，梵只有一个，不存在两个。凡认为梵之间存在任何区别的说法，都表明你对梵的无知。

十三 从"下梵"到"上梵"的复归

记者：

"上梵"是真正的梵，而"下梵"不过是以现象状态呈现出来的梵。因此，"下梵"终究要复归于"上梵"的。

商羯罗：

没错。

记者：

可否请你将"下梵"复归于"上梵"的过程描述一下？

商羯罗：

当然可以。梵原本就是一种状态，它之所以以其他状态出现，那是由人类的精神的多样性而产生的。乔荼波陀，你应该知道吧？

记者：

当然知道，他是你的老师嘛！

商羯罗：

乔荼波陀提出，人类的精神时常出现觉醒、梦眠、熟睡等状态，不管哪种状态，对梵的反应都是异化的。唯有在第四位，才是对梵最忠实的体现。而这个阶段，作为现象而存在的"下梵"便不复存在，而最终与"上梵"合二为一。这就是从"下梵"到"上梵"复归的过程。

十四　吠檀多哲学的内在矛盾

记者：

吠檀多派哲学一直认为，纯粹精神的梵是世界产生的唯一原因。

商羯罗：

没错。吠檀多哲学的核心观点就是：梵是世界的创造者，它既是动力之因又是质料之因。

记者：

对这个观点，我感觉有些矛盾，不好解释。

商羯罗：

你说矛盾是什么？

记者：

矛盾是很明显的。例如，如果说梵是没有差别的，那么，我们就要问了，多样化的现象世界是如何被创造出来的呢？还有，如果说梵是唯一的本质，那么，那些与梵不同的、具有多种本质的事物又是如何被创造出来的呢？诸如此类的问题，很多很多。

商羯罗：

你所提出的这个矛盾，我们早就注意了。当然，在我之前，吠檀多的哲学家，很少有人做过系统地研究，有关的解释也不太明朗。

记者：

你是说，自你开始，关于这个问题，有了能够自圆其说的解释方案了？

商羯罗：

可以这么说。

十五　新概念的引入："非变异名色"

记者：

研究《梵经注》的人，都发现你提出了一个全新的概念，明显感觉你是想通过这个概念的引入，来化解人们对吠檀多哲学的诘难和怀疑。

商羯罗：

可以这么说。我引入的全新概念，名字叫"非变异名色"。通俗地解释就是尚未开展的名称和形态。

记者：

这个概念，你是怎么想出来的呢？

商羯罗：

其实，这个概念并非我凭空想出来的。《歌者奥义》中就有这个概念的影子，我是在《歌者奥义》的基础上创造出这个新概念的。

记者：

这个概念的意思是什么？

商羯罗：

我在我的《示教千则》中，是这么来解释的。

记者：

愿闻其详。

商羯罗：

我在《示教千则》中，是这么写的："非变异名色"与自己的阿特曼在本质上相异，它作为世界的种子，住在自己的阿特曼之中。这个"名色"是未展开的，由自己的阿特曼将它展开，成为虚空。

记者：

大概的意思，我能听得懂。但希望你详细地解释。

商羯罗：

没问题，我会细细地给你解释的。这些概念都是关键性的概念，如果不把这些概念说清楚，后面的很多东西就无法说清楚。

十六 与数论哲学中的"原初物质"差不多

记者：

看你的《梵经注》，关于你所提出的那个新概念，也就是对"非变异名色"

的介绍，我有这样一种感觉。

商羯罗：

什么感觉呢？

记者：

我以前曾经与数论派的哲学家做过交流，数论哲学中有一个叫"原初物质"的概念，我感觉这个概念与你所提出的那个所谓的"非变异名色"大同小异。

商羯罗：

你说说。

记者：

数论哲学中有一个概念叫"原初物质"，它包括：统觉机能、自我意识、意、感觉器官等东西。而这些东西恰恰是一切物质产生的根源。而这些物质，也通常被人理解为某种物质尚未开展前的原始状态；而这种原始状态之所以能够产生宇宙万物，则是因为，它必须与某种高层次的力量，也就是"神我"相结合。我隐隐约约地感觉，你所提出的那个所谓的"非变异名色"，就是这种所谓的"原初物质"。

商羯罗：

没错。无论是数论哲学中的"原初物质"，还是我所讲的"非变异名色"，都是一切物质尚未开展到得以开展之前的那个东西。正如一颗种子对一个植物一样。

十七 《梵经》与《梵经注》的不同解释

记者：

很显然，"非变异名色"是你的创造，我在《梵经》中没看到这个概念。

商羯罗：

没错。在《梵经》中，虚空是直接由梵生成，而万物则是由虚空产生。但在我看来，虚空并非是由梵直接生成，而是通过"非变异名色"间接地由梵生成。

记者：

根据你的表述，你所提出的"非变异名色"，显然是介于梵与物质世界之间的一种中介物。宇宙万物就是梵通过这种中介物而创造出来的。

商羯罗：

没错。在这里，它的功能就和人们通常所讲的"摩耶"的功能差不多。

记者：

借助"非变异名色"这个中介物，你自然就可以对现象世界做出比较方便的解释了。

商羯罗：

可以这么说。

十八　宇宙与人类的诞生

记者：

请你用你提出的新概念，也就是"非变异名色"讲讲世界产生的过程。

商羯罗：

你不说，我也会讲的。"非变异名色"也经常被认为是虚空，它产生了风，由风生起了火，由火生起了水，由水便生起了地。宇宙世界就是按照一定的顺序由前一个元素到逐步进入另一个元素而逐步产生出来的。

记者：

刚才，我数了一下，似乎是五大元素，即风、火、水、地和你所讲的"空"。

商羯罗：

没错。这五大元素可以称为细微元素，这些细微元素，经过一定的组合，就可以产生风大、火大、水大、地大 和"空"大这五种基本元素。

记者：

这五种基本元素又是怎么产生的呢？

梵之音：印度思想之旅

商羯罗：

打个比方说，"空"大是由1、2的"空"加上1、8的风，1、8的火，1、8的水，1、8的地所构成的。其他基本元素，也都是由类似的方法所构成。

记者：

明白。

商羯罗：

有这些基础元素，就产生了万物。由地就产生了大米和麦子，人吃了大米和麦子，就会生出血液和精子。受到情感的左右，人就会产生悲和喜。人通过吟诵经典，心灵就会得到净化。在适当的时候，人就会孕育而生。孕育的过程是，受精卵由子宫的胎液浸润得以成长，胎儿经过九个月到十个月分娩出世。胎儿诞生之后，便得到他的名称和形态。在经过诞生仪式之后，便得到净化。在经过入门仪式之后，便获得了学生的名称。同样是同一个躯体，结婚之后，娶妻生子，又得到了家住者的名称。再往后，经过林栖者仪式之后，便得到了苦行者的名称。最后，在经过停止祭祀的仪式之后，便得到了出家云游者的名称。

记者：

再往后呢？

商羯罗：

我们的身体，并非我所讲的新概念之外的东西，而是由"非名色"开展出来的。也就是说，人的意识、感觉器官都是由我讲的"非变异名色"产生出来的。

记者：

你是说，人、人的身体和思想都是由"非变异名色"这个新概念产生出来的？

商羯罗：

那倒不是，我只是说人的身体是由"非变异名色"产生出来的。梵在造出人的身体以后，它便把另一个自己的阿特曼放到身体之中，人才得以最终地产生。这时候，阿特曼虽然是以人的灵魂形式出现，但它本质上终究是梵，梵就是这些阿特曼。

十九　梵犹如"至清之水"，
而"非变异名色"则是水中产生的"污泡"

记者：

根据你的描写，宇宙万物和人都是你所提出的新概念"非变异名色"按照一定的顺序而得以开展产生出来的。

商羯罗：

没错。

记者：

既然你所提出的"非变异名色"最终是由梵产生出来的，而万事万物则是由你的"非变异名色"而产生出来的，在我的印象中，你认为梵是实实在在存在，那么，由你的"非变异名色"而产生出来的现象世界是不是也是实在的呢？

商羯罗：

错。梵犹如"至清之水"，而"非变异名色"则是水中产生的"污泡"。没有了水，自然就没有了泡；离开了水，泡就不复存在。但毕竟水是清净的，而泡则是肮脏的。落实到具体的理论上来讲，那就是：梵是实在的，而我所讲的"非变异名色"及其由它产生的现象世界，则是虚幻的、是不真实的存在。说到底，它就是一种如人类幻觉中的世界一样，归根结底，它就是海市蜃楼。

二十　关键性名词解释："摩耶"

记者：

在你的哲学中，有一个名词经常出现，这个名词就是"摩耶"。我想请你解释一下，"摩耶"这个概念是什么意思？

商羯罗：

当然可以。在《梨俱吠陀》中，"摩耶"被看作一种超自然的幻力，它是至上之神原人用来创造世界三界十方的神奇工具。到了《梵书》和《奥义书》时代,"摩耶"被看作神奇工具的同时,又被赋予了哲学上"幻"的含义。

记者:

"幻"是什么意思?

商羯罗:

"幻"也就是虚幻的意思呗,即虚幻、假象的意思。但人们被"摩耶"这个力量所控制的时候,人们就会把神误认为是蛇,把贝壳误认为是银片。

记者:

海市蜃楼应该是一种典型的东西吧?

商羯罗:

没错。但是,我曾经用一个更妥当的词来表示"摩耶"这个东西。

记者:

这是什么呢?

商羯罗:

这个概念就是"附托"。所谓"附托",也就是把一个事物的性质在头脑中显现在另一个事物的身上。

记者:

就是张冠李戴呗。

商羯罗:

也可以这么说。说到底,"摩耶"就是人们把一个事物混同于其他事物的那些认识上的缺陷,说到底,就是无名,就是认识错误。

记者:

你老师乔荼波陀在其写的《圣教论》中,对"摩耶"的功能做了这样的表述。不知道你是怎么看的?

商羯罗:

你说。

记者:

乔荼波陀是这么说的。他认为,"摩耶"有三个作用:第一个作用是,"摩耶"可以用来说明现象世界与梵的关系。他认为,梵通过"摩耶"幻现出现象

第十二章 论梵与我——对话商羯罗

世界。而变化无常的现象世界与唯一的梵,有一种难以描述的关系。这种关系用逻辑是说不清的,只能用"摩耶"来说明。第二,说明梵是一切的主宰者,也就是主宰神。梵具有创造力,也具有破坏力。第三,梵通过"摩耶"遮蔽了自己的本来面目。它让具有一般智慧的人难以认识到梵的存在。"摩耶"说到底,就是无名,就是缺乏智慧。

商羯罗:

对这种说法,我完全同意。

记者:

后来的哲学家拉达克里西南在其所著的《印度哲学》中,对"摩耶"的含义做了六方面归纳,不知道这种归纳与你想表达的"摩耶"的含义是否一样?

商羯罗:

不妨说来听听。

记者:

拉达克里西南将"摩耶"的含义归纳为六种:1. 世界不是自明的,它显现为现象特征,现象世界的特征可以用"摩耶"来表示。也就是说,"摩耶"的第一个功能是,表示现象世界。2. 梵与现象世界的关系,只能用"摩耶"来表示。纯粹、唯一的最终实体,也就是梵是如何一点点变现出大千世界的呢?一般人难以理解,他只能用"摩耶"来描述和理解。也就是说,"摩耶"的第二个功能是,它可以表示梵与现象世界的关系。3. 梵是世界的原因,也意味着世界依赖于梵,世界是梵的幻现,因此,被称为"摩耶"。4. 世界被视为说明梵的表象的"摩耶"。5. 造物主也就是自在天本身所具有的魔力,就可以被称为"摩耶"。6. 造物主自在天的魔力,使未开展的世界得以开展,并构成宇宙万物。也就是说,造物主是利用"摩耶"来创造世界。

商羯罗:

这些表述,和我所要表述的,没有什么不同。也就是说,梵是运用自身的魔力创造了现象的世界。这些说法,在《奥义书》时代,就被反复提及了。我没有不同的意见。

二十一　世界归根结底是海市蜃楼一般的幻觉

记者：

关于宇宙和世界的诞生，我们已经说了很多。我想问一个关键的问题。

商羯罗：

请讲。

记者：

不管怎么说，现象世界是梵所创造出来的，梵是实实在在的。那能不能说，现象世界也是实实在在的呢？

商羯罗：

这个问题，我们已经说了多少遍了。人们可以把绳子误认为是蛇，但绳子终究是绳子，它不可能变成蛇的。这个例子说明，梵是唯一的实在，它的本性是不变的。而现象界用一种虚幻的力量，也就是"摩耶"创造出来的东西，归根结底，还是一种假象。它好像梦，好像魔术中的东西，归根结底，是海市蜃楼一般的不真实，归根结底，它是一种幻象。

二十二　梵与人的内在同一性

记者：

释迦牟尼创立的佛教认为，存在的个人是由五种物质和精神的元素和合而成的。人一旦死去，这五种物质和精神的元素便会消亡。对这个看法，你如何评论？

商羯罗：

佛教哲学，我们可以概括为无我论。而我的哲学，与无我论是矛盾的。

记者：

难道你主张有我论？

商羯罗：

没错。

第十二章 论梵与我——对话商羯罗

记者：

这中间是不是有些矛盾？因为，在你看来，梵是永恒的存在，而所有的现象世界都是一种假象。我们人显然属于现象世界，很显然，也是假象。那你为什么要坚持有我论呢？

商羯罗：

人的肉体属于现象世界，是海市蜃楼一般的虚幻的存在。但是，存在于人身体中的那个精神，是不会消亡的，它是永恒存在的。

记者：

那这个精神与你所讲的梵，是什么关系呢？

商羯罗：

从本质上讲，存在于人身体中的那个精神，与梵本质上讲没有什么区别。如果说有区别的话，那只是说，存在于人身体中的那个梵，要受到人、人的身体的影响。但这种影响本身也是虚幻的，它从本质上讲，不会影响到人身体中的那个作为个我的梵与至高梵的同一性。

记者：

有点不好理解。

商羯罗：

有一个比喻，足以说明这个道理。瓶子中的空气和瓶子外面的空气，如果说瓶外的空气是那至高无上的梵，那么，瓶内的空气就是存在于身体中的那个个我。存在于瓶中的空气和瓶外的空气，从本质上讲，没有什么不同。如果说有什么不同，那就是它受到瓶子的限制。一旦打碎了瓶子，那么，瓶中的空气就和外面的空气融为一体。正如，即便人死亡，人内在的那种个我，那种精神，终将也会与至高无上的梵融为一体。

记者：

依照你的话推演下去，那是不是每个人都与至高无上的梵具有某种同一性的精神，也就是个我呢？

商羯罗：

可以这么说。

记者：

那能不能说，所有人之间都具有某种精神上的平等权利呢？

商羯罗：

当然可以这么说。

记者：

根据我的了解，你对你们印度奉行的种姓制度非常欣赏。这个制度，很显然与人与人之间的平等是相冲突的。这如何解决呢？

商羯罗：

这个问题，我研究不够。让后人研究去吧！

二十三 轮回的含义

记者：

作为吠檀多哲学的集大成者，你必然会对轮回及解脱问题作系统化的研究。

商羯罗：

自然是。所谓解脱，就是从反复生死的轮回中脱离出来。要想系统地掌握轮回及解脱的问题，我们必须首先就轮回这个概念作详细地分析。

记者：

求之不得。

商羯罗：

关于轮回，素来有两种说法。第一种是，轮回的特征是生死。它所强调的是，在时间和空间上的延续。这个轮回，在时间和空间上既延续过去、现在和未来三个世界；又包括人、神、畜生、饿鬼各界，一遍又一遍地轮回。

记者：

我记得古代《奥义书》中提出过"三道四生"的说法，是不是就是这个意思？

商羯罗：

没错。我把这种轮回观称为外在的轮回观。

第十二章 论梵与我——对话商羯罗

记者：

是不是第二种轮回是内在的轮回呢？

商羯罗：

没错。第二种轮回，就是专指现世所经历的轮回。在现实的生存中，无论是醒还是梦，甚至是在熟睡的状态下，一旦中断之后，仍然感到痛苦。这就是一种个人现世中内在的轮回。

记者：

如果我没有理解错的话，你在《示教千则》中，讨论的是后一种轮回。

商羯罗：

没错。我不关心过去与未来的事情，我所关心的是，怎样拯救沉陷于现世苦难中的人们。

记者：

关于你所讲的人在现实世界中所经历的轮回，能否请你具体地描述一下？

商羯罗：

人生的轮回，大概经历这样几个过程：诸业、身体、好事与坏事的经验、贪欲与嫌恶、诸行为、善业与恶业。所谓的轮回，就是行为与果报之间相互的反复。

记者：

在这个前后反复的过程中，轮回的主体是什么呢？

商羯罗：

现实世界中轮回的主体，是作为身体的"我"，也称为"个我"。"个我"是轮回的主体，它是从一个身体向另一个身体不停地移动，周而复始，循环往复。

记者：

看你的书，发现有这样一个矛盾：在有的地方，你强调"个我"也就是作为个体的我，是可以死的；在有的地方，又强调是不死的。那我想问一下，作为个体的我，到底是可以死的还是不死的呢？

商羯罗：

你这个人太喜欢刨根问底的了。我明确告诉你，作为个体的我，其生死只不过是"个我"与身体的结合或分离而已，应该说，它是不死的。

二十四　轮回的原因是无明，
　　　是误把阿特曼当作轮回的主体

记者：

在轮回中，作为个体的我也就是"个我"，是轮回的主体。我不明白人们为什么会陷入这种轮回的绝望之中呢？

商羯罗：

人们在睡眠状态中所产生的一些错误的东西，可以从暗黑中来找到原因。所谓暗黑，就是无明。人生沉沦到无穷无尽的绝望之中，其原因也只能从无明中寻找。

记者：

我想，无明是不是就是无知，就是没有智慧？

商羯罗：

可以这么讲。

记者：

我想知道没有智慧的反面，也就是智慧，指的是什么呢？

商羯罗：

人生处于无明、无知之中，由于缺乏这些智慧，人们无法看到阿特曼与梵在本质上的一致性，同时，也把阿特曼与人的身体、人的感觉器官、人的内部器官误认为是一回事，从而把人生中很多事情的变化视为是阿特曼自身变化的结果。

记者：

为什么会出现这种情况呢？

商羯罗：

人生是无知的，人们通常把作为物质性的人的身体、感觉器官、内部器官等东西，与作为精神性的阿特曼相互附着到一起，也就是把两者混为一谈。这就是造成人陷入无限绝望的轮回之中的根本原因。

二十五　宗教禁忌是无用的

记者：

你介绍了轮回的概念，也给我们指出了轮回的原因。那么，我想问你，印度教非常强调要做祭祀这种活动，很多学者把这认为是确保人们获得解脱的重要手段。不知道你是怎么看的？

商羯罗：

我们搞哲学，就是要帮助人们寻求解脱之道。但我从来也不认为，各种神秘兮兮的祭祀活动，能够帮助人们获得解脱之道。因为，祭祀本身就是某种欲望的表现，也是一种缺乏智慧的表现，它根本无法把梵与阿特曼及自我的关系搞明白。因此，寄希望于通过祭祀来获得解脱，这是一种缘木求鱼的做法。

二十六　只有知识才是获得解脱的唯一手段

记者：

那如何才能获得最终的解脱呢？

商羯罗：

这个问题，我已多次强调。首先，必须要清楚知识才能获得解脱。人要获得解脱，靠做什么事情是不可能的；而只有通过知识，才能获得最终的解脱。

记者：

什么知识？

商羯罗：

那就是关于梵的知识。当人们获得了关于梵的知识，就能够从各种各样的恶行中摆脱出来。当人们对梵、对阿特曼的本性有了更深刻的认识，人们就能找到彻底解脱的终极知识。

记者：

难怪一些人说你否定知行并用论，说你是一个只强调知而否定行的学者。

梵之音：印度思想之旅

商羯罗：

可以这么说。我不主张人们诉诸行为去进行什么奋斗、努力，我所强调的就是要从灵魂深处去感知梵。只有获取关于梵的终极知识，才能得到真正的解脱。

商羯罗简传

商羯罗（约788—820年），印度中世纪最大的经院哲学家，吠檀多不二论的著名理论家。生于西南印度喀拉拉邦马拉巴尔海岸的伽拉迪，属婆罗门种姓。少年时随印度著名的吠檀多不二论者乔奈波陀的弟子乔频陀学习婆罗门的经典。后遍游印度各地，在贝纳勒斯曾与其他哲学派别进行辩论。在印度次大陆的四个方位建立了四大修道院，组织了"十名"教团，追随他的弟子很多。死于喜马拉雅山麓的基达那特，时年32岁。在仅仅32年的生命中，商羯罗把佛教逐出了印度，重新建立了《吠陀经》的权威性。商羯罗驳倒了佛教徒没有灵魂或自我的信条，重新确立了关于个体灵魂的吠陀真理。商羯罗认为最高的梵是世界之源，万物依靠梵产生而梵并不依赖世界。梵是统一、永恒、纯净、先验的意识。它无内无外、无形无状，既不具有任何差别也不具有任何属性，既超主观也超客观，既超时空也超因果。但一般人认识不到这一点，便赋予梵种种属性。这样，梵就有了两个：一个是上梵，即无属性、无差别、无限制之梵；另一个是下梵，即有属性、有差别、有限制之梵。下梵具体表现为神祇、个体灵魂（个我）和世界万象。

商羯罗也认为世界是梵通过"摩耶"制造的。"摩耶"是现象世界的种子，现象世界是由下智的人们对于上梵的无明或虚妄所引起。按照他的理论，梵通过"摩耶"创造世界的过程，很像一位魔术师在变戏法。它先取来五种细微物质：空、风、火、水、地，作为创造世界的基本素材，再将这五种细微物质相结合。现象世界就是由这几种神奇物质变幻而来。最后，商羯罗的理论与其他印度哲学思想一样，最终归结到超越现象世界上。他认为，解脱就是亲证梵与我的同一，即"我就是梵"。解脱不是产生一种至善至乐的状态，而是除去无知的遮蔽。

商羯罗著有大量的宗教哲学著作，至少有300部以上。他著有《梵经注》，又对主要的10部奥义书作了注，有《广森林奥义》《歌者奥义》《他氏奥义》《鹧鸪氏奥义》《由谁奥义》《伊莎奥义》《石氏奥义》《顶奥义》《疑问奥义》《蛙氏奥义》。还有一部《白骡奥义注》，但被学者考证伪作的可能性很大。商羯罗还注有《薄伽梵歌》，著有《我之觉知》《问答宝鬘》《五分法》《示教千则》。他的主要哲学著作有：《梵经注》《广森林奥义注》《薄伽梵歌注》《我之觉知》《问答宝鬘》《五分法》等超过300部之多。

第十三章 论"制限不二论"
——对话罗摩奴阇

引 子

罗摩奴阇是印度吠檀多派哲学继商羯罗之后最主要的哲学家之一,他的理论被称为"制限不二论"。因为,他主张梵与个我之间的关系是一种"不一不异"的关系。如何理解"制限不二论"的精神?如何理解"不一不异"的含义?让我们走近罗摩奴阇。

一 挑战商羯罗

记者:

商羯罗被认为是你们印度最伟大的哲学家。但据说,你的很多哲学思想就是针对商羯罗的理论的。是吗?

罗摩奴阇:

没错。商羯罗的哲学在印度思想界长期居于不可动摇的地位,对人们的思想起了很大的禁锢作用,久而久之,自然会遭到人们的反抗。公元7—8世纪,在印度泰米尔地区,出现了很多宗教诗人,他们就向商羯罗的哲学发起了挑战。

记者:

根据我的研究,商羯罗的哲学强调梵是真正的存在,而其他一切现象都是虚幻的。你刚才所提到的这些宗教诗人,向商羯罗的哲学发起了挑战,是不是在这个根本点上不一样呢?

罗摩奴阇：

没错。如果在这个根本点是一样的，那就谈不上挑战商羯罗主义了。在这场挑战商羯罗主义的运动中，那些哲学家们认为，梵与人格神毗湿奴是同一的，而绝不是如商羯罗所讲的是两回事。也就是说，在这些诗人们看来，梵与人格神毗湿奴是一样的，也具有至高无上的实在性。

记者：

我知道你们与商羯罗主义的根本分歧点了。商羯罗哲学很明显来自于《梵经》，你们这些思想的学术渊源来自哪里呢？

罗摩奴阇：

我们的哲学的根来自于《奥义书》，具体说来，是来自于《石氏奥义书》《大那罗衍那奥义》和《白骡奥义》。其后的《薄伽梵歌》，也是我们哲学思想的根。

记者：

你这是用吠檀多之前的奥义思想来反对其后的思想，是不是有点复古的味道？

罗摩奴阇：

复不复古，我不知道。我只是响应在我们之前于泰米尔地区发生的宗教运动。我们的核心思想是，强调人和神与梵之间的同一。归根结底，我们是要人们相信，梵是世界的本原，而梵所创造出来的其他的存在物，同样也是真实存在的。这就是我们与商羯罗之间根本的不同。

二　"虔诚派"理论家

记者：

很多资料说，你是你们印度历史上很有名的"虔诚派"运动的理论家。不知道这个说法对不对？

罗摩奴阇：

在 11 世纪之前的印度泰米尔地区，出现了两个团体。这两个团体是由民间行吟诗人所组成：一派是信仰湿婆的，名字叫那衍那罗派；另一派信奉毗湿奴，名字叫阿耳伐尔派。这两个团体的人们，极力鼓吹人们对神的爱，并强调无论是什么种姓，均可以在现世或来世获得解脱。

记者：

与传统的婆罗门教相比，这两派的观点有点另类呀！

罗摩奴阇：

没错。这实际上是一种反潮流。因为，他们批判印度教祭祀制度和烦琐的祭祀仪式；反对种姓制度，宣扬只要对神绝对忠诚和信仰，不必进行祭祀就可以获得解脱。这种观点，显然是很另类的，但是，我很欣赏。

记者：

所以，你就进行了系统化的研究和阐述。从一定程度上讲，你的理论与"虔诚派"运动有着一定的渊源上的联系？

罗摩奴阇：

也可以这么说。

三　梵就是具有无数美德的毗湿奴神

记者：

我曾经与商羯罗做过系统的对话。关于梵，在商羯罗那里，被描述成一种宇宙精神，一种难以作具体描述的根本原理。总之，这个东西很神秘，但与人们通常理解的神，还不是一回事。不知道你对商羯罗的这个看法是怎么看的？

罗摩奴阇：

在这一点上，我与商羯罗的看法不一样。你说得没错，从商羯罗的描写中，我们无法对梵作具体的把握。梵是一种宇宙精神，一种根本原理。但到底什么是宇宙精神？什么是宇宙原理？你不知道，我也不知道。我相信，就是商羯罗，或许也不知道。

记者：

那在你看来，梵到底是什么？

罗摩奴阇：

其实，梵就是一个神。

记者：

什么神？

罗摩奴阇：

在我们印度，有一个神，叫毗湿奴神，它拥有无数美德，它智慧超群、能力无限，并无处不在。毗湿奴神是万物的创造者、维持者、毁灭者，它也是友情的主宰者、控制者和赏罚者。世界上所有的现象，都是毗湿奴的化身。

记者：

你的意思是说，毗湿奴神就是梵，梵就是毗湿奴神？

罗摩奴阇：

一点都不假。一句话，梵就是万能的神。

四 梵的创造物都是真实的

记者：

商羯罗的哲学认为，我们所认识的世界是虚妄的，梵是无差别的，是没有属性的；人只有拥有真实的知识，就可以认识到世界的虚妄性。你对此如何看？

罗摩奴阇：

商羯罗的这个看法是错误的。梵并不是无差别的，而是有其各种不同的属性。正是因为梵本身是有差别的，是有其特殊属性的，因此，它的创造物也各不相同，人们对这些事物的看法自然也不会相同。打个比方说，万物都是由火、水、地三种元素结合而成的，那么，由这三种元素按照不同的比例所组成的现象世界，自然也不相同。人们对这些事物的认识，自然也不会相同。但是，由于人的感觉器官会出现一些问题，或许对事物的性质在把握上出现一些误差，但这并不表明，作为外部世界的认识对象，就是虚幻的。

记者：

这个看法，看来确实与商羯罗的不一样。

罗摩奴阇：

举个例子说：对一枚珍珠母贝来说，这个珍珠母贝含有非常高贵的成分，同样，也含有低层次的成分。通常，人的认识都倾向于去认识珍珠母贝中的最好的特性，但由于人的眼睛可能会出现问题，他就会看到珍珠母贝中那些劣等的东西。严格说来，这个认识本身没有什么问题，这是因为外部世界本身就具有不同的性质。一句话，由梵所创造的现实世界，具有不同的秉性，人们对它的认识，存在这样那样的差异性，非常正常。商羯罗否认外部世界的真实性，否认人类认识的真实性，这个看法，我不同意。

五　梵以精神（个我）和非精神（世界）作为自己的身体

记者：

在你的哲学中，无论是梵——最高我，还是主宰神——毗湿奴神都是一回事。

罗摩奴阇：

可以这么说。

记者：

你还说过，梵或者神是物质和精神浑然一体的世界的原因。这话从何说起？

罗摩奴阇：

作为个体的精神，它既是精神性的存在，它又伴着非精神性的身体，因此，我们可以说，这个我就是梵的身体。世界是精神与非精神的混合体，这所谓的精神和非精神就是我们所说的梵的身体。作为最高神或梵的身体的个我和世界，在世界创立前是不可见的、未显现的，也无法知觉的；但它们确是实实在在地存在，它们是以一种微细的具有可能性的状态存在于梵之中。世界创造出来以后，形形色色的现象便显现出来，个我与世界，于是便呈现在人们面前。这些东西并非如商羯罗所讲的是一种幻影，而是实实在在地存在。

记者：

你的表述虽然拗口，但我能知道你的意思。你是说，精神和非精神这两个东西构成梵和创造神的身体，它们本身就潜在于梵之中。当世界创造出来之后，这些精神和非精神的东西，便和种子一样，产生世间万物，世间万物就是由它们变化而来的。这些东西既然在产生之前就真实存在，那么，它们在产生之后，更是真实可信的。而商羯罗否定这些，你必然不赞同。

罗摩奴阇：

可以这么说。

六 梵与世界、个我（精神之物）的异同性

记者：

人们把你的哲学称为"制限不二论"，你对这个称呼似乎也不反对。我问一下，所谓"制限"是什么意思？

罗摩奴阇：

很多人认为，我的哲学很乱。我估计，你也有这种感觉。在此，我可以将我的哲学给你简要地总结一下。

记者：

非常感谢！

罗摩奴阇：

刚才，我们已经谈过，梵是有差别的，是有属性的，是可以做很多事情的。商羯罗说，梵是一种幻境，这是错误的。梵能够真实地创造世界，梵是创造世界的本原，一切都是由梵创造出来的。因此，我们说梵和世界以及个我在本质上是同一的。

记者：

你是从创造和被创造来说明梵和世界以及个我在本质上是一致的。

罗摩奴阇：

是这样。当然，比较起来，梵是宇宙万物的最高本体，而世界和个我则是梵创造出来的现象世界。相比而言，梵具有创造、毁灭一切的无限力量，而个我和现实世界，则不拥有这些力量。由此可见，梵和世界以及个我之间，也存在着非同一性。

记者：

明白。

罗摩奴阇：

在我的哲学中，梵是最终创造者，而世界和个我都是梵的一个部分，梵与世界以及个我的关系，是实体和性质、整体与部分的关系。这种关系，是不可逆的。

记者：

怎么讲？

罗摩奴阇：

人们不可以用性质来代替实体，也不可以用部分之和来等同于整体。因为，梵是超越所有的性质和部分。既然梵与世界以及个我的关系，是全部与部分、是实体和性质的关系，说明两者之间存在着一种相互制约、相互异同的关系，彼此互不相同、也互不相异。我之所以把我的哲学定义为"制限不二论"，道理就在这里。

七 "摩耶"之说很荒唐

记者：

在商羯罗的哲学中，"摩耶"说占据很大的比重。

罗摩奴阇：

没错。商羯罗认为，梵是通过"摩耶"也就是所谓的"无名"创造出梦幻的世界。商羯罗之所以认为现象世界不真实，其理论依据就是"摩耶"说。实际上，这个学说很荒唐。

记者：

看来，你对商羯罗的"摩耶"说不屑一顾。

罗摩奴阇：

是这样。在商羯罗那里，"无名"也就是"摩耶"实际上也就是梵与世界之间的中介。它必然会存在于某种东西之中，或者就是某种东西。

记者：

从理论上讲，是这样。

罗摩奴阇：

"摩耶"不可能是梵，因为梵是全能全智的。如果梵就是这所谓的"摩耶"

第十三章 论"制限不二论"——对话罗摩奴阇

或"无名"的话,那么,梵就成为最普通的东西了。其次,"无名"也不可能是想象世界或精神的东西。因为,"个我"实际上是由"无名"所产生出来的。"无名"是因,"个我"是果,因不能事先存在于果中。

记者:

那这"摩耶"或者说"无名",到底是什么呢?

罗摩奴阇:

商羯罗说,"摩耶"或者说"无名"既不是实在,又不是非实在,是一种难以描述的东西。

记者:

那你认为,商羯罗的这个说法对吗?

罗摩奴阇:

错。在我看来,根本就不存在"摩耶"或者说"无名"这个东西。

记者:

那在印度的古代哲学中,人们经常会提到"摩耶"这个词,又怎么理解呢?

罗摩奴阇:

好多人对"摩耶"的理解是错误的,最起码说,商羯罗的理解是错的。在古代经典中,"摩耶"大多是作为形容词来使用,是用来赞美梵或者其他特殊的事物。也就是说,"摩耶"是用来赞美的词,它与事物本身完全是两回事。既然这样,人们就不应该把这个本不存在的形容词,当作一个代表某个事物的东西来予以使用。

记者:

你对"摩耶"说还有什么评价吗?

罗摩奴阇:

在商羯罗那里,他认为,梵是至高无上的,梵是全能全智的,但世界是不存在的、是虚幻的。这种说法,非常矛盾,与古代圣典的记载相冲突。

记者:

说说看。

罗摩奴阇:

古代经典反复强调,是神创造了世界,神是全智全能的,那么,它所干的工作就不可能是无效的劳动，也不可能是盲目乱干，它所创造的世界必然是真实的。商羯罗否定梵所创造的世界的真实性，某种意义上就是否定梵本身。因此，我对他的那一套，不屑一顾。

八　即便是吠陀也只能给人们提供间接的知识

记者：
哲学家必然会对认识的来源问题进行研究的，我相信你也是如此。在你看来，构成人类认识的来源有哪些？

罗摩奴阇：
人类认识的来源有三个方面：第一是知觉，也就是感觉；第二是推论，也就是立足感觉基础上的推理；第三是圣典的证言，也就是来自于古代圣人和经典的言论。

记者：
商羯罗认为，梵是真实存在的，而所有现实世界是虚幻的。也就说明人类的认识对象是虚幻的，对象是虚幻的，那么所有的认识就不可能是真实的。你对此如何看？

罗摩奴阇：
我不以为然。人类认识的对象是客观存在的，绝不是如商羯罗所讲的那个样子。

记者：
商羯罗说过，唯有圣典也就是古代那些伟大的圣人和伟大的著作，才能给人们提供关于梵也就是最高实在的知识。不知你对此如何看？

罗摩奴阇：
对此，我依然是不以为然。关于这个问题，我的看法是：一方面，我们必须承认，唯有圣典也就是古代伟大圣人的思想，才能为我们提供关于最高实在的最终的认识。因为，关于这些最高的存在，它本身不是知觉的对象。尽管如此……

记者：
你想表达什么意思？

罗摩奴阇：

尽管如此,即便是吠陀和那些古代最伟大经典也只能给人们提供间接的知识,要想真正获得真理,我们不仅要诉诸于心,还要诉诸于行动。

记者：

何谓行动?

罗摩奴阇：

所谓行动,说到底,就是以人们的实践行动表现出来的经验。

记者：

关于认识问题上,很多学者一方面认为你与商羯罗的看法不一样;但是,另一方面,他们又认为,在对最高梵的认识问题上,你们又是殊途同归。

罗摩奴阇：

什么意思?

记者：

在这些人看来,商羯罗主张通过直接经验、通过由修行者在出行状态下,去直接领悟,才能最终认识梵。而你则从宗教情感出发,强调人们对毗湿奴神无限忠诚地热爱,认为只有达到了全身心的诚心就最终能够达到对梵的认识。如此一来,你们两个人又最终地走到了一起。

罗摩奴阇：

这些说法,我也不反对。

九　任何知识都存在非完善性和非全面性

记者：

在认识论问题上,你的观点确确实实与商羯罗不一样。商羯罗否认对外界事物认识的真实性,而你则与之相反。

罗摩奴阇：

你说得没错。既然外部世界是万能的梵的创造者,那么,这些东西必然是真实的,我们人类对这些东西的认识也是真实的,而非虚构的。

记者：

所以，这些知识都是正确的。

罗摩奴阇：

正确这个词的含义到底是什么？还需要深入地研究。

记者：

从何说起呢？

罗摩奴阇：

如果正确代表某种确定性，那么，我们可以说，人类对外部世界的认识是正确的。这些知识符合世界的本来面目，同时，这些知识也非常有用。但是，如果把正确与完善和全面画上等号，就有问题了。

记者：

问题在哪里呢？

罗摩奴阇：

认识的对象也就是客体，是由多种因素所构成的。人们因为习惯的不同，对事物的某一方面的性质存在着偏好，而对其他方面的性质则有意无意地忽视或视而不见。这就决定了人的认识是不可能完善的，也不可能是全面的。

记者：

你的这个观点，有一定的道理。例如，珍珠贝壳中既含有人们所喜欢的一些元素，也含有人们所不喜欢的一些元素。人们习惯上是看到一些符合自己要求的那些方面，所以，把珍珠贝壳误认为是别的东西。

罗摩奴阇：

言之有理。

十　即便在睡眠状态下，人的意识也在活动

记者：

在我的印象中，商羯罗认为，人只有在浅度睡眠或者在清醒状态下，才有意识。而到了熟睡状态下，人类将失掉整个意识，因此，人们在这个时候是不会有任何认识能力的。不知你是如何看待这个观点的？

罗摩奴阇：

这个观点是错误的。人在睡眠状态下也是有意识的，仍然可以感觉到周边世界的存在。即使自我认为没有意识，但至少能够认识到自己的存在，只是经常意识不到周边客观对象的存在。

记者：

你的意思是说，人即便是在熟睡状态中，也能成为认识的主体，也能够产生某种有价值的认识？

罗摩奴阇：

有没有价值，我不好说。但最起码说，商羯罗的观点是错误的。

十一　人生四时期哪一段都不能少

记者：

谈了认识论，谈了宇宙观，谈了梵，我们现在是不是该谈解脱问题了？

罗摩奴阇：

正是。

记者：

在修行、解脱问题上，商羯罗否定现实生活，而主张采用超人的态度。例如，在关于印度教徒的人生四时期也就是梵行期、家住期、林栖期、云游期，商羯罗主张从梵行期直接进入云游期，而对其中的家住期和林栖期直接越过。不知道你的看法如何？

罗摩奴阇：

商羯罗的看法是想当然。他超越了现实，超越了人生，对人的解脱毫无用处。

记者：

你的观点是？

罗摩奴阇：

我的观点与商羯罗的不一样。我认为，人生应该按照顺序从梵行期进入家住期、林栖期，然后才能成为云游仙人。只有这样，才能实现人生的最后解脱。

记者：

你的意思是说，你特别重视现实生活对人生解脱的重要性？

罗摩奴阇：

没错。对于人的解脱，人生的哪一段都不能少。

十二　对神绝对的爱是获得解脱的核心手段

记者：

商羯罗认为，要想获得最终的解脱，就必须通过破除无明，获得真知。即通过悟知，感悟梵我的同一。对这种方法，你如何评价？

罗摩奴阇：

太神秘，一般民众无法把握，更不具有可操作性。

记者：

那在你看来，什么才是获得解脱的关键手段呢？

罗摩奴阇：

在我看来，对神绝对的爱是获得解脱的根本手段。在《薄伽梵歌》中用的词叫"信爱"，只要做到"信爱"，就能获得最终的解脱。

记者：

如何理解"信爱"？

罗摩奴阇：

真正的对神的献身，并不在于肉体形式，或者搞什么禁欲与苦行，而在于发自内心地对神的热爱和渴望。只有这种爱，才能使人的灵魂得到净化，才能使自己被神所选中，才能最终获得真正的解脱。

十三　每个人都可以直接崇拜神，不需要什么中介人

记者：

基督教宗教改革中，曾经有宗教家提出，人人都可以因信仰而获得上帝的眷顾，而无须通过作为中介的基督教会。

罗摩奴阇：

你提基督教干什么？

记者：

我感觉你的一个观点，似乎与基督教宗教改革家的观点非常相近。你说每个人都可以直接崇拜神，而不需要什么中介人。我感觉，你的观点和基督教宗教改革家的观点非常相似。

罗摩奴阇：

关于这个观点，其形成是有一个过程的。在印度长期以来，婆罗门拥有至高无上的地位，他们垄断了宗教神权，普通人要想获得神的眷顾，就必须依附婆罗门。

记者：

那你是如何挑战这个观点的呢？

罗摩奴阇：

我对这个观点的挑战，大体分为两个阶段。第一个阶段，我强调人可以通过自己热爱神，获得神的眷顾。但是，对大多数人来讲，必须有导师的指导，但这个导师并非婆罗门。

记者：

你是换了一个角度对婆罗门提出了挑战。

罗摩奴阇：

到了后期，我领导的虔诚派运动则明确对婆罗门的神圣地位提出挑战，明确提出，每个人都可以直接崇拜神，而不需要什么中介人。

十四　灵魂在神面前都是平等的

记者：

据说，你对印度社会的种姓制度也颇为不满。

罗摩奴阇：

种姓制度只不过是人在社会中，其身份和肉体的不同而已。种姓制度的差别，并非与灵魂发生关系。

梵之音：印度思想之旅

记者：

灵魂怎么样？

罗摩奴阇：

任何人的灵魂，即便他是一个理发师、一个婆罗门、一个皮匠或者一个妇女，他们的灵魂在神面前，都是平等的。因为信仰和热爱神，使这些人超越了简单的身份和肉体的不同。

记者：

你的这个观点，与正统的印度社会的主流意识是不一样的。

罗摩奴阇：

不一样就不一样吧。总之，我认为，在神面前，每个人的灵魂都是平等的。

十五　评猴猫之争

记者：

最后，想和你谈谈你身后的一些事情。

罗摩奴阇：

我身后的事，我就不可能知道了。请你说说。

记者：

你死后，你的徒子徒孙们形成了不同的流派。

罗摩奴阇：

他们的分歧点在哪里？

记者：

他们的分歧点主要体现在：在神拯救人类的过程中，人到底扮演着什么样的角色？

罗摩奴阇：

你不妨把他们的差别说给我听听，我来评判一下。

记者：

总体来讲，你的继承者分成两派：北方派称为"猴派"，南方派被称为"猫派"。

第十三章 论"制限不二论"——对话罗摩奴阇

罗摩奴阇：

"猴派"的观点是什么？

记者：

在"猴派"这些学者们看来，人与神的关系就像幼猴和母猴的关系一样。带着幼猴的母猴，在遇到危险的时候，幼猴就会抓着母猴，由母猴带着它向安全地带转移。在这个过程中，主要是由母猴采取行动获得了解救，但幼猴也做出了协助行动。幼猴抓住母猴，才得以逃生。

罗摩奴阇：

你刚才说的这段话，想表达什么意思呢？

记者：

这段话的意思是说，人的拯救主要是靠神。但是，在神拯救人的过程中，人应该有所作为，应该像幼猴抓住母猴那样，才能得到拯救。

罗摩奴阇：

那"猫论派"的观点又是什么呢？

记者：

"猫论派"的学者认为，带着幼猫的母猫，在遇到危险时，母猫直接把幼猫叼在口中逃跑。在这一过程中，幼猫只是受到母猫的保护，自己无须作任何协助行动。

罗摩奴阇：

我明白他们的意思。他们是说，在神拯救人的过程中，人无须做任何事情。

记者：

应该是这个意思。对这两派观点，你的看法如何？

罗摩奴阇：

两派或许各有其理由。但相对来说，我认为"猴派"更有道理。人的拯救离不开神，但在这个拯救的过程中，人应该有所作为，他不仅要用心去信仰上帝，还得要诉诸行动去启迪自己的心灵。只有这样，才能获得最终的解脱。

罗摩奴阇简传

罗摩奴阇（Rāmānuja，1017—1127 年，一说 1055—1137 年），印度吠檀多学派宗教家、哲学家，生于南印度马德拉斯市。早年从耶达伐婆罗迦学习商羯罗派的不二论，但由于与该派之主张格格不入，遂离开耶达伐婆罗迦，而自创"制限不二论"，创立罗摩奴阇派。这个教派主张信爱瑜伽，认为凡人若想获得解脱，不能只修炼智性，而且更应以热诚及敬慕绝对皈依人格神（即毗湿奴）。由于皈信毗湿奴而超越阶级与种姓之差别，因而可打开恩宠与解脱之道。此外，本派另一显著的特色是将《奥义书》的哲学思想融入毗湿奴信仰之中，此种思想对后世之影响甚为深远。

罗摩奴阇的主要著作有注释《梵经》的《吉祥注》（*Shrī-bhāṣya*），阐明《奥义书》的《吠陀义纲要》（*Vedārtha-samgraha*）；此外，晚年也曾注释《薄伽梵歌》等书。

第十四章　论二元论

——对话摩陀婆

引　子

摩陀婆是中世印度宗教改革家,他注释梵书,反对商羯罗之不二论,而倡导二元论,主张最高神异于个人我,个人我虽得解脱,亦不能与神同一。摩陀婆派的圣典内含卡纳拉语(Kanarese)及梵语两种语言,现今在南印度仍拥有不少信徒。让我们走近摩陀婆。

一　我爱老师,但更爱真理

记者:

你是印度最有影响的哲学家之一,谁都知道,你的思想与伟大的哲学家商羯罗的思想完全对立。

摩陀婆:

也可以这么说。

记者:

据说,你年轻的时候,追随商羯罗、学习商羯罗的哲学?

摩陀婆:

情况是这样的:我在少年的时候,就出家当行者。我跟随商羯罗派的阿周陀薛刹,学习他们的不二一元论。一开始,我确确实实也是个商羯罗主义者,但后来越学、越研究,越感觉不是那么回事。

记者：

所以，后来你就离开了阿周陀薛刹，自立门户了？

摩陀婆：

没错。商羯罗派的哲学是不二一元论，我的学派的理论是二元论。我创立的学派名字叫摩陀婆派，以我自己的名字来命名。

二 梵与世界是不同本质的存在

记者：

我曾经与罗摩奴阇作过交流，据说，你和他是一派？

摩陀婆：

没错。我们的很多观点基本相同，当然，也有不一样的地方，这点可以慢慢说。

记者：

先请就你们的共同点说一说。

摩陀婆：

可以。传统的吠檀多哲学强调梵我是同一的，个我与最高我也是同一的。对此，我有不同的看法。

记者：

难道你认为梵与个我、梵与物质、个我与物质是不相同的吗？

摩陀婆：

是的。在我看来，最高梵，就是与我们经常说的毗湿奴神和那罗延天神一样，它们是等同的。但是，梵与个我、梵与物质、此个我与他个我、个我与物质、此物质与它物质之间是完全不一样的，它们之间具有本质性的不同。

记者：

在商羯罗看来，梵与我是同一的；而在你看来，梵与我之间具有本质性的不同。现在，我终于明白，人们为什么称你为二元论了。

摩陀婆：

谢谢。

三 一元论的嫌疑

记者：

你认为你的哲学是二元论，但是，也有不少学者认为，你的哲学有一元论的嫌疑。

摩陀婆：

他们何以这么看呢？

记者：

不仅是他们这么看，我也是这么看的。

摩陀婆：

说说你的理由。

记者：

你确实是把实体分成两种：一种是独立存在之物，另一种是依存之物，前者是毗湿奴神或者是梵，后者是个我和世界。从表面上来看，你的理论是二元论，但实际上越看越不像。

摩陀婆：

说说你的意见。

记者：

你又认为毗湿奴神是集中了许多美德之神，是独立的实在之物，因而毗湿奴神是梵的化身，是世界的根源，是万事万物得以产生的众因之一。而正因为这些神，才使世界得以产生，个我与世界就是从你的毗湿奴神或梵而产生出来的。如此说来，无论是毗湿奴神还是梵，就包含了所有存在，包括你所讲的所有的依存之实体。如此一来，这不是一元论，是什么呢？

摩陀婆：

你的观点，也不能说完全不对。但这是你的看法，不是我的看法。

四 与罗摩奴阇的异同点

记者：

你对我说你的哲学中存在一元论的嫌疑持反对态度？

摩陀婆：

肯定是。不管你怎么理解，在我看来，与作为个我等的世界，与作为主宰神的梵是完全不同的实体的存在。因此，在这一点上，我们与商羯罗的不二一元论是完全对立的。因此，我们的理论是二元论，不存在什么一元论的嫌疑。

记者：

你的哲学不仅与商羯罗的观点不同，与罗摩奴阇的观点也有很多不同。现在，我想请你谈一谈，你的观点与罗摩奴阇的观点相同点在哪里？不同点又在哪里？

摩陀婆：

没问题。我的理论与罗摩奴阇的观点相同之处在于，我们都认为现实世界与梵的世界一样，都是实在的，而不是什么虚妄的。

记者：

那你的理论与罗摩奴阇的观点不同点在哪里？

摩陀婆：

不同点在三个方面：一，罗摩奴阇认为，不同的个我之间存在着相同的本质；而我则认为，个我之间并没有什么相同的本质。第二点，罗摩奴阇认为，梵是宇宙万物的质料因；而我则认为，宇宙并不是由梵所创造的。

记者：

你等一等。我印象中，你说过，宇宙也是由梵所创造的。

摩陀婆：

以我现在的表述为准，我不认为宇宙是由梵所创造的。第三点，罗摩奴阇认为，所有的个我都可以获得解脱；而我的看法则是，有些个我是永远也不能获得解脱的。我们的不同点就这些。

第十四章 论二元论——对话摩陀婆

五 人生是一场无可挽回的悲剧

记者：

看你对《梵经》所作的一些注，让人对人生失去兴趣。

摩陀婆：

人生本身就是一场无可挽回的悲剧。

记者：

你为什么这么看呢？

摩陀婆：

我的哲学就认为，神与世界及我们人类，它们属于不同的本质的存在。神就是神，人就是人，两者没有同一性。这么一来，人与神就无法走到一起，人就不可能获得解脱，而只有永远地轮回，一直坠入到地狱中去。即便能获得解脱，解脱之后的人，也无法回到梵之中，与梵合二为一。

记者：

吠檀多的很多学者强调，人们可以用知识去感悟梵，从而实现与梵的同一。

摩陀婆：

这是不切实际的幻想。人的灵魂陷入地狱之中，是属于无知。但这种无知是一种不可超越的鸿沟，人类依靠自己的知识是无法跨越这个东西的。

记者：

那人类怎么才能获得解脱呢？

摩陀婆：

我刚才已经说过，人生是一场无可挽回的悲剧，人无法实现自我的解脱。如果想解脱，那也只有获得神的恩赐，得到神的帮助。

记者：

那如何才能做到呢？

摩陀婆：

要想获得神的帮助，人就必须舍弃对世间的欲念，皈依神、信爱神，接受导师对圣典的教习。对这种教习，要进行详尽地思考、认真地冥想，最后获得关于神的正确的知识。

记者：

如此一来，人就与梵、与神走到了一起，获得了解脱？

摩陀婆：

尽管如此，人也是无法与神亲近的。人要想获得解脱，那就只有通过神的儿子伐由来实现。

记者：

感觉到你所讲的神，就是基督教中的上帝。而他的儿子似乎就是耶稣？

摩陀婆：

你说得没错，梵就是神，神就是梵。我本身就是神的儿子伐由的化身。

记者：

我感觉你就是基督教中的那个自称是上帝的儿子的耶稣，你想借助神的力量，为人的拯救做出贡献？

摩陀婆：

这就是我的理想。

摩陀婆简传

摩陀婆（Madhva，1197—1276年），中世纪印度宗教改革家，印度教毗湿奴派系中之摩陀婆派开祖。生于南印度卡纳拉。曾注释梵书，反对商羯罗之不二论，而倡导二元论，主张最高神异于个人我，个人我虽得解脱，亦不能与神同一。摩陀婆的论说乃受印度史诗影响，强烈倾向有神论。所创立摩陀婆派，赞美归依吉栗瑟挐，承认五神，五神即湿婆、毗湿奴、杜尔嘉、太阳神、智慧学问之神。但不承认湿婆之配偶神罗达。他的命运预定说甚具特色，即将众生区分为有解脱之可能者、堕地狱者及永远轮回在两者之间者。摩陀婆派的圣典内含卡纳拉语（Kanarese）及梵语两种语言。现今在南印度仍拥有不少信徒。

第十五章　论哲学与社会改革

——对话罗姆莫罕·罗易

引　子

　　罗姆莫罕·罗易是印度近代最伟大的思想家和改革家，被人们尊称为"近代印度之父"或"印度复兴之父"。罗易不仅了解伊斯兰教、佛教和基督教的教义，而且对西方各种近代哲学也是了如指掌。因此，他能够以更广阔的视角重新审视印度古代吠檀多哲学。罗易吸收了伊斯兰教和基督教的一神论思想，并且以西方理性主义和绝对一元论的观点来发展吠檀多哲学。他的吠檀多哲学，既继承了传统吠檀多不二论的精华，同时，又包含着许多新的内容与特点，从而为现代新吠檀多哲学流派的产生奠定了理论基础。可以说，罗易是新吠檀多哲学的先驱。让我们走近罗易。

一　曾来西藏为了啥？

记者：

一些资料说，你曾经到过西藏。请问你，来我们国家干什么？

罗易：

简单地说，我到你们中国的西藏，是为了研究藏传佛教。

记者：

佛教本来是你们印度的，你竟然不远万里来我们中国研究佛教，很有意思。

罗易：

你说得没错，佛教最早是产生于我们印度，但后来就没了。如果不是通过你们中国，我担心佛教会真的彻底从地球上消失。

记者：

为了研究佛教，你吃尽千辛万苦来西藏，很了不起。

罗易：

也谈不上。对于我们学者来说，如能做成自己喜欢的事，吃点苦，算什么！

记者：

那倒也是。要想在学术上有所作为，不去行万里路、不去看万卷书，很难做到。

罗易：

我需要给你说明的是，我虽然到你们西藏，去探讨藏传佛教，但我不是个佛教徒。我出生在一个婆罗门教的家庭，我是一个婆罗门教信徒。我之所以要周游世界，包括到你们西藏，目的就是要向民间学者求教佛教和印度教思想的精髓，从而为我将来做些事情做个铺垫。

二 告别东印度公司

记者：

你青年时期，你们的国家是英国殖民地。东印度公司是英国派到你们印度的管理机构，据说你曾经在东印度公司干过一段时间，你具体是做什么呢？

罗易：

我在东印度公司当收税官，也就是收税的。

记者：

按常规理解，这个官是个肥缺，值得你好好地干。

罗易：

没错。但是我干了一段时间，最终还是离开了。

记者：

为什么呢？

罗易：

说实话，我还是很喜欢东印度公司的工作环境，我在那里学到了很多东西：

英语,是在那里学的;关于基督教的知识,是在那里学的。我在那里,还学习了杰里米·边沁的功利主义学说。

记者:

这不挺好吗?

罗易:

是挺好的。但是,我也感觉在英国人的公司里很难受。

记者:

是不是英国人对你们印度人很蔑视或者说看不起?

罗易:

是的。在东印度公司,让我也深深感受到英国殖民当局对我们印度人的不公平。我也深刻地感受到我们国家的软弱。我发自内心地希望能够为改变现状,振兴印度民族做点贡献。

记者:

正是因为这个原因,促使你放弃了在东印度公司的工作,从而走向宗教和社会改革运动是吗?

罗易:

是的。

三 印度学院:印度人创办的第一所大学

记者:

听说你离开东印度公司以后,办了一所大学。你为什么会有这个想法呢?

罗易:

1815年我离开东印度公司,离开以后,我就办了一所大学,还创办了几份报纸。

记者:

你的想法很有远见。

罗易:

在东印度公司待了十好几年,我深深地感受到,要想振兴我们印度,就必须废除印度旧的过时的教育,而吸收西方先进的教育、科学与文化,必须把学习西方的自然科学与学习我们印度的传统文化有机地结合在一起。

记者:

你办的大学也就是印度学院,会成就你的梦想。

罗易:

没错。离开东印度公司以后,我就办了印度学院。学校里面既用英语教学,也用印度语教学。课程包括自然科学和社会科学。同时,我还创办了印度最早的报纸,那就是《明月报》和《镜报》。通过这个平台来宣传改革思想和科学文化。

记者:

你的这些做法,我相信,会得到很多人的响应。

罗易:

没错。在我所创办的印度学院的影响下,好几所大学相继成立,许多地方还开设了高级中学、中等学校、小学、女子学校和技校。总之,在我们印度社会掀起了学习西方文化和印度传统文化的热潮。

四 挑战种姓制度

记者:

在印度有很多学者为种姓制度辩护,而你似乎对这个制度不以为然?

罗易:

我从来就认为种姓制度很落后,种姓制度是印度机体中的一颗毒瘤,也是印度社会进步的重要障碍。种姓制度把低级的种姓和贱民排斥在宗教活动之外,不允许他们学习和诵读宗教经典,不允许他们参拜神庙、参加祭祀仪式。低级的种姓和贱民在社会生活的方方面面都受到极大的歧视。

记者:

这种歧视能到什么程度呢?

罗易:

非常严重。低级种姓者不能和高级种姓者通婚,不能同桌吃饭,甚至不能饮同一口水井里的水。

记者：

没想到严重到这个程度。这种制度难道真的对社会的进步有害吗？

罗易：

种姓的歧视和对立是印度教千百年遗留下来的疾病，它严重地影响着民族的团结和社会的发展。

记者：

应该是。

罗易：

种姓制度的荒谬性，不言而喻。在那些支持种姓制度的人看来，只有高级种姓的人才能祭拜神灵，只有他们才能够证悟"梵"的存在；而低级种姓的人根本没有资格祭拜神灵。

记者：

据说，在这些人看来，即使在高级种姓中，也要看他生命的阶段和修炼的程度。只有那些经过长期修炼的人，才能够证悟到"梵"。

罗易：

这种观念非常荒唐。在我看来，"梵"是任何人都能够证悟到的，它不依靠什么修炼，也不依赖于什么种姓，不仅印度教徒可以崇拜，非印度教徒也可以崇拜。所有人都是平等的，都有权利去崇拜"梵"、证悟"梵"。一个人，只要不断地加强自己的道德修养，就能够证悟到个人与"梵"的统一。这与一个人本身属于什么等级无关。

五　男女平等

记者：

根据我的了解，你们印度的文化，对妇女特别地歧视。没想到你们的文化如此野蛮。

罗易：

歧视妇女不仅是印度教的痼疾，而且也是印度社会的一大弊病。在印度，童婚、寡妇殉夫、禁止寡妇改嫁都是印度传统陈规陋习中最愚昧的表现。

记者：

妇女解放的程度，决定着社会解放的程度。你是如何在这方面倡导社会改革的呢？

罗易：

我通过成立的机构，积极地开展反对童婚的宣传，允许妇女加入我的宗教机构；我还开办妇女学校，鼓励妇女积极参加社会活动。

记者：

你的这些作为有效吗？

罗易：

当然是了。也正是在我们这些先进力量的倡导下，英国殖民当局于1829年宣布，"寡妇殉夫制"为非法，一大批妇女接受了很不错的教育，并获得了工作的机会。这些成绩是有目共睹的。

六　对商羯罗哲学的继承与批判

记者：

我看过你所写的对五种《奥义书》的评注，有这样一种感觉，不知对不对？

罗易：

说说你的感觉。

记者：

最大的感觉就是，觉得你的很多理论都是对印度大哲学家商羯罗的重复。例如，你在《吠檀多精髓》一书中说，"梵"是宇宙的最高本体，"梵"是世界万物的基础，世界上的一切现象都是从"梵"中产生出来的；你还说，"梵"本身是无限的、绝对的、永恒的、纯粹的精神实体，是一种抽象的不可描述的精神或意识；你还说"梵"不具有任何差别和属性，也不运动和变化；你说，"梵"超越主观和客观，也超越时间和空间。

罗易：

是的，我是这么说的。我还说，"梵"是世界的根本，"梵"超越世界，又存在于世界之中，"梵"代表着万物的本质，"梵"是不可言说的、不可感知的，

"梵"超越一切数字和形式,"梵"无处不在、纯真无邪;我还说,"梵"是用眼睛看不见、用语言无法描述的、用理智的力量无法确定的;我还说,我们不知道怎样说明这个最高的"梵","梵"超越我们理解的范畴,也超越一切概念和性质。这一切都是我说的,你想说明什么问题?

记者:

你所讲的这一切观点,似乎与商羯罗所谈的几乎没有任何区别。简单地重复,有必要吗?

罗易:

你是只知其一不知其二。我对商羯罗理论的继承,你是看清楚了;我对他理论的批判,你可能没注意。

记者:

批判体现在什么地方?

罗易:

商羯罗的理论有一个著名的观点,叫"摩耶论",也称"世界虚幻论"。商羯罗主张世界是虚幻的、无法认知的,但是,我的理论则与之完全相反。

记者:

你的观点是什么?

罗易:

我的观点与商羯罗完全相反。我认为,"梵"所创造的世界是真实的,而不是什么虚无缥缈的幻境。我还多次指出,物质世界不仅仅是实在的,还拥有其固有的自然规律。既然如此,人们就可以对现实世界进行研究,通过自己的工作与努力,最终实现与"梵"的结合。

记者:

如此说来,你的这类观点与商羯罗还真不一样,具有本质的不同。

七 脱离现实世界的人,离梵将会越来越远

记者:

在我的印象中,你们印度教非常重视祭祀活动?

罗易：

没错。各种各样的祭祀活动只会劳民伤财，毫无价值。

记者：

据了解，印度教主张人要脱离现实世界，抛弃世俗的业务，而到寂静的山林或某个特殊的地方苦思冥想，只有这样，才能够领悟到"梵"的伟大、才能证悟到"梵"的存在。

罗易：

这同样是荒唐的。

记者：

怎么讲？

罗易：

一个真正崇拜"梵"的人，不应该脱离现实世界，而应该生活在现实世界之中，必须忠实履行他应尽的义务和职责。到边远的山林或特殊的地方苦思冥想，想来想去，也不会想出什么名堂。我可以说，他们这样做，不是离"梵"越来越近，而是离"梵"越来越远。

八　印度教应该一神教化

记者：

据说，你对伊斯兰教和基督教很欣赏？而对印度教不怎么看好。这是什么原因？

罗易：

我曾经对伊斯兰教、基督教、佛教作过深刻的研究，我发现伊斯兰教和基督教所崇拜的安拉和上帝都是唯一最高的神。唯一，你知道是什么意思吗？

记者：

你的意思是说，伊斯兰教和基督教是一神教？

罗易：

没错。一神教背景下的信徒，信仰一样，容易团结在一起，不会发生分歧。相比之下，印度教是一种多神教，信徒们分成众多的派别；各个派别由于崇拜信仰的神灵不同，因而发生分歧，处于四分五裂的状态。

记者：

所以，你提出印度教也必须走向一神化？

罗易：

没错。我们提倡"梵"应该成为印度教徒所崇信的最高的神。当所有的人都崇信至高无上的神的时候，印度社会就不会因信仰的多元化，而四分五裂。这就是我提倡的印度教应该一神教化的根本原因。

记者：

明白你的意思。你的宗教政策显然服务于你的社会变革的思想，你希望印度人团结在一起，不再分成零零碎碎的各个部分。

罗易：

正是。

九　偶像崇拜是荒谬的

记者：

据我了解，印度教主张要建造各种各样的偶像，并举行烦琐的仪式。在我看来，这不好。

罗易：

没错。自最早的吠陀时代，印度教就提出，要对各种神灵进行祭祀，这种活动坏处很多。

记者：

既然坏处很多，为什么还有那么多人支持那样做呢？

罗易：

这个问题，你问得很好。以前，我也不了解；后来，通过反复观察，我发现原因在哪里了。

记者：

说说看。

罗易：

有很多祭司，通过主持偶像崇拜仪式，他们在精神上能够得到满足，同时，还能够获得大量的财富。这是他们提倡和鼓励偶像崇拜的根本原因。

记者：

作为宗教改革家，你提出的宗教改革的措施是什么？

罗易：

在我的改革方案中，我明确提出，不设立各种各样的偶像。在这里，没有说教，没有演讲，不用读圣辞。我们只要求大家对"梵"予以冥思、予以苦想，鼓励人们做慈善，鼓励人们加强道德修养，鼓励人们加强团结，这就够了。

十　任何违背社会福祉的宗教教规都应该废除

记者：

据说，你曾经花费了很多时间把古代《奥义书》翻译成一般百姓都能看懂的语言，并做了详细的述说和评论。你意欲何为呢？

罗易：

我们刚才已经说过，印度婆罗门的祭司们拥有很多特权，他们垄断着对宗教经典的解释权。

记者：

宗教教典，人人都可以看到，他们何以能垄断呢？

罗易：

你说得不对。印度教的古代宗教教典，都是用梵文写的，普通的老百姓根本不懂梵文。因此，婆罗门的那些祭司们就牢牢地控制着对梵文的解释权，他们想怎么解释就怎么解释。

记者：

你的意思是说，你想通过你的翻译和评论，让普通的老百姓能够看懂印度教经典的内容，从而打破祭司们的垄断权，是不是？

罗易：

是的。当普通老百姓都能够看懂印度教的经典，那些祭司们的垄断权自然就会被瓦解。

记者：

普通大众很少受到什么教育，他们能看懂吗？

罗易：

神把理智思维和感知能力赋予我们每个人，这就说明，我们人类不可能像普通动物那样，只会仿效自己同类兄长的行为，而会利用理智思维来获取知识、去辨别好坏和善恶。总之，神赐予人的智慧，会帮助每一个人去理解神的旨意。具体说来，我们每个人都会运用神赋予我们的智慧，来看懂这些圣典的。

记者：

你这样做，隐含着这样的一个意味，那就是，你对印度教很多宗教教典持有深深的怀疑或者说不信任？

罗易：

是的。任何贬低人类利益、有损人类发展的宗教制度、宗教教规都应该予以废除，只有这样，人类发展才有可能。

记者：

谈了这么多，我觉得在你身上很有意思的一件事是：你本身就是印度一个高级种姓家族的成员，而你却对印度的这一套制度予以怀疑和批评。

罗易：

是的。社会的进步总需要一些人去做一些事，如果每个人都心安理得地去享受那些貌似自己该得的东西，这个社会就没有希望了。

记者：

一些资料说，你在宣传宗教改革、批判印度教的时候，你还戴着一个印度高级种姓标志的圣带。似乎你对这个代表着某种高贵的东西依然很欣赏？这如何解释？

罗易：

这个，我记得不是太清楚，或许每个人身上都存在矛盾吧。

十一 "天赋人权论"很伟大

记者：

据说，你年轻的时候很讨厌英国人对你们印度的统治，但后来据说你对英国人很欣赏，这个转变是怎么发生的呢？

罗易：

16岁的时候，我到处旅行，当然啦，主要是在印度境内，也偶尔越过边境，我非常讨厌英国人对我们祖国的统治。但20岁以后，我与很多的欧洲人进行了交往，此后，我的态度慢慢地发生了改变。我觉得，他们建立的政治机构和法律制度非常好，具有理性，也非常有规律。因此，我开始抛弃了反对他们的偏见，开始喜欢他们为我们国家制定的法律，开始欣赏他们为我们国家建立起来的政治机构。我相信，英国人的统治，虽然是一种外国人的管制，但它能使我们印度本地居民的生活很快地、确实地得到改善。还有……

记者：

还有什么呢？你对英国所谓的好，是不是说得太多了一些？

罗易：

那倒不是。英国人的很多理念非常好，也不虚伪。例如，他们鼓吹"天赋人权论"，认为一个人不仅享有财产的天生权利，而且拥有道义上的各种权利。在实际中，也是这么做的。

记者：

你说他们不虚伪，从何说起？

罗易：

当我运用英国的法律，为我们印度人争取被他们称为"天赋人权"的权利时，英国人同样予以支持。

记者：

可否举例说明？

罗易：

这种例子很多，为了启蒙印度人民，我决定创办报纸，利用的就是他们所讲

第十五章　论哲学与社会改革——对话罗姆莫罕·罗易

的"人应该有言论和出版的权利"。一开始,驻扎在我们印度的英国代表声称,"未得到政府的允许,不得出版报纸和其他定期的刊物"。闻此消息以后,我就代表印度社会,向英国高等法院和国王以及参议室提出请愿书,对英国派驻印度的官员的做法提出批评。结果是,英国当局最终并没有支持它所委派人员的野蛮做法,而是取消了对新闻报刊的各种禁令,使印度人民获得了出版和言论的自由。我创办《明月报》和《镜报》,如果没有英国统治者所实行的宽容制度,几乎是无法想象的。

罗姆莫罕·罗易简传

罗姆莫罕·罗易(Rammohan Roy,约1772—1833年),印度近代启蒙思想运动的先驱,新吠檀多主义的先驱。他不但是当时印度最伟大的思想家,而且也是当时最伟大的改革家,因而被人尊称为"近代印度之父"。

罗易在印度近代史上创造了许多个"第一":第一个建立了改革印度教的社团——梵社,开创了宗教改革的新风;第一个谴责和批判"寡妇殉夫"制,掀起了社会平等和妇女解放运动;第一个倡导西方式教育,开办了印度第一所传授现代科学知识的大学;第一个用印度地方语言——孟加拉语创办报纸,开创了印度的民族报刊和新闻业;第一个宣传现代立法,并强烈要求殖民政府必须给予印度民众以合法的权利。总之,罗易在印度近代思想史上占有突出的地位,为国家的复兴和民族的觉醒做出了不可磨灭的贡献。

第十六章 "回到吠陀去"

——对话达耶南陀·萨拉斯瓦蒂

引 子

达耶南陀·萨拉斯瓦蒂是近代印度第二大宗教改革社团即"雅利安社"的创始人。此社团与印度最大的改革社团"梵社"有许多相似之处,但也有不少自己的特色。"雅利安社"提出"回到吠陀去"的口号,比"梵社"更强调复兴古代宗教,更强调以古代吠陀的精神来改造印度教。"雅利安社"的民族主义倾向,也比"梵社"强烈得多,它提出"印度是印度人的印度",深得群众的拥护。萨拉斯瓦蒂提出了诸多激进而大胆的主张,深受印度教正统派的敌视和反对,他最终也因此死于宗教敌手之中。让我们走近这位印度思想家。

一 一位曾经的托钵僧

记者:

你是印度近代著名的改革家和思想家。

萨拉斯瓦蒂:

算个学者吧,谈不上什么家家的。

记者:

不管怎么说,你在印度思想史上是个大名人。据说,你当过到处逃窜的僧人,有这事吗?

萨拉斯瓦蒂:

有这事。那可是一段非常宝贵的岁月啊!

第十六章 "回到吠陀去"——对话达耶南陀·萨拉斯瓦蒂

记者：

请说说。

萨拉斯瓦蒂：

我出生于古吉拉特邦的一个婆罗门家庭，家里很富裕。

记者：

望子成龙、望女成凤是所有父母的愿望。据说，你的父母想把你培养成一名祭司？

萨拉斯瓦蒂：

是的。在父母的安排下，我从5岁起，就开始学习梵文和印度教经典。

记者：

你后来离家出走，是什么原因？

萨拉斯瓦蒂：

那年我22岁，我的父母为我包办婚姻，我不同意，就离家出走了，到处讨饭。

记者：

据说，你一边讨饭，一边搞研究？

萨拉斯瓦蒂：

也可以这么说。我是个标准的托钵僧，浪迹天涯15年，在印度北邦的各个圣地到处游览。在这段时间，我拜访了很多印度的民间学者。后来，还专门拜会盲人学者毗罗舍难陀，跟他学习梵文和古代吠陀经典。

记者：

据说，是这位盲人思想家成就了你的伟业？

萨拉斯瓦蒂：

可以这么说。离开毗罗舍难陀之后，我便以一个传教士的身份到处游说，宣传吠陀经典的绝对权威和思想。

记者：

你是一位演说天才。一些资料说，你曾经与300多位学者同时开始辩论，结果都是以你获胜而告终。

萨拉斯瓦蒂：

有这事。那是1869年，和我对阵的是吠檀多不二论的300多位学者，他们谁也辩论不过我。

记者：

这些人个个都学富五车，300多位学者竟辩论不过你？

萨拉斯瓦蒂：

这些学者，个个都很博学，但是，他们缺乏自己的思考，辩论起来感觉是在背书。而我这么多年长期是独立思考，我阐述的都是我反复思考的东西，张嘴就来，玩起逻辑来，我也是游刃有余。因此，这些人很难辩论过我。

二 创立"雅利安社"

记者：

你曾经创立了一个宗教改革社团，名字叫"雅利安社"，这个社团一直到今天还存在，而且影响很大。

萨拉斯瓦蒂：

我真的没想到。

记者：

在你那个时代，你创立这样一个社团是出于何种考虑？

萨拉斯瓦蒂：

为了宣传我的宗教改革思想。

记者：

那这个社团与当年的"梵社"有什么不同呢？

萨拉斯瓦蒂：

我创立的这个社团与当时的"梵社"，既有共同点，也有不同点。

记者：

共同点在哪？不同点在哪？尤其是不同点在哪？

萨拉斯瓦蒂：

我们"雅利安社"口号是"回到吠陀去"。我的改革比"梵社"更强调复兴古代宗教，更强调以古代吠陀的精神来改造当时的印度教。这是第一个不同点。第二个不同点是，"雅利安社"比"梵社"更具民族主义倾向。我们坚决反对英

第十六章 "回到吠陀去"——对话达耶南陀·萨拉斯瓦蒂

国殖民统治,提出了"印度是印度人的印度"的观点。还有一个不同点是,我们更强调要发动印度的下层群众,"梵社"的成员大多是印度的知识分子,而"雅利安社"的成员则主要是商人和手工业劳动者。

记者:

我明白了。或许正是因为这几点,你们的"雅利安社"赢得了比"梵社"更大的发展空间。据说,在你去世之前,"雅利安社"的成员已经有数万人之众了,而当时最有名的"梵社"也只有几千人。

萨拉斯瓦蒂:

是这样。我们的影响面显然要比"梵社"大得多。

三 印度教的危机

记者:

你用很大的篇幅去批判印度教,在你们那个时代,印度教到底怎么了?

萨拉斯瓦蒂:

我生活在19世纪中叶,在我们那个时代,各种矛盾非常尖锐,民族矛盾、阶级矛盾空前严重。印度教也走向堕落。

记者:

堕落的表现是什么?

萨拉斯瓦蒂:

谁都知道,偶像崇拜、种姓对立、烦琐的祭祀、歧视妇女都是陋习,但在我们那个时代,却得到印度教教义的支持。正因为印度教变得腐朽和无能,才导致越来越多的低种姓的印度教徒和知识分子改信基督教。

记者:

越来越多的人改信基督教,肯定会对印度社会和印度的前途构成威胁。

萨拉斯瓦蒂:

肯定是。如果不能采取有效的措施去抵制基督教,去复兴印度教,后果将不堪设想。

四　一切皆源于对《吠陀》的背叛

记者：

印度教本来是一种很有生命力的宗教，它何以在你所在的时代变成那个样子呢？

萨拉斯瓦蒂：

道理很简单。印度教之所以变得那么腐朽、堕落、无能，原因在于印度教的很多教义、教规违背了我们印度最古老的经典《吠陀》的教诲。可以说，正是对古代《吠陀》的背叛，才导致印度教走向堕落。

记者：

你指的《吠陀》，是广义的《吠陀》，还是狭义的《吠陀》？

萨拉斯瓦蒂：

都差不多，但我更倾向于狭义上的《吠陀》，即四部《吠陀》经典，这四部《吠陀》经典代表着印度教真正的精神和真理。正是因为有了这些经典的指导，才产生出伟大的吠陀时代。

五　《吠陀》：最好的选择

记者：

根据你刚刚讲的这些话，一个结论必然会得出来，那就是：要振兴印度教，就必须回到《吠陀》。

萨拉斯瓦蒂：

没错。"回到《吠陀》去"，就是我哲学的口号。

记者：

《吠陀》是两三千年前出现的古代经典，你提出"回到《吠陀》去"，容易让人感到有一种复古主义的感觉，说句真心话，我也是这么认为的。我不相信那四部古代经典，能重振印度教。

第十六章 "回到吠陀去"——对话达耶南陀·萨拉斯瓦蒂

萨拉斯瓦蒂：

我之所以提出要"回到《吠陀》去"这个口号，是有原因的，绝对不是说说而已。

记者：

愿闻其详。

萨拉斯瓦蒂：

与基督教《圣经》和伊斯兰教的《古兰经》比起来，我们的《吠陀》最伟大。

记者：

最伟大在什么地方？

萨拉斯瓦蒂：

印度古代《吠陀》是真正知识的经典，它不仅仅是以往一切知识的宝库，而且包含了现代科学如物理学、化学、心理学的种子。古代《吠陀》的每一个原理，都得到现代科学的证明，与现代科学的发展完全吻合。一句话，我们的四部《吠陀》，是知识和宗教真理的存储库，是神的启示，是绝对没有错误的，它们本身就是权威，它们不需要借助其他的文献，就能维持这种权威。

记者：

你的意思是说，四部《吠陀》来自神的赐予，因而它的知识最可信、最可靠，而且与现代科学完全不矛盾？

萨拉斯瓦蒂：

是这样。还有，我们的古代《吠陀》，能够给人类带来公正、幸福与繁荣。

记者：

从何说起呢？

萨拉斯瓦蒂：

神在《吠陀》中给我们指出了通往幸福的道路。今天的雅利安人之所以堕落，就是因为违背了《吠陀》。要想恢复古代的繁荣，就要重新回到《吠陀》，按照《吠陀》的原则去做。

记者：

你的意思是说，只要回到《吠陀》，印度人民就能够重返幸福？

梵之音：印度思想之旅

萨拉斯瓦蒂：

是的。《吠陀》保护所有人的利益，即便他们是穷人，即便他们是弱者，即便他们是乞丐。《吠陀》仇恨天下所有的恶人，即便这些人是地球上最高的统治者，是最拥有权势的人，《吠陀》也是视这些人为垃圾。还有，我之所以要提出重新回到《吠陀》，还有一个重要的原因是，《吠陀》的知识不是属于某个时代，而是超越时空，是永恒的知识。即便我们远离那个时代数千年，我们只要按照《吠陀》的要求去做，我们同样能够创造出一个繁荣昌盛的时代。

记者：

关于你的这些说法，我本人不想做什么评价。我只是想告诉你，有些人对你的这些说法，似乎并不赞同。

萨拉斯瓦蒂：

说给我听听。

记者：

我记得有一位西方学者，名字叫尼尼安·斯马特，他在他写的《世界宗教》一书中是这么来评价你的："达耶南陀·萨拉斯瓦蒂一向认为自己是绝对正确的，而不能很好地理解现代科学方法的本质。他认为印度古代经典中就已经具有了现代科学的钥匙，因而丧失了现代科学发展的辩证观和批判观。"①

萨拉斯瓦蒂：

你说的这位斯马特先生是这么评价我的？

记者：

我只是如实转述。依照他的观点看来，他认为你根本就不懂什么叫现代科学，因而你才认为你们的古代《吠陀》与现代科学非常吻合。依照他的话讲下去，如果你能够把现代科学很好地研究研究，你或许能改变你的很多观点。

萨拉斯瓦蒂：

各有各的看法吧。

---

① 转引自：《东方哲学史》近代卷，人民出版社 2010 年第 1 版，第 52 页。

六 印度教万神殿中的神灵是人想象出来的

记者：

通过看你的书，我发现，你对印度教提倡的多神教似乎很反感？

萨拉斯瓦蒂：

没错。我们印度社会之所以被搞得四分五裂，一个重要的原因就在于印度教内部存在着各个不同的派别，不同派别的人信仰的神灵不一样，因而导致分裂和不统一。如果不改变这种状况，印度社会就没有希望。

记者：

你心目中的那个唯一的神是什么呢？

萨拉斯瓦蒂：

关于唯一的神的问题，我的观点与罗姆莫罕·罗易的观点一致。

记者：

罗易怎么说？

萨拉斯瓦蒂：

罗易所信仰的唯一之神，就是古代《奥义书》中的那个"梵"。在《奥义书》中，"梵"不仅是宇宙的本体，而且是人类所崇拜的最高神灵。

记者：

根据我的回忆，罗易把"梵"视为某种类型的三位一体。

萨拉斯瓦蒂：

在罗易看来，"梵"是真实存在、无限智慧和无限欢乐三者三位一体的精神实体。这种精神实体弥漫于宇宙之中，无处不在，无时不有。"梵"是万能的、智慧的、公正的、欢乐的、永恒的、神圣的。

记者：

你的形容词用得太多了，听得我头直发晕。还是直说你的观点吧。

萨拉斯瓦蒂：

我的观点很简单：印度教万神殿中的神灵是人想象出来的，是假的。人们应该信仰的神只有一个，那就是"梵"。所有印度人都应该成为这个至高无上的神的信仰者，除"梵"之外，没有任何别的神。

七　《吠陀》中找不到一个字是支持偶像崇拜的

记者：

一谈到偶像崇拜，你往往是火冒三丈。我想了解一下，你是从什么时候开始对印度教的偶像崇拜产生怀疑和反感的呢？

萨拉斯瓦蒂：

说来话长。早在我14岁的时候，父亲带我去参加祭祀湿婆大神的守夜活动，我看到许多老鼠在湿婆大神的身上乱跑乱动。

记者：

那么小的孩子，看到这种情景，肯定是魂飞魄散。

萨拉斯瓦蒂：

那倒不是，我并不怕。但是，这个情况倒让我对偶像崇拜产生了困惑。

记者：

怎么讲？

萨拉斯瓦蒂：

湿婆，这可是一个在经典中被描绘得非常神圣的大英雄。他怎么可能和眼前这些死呆呆的偶像联系在一起呢？还有，一个大神是全能的、活生生的，为什么能让老鼠窜到他的身上？任凭老鼠怎样去玷污他，他都不作任何反抗。

记者：

你是说，你14岁时，你就对印度教的偶像崇拜产生了怀疑？

萨拉斯瓦蒂：

没错。后来，我认真研究古印度的《吠陀》经典，我发现，在《吠陀》中根本找不到一个字是支持偶像崇拜的。印度教所提倡的形形色色的祭祀活动，都违背《吠陀》精神。

记者：

那奇了怪了，既然在《吠陀》中找不到一个字支持偶像崇拜，那为什么偶像崇拜在你们印度是那么的普遍呢？

第十六章 "回到吠陀去"——对话达耶南陀·萨拉斯瓦蒂

萨拉斯瓦蒂：

通过反复观察我发现，偶像崇拜和许多毫无意义的祭祀活动，都是婆罗门祭司们故意制造出来的。

记者：

他们难道是吃饱饭没事干了？

萨拉斯瓦蒂：

那倒不是。他们让普通人搞这些祭祀活动，就是要提高自己的权威，并谋取各种经济利益。

记者：

如果取消了这些祭祀制度，那么，在神与祭祀活动之间似乎少了些什么？

萨拉斯瓦蒂：

根本不是。在神与祭祀活动之间根本不需要有什么中介，婆罗门那些祭司们的存在，完全是多余的。印度要想发展，印度社会要想进化，必须把印度社会从婆罗门祭司的控制中解放出来。

记者：

你这种要消灭婆罗门阶层的主张极端危险，弄不好会要了你的命。

萨拉斯瓦蒂：

我后来死于一些宗教狂热分子的毒药，就与此有关。

八 种姓制度违背《吠陀》精神

记者：

在你们的《吠陀》经典中，有一种制度，叫瓦尔那制度，我对这个制度研究不够，但似乎你们印度后来搞的种姓制度就脱胎于这种瓦尔那制度？

萨拉斯瓦蒂：

在印度的《吠陀》中，确确实实有瓦尔那制度。但这种制度与种姓制度风马牛不相及。

记者：

不会吧？

萨拉斯瓦蒂：

《吠陀》时代的瓦尔那制度，强调要根据人的品德、行为和知识把人分成若干个等级，而不是根据一个人的出身和血统。但印度的种姓制度，则不是这样。按照种姓制度，不管人的品德和行为是好是坏，只要他出身于婆罗门家庭或血统，他就是婆罗门，他的子女也永远是婆罗门。种姓制度还规定，高级种姓与低级种姓之间不能相互通婚、不能同桌而食、不能同室而住，甚至不能同饮一井之水。种姓制度还规定，低级种姓不能进入庙宇祭拜神灵，也不允许低级种姓学习研究《吠陀》经典。

记者：

那如何改革这种制度呢？

萨拉斯瓦蒂：

我曾经提出划分种姓的新标准，这个新标准就是：那些天生的婆罗门，如果积德行善就属于婆罗门；那些出身低下的人，如果做了许多善事，其职业和品德都是高尚的，那么，他就属于高级种姓。同样的道理，如果出身于高贵的人，如果他做了低级的事情，那么他就应该划为低级种姓。

记者：

你的意思是说，一个人所属的种姓，不是取决于他的家庭或者血统，而是取决于他的品德和行为？

萨拉斯瓦蒂：

就是这个意思。

记者：

你这般设计的目的是什么？

萨拉斯瓦蒂：

目的很明显，也很直截了当，就是要否定婆罗门的特权。一个婆罗门，如果品德和行为不正、知识贫乏，就应该下降为低级种姓。另一个目的，就是要改变印度社会目前僵死的状态。我要鼓励那些出身低下的人，通过自己的行为，通过自己的努力，来改变自己的社会地位，从而增加社会的活力和人们的上进心。

第十六章 "回到吠陀去"——对话达耶南陀·萨拉斯瓦蒂

九 对"贱民制度"或"不可接触制"的批判

记者：

印度现代政治家圣雄甘地曾经说，你对"不可接触制度"的反对与批判，是你留给印度的伟大遗产。我想了解你所反对的"不可接触制度"，到底是一种什么样的制度？

萨拉斯瓦蒂：

所谓"不可接触制度"就是"贱民制度"，说到底，就是印度教对那些处于社会最底层的"贱民"所规定的各种禁忌和规定。

记者：

那什么样的人可称为"贱民"呢？是不是指那些最低种姓的人？

萨拉斯瓦蒂：

种姓制度的最低种姓并不是"贱民"，"贱民"是指那些由于违反种姓制度而被开除出自己所属种姓之外的人。

记者：

原来如此。

萨拉斯瓦蒂：

这些"贱民"的境遇极其悲惨，印度教不允许他们与其他人接触，因而被称为"不可接触者"。

记者：

一个人生活在世界上，不能与其他任何人接触，那太凄惨了。

萨拉斯瓦蒂：

是的。我早就说过，"贱民制度"非人道，与《吠陀》宗旨、原则相违背，必须予以废除。

记者：

你的说法有道理。你有没有采取一些实际行动来表明你是反对这种制度的呢？

萨拉斯瓦蒂：

当然有了。我允许"贱民"加入"雅利安社"，也允许他们进入"雅利安社"会堂祭拜神灵,学习《吠陀》经典,承认他们和其他种姓一样,也有再生的权利。

记者:

你真是了不起!

萨拉斯瓦蒂:

"不可接触制度"也就是"贱民制度"不是《吠陀》经典所规定的,"不可接触者"也不是命中注定的,说到底,是印度教的主流社会对那些反对者所给予的惩罚。

十 基督教的"原罪说"和"上帝万能说"不可信

记者:

你对印度教虽然有所批评,但我感觉,你对基督教和伊斯兰教似乎更反感?

萨拉斯瓦蒂:

是这样。我反对一切外来宗教,基督教我反对,伊斯兰教我也反对。

记者:

基督教有什么问题呢?

萨拉斯瓦蒂:

按照印度教的理论,痛苦是犯罪的必然结果,一个人只要避免犯罪,就能解除痛苦。但是,基督教却宣传说一个人生下来就有罪,就应当受苦;人生下来就有罪,是因为他的祖先亚当犯了罪,亚当犯了罪,是因为受魔鬼的欺骗。这些说法不可信。

记者:

为什么不可信?你好好解释一下。

萨拉斯瓦蒂:

基督教一方面相信上帝的权威,另一方面,他又相信魔鬼欺骗亚当去犯罪,这不是矛盾吗?

记者:

这有什么矛盾呢?

第十六章 "回到吠陀去"——对话达耶南陀·萨拉斯瓦蒂

萨拉斯瓦蒂：

如果上帝威力无比，那么他创造出来的亚当也应该是强大的，任何魔鬼也欺骗不了亚当。说魔鬼可以欺骗亚当去犯罪，就等于否定了上帝的权威。

记者：

你是这么解释的？

萨拉斯瓦蒂：

很显然，基督教的说法是错误的，没有一个真正聪明的人会相信亚当犯了罪，因而他的所有子孙都必定成为罪人。还有……

记者：

还有什么呢？

萨拉斯瓦蒂：

说魔鬼欺骗了所有的人，那到底是谁欺骗了魔鬼？

记者：

我不知道。

萨拉斯瓦蒂：

如果你说没有人欺骗魔鬼，那就是魔鬼自己欺骗自己，那亚当也就是自己欺骗自己了。

记者：

我看不出你的前后两句话有什么逻辑关系。

萨拉斯瓦蒂：

为什么要相信魔鬼呢？如果说肯定有人欺骗了魔鬼，那么唯一能欺骗魔鬼的就是上帝。

记者：

我还是看不出你前后两句话的逻辑关系。

萨拉斯瓦蒂：

你看不出来就听呗。既然上帝自己欺骗别人去犯罪，那他又为何拯救人类来摆脱罪恶呢？既然魔鬼搞破坏，弄坏了上帝的创造物，上帝不去惩罚这个魔鬼，也不去监禁他，更没有把他处死。这说明什么呢？

记者：

难道你是说上帝没有能力解决这个问题？

萨拉斯瓦蒂：

正是这个意思。一句话，在我看来，基督教所宣扬的"原罪说"和"上帝万能说"，都是骗人的鬼话。

十一 伊斯兰教"先知说"不可信

记者：

你对基督教很排斥，对伊斯兰教又如何？

萨拉斯瓦蒂：

伊斯兰教与基督教一样，同样不可信。

记者：

怎么讲？

萨拉斯瓦蒂：

伊斯兰教主张神是万能的，它可以拯救任何人；另外，它又主张神要通过地上的先知来拯救人，从逻辑上就讲不通嘛！

记者：

怎么个讲不通？在基督教里，上帝发挥作用，要通过耶稣；同样在伊斯兰教里，上帝发挥作用，同样也离不开众多的先知。

萨拉斯瓦蒂：

你说得没错，无论是基督教还是伊斯兰教，在逻辑上都讲不通。既然神是永恒的统治者，无所不能，独一无二，那么他就可以不依赖别人，就可以去做他该做的事；如果他是因为别人的劝告，才去拯救人类，并且还要依赖那些先知，才能发挥他的作用，那我就要怀疑，这些神到底有什么作用？

记者：

你是个十足的民族主义者，一切外来的宗教你都反对。

萨拉斯瓦蒂：

不管你如何评价，我对那些外来的宗教都不看好。印度教虽然有些问题，但印度的未来，还是建立在印度教的革新上。只要印度教回到《吠陀》时代，它就能够获得无限的生命力，印度社会就有希望。

十二 《雅利安社婚姻法案》：从民间草案到印度立法

记者：

据说，在你所在的那个时代，印度社会里歧视妇女的现象非常严重？

萨拉斯瓦蒂：

没错。在当时的印度童婚现象非常普遍，许多儿童七八岁就已经结婚，这不仅严重摧残了儿童的身心健康，而且出现了许多儿童或少年寡妇。按照宗教的规定，这些寡妇不能再嫁，只能终身守寡，从而过着最悲惨、最受歧视的生活。

记者：

一些人说，童婚和强迫寡妇守寡是《吠檀》经典所规定的。

萨拉斯瓦蒂：

这是胡说八道！童婚和强迫寡妇守寡，是严重违反《吠陀》原则的。在伟大的吠陀时代，根本不存在这样的情况。

记者：

所以，你提出了"废除童婚和允许寡妇再嫁"的法案？

萨拉斯瓦蒂：

没错。在我的推动下，"雅利安社"制订了《雅利安社婚姻法案》，法案规定：女子应当在16岁到24岁，男子应当在24岁到48岁，才可以结婚。

记者：

你的这个法案，很明显是废除了童婚。我关心的是，这个法案是否得到政府的采纳？

萨拉斯瓦蒂：

是的。在我们"雅利安社"和社会的共同督促之下，我们起草的这部法案，被印度政府所接受，而正式变成印度法律的一个部分。

记者：

那说明印度政府并不太过迂腐。

萨拉斯瓦蒂：

还是我们"雅利安社"做得好。

十三　教育上必须学习西方

记者：

你虽然反对基督教，但是，你对西方的教育体制很欣赏。这是为什么？

萨拉斯瓦蒂：

印度传统的教育是经院式的教育，它宣传的都是悲观主义、消极厌世、迷信和愚昧。因此，我主张必须废除传统的教育模式，而实行新的西方式的教育制度。

记者：

你提出的所谓西方式教育，主要包括哪些内容呢？

萨拉斯瓦蒂：

我的主张大体说来，有这样几个要点：一，国家必须对全体儿童进行义务教育。我们印度是个穷国，要想让穷人的孩子也能上学，必须施行义务教育。对孩子进行教育，是父母的义务，任何人都不能让8岁以上的孩子留在家里。国王也应该把对男孩子和女孩子们提供教育，视为自己的职责。

记者：

不错，还有什么？

萨拉斯瓦蒂：

西方人主张平等，这个观念必须引到教育上来。

记者：

有何具体体现？

萨拉斯瓦蒂：

在教育上，种族必须平等，四个种姓的人，必须平等地接受教育；男女必须平等，必须废除女子不能上学的陋俗。同时，还要强调，接受教育是每个人的义务，每个人都必须履行这个义务。

记者：

如果人们不履行接受教育的义务，怎么办？

萨拉斯瓦蒂：

国家应该制定相应的对策来处理这个问题。

记者：

这个能做到吗？

萨拉斯瓦蒂：

应该能做到。我在我所创办的各类学校中，不仅招收低级种姓者，而且还招收最下层的"贱民"来上学。

记者：

在那么早的年代，你就提出义务教育的理念，并强调平等理念，确实很了不起啊！

萨拉斯瓦蒂：

为了推进印度教育的西方化，我还提出，在学校的课程设置中，除了设置哲学、语法、《吠陀》等文科课程以外，还必须设立物理、化学、医学等自然科学，音乐、艺术等美学的课程也必须开。只有这样，才能保证学生的全面发展。

十四 "印度是印度人的印度"

记者：

你的著作，从头至尾很少看到你对英国人的统治有什么好感。

萨拉斯瓦蒂：

没错。我在我的《真理之光》这本书中，多次谈到过这个问题。

记者：

你的意思是什么？

萨拉斯瓦蒂：

我多次强调，英国政府对印度的统治，即使没有宗教偏见，即使对所有印度当地人都是友善的、公正的、仁慈的，就像他们的父母对待一样，也没有印度人自己统治自己好。唯有把对印度的管理权还给印度人，才能使印度人民获得幸福。

记者：

你的观点也倒是旗帜鲜明。

萨拉斯瓦蒂：

是的。在对待外国殖民主义的态度上，我向来都是旗帜鲜明的。我提出的口号是"印度是印度人的印度"，这个口号就代表我的真实思想。

记者：

据我了解，在你之后20多年，才有人提出"印度自治论"，可见，你可以说是"印度自治论"的最早提出者。

萨拉斯瓦蒂：

我不反对你这种说法。

达耶南陀·萨拉斯瓦蒂简传

达耶南陀·萨拉斯瓦蒂（Dayananda Saraswati，约1824—1883年）是近代印度教改革社团——雅利安社的创始人，亦是印度著名的宗教改革家和思想家。

萨拉斯瓦蒂出生于今古吉拉特邦一个富有的婆罗门家庭，父亲想把他培养成宗教祭司。5岁时，他开始学习梵文和印度教经典；22岁时，为逃避家庭包办婚姻离家出走，成为托钵僧。他浪迹天涯十五年，漫游印度北方的各个圣地，向印度教民间学者学习。后来，他专门拜师于盲人学者毗罗舍难陀学习梵文和《吠陀》经典。学成后，他开始作为传教师四处游说，宣传《吠陀》经典的绝对权威。

萨拉斯瓦蒂力求把印度教社会从僵死的传统、习俗、迷信和偶像崇拜的束缚中解放出来，他反对普遍流行的种姓制度，倡导新型的社会秩序。他不仅提出了许多新的、大胆的宗教和社会改革主张，例如，提出"回到吠陀去"的口号，强调复兴古代宗教，强调以古代吠陀的精神来改造今天的印度教；主持起草了废除童婚和允许寡妇再嫁的《雅利安社婚姻法案》；并提出"义务教育"和"教育平等"以及学习西方教育等先进的教育理念；具有强烈的民族主义倾向，提出最早的自治理念"印度是印度人的印度"，深得群众的拥护。许多评论家说，达耶南陀是19世纪印度社会与宗教改革运动的主要设计师，他就是印度的马丁·路德。他的主要著作有《真理之光》《吠陀注》《梨俱吠陀注序》等。

第十七章　论"人类宗教"

——对话罗摩克里希那

引　子

室利·罗摩克里希那在印度近代史上占有的位置如同苏格拉底在希腊思想发展史上所占的位置一样。他尤其是他的"人类宗教"的思想对后世影响最大。法国著名作家罗曼·罗兰为了纪念罗摩克里希那，专门为他写了传记。印度前总理尼赫鲁在《印度的发现》一书中，赞誉罗摩克里希那是"一个具有神的灵感的人"。让我们走近罗摩克里希那，让我们走近他的"人类宗教"思想。

一　自学成才

记者：

一些资料说，你来自婆罗门家庭，但这些资料又说，你小时候从来没有读过书。我就感到很纳闷，一个婆罗门家族的孩子，怎么能连基本的教育都没有呢？而你却能够成为著名的宗教圣者，这又是这么回事？

罗摩克里希那：

关于你说的这个问题，情况是这样的：我出生在婆罗门家族，这没错；但是，我们是婆罗门家族的穷人、农村人，我从小就没有上过学。

记者：

那你掌握的这些知识是从哪里来的呢？

罗摩克里希那：

我的知识最主要的来自于我的兄长罗摩库马尔。

梵之音：印度思想之旅

记者：

怎么回事？

罗摩克里希那：

17岁的时候，我到加尔各答，与我哥哥在一起。当时我哥哥任一家女神庙的主持。就是在这期间，我向我的哥哥学习宗教知识。在我的印象中，前前后后有三年时间。后来，我的哥哥去世了，我便继承了我哥哥的位置，担任女神庙的主持。

记者：

一个文盲，一个从小没有受过什么教育的人，能担任神庙的主持？

罗摩克里希那：

你这是偏见。我虽然没有上过学，但不等于说我不学习。我向我的哥哥学习，向印度教的很多学者学习；我还自学了《古兰经》和《圣经》。我还和当时印度的许多宗教、政治改革领袖和社会名人保持密切的往来。

记者：

有没有我知道的人？

罗摩克里希那：

我相信，你应该知道。我的朋友里有德本德拉纳特·泰戈尔，有钱德拉·森，有达耶南陀·萨拉斯瓦蒂等。

记者：

你能与这些人交往，我相信，你的学术功底肯定不错，否则你不可能与他们交往。既然你有如此深厚的学术根底，为什么不写书流传后世呢？

罗摩克里希那：

不瞒你说，虽然我的宗教和哲学知识功底比较深厚，但是离写书还有很大的距离。你要了解我的思想，只能从我的弟子们编写的东西里面去了解啦。

记者：

我还是希望与你面对面地交流，这是最好的交流方式。

罗摩克里希那：

那就好。

二 坚决反对吠檀多的"摩耶论"

记者：

通过研究你的弟子为你写的东西，我发现，你基本上是一个吠檀多论者。

罗摩克里希那：

没错。但是在许多观点上，我与吠檀多哲学也不一样的。

记者：

请你谈谈你与传统吠檀多哲学一样的地方。

罗摩克里希那：

商羯罗是传统吠檀多哲学的代表，他的很多观点，我是赞同的。例如：他认为宇宙的最高本体是"梵"，"梵"是绝对的、永恒的存在，是世界万物的创造者；并说世界上的万事万物都是"梵"的显现。在这一点上，我与商羯罗观点相同。

记者：

不同点在哪里？

罗摩克里希那：

商羯罗认为，"梵"在显现或者创造万事万物的过程中，要通过一种幻力又称"摩耶"，这个东西是虚幻的，因此，"梵"所显现的世界也就是虚幻的、不真实的。而既然世界是虚幻的、不真实的，那么人就必须远离这个世界，唯有逃离人间，才能获得解脱。

记者：

这是不是人们经常所说的"摩耶论"？

罗摩克里希那：

是的。我与传统吠檀多哲学的不同点就是，我坚决反对"摩耶论"。"摩耶论"从哲学上是荒谬的，在行动上，对我们这个民族也没有什么好处。

三 "梵"的两种状态

记者：

你刚才谈到，你坚决反对吠檀多的"摩耶论"。说说你的想法。

罗摩克里希那：

传统的吠檀多哲学代表人物商羯罗认为，"梵"是真实的，但其所创造的世界是虚幻的。在我看来，这种说法是错误的。

记者：

我想你的看法应该是："梵"是真实的，那么"梵"所创造的世界万物也必然是真实的。

罗摩克里希那：

没错。"梵"是世界万物的主宰，世界万物只不过是"梵"所释放出来的力量。因此，两者没有什么本质的不同，就如同火和燃烧的火苗，太阳与其发出的光芒一样。

记者：

据说，你把"梵"看作是静止状态的"梵"与运动状态的"梵"两种？

罗摩克里希那：

没错。在我看来，无论是运动状态的"梵"，还是静止状态的"梵"，都是同一事物的两个方面，它们没有根本的区别。既然"梵"在静止状态下是真实的，那么，它在运动状态下也应该是真实的。

记者：

打个比方，或许能表达你的观点，那就是：水就是水，无论它是以冰的形式出现，还是以液态的水出现，或者是以气态的形式出现。

罗摩克里希那：

没错。你的比喻，比我举的好多例子还要贴切。蛇就是蛇，蠕动中的蛇是蛇，盘在一起一动不动也是蛇。

记者：

你这么坚持的理由或说动机是什么？

罗摩克里希那：

既然"梵"是真实的，它所创造的世界也是真实的。作为人来讲，要想获得解脱，就没有必要去逃离现实生活，而只要老老实实地生活在这个世界上，老老实实地做好自己的工作，他就可以达到"梵我同一"的境界，实现真正的解脱。

四 一切都是"一"，一切皆为"梵"

记者：

在你看来，无论是运动状态的"梵"，还是静止状态的"梵"，本质上都是一致的。如果把这个观点继续提升到哲学层面，结论是什么呢？

罗摩克里希那：

很简单，结论是：一切都是"一"，或者一切皆是"梵"。

记者：

这个结论似乎与古希腊哲学家伊壁鸠鲁所说的那个永恒不动的"一"有点相似。

罗摩克里希那：

是的。"梵"是一种独立自存的存在，是永恒不变的"一"；现实世界是"多"，但它是"梵"的显现物而已。

记者：

一般人眼中的世界是千差万别的，但是，在你们这些哲学家的眼中，似乎一切事物都没有差别。

罗摩克里希那：

没错。万事万物都没有差别："一"和"梵"是同义词，"一"和"多"也具有相同的含义。我曾经用一个生动的比喻来说明这一点，我想说给你听听。

记者：

请讲。

罗摩克里希那：

我说过，如果"一"是神的话，那么"多"就是神在各个方面的具体表现。正如一个房间里面的主人，在不同的场合出现一样：在一个场合是父亲，在一个场合是兄弟，在另一个场合是丈夫。

记者：

这个比喻有点别别扭扭，但你的核心思想我是晓得的。黑格尔说，世界的本质是绝对精神，万事万物都是绝对精神的体现，绝对精神就是神，就是"一"。我感觉你的哲学与黑格尔的哲学大同小异。

罗摩克里希那：

或许是。

五　走到另一个极端：心就是万物，心决定一切

记者：

你的哲学基本上是传统吠檀多哲学，但是，也有人说看你的哲学好似坐过山车似的。

罗摩克里希那：

什么意思？

记者：

我看过一些资料，有人批评你的哲学存在着极端的矛盾：你一会儿站在客观唯心主义的立场看问题，一会儿又表现出典型的主观唯心主义的倾向。

罗摩克里希那：

你这些新名词，我不懂。具体想表达什么意思？

记者：

一些资料说，你把"梵"看成世界的本质，万事万物和人在内都不过是"梵"的具体体现而已。很显然，"梵"是世界的主宰，而包括人在内的世间万物，都不过是"梵"的具体体现而已。很显然，人在世界上是不可能占据什么太重要的地位。

罗摩克里希那：

你这个推论站得住脚。

记者：

但是，看你的弟子们为你记录下来的一些文献，又让人感觉你似乎特别强调

人的心灵的作用，似乎人的心灵也能主宰世界。

罗摩克里希那：

我在给我弟子的授课中，确确实实多次强调人类心灵的作用。

记者：

说说你是如何具体强调的。

罗摩克里希那：

我曾经说过，万物就在人类的心中，束缚和自由也在人类的心中。假如让邪恶与他的心做伴，那么，人类的思想观念和语言就会被邪恶所污染。但是，如果人类让虔信与他的心做伴的话，那么，人类的思想观念和语言就会忠诚于神。总之，心是万物：一方面，心是妻子，另一方面，心又是儿子；心爱妻子是一种方式，心爱儿子又是另一种方式；然而，心还是同一个心。

记者：

有点拗口。我就是想听听你是如何强调心在宇宙中的作用。

罗摩克里希那：

我说过，当你被毒蛇咬了的时候，如果你坚定地想"我心中无毒"，那么你就会安然无恙；同样，如果你能以坚定的信心去想"我不受束缚，我已经解脱了"，那么你就解脱了。

记者：

看来，你真是把心的作用提高到至高无上的地位，似乎心就是万物，心决定着一切。心想到妻子，你就是妻子，心想到儿子，你就是儿子。即便你被毒蛇咬了，只要你心里想"我无毒"，你就可以安然无恙了。

罗摩克里希那：

是的，我就是这么认为。

记者：

难道你不认为，你这个观点与你所强调的"梵"是世界的本体相矛盾吗？

罗摩克里希那：

矛盾或许存在。再说了，谁的思想没有矛盾呢？

六　多宗教、多教派、多种姓让印度苦不堪言

记者：

我们不谈哲学了吧？我知道你也无法解决哲学中的矛盾。现在，我们来谈谈宗教怎么样？

罗摩克里希那：

谈宗教是我的拿手好戏，你想谈哪些方面？

记者：

根据我的初步研究，你好像是在印度思想史上第一个提出要创立"人类宗教"的人。我想了解一下，你为什么要提出这个设想？

罗摩克里希那：

任何一种思想的提出都不是无缘无故的，它都是要解决某一个时代想解决的问题。可以说，解决问题是人类思想得以产生或者说发生变革的内在动力。

记者：

你的意思是说，你的"人类宗教"思想的提出，与印度社会存在某种需求有关？

罗摩克里希那：

没错。我们印度自古以来是一个多宗教、多教派、多种姓的国家。英国侵占印度之后，他们搞分而治之，从而促使印度社会各大教派的矛盾更加突出。印度教徒与穆斯林之间的矛盾，非常尖锐；在印度教内部，高级种姓和低级种姓之间的矛盾，非常尖锐，日益严重。在这种情况下，大批的低级种姓和"贱民"在西方宗教的诱惑之下，纷纷改信基督教。

记者：

还有这种情况？

罗摩克里希那：

是的，这种情况相当地严重。印度的教派冲突和种姓分裂，严重阻碍民族的团结和社会的进步。要想振兴印度，就必须创立一种能为印度所有人民所信仰的宗教。这种宗教要包容一切，只有这样，印度的宗教冲突、教派冲突、种姓冲突

才有可能得到解决，印度社会才有希望。所以，我提出了建立"人类宗教"的思想。

七 所有宗教的最终目的都是一样的

记者：

宗教信仰来自民族的本能，不同民族之间的宗教信仰是对立的。而你提出建立"人类宗教"，是不是太天真？

罗摩克里希那：

你对宗教的研究仅仅是皮毛。在我看来，世界上各大宗教，虽然它们在表面上有很大的差异性，但它们的根本点是一致的。

记者：

这种根本点是什么？

罗摩克里希那：

世界上各种宗教所信仰的神，都是同一个实体，无非是名称不同而已。

记者：

你是这么看的？

罗摩克里希那：

关于宗教所信仰的实体，有的民族称为上帝，有的民族称为安拉，有的民族称为佛陀。当然，我们这个民族称为"梵"。各种宗教虽然信仰的方式和礼仪有差别，但最终的目的是一致的，就是要达到人和神的结合，从而实现人类的"普遍之爱"和美好的生活。

记者：

你的看法，确确实实比较另类。在很多人看来，不同民族之间的信仰是不同的，甚至是彼此为敌的，而你却认为它们是同一个实体。

罗摩克里希那：

没错。人们在信仰的方式上有差别，这无关紧要。但本质上讲是一致的。就像小朋友们吃冰棍一样，无论是直着吃，还是横着吃，都是甜的。

梵之音：印度思想之旅

记者：

这个比喻，真是绝对。正是因为这个判断，所以，你提出一种所有人都能够接受的"人类宗教"？

罗摩克里希那：

是的。当人类都站在"人类宗教"的旗帜下，就能够消除彼此的分歧，而共同为人类的美好生活和"普遍之爱"而努力。

记者：

你的这些理想，听起来，似乎有点理性主义。但是……

罗摩克里希那：

难道你是说，我的这个思想，也有一定的追随者？

记者：

没错。在你之后，印度的许多思想家都提出了类似的观点。你的学生斯瓦米·维韦卡南达提出了"普遍宗教"的思想，奥罗宾多·高士提出了"人类统一"的思想，拉宾德拉纳特·泰戈尔提出了"人的宗教"的思想，拉达克里希南提出了"精神宗教"的思想等等。毫无疑问，他们的这些提法都是受到你的影响。

罗摩克里希那：

我很高兴。

八 "一只手工作，另一只手抓住神的脚"

记者：

我在你的学生为你写的《言论选》中，看到一句话，感觉很有意思。

罗摩克里希那：

你说的是哪一句话？

记者：

那句话是"一只手工作，另一只手抓住神的脚"，就是这句话，什么意思？

罗摩克里希那：

这句话的意思应该是很明确的，那就是在印度古代的圣贤看来，人要想获得精神的解脱，实现人与神的结合，就必须放弃对物质生活的追求，逃避现实生活，躲到深山老林里去进修、苦思冥想。而在我看来，这种做法是很荒唐的。人要想获得精神的解脱，不必抛弃物质生活，而是好好地工作，同时保持对神的信仰。

记者：

我明白你的意思。你的意思是说，"一只手工作"强调的是，人不能脱离社会，而是要把眼面前的事做好。"另一只手抓住神的脚"，是不是说，人在努力工作时，同时保持对神的信仰，不能因为眼面前的工作而失去对神的信仰？

罗摩克里希那：

这话，你说得非常对。我反复告诫我的学生，人应当生活在这个世界上，这对任何人都没有什么损害。相反，离开物质世界，离开生活，对人是有害的。但是，人也不能只把自己的心思全部盯在眼面前的工作上，而是在工作完以后，用双手把神的脚搂在自己的心头，甚至去亲吻神的脚。只有这样，人才能实现对神的证悟，才能实现人自我精神的解脱。

九　人与人本质相同，因而应当爱世上所有人

记者：

在我们这个世界上，有的人是好人，有的人是坏人。好人应当得到人们的尊敬，坏人应当得到人们的仇恨。而你却说所有人在本质上是相同的，因此，应当爱世上所有人。这如何解释？

罗摩克里希那：

你的表述有问题。

记者：

问题在哪里？

罗摩克里希那：

吠檀多哲学告诉我们，"梵我是同一的"。世界上每一个人的内心都有一个"自我"，这个"自我"就是"梵"，这个"自我"与灵魂最高本体"梵"在本质上讲是同一不二的。既然每个人的"自我"与"梵"在本质上是相同的，那么人与人之间的"自我"在本质上也必然是相同的。

梵之音：印度思想之旅

记者：

我知道你的意思。在你看来，人的本质无论是你的、我的，还是他的都是相同的，也是相通的。既然人的本质都是好的，也是相通的，那么人就应当去爱所有的人。

罗摩克里希那：

是的。

记者：

我刚刚说过，天下存在很多人是坏人，这个事实谁也否定不了。这又如何解释呢？

罗摩克里希那：

人在本质上讲是好的，是善的，人之所以变坏，是因为他的肉体和感官在外在物体的刺激下，产生许多自私的欲望。也正是在这种欲望的驱动下，才干出了坏事，才成为坏人。

记者：

你的意思是说，如果驱除了这些自私的欲望，所有的人都能成为好人？

罗摩克里希那：

是的。即使一些坏人或者恶人干了坏事或者犯了罪，但是，他的内在的"自我"还是纯洁的、善良的，他的本性与好人没什么两样。因此，我们应该爱他们、感化他们、启迪他们内在的善性或者神性，这样他们就会改邪归正，重新做人。

记者：

你的这个观念，似乎与基督教所强调的"爱一切人"相似。基督教曾经说过，当别人打我右脸的时候，我应当把左脸让他再打。你的哲学似乎也强调，即便是对恶人，也应当向他鞠躬致意，也应当满怀热情地去爱他？

罗摩克里希那：

从你的口气，看得出对我的观点不欣赏。但是，我的观点非常明确，即便是对坏人，即便是对恶人，你都应当给他无私的爱。

十　克服私欲，努力为人民服务

记者：

你的哲学非常强调人的解脱和灵魂的净化。

罗摩克里希那：

没错。人要实现真正的解脱，没有别的选择，首先的一条是加强自己的修养，克制私欲。只有那些圣洁的人，才能够证悟"梵"的存在，才能够实现与神的结合。其次……

记者：

其次是什么呢？

罗摩克里希那：

还有一点，那就是，人必须参加社会实践，在实践中去磨炼自己，为周围的人服务，为贫穷的人服务。

记者：

你说的都是一些大道理。

罗摩克里希那：

道理是大是小，没关系，只要不是错误的就行。我们这个社会非常复杂，既有真理，又有谎言；既有好人，又有坏人。在这个社会里，人要不断树立正确的观点，培养分辨是非的能力。

记者：

这些谁都明白。

罗摩克里希那：

作为人，要像蚂蚁那样生活，因为蚂蚁能分辨出甜的糖粒；人也应该像水鸟那样生活，因为水鸟甩掉落在翅膀上的水珠而能展翅飞翔。同时，人也应该像泥鳅那样生活，因为泥鳅虽然生活在污泥之中，但它的皮肤却是明亮发光的。

记者：

你的这些比喻很有意思，要想实现与神的结合，你主张人要像蚂蚁一样活着，也要像水鸟那样生活，同时也要学习泥鳅。似乎只有向这些低端的小动物学习，人才能够实现心灵的大飞跃。

罗摩克里希那：

我这是比喻嘛。

罗摩克里希那简传

室利·罗摩克里希那（Sri Ramakrishna，1836—1886 年），出生于孟加拉乡下的一个小村庄。他几乎没有受过任何值得一提的教育，但他有着惊人的记忆力，对大自然的荣耀有着激烈的敏感。他的思想与灵性问题强烈地结合在一起。18 岁的时候，他的哥哥把他带到 100 英里远的加尔各答，此后他们在加尔各答北部市郊的达克希什瓦定居，就住在一座新建立的，用来供奉神圣母亲卡利女神的神庙里，罗摩克里希那在那里开始了对神的追求。十二年以来，他实践了各种通往神的神秘道路，经历了印度教经典所写的难以置信的神秘状态，也在基督教和穆斯林里面实践了通往神的道路。最后，他宣称了一个伟大的真理："有多少宗教，就有多少通往神的道路。"

罗摩克里希那继承印度传统的吠檀多不二论思想，认为世界的最高本质是无形式、无属性的"梵"，即绝对存在，万物皆为"梵"的显现。当强调信仰的对象时，他认为世界有一个全能的、无所不在的最高主宰；当强调信仰的对象必须通过人而成为主观信仰时，他又提出"心即一切""万物在于心"的思想。在宗教改革方面，他在印度教的基础上提出"人类宗教"的思想，认为世界上各种宗教所信仰的神都是同一个实体，只不过名称不同；各种宗教的目的都是一致的，都是要达到人与神的结合，实现普遍之爱和美好的生活。罗摩克里希那的主要著作《罗摩克里希那福音》是其弟子玛哈扎根据他的谈话记录而辑成。

第十八章　走向"世界宗教"

——对话钱德拉·森

引　子

　　凯沙布·钱德拉·森是印度改革社团梵社的第三代领导人。他的哲学思想对梵社的发展和印度的宗教改革，曾起过非常重要的作用。钱德拉·森是梵社的青年激进派的代表，以他为首的青年激进派与以德·泰戈尔为首的温和派，在改革的观点上存在着重大的分歧。钱德拉·森思想的最大特点是，他提出了一些激进的宗教改革观点，并且创立了一个融合印度教、佛教、伊斯兰教和基督教特点的新型宗教，这种宗教的名字叫"新天道教"。让我们走近钱德拉·森。

一　来自西学之家

记者：

看你的著作，感觉你是印度哲学家中对西方哲学最崇拜的人。我怀疑你的哲学与你的家庭出身和生活环境有一定的关联。

钱德拉·森：

对一个哲学家来讲，他的哲学就是他的人生，他的人生就是他的哲学。

记者：

言之有理。说说你的家庭。

钱德拉·森：

我出生在孟加拉一个婆罗门家庭，应该说很显贵。我的祖父是个著名的学者，他当过英印皇家亚细亚学会的秘书。我的家庭可以说是最早西方化的印度教徒家庭之一。我自小就学习英文,接受西方的教育。可以说,当时没有几个孟加拉人的英语水平能超过我。

记者:

听说,你在罗易创办的大学里上过课?

钱德拉·森:

没错。青年时代,我就在罗易创办的印度学院上过学。印度学院可以说是一个西方色彩很浓郁的大学,这个大学不仅讲授印度教的传统文化,还讲授自然科学和社会科学知识。

记者:

了解了你的家庭,自然就可以预判你的哲学。在你以后的学术生活中,我发现,你时时处处以西方的观点观察印度,对印度的很多东西,都非常反感。我想,这肯定与你小时候和少年时所受的教育有关。

钱德拉·森:

应该是。

二 与德·泰戈尔不相为谋

记者:

据说,你在19岁的时候,就参加了德·泰戈尔领导下的"梵社"?

钱德拉·森:

没错,19岁时我就是德·泰戈尔最喜欢的弟子。在他领导的"梵社"里面,我是一个很受大家欢迎的社员,但是,在家庭里,我并不受欢迎。

记者:

你的家庭是一个很西化的家庭,为什么容不下你呢?

钱德拉·森:

印度社会很传统,我的家庭其实也很传统。我因为带妻子参加"梵社"的仪式,而被家庭开除,最后,不得不跑到宗教导师家里去避难。

记者:

据说,一开始你与德·泰戈尔关系很好,但后来发生了一些冲突。这是为什

第十八章 走向"世界宗教"——对话钱德拉·森

么呢?

钱德拉·森:

对德·泰戈尔所进行的宗教改革活动,我是积极支持的。在"梵社"工作期间,我积极参加讨论小组,组织救灾活动,倡导寡妇改嫁和年轻女子上学活动,撰写宗教传单,到处演讲,宣传德·泰戈尔的教义。

记者:

我关心的是,你与德·泰戈尔之间为何后来越走越远?

钱德拉·森:

德·泰戈尔是一个宗教改革者,这点没错。但是,他的思想非常保守,他谴责任何形式的革命。在这一点上,我们发生了冲突。我后来之所以离开德·泰戈尔,并创立新的宗教,原因就在这里。

记者:

在一个非常保守的印度社会,你提出的思想如果太过激进,我相信,不会有更多的人跟随你。

钱德拉·森:

被你说中了。离开德·泰戈尔之后,我的信徒越来越少,据说,在我死后,我创立的宗教很快就没了。

三 "火"的崇拜者

记者:

看你的书,有这样一种感觉。

钱德拉·森:

什么感觉?

记者:

你的哲学很激进,如火一样,充满着热情,你的性格感觉也是火一般的性格。

钱德拉·森:

你说得没错。我是一个"火"的宗教崇拜者,我偏爱"火"的宗教教义;

梵之音：印度思想之旅

对我来说，站在"火"上，就是解脱；我热爱"火"，赞美"火"，拥抱"火"，"火"的每一种征兆，都使我充满快乐、希望和热情。我一旦感觉失去了它的热，就好像跳入了大海，淹没了自己。

记者：

感觉你像在读诗。

钱德拉·森：

我的一生，永远在追求着：在我成功地为一个团队服务时，我总是寻找我能为之服务的另一个团体；在我成功地为一个部门工作时，我总是渴望着我也能为另一个部门工作；在我从一套经典中收集真理时，我总是想着另一种经典，在这一套经典尚未读完时，我已经寻找了另一套。总之，我的一生都在不断地追求着新的思想，片刻的停滞，让我无法忍受。

记者：

听你讲话，我都感到热血沸腾。这样的生活，值得过。

钱德拉·森：

希望你也是如此。

四　印度教与伊斯兰教应当相互联合

记者：

你是一位了不起的宗教学家，你对世界各大宗教了解非常深刻。我想问你，你曾经提出过，印度教与伊斯兰教应当相互联合。这是什么意思？

钱德拉·森：

世界上所有的宗教都包含着很多荒谬的东西，也包含着很多虚假的东西，这一点我们必须承认。但是，如果以这些宗教都包含着很多荒谬、虚假的东西，就彻底将它们抛弃，显然也是不对的。

记者：

既然这些宗教内含着很多荒谬的东西，人类为什么还保留它们呢？

钱德拉·森：

所有宗教包含着很多荒谬的东西，也包含着很多真理。伊斯兰教是这样，印

第十八章 走向"世界宗教"——对话钱德拉·森

度教也是这样。正是这些有价值的真理,从而使这些宗教保持着强大的生命力;从而使它们在遭受反对的情况下,依然能够维持数个世纪。

记者:

那在你看来,印度教和伊斯兰教各有什么有价值的东西呢?

钱德拉·森:

不管别人是怎么看的,但在我看来,印度教中神的概念是非常崇高的。最早的印度教经典,把神描绘成无限的精神,寓居在天国,遍布着一切空间,充满着宁静和欢乐。这就是印度教的真理。

记者:

那伊斯兰教的价值又在哪里?

钱德拉·森:

伊斯兰教把神视为具有无限力量和至高权力的支配宇宙的君主,这也是伊斯兰教拥有真理之体现。

记者:

你的意思,我明白。也就是说,无论是在印度教的经典,还是在伊斯兰教的教典中,都存在着很多值得信仰的元素。

钱德拉·森:

印度教的主要特点是静观,而伊斯兰教的主要特点是持续不断的激情和积极地奉献。一个是与静寂之神秘密地交往,而另一个则为全能之神效力、为反对邪恶而进行圣战的勇士。

记者:

经过你这一描述,好像无论是印度教还是伊斯兰教都存在着有价值的东西。

钱德拉·森:

如果能够将印度教和伊斯兰教中最有价值的东西结合在一起,将构成一幅真正神学的美丽的图画。

记者:

你对待印度教和伊斯兰教的态度,确实很辩证。你不仅看到它们内在的荒谬性,也看到它们内在的价值。我关心的是,这对一个作为宗教改革家的你,意味着什么？

钱德拉·森：

既然印度教和伊斯兰教各有其特点和价值，那么，我们就不应该去污蔑或攻击它们，而应该发现和挖掘它们的优点、融合它们的真理，以便它们发挥更大的作用。

记者：

你的观点越说越明白。你主张要用公允的态度来对待印度教和伊斯兰教，要促进两种宗教的结合。

钱德拉·森：

印度社会因宗教冲突，长期以来四分五裂。当人们能够通过相互的欣赏和尊重，而消除印度教和伊斯兰教的对立之后，印度社会就会进入一个新的境界。

五 耶稣是亚洲人，基督教是亚洲人创立的宗教

记者：

在你的书中，我看你多次强调，耶稣是亚洲人，并说基督教是亚洲人创立的宗教。你反复强调这一点，是什么意思？

钱德拉·森：

在很多西方人看来，耶稣就是西方人，基督教是西方人创立的宗教，他们这些殖民者来到印度之后，极端看不起我们印度人，甚至用恶毒的语言来侮辱我们亚洲人。我之所以反复强调耶稣是亚洲人，耶稣的弟子也是亚洲人，而且最初宣传基督福音的一切机构都是在亚洲。我只是想告诉那些西方人，是亚洲人在亚洲继承和发展了基督教，你们这些欧洲的传教士，没有理由看不起亚洲人。我告诉那些欧洲的传教士，你们看不起亚洲人就等于看不起耶稣，就等于看不起基督教。

记者：

明白你的意思。你是想通过强调基督教的亚洲元素，提醒西方人要尊重亚洲人、要尊重印度人。

钱德拉·森：

就是这个意思。

六　向基督教学习

记者：

根据你刚才的谈话,你似乎对基督教有点不感冒?

钱德拉·森：

你没有完全明白我的意思。我告诉你,我对基督教非常热爱。基督教有很多长处,它是印度教所无法比的。基督教的很多精神已经渗透到整个印度的社会中,现代的印度,就是在一种基督教的气氛中成长起来的。没有基督教,就没有印度的启蒙,就没有现代印度的改革与进化。

记者：

你号召你的同胞向基督教学习,据说广大的印度教群众并不响应。

钱德拉·森：

人们响应不响应,是他们自己的选择,与你对话,我只要表达我的观点就可以啦。我的观点非常简单：我讨厌基督教的传教士对印度教的污蔑与诽谤；但是,我认为,印度要想进化,必须向基督教学习,离开基督教的启蒙与教化,印度社会就没有希望。

七　走向世界宗教

记者：

我看过一些资料说,在 1883 年,你曾经向全世界宣布,你钱德拉·森就是上帝的公仆,你受上帝之命,传播你所创立的宗教。我想了解一下,你所创立的宗教是什么教?

钱德拉·森：

我创立的宗教叫"新天道教"。

记者：

你的"新天道教"有什么特点？例如说与基督教、与印度教比起来，有什么不同？你主张不同的宗教信仰者不应该相互攻击和相互污蔑，而应该相互学习、取长补短。作为一个原则，你的观点不会有人反对。但我想问你，在你的心目中，一种理想的宗教，应该是一种什么样的宗教？

钱德拉·森：

未来的宗教，将是世界上各种宗教的融合和统一。这种宗教将信仰唯一至上之神，遵守"一道论"的教义和准则。

记者：

在这种宗教制度下，各国的信徒，如何保持其各个民族的特色、保持着各自的风俗习惯呢？

钱德拉·森：

这个问题，你问得好。整个人类将统一于一种世界宗教，但是，这种宗教并不抹杀各个民族的特色，没有一个国家会借用或机械性地模仿另一个国家的宗教。因为，每个国家的未来的宗教，都是从各自的生活中自然产生的。

记者：

原来是这样。

钱德拉·森：

既然德国人不会采用中国人的生活，印度人同样也不会盲目地套用英国人的宗教生活。印度跟其他国家一样，都具有自己的宗教传统、社团、风俗和爱好，这些对它来讲，是具有无比神圣和可贵的。谁也不要希望印度会抛弃这些东西，印度不会这么做的。一句话，未来的世界宗教是一神教，但它绝不抹杀各个民族的宗教习俗。

八　新天道教骨子里是基督教

记者：

"新天道教"还有什么特点？

第十八章 走向"世界宗教"——对话钱德拉·森

钱德拉·森：

摩西是基督教的教主,他教育人们要注意良知的培养。但摩西不懂科学,我创立的"新天道教"强调良知要与科学结合在一起。

记者：

接着说。

钱德拉·森：

我的"新天道教"主张要消除一起种族、民族的差别,消除人性的高低、贵贱之分；我的"新天道教"还主张,不同民族之间要相互学习、相互借鉴,以使世界民族之真理进入亿万人之心,以使人类到达一种完美而崇高的境界。

记者：

说来说去,你所创立的"新天道教",就是你所创立的世界宗教。我的感觉是,你所创立的这个所谓的"新天道教",感觉就是对基督教思想的一种改良,骨子里与基督教差距不远。

钱德拉·森：

你既然说到这个程度,那我就明确地告诉你,我所创立的"新天道教"实质上就是基督教的变种。如果说有什么特色的话,那就是,我尽可能在我的宗教教义中最大限度地吸收伊斯兰教、佛教、印度教、锡克教、拜火教等宗教的优秀的东西。

记者：

你的这种做法,确实很大胆。问题是,印度人能不能听你的？

钱德拉·森：

这个问题,你说的对、问得好。我死后,我所创立的"新天道教"就逐渐失去影响。

记者：

原因是什么？

钱德拉·森：

印度是一个极端传统的社会,印度教的影响太过强大,任何挑战印度教权威的想法,都不可能实现。佛教早早就在印度消亡,释迦牟尼那么伟大,他都无法改变这个现实,自然,我也不可能让我的"新天道教"永远存在下去。

钱德拉·森简传

喀沙布·钱德拉·森（Keshab Chandra Sen，1830—1884年），出生在孟加拉一个婆罗门家庭，其祖父是个著名的学者。钱德拉·森曾经在英印皇家亚细亚学会任职，是近代印度教改革家、"梵社"的第三代领袖。

钱德拉·森自小就学习英文，接受西方的教育。青年时代，在罗易创办的印度学院上过学，学习印度教的传统文化以及自然科学和社会科学的知识。1856年毕业于加尔各答的印度学院。1858年，即他19岁的时候，钱德拉·森参加了德·泰戈尔领导下的"梵社"，积极支持德·泰戈尔所进行的宗教改革活动。他的哲学思想对梵社的发展、对印度的宗教改革，曾起过非常重要的作用。钱德拉·森是"梵社"的青年激进派的代表，以他为首的青年激进派与以德·泰戈尔为首的温和派，在改革的观点上存在着重大的分歧。1862年被选为"梵社"代理。钱德拉·森思想的最大特点是，提出了一些激进的宗教改革观点，并且创立了一个融合印度教、佛教、伊斯兰教和基督教特点的新型宗教，这种宗教的名字叫"新天道教"。钱德拉·森主张消除印度教和伊斯兰教的对立，一生都在不断地追求着新的思想。他重视社会宣传，负责出版12种杂志，其中最出名的有《印度明镜》《新天道》等。

第十九章　论哲学与宗教改革

——对话德·泰戈尔

引　子

德·泰戈尔是现代印度最著名诗人和思想家泰戈尔的父亲。作为印度改革社团——"梵社"的第二代领导人，不仅继承了其前辈思想家罗易改革宗教、变革社会和启蒙大众的理想，而且还制定了宗教改革的纲领，把宗教改革的思想推广到全国。值得一提的是，德·泰戈尔是一个温和的改革家，他所提出的一系列改革措施，让我们不由自主地想到现代印度哲学家们所经常谈到的"非暴力"理论。让我们走近德·泰戈尔。

一　泰戈尔家族

记者：

看到你的名字——德·泰戈尔，我就想起你们印度有一位诗人也可以称为思想家，也叫泰戈尔。我想问一下，这个诗人和你是什么关系？

德·泰戈尔：

有关系。他是我的儿子，怎么能没关系！

记者：

你是一位哲学家，你的儿子泰戈尔可是现代印度最著名的诗人，他还获得过诺贝尔文学奖。

德·泰戈尔：

我只知道我的儿子很厉害，但对他获得什么奖，我不知道。

梵之音：印度思想之旅

记者：

我曾经研究过印度的一些历史资料，发现你们泰戈尔家族很厉害。

德·泰戈尔：

或许吧。我的父亲叫德瓦卡纳特·泰戈尔，他其实比我们更厉害。他是个大商人，还有自己的船队。他的生意涉及蓝靛、茶、煤和硝石等矿产资源。

记者：

你是一位哲学家，我关心的是，你的父亲是否对哲学、宗教也感兴趣？

德·泰戈尔：

我父亲是印度最著名的宗教改革家罗易先生的好朋友，他掏了好多钱办教育、办文化、搞慈善。可以说，他也是罗易宗教改革机构"梵社"的最大支持者。

记者：

明白了。你与你的儿子在哲学、宗教等方面都能做出那么大的成就，或许是与你的家族有关系。

德·泰戈尔：

应该是。

二　不爱商业爱哲学

记者：

刚才你说过，你的父亲是个大企业家，据说，他曾经在到英国去的期间，把企业管理的任务交给你，好像你对这些东西并不上心？

德·泰戈尔：

我的父亲是个标准的商人，他虽然热爱哲学、喜欢文化，但他的主要精力还是在他的商业上。但是，我发自内心地不喜欢这些事情。在父亲委托我管理企业和家庭事务的时候，我把这些事情全委托给我的下属人员去管理。

记者：

这么重要的事情你都不管，你做什么呢？

德·泰戈尔：

我已经说过，我喜欢哲学，我只关心宗教，我也关心人类命运的问题。一句话，商业，我不关心；我只关心吠陀、吠檀多、宗教、神。人生的终极目的，也是我所关心的事情，财产对我来说无所谓。我最喜欢的事，就是抛弃凡事、独自漫游。也正是因为我把自己从具体的商务活动中抽出来，我才得以有充足的时间去研究印度教，去学习英语、学习现代科学与哲学。

记者：

你是一位哲学家，但在我的印象中，你写的书并不多嘛。

德·泰戈尔：

是不是哲学家，与书多书少没关系。我建议你去读一下我的《自传》，我的哲学都在那里。

三　"梵社"的第二代领导人

记者：

刚才你说过，你的父亲是罗易的好朋友，罗易可是你们印度最伟大的哲学家和宗教改革家。你父亲曾经对罗易的事业给予了很大的支持，据说在罗易去世以后，你对罗易未竟的事业也给予了不小的支持？

德·泰戈尔：

我年轻时上的学校就是罗易创办的。罗易创办了"梵社"，我创办了"通梵协会"，不久后"通梵协会"改名为"知梵协会"。我创办的"协会"的宗旨与罗易创办的"梵社"是完全一样的。罗易去世以后，他的"梵社"压力很大。

记者：

什么压力？

德·泰戈尔：

罗易面临的压力有内部的也有外部的，很多保守势力纷纷离开了"梵社"，处境十分艰难。

记者：

你是怎么做的呢？

德·泰戈尔：

为了支持罗易的宗教改革事业，我决定将我的"知梵协会"和罗易的"梵社"合并起来，名称仍然用"梵社"两个字，我还正式担任了"梵社"的第二代领导人。为了支持、巩固"梵社"，我组织编写一部新的"梵社"教典，叫"梵法教典"，为所有"梵社"会员制定了行为原则，要求必须通过正式的仪式才能入社，使"梵社"由一个松散的社团变成一个组织严密的团体。在这个基础上，我还创立了一些学校，创办了一些报刊，并派出许多朝气蓬勃的青年会员到印度各地鼓吹"梵社"的主张，并建立了若干个分社、分会。从此以后，"梵社"不仅没散伙，而且得到了迅速发展。

四　一切感官知识都是真实可靠的

记者：

看你写的《自传》，有这样的感觉。

德·泰戈尔：

什么感觉？

记者：

感觉你的哲学与商羯罗的哲学几乎没有什么差别。一个哲学家，如果只是简单地照搬前人的哲学，这样的哲学还有什么意义呢？

德·泰戈尔：

你是一个求新意识很强的人。我告诉你，我的哲学与商羯罗的哲学有相同点。但是，有很多东西也是不相同的。

记者：

我希望听听这不同点。

德·泰戈尔：

商羯罗哲学认为世界都是虚幻的、都是不真实的；因此，人们应该抛弃现实的世界，才能获得解脱。

记者：

你的意思是说，你不同意商羯罗的这个观点？

第十九章 论哲学与宗教改革——对话德·泰戈尔

德·泰戈尔：

是的。在我看来，既然"梵"是最高的实在，那么，它所创造的现实世界就不可能是虚幻的。还有……

记者：

还有什么？

德·泰戈尔：

商羯罗既然把整个现实世界看成是虚幻的世界，那虚幻的世界就不可能存在什么内在的规律性的东西。但在我这里，我的看法又与他不一样。

记者：

不一样在什么地方？

德·泰戈尔：

在我看来，物质世界是真实的，物质世界的发展，也有其内在的规律。比如：太阳和月亮的升和落，有其规律；风雨的形成和变化，也是有其季节性的规律。

记者：

你的这两个观点，我在罗易的哲学中就看到了，似乎你受罗易的影响很大？

德·泰戈尔：

罗易可以这么看，我也可以这么看嘛！在我这里，有一个观点，商羯罗没有说过，可能罗易也没谈过。你是否愿意听一听？

记者：

我最感兴趣的就是这些观点。

德·泰戈尔：

在商羯罗的哲学中，现实世界被认为是虚幻的，那么，现实世界作用于我们的感官所产生的知识和认识同样也是虚幻的。

记者：

你的意思是说，你不认为人类所获得的感官知识是虚幻的？

德·泰戈尔：

是的。商羯罗认为世界是虚幻的，而且认为世界上的任何现象作用于人的感官所产生的认识也是虚幻的、不真实的。这个观点，我不赞成。我认为，物质世界是真实的，物质世界作用于我们的感官所产生的认识也是必然是真实的。正如各种事物能够通过阳光反射到相片的底片上一样，一切物质事物也能够通过人的感官显现到人类的心理，这就是所谓的知识，这些知识自然都是真实、可靠的。

记者：

如此说来，你的观点还真有些与商羯罗的不一样。不知道还有没有其他的创新？

德·泰戈尔：

多得很，咱们慢慢交流。

五 万物有序运行的背后

记者：

请接着讲你与商羯罗不同的哲学观点。

德·泰戈尔：

商羯罗否定现实世界，也自然不会承认现实世界的规律性。在这一点上，我们是不同的。更进一步说，关于自然万物为什么如此和谐有序，商羯罗也自然不会去研究。关于这个问题的看法，也应该是我与商羯罗的不同之处。

记者：

当然是。那你说万事万物有序运行背后的原因的是什么？

德·泰戈尔：

关于这个问题，我思考了很久。日和月的升降是有时间规律的，风雨也是在适当的季节来临。这些自然现象之所以按照一定的规律在发生，背后一定有什么东西在主宰。

记者：

那这个主宰是什么呢？

德·泰戈尔：

主宰万事万物有序运行的，不可能是某种死板的物质性的东西，而只能是精神性的东西。

第十九章 论哲学与宗教改革——对话德·泰戈尔

记者：

问题是，这个精神性的东西到底是什么呢？

德·泰戈尔：

这个精神性的东西，就是某种有理智、有生命的力量。这种力量在我们印度教中，就是人们视之为神的"梵"。正是"梵"这种至高无上的宇宙精神，才促使万物得以有序运行。

记者：

你的意思是说，主宰宇宙万物的是"梵"，是某种精神性的东西？

德·泰戈尔：

是的。宇宙间万事万物都由"梵"所主宰。因而，母亲把孩子放入怀中，这背后都有某种力量在支配。这种力量，就是"梵"，也或许就是某种伟大的自然。

记者：

听你的话，感觉你的哲学理念，有一种西方哲学自然神的味道。

德·泰戈尔：

我不否认，西方的很多哲学家把自然也看作神，把上帝也视为自然，并把主宰宇宙万物运行的力量称为上帝。他们的这种说法，多多少少对我的哲学有影响。

六 人应当为世界的完善而工作

记者：

古代吠檀多哲学认为，世界是虚幻不现实的东西，人只有脱离现实世界，脱离现实活动，到远离人世的地方如山林去进修，才能获得解救。对这个观点，你是怎么看的？

德·泰戈尔：

我对这个观点向来不以为然，我们生活的现实世界是真实的。一个人，要想达到与"梵"相结合的崇高境界，不必脱离现实生活，只要在社会上努力工作，从而把对"梵"的证悟与履行自己的社会职责结合起来，就可以了。

记者：

依你之见，龟缩在世外桃源中，未必是解脱的最好方法？

德·泰戈尔：

是的。人不应该抛弃世俗生活，居住在荒山野岭，对自己的修炼毫无价值；人应该生活在家里，生活在世俗之中，认真把世间的事情做好。做到了这样，就与神一样了，就能够实现灵魂的超脱。

七　人与人之间必须充满爱

记者：

你们印度的吠檀多哲学要求一个想获得解脱的人，必须抛弃儿女情长，必须抛弃私欲，而到远离世俗的地方去追求个人的快乐和幸福。你对此如何看？

德·泰戈尔：

我不以为然。

记者：

你的观点是？

德·泰戈尔：

一个人，只有无私地爱他人、帮助他人，才能真正地从私欲中摆脱出来。每一个期盼解脱的人，应当尽一切努力爱自己的妻子、孩子和亲友，把他们的爱实实在在地给予他们的亲人，这样的人，才能解脱。一个连自己的妻子、儿女都不爱的人，是不可能得到解脱的。

记者：

你的观点，确确实实有点另类。

德·泰戈尔：

神为我们创造了最好的榜样，世界是他创造的，他用心地爱这个世界。家庭是我们创造的，我们就应该爱这个家庭。任何一个人都不应该忘记爱周边的事物，何况是自己的家呢！

八　禁欲无助于人的解脱

记者：

古代的吠檀多学者主张，只有禁欲者才能获得真正的解脱。你对此如何看？

德·泰戈尔：

我不同意这个观点。只有那些抛弃邪恶的思想、邪恶的语言和邪恶的行动的人，才是圣人。这些人，生活上无过错，生活上也节制，但绝对不是禁欲者。一句话，禁欲不禁欲不影响人的解脱，关键是要与邪恶划清界限。

九　反对偶像崇拜，但不能采用过激手段

记者：

罗易主张反对各种形式的偶像崇拜，我相信，你也应该如此主张吧？

德·泰戈尔：

是的。我反对把任何创造出来的东西，当作创造者来崇拜，这一点，是毫无疑问的。但是，在改革的方法上，我与很多人不一样。好多人主张采用革命的手段来改革社会，而我则主张"非暴力"。

记者：

扫帚不到，灰尘不会自然跑走。很多落后的力量，如果你不采用革命的手段，这些东西不会自然消亡的。

德·泰戈尔：

你说的道理没错。但是，如果采取过激的改革方法，就会超出好多印度教群众的接受能力，就会影响改革的效果。我们印度人都知道，我们这个社会存在的弊端很多，必须进行改良。但是，我们必须以自身的榜样和口头的教诲来高举起最高真理的火炬，通过榜样的力量来净化我们的风俗、习惯、礼节和仪式。但在具体的操作环节，我不同意采用极端的手段。太过激进的革命，只会导致玉石俱焚，让我们的社会脱离正常的发展轨道。同时，宣传各种过激的手段，也与我们印度人民的理解力不相适应，从而脱离普通大众，因而，也是不可行的。

德·泰戈尔简传

德本德拉纳特·泰戈尔（Debendranath Tagore）生于加尔各答市的一个富有哲学和文学艺术修养家庭，是一位受过西方教育同时信奉《奥义书》的宗教改革者。他是个大商人，还有自己的船队。他的生意涉及蓝靛、茶、煤和硝石等矿产资源。有个庞大的家庭，有15个子女。

德·泰戈尔是印度最伟大的哲学家和宗教改革家罗易的朋友，他使梵社组织上得以完善并着重在宗教领域推行改革。1842年接任了梵社的领导后，使梵社从一个松散的会社变成了一个有效的组织，并在改革中注意保持一种不与正统印度教拉大距离的姿态。泰戈尔认为"梵"这种至高无上的宇宙精神，才促使万物得以有序运行。其代表作是《德·泰戈尔自传》。

第二十章 "两个民族论"

——对话赛义德

引 子

近代印度伊斯兰教宗教改革与思想启蒙运动，起步于19世纪60—70年代，大约要比印度教改革与思想启蒙运动晚近半个世纪。本文的主人公赛义德·艾哈迈德汗，便是印度伊斯兰教改革与思想启蒙运动的代表。赛义德是19世纪下半叶印度重要的改革家、政治家、思想家和教育家。在哲学上，他主张用现代主义观点来解释《古兰经》和伊斯兰教的教义。在伊斯兰世界，赛义德被称为"伊斯兰现代主义的主要代表"。赛义德的哲学、宗教改革和社会思想，尤其是他提出的"两个民族"的理论，对印度伊斯兰世界的发展，更具有重大的影响。让我们走近这位穆斯林思想家。

一 来自正统的穆斯林家族

记者：

据说你出生在一个贵族家庭，我相信这种出身对你的哲学事业与社会工作肯定有很大的影响，是不是？

赛义德：

肯定是。我的祖父在莫卧儿宫廷当过高官，深受皇帝的器重；我的外祖父也当过高官。我自幼就接受了非常好的家庭教育，有专门的家庭教师给我上课。很小的年纪，我就掌握了波斯语、阿拉伯语，我还学习了数学、天文学和医学。《古兰经》，我也背得滚瓜烂熟。

记者：

听说，你后来当过一段时期的法官？

赛义德：

那可不是一段时期，而是很长一段时间。我父亲去世以后，家庭的担子就落到了我的肩上。为了维持家庭的正常运转，我就到英国人在我们印度设立的东印度公司任职，具体工作是当一名地方法庭的法官。

记者：

那你干法官干了多长时间？

赛义德：

退休之前，一直当法官，前前后后约 30 年。

二　退休后的回访

记者：

你退休后，还活了近 30 年。我研究过你的资料，发现你人生最精彩的地方、最精彩的时候、最精彩的事情，都是在退休后做的。

赛义德：

看来，你还是真的研究过我。我创办《穆斯林社会改革家》杂志，是我退休后干的事；我在阿里加创建了英国——东方伊斯兰学院，也是在退休后完成的；我被英国人任命为英属印度总督立法会成员，也是在退休后；我创立穆斯林市民服务基金会，建立全印度穆斯林教育委员会，也是在退休后；同样，我被英属印度政府授予爵士头衔，也是在退休后。

记者：

退休让你有时间专门从事学术研究和宗教社会改革活动。看来，闲暇对成就一件伟大的事业是必不可少的。

赛义德：

没错。要想在学术上有所成就，一需要闲暇和时间，二需要资金的支持，两者缺一不可。

三 1857年印度民族大起义失败的原因

记者：

我看过你的关于《印度叛乱的原因》这份资料。我感觉你对1857年印度民族大起义的分析，很是独特。你认为印度人发动起义是为了挽救自己的信仰，这种看法，很有意思。

赛义德：

英国人占领印度之后，他们想彻底征服印度，就必然会用基督教和外国人的习俗来改造印度的文化。他们会千方百计地让印度教教徒和穆斯林改变他们的信仰，而去信仰他们的基督教。我们所有的印度人，有文化的、没有文化的，高等种姓和低高等种姓的，都清楚地意识到这种危险。我们印度人在1857年发动民族大起义，目的很多，但最重要的一点，就是要保护我们民族的种，保护我们的民族信仰不至于被摧毁。

四 盲信与狂热正在毁灭着穆斯林

记者：

通过研究你的思想，我发现，你这个人很理性。一方面，你对西方世界企图用基督教来取代你们的信仰保持着高度的警惕性；另一方面，你对穆斯林世界存在的种种危机也保持清醒的头脑。

赛义德：

你对我的夸奖，基本符合事实。通过研究伊斯兰教和基督教，我发现，在我所在的那个时代，基督教明显处于优势，而伊斯兰教则明显处于下风。

记者：

为什么会出现这个情况？

赛义德：

穆斯林世界有一个致命的缺陷，就是盲信与狂热。很多穆斯林不仅意识不到盲信与狂热是缺点，好多人自视为优点。这些人具有狂热的宗教情绪，蔑视其他宗教信仰。尤其是，很多穆斯林对其他宗教信仰的艺术和科学都竭力予以贬低。在穆斯林世界，谁反对其他宗教越厉害，谁反对科学越厉害，这些人就越容易被尊为英雄。

记者：

这种情况，现在似乎也没有改变多少。

赛义德：

穆斯林世界的这种思想方式，是个巨大的错误。这种态度，正在毁灭着穆斯林。

记者：

你对伊斯兰世界的看法，让人很钦佩。你在退休后，用了那么多的时间，企图用西方的哲学和科学来对伊斯兰哲学、伊斯兰的教义和《古兰经》重新进行解释。是不是抱有某种拯救伊斯兰的情怀？

赛义德：

是的。我多次告诉我的伊斯兰同胞说，如果我们的人民不抛弃盲目的信仰，不能从《古兰经》中寻找到特殊的启示和有关可靠的传说，不能使我们的宗教信仰与现代科学相结合，那么，伊斯兰教将从印度消失。

记者：

请你总结一下，你之所以对伊斯兰的僵化和保守有如此清醒的认识，是不是与你曾经在东印度公司工作了几十年有一定的关联？

赛义德：

是的。我在东印度公司工作了几十年，并亲自多次到英国进行考察。西方科学的先进，让我不得不承认，只有向西方学习，只有老老实实吸收西方先进的东西，并用这些东西来改造伊斯兰思想，才能让伊斯兰世界复兴起来，除此之外，别无他途。

五　伊斯兰教与科学并不矛盾

记者：

宗教是一种信仰，科学是人类认识自然、改造自然的一种活动。在东方大多数学者看来,科学是反宗教的,宗教是反科学的,两者是相互矛盾、水火不相容的。不知你对此如何评价?

赛义德:

对这种看法,我不赞同。别的宗教不说,仅就伊斯兰教来看,伊斯兰教的教义与科学并不矛盾。

记者:

那它们的关系是什么样子的呢?

赛义德:

伊斯兰教的教义与科学并不矛盾,两者是相互协调的。

记者:

此观点好新鲜。

赛义德:

伊斯兰教并不仅仅是信仰,而且是真理。既然伊斯兰教是真理,那么,就可以用人类的理性、智慧,具体说来,也就是科学的活动来认识。

记者:

从逻辑上来说,是这样。所有的真理都是可以通过科学的活动来认识的。

赛义德:

伊斯兰教既然是真理,那么就必然与自然和自然法则相一致,也就可以用自然主义的观点来解释。

记者:

你是说,伊斯兰教法则和自然规律相一致?

赛义德:

是的。我们伊斯兰教崇拜的神是真主、是安拉,它是"第一原因"和原动力,是自然万物的创造者和设计者。既然自然界的一切都是真主创造的,那么它们也自然符合自然规律和法则。伊斯兰教的经典《古兰经》不是别的,而是真主的言论和启示,那么,它也必然和自然规律相一致,而不会出现与自然法则相违背的情况。

记者:

从逻辑关系上讲,既然真主创造宇宙万物,《古兰经》又是真主的言论或者启示，那么《古兰经》与自然法则必然一致，这完全可以理解。

赛义德：

现在，我可以讲我的结论了。大体说来，有两个结论。第一个结论是：既然自然界是真主所创造的成果，那么记载真主之言论的《古兰经》和它的成果之间就不可能存在着矛盾。我们之所以能够用西方科学的东西来对《古兰经》进行解释，背后的原因就在这里。第二个结论是：既然自然界的创造者是真主，那么我们人类在认识自然的过程中，就能够证悟到最高之神也就是真主的存在。正如我们能看到日月星辰按照不变的规律运动，透过这些规律，我们就能够看到被遮盖的造物主的存在。

记者：

你的意思是说，透过自然性的科学活动，人们就可以和真主越走越近，并在灵魂的深处感知真主的存在？

赛义德：

就是这个意思。

六　人的理性也是检验和判断一切宗教权威的准则

记者：

看你的著作，有一个特点非常明显，你是一个伊斯兰教的信仰者，但你的著作也经常引用一些具有科学倾向的理性主义学者的观点。这是为什么？

赛义德：

你的眼光很敏锐。很多人，经常执迷于各种各样的启示，而对人的理性能力却不屑一顾。而在我看来，人的理性是一种天赋的能力，这种能力不仅可以对各种客观现象进行思考，并判断；而且还可以对各种宗教的权威进行思考和判断。

记者：

你的这个观点，很大胆。你是不是说，人的理性能力可以作为判断宗教权威的唯一标准？

赛义德：

你过度解读了我的说法。我只是说，人的理性可以作为判断宗教权威的准则，但不是唯一的。

记者：

这是为什么呢？

赛义德：

理性是人的一种能力，它很了不起。但是，这种能力有时候也相当地不完善，它需要借助于宗教的启示来予以补充。

记者：

你是说，伊斯兰教的很多启示，可以代表真主安拉，来对真理进行必要的补充，来帮助人类更好地去认识世界，去改造世界？

赛义德：

没错。

七 应当用现代主义的观点来解释伊斯兰教法典

记者：

纵观你的一生，你花了大量的时间来写《古兰经注释》一书。根据我的了解，《古兰经》在伊斯兰世界中具有相当于宪法一样的功能。你用现代科学和理性主义的观点，来解释《古兰经》，意图是什么？

赛义德：

这个应该很好解释。伊斯兰教是以《古兰经》为依据，穆斯林世界的一切社会行为，都以《古兰经》为最高规范。如今社会在发展，时代在变化，需要对人们的行为规则来进行调整。伊斯兰世界人们的行为规则就在《古兰经》里面，要想促进穆斯林世界的进步，就应该从用符合现代科学和理性主义要求的新观点来对《古兰经》进行解释。

记者：

在很多人看来，伊斯兰世界相对比较保守。而你却用自然主义、理性主义和自然科学的最新研究成果，对《古兰经》和伊斯兰教法典进行重新解释。从轻的说，我相信，你会遭受很多伊斯兰正统派的打击和批评；说得严重点，甚至都会有生命的危险。

赛义德：

你说得没错。在我活着的时候，就被人们攻击为异端者、自然主义者和唯物主义者。这些词，在我们那个时代可不是什么褒义词，和这些词联系起来的人，他的处境是非常危险的。

八　早期民族主义思想：印度教徒与穆斯林同属一个民族

记者：

从历史上看，你毫无疑问是一个穆斯林民族主义者。但一些资料说，你早先并不是这样。我想知道中间是哪些因素促使你成为一个穆斯林民族主义者的？

赛义德：

转折应该说是在1885年，也就是印度国大党成立的那一年。在这一年之前，我是印度民族主义者，而不是穆斯林民族主义者。

记者：

请你说说你当时是如何看待印度教与婆罗门教之间的关系的？

赛义德：

通过对历史的研究，在那段期间我是这么看的：穆斯林与印度教徒都是从别的地方来到印度这块土地，长期定居在印度，他们都把印度当作自己的祖国。穆斯林与印度教徒在这块土地上，共饮一江水，同吃一块土地上的粮食。因此，穆斯林与印度教徒应当属于同一个民族。正是基于这个分析，我提出穆斯林与印度教徒不应当相互仇恨，而应该抛弃宗教的偏见，在思想上联合起来，共同为印度的复兴而努力。

记者：

你的观点，旗帜鲜明。

赛义德：

没错的。我经常说，我们印度大地就像一位刚出嫁的新娘，她有一双美丽而明亮的眼睛：一个是印度教徒，一个是穆斯林。如果两只眼睛相互协调，那么新娘就会永远灿烂辉煌；如果两只眼睛有意向不同方向看，那么新娘就会斜视，甚至会部分变成睁眼瞎。这就是我早期的民族主义的观点。可惜，印度国大党成立之后，我再也不相信这些东西了。

九　印度国大党的成立与"两个民族"论的提出

记者：

很显然，你原来是主张穆斯林与印度教徒同属于一个民族的民族主义者。但在 1885 年印度国大党成立的那一年，你的思想似乎一夜之间就发生了天翻地覆的变化。我想了解一下，这背后的原因是什么？

赛义德：

你的说法没错。印度国大党成立以后，我的思想就发生了很大的变化，行动也随之改变。从此以后，我不再认为穆斯林与印度教徒是一个民族，而是两个民族。

记者：

发生这么大的变化，是一般人所想不到的。

赛义德：

印度国大党的成立，让我怀疑，我们穆斯林与印度教徒是不是真的同属于一个民族？通过观察印度国大党，我发现国大党所积极推进的国民代表大会，仅仅是为了印度教徒的利益，而不能代表穆斯林的利益。

记者：

你为什么要这么想呢？

赛义德：

我不能不这么想。我所在的那个时候，英国人统治着印度，在这种情况下，印度教需要联合我们来与英国相抗衡。因此，他们不可能对穆斯林采取什么不正当的行为。但是，一旦英国人离开印度以后，印度教徒必然统治印度，我们穆斯林是根本不可能与印度教徒坐在同一个宝座上，到那时，印度教徒必然会打压我们穆斯林。要想保持两个民族平等是不可能的。

记者：

所以，你进行了若干种企图把穆斯林统一在一起而与印度教分庭抗礼的活动？

赛义德：

是这样。为了我们穆斯林世界的利益，我们不得不这样做。说到底，我们不可能与印度教徒们生活在一片蓝天下。我们应该打造属于我们自己的空间。

十　思想大翻转的背后

记者：

你提出的"两个民族"论，标志着你彻底颠覆了你以前的思想。

赛义德：

是的。我再也不相信穆斯林与印度教徒是一个民族的说法。

记者：

就其背后的原因，有很多人做过深入的研究。有人说，你之所以提出"两个民族"论，是因为你不相信国大党能代表你们穆斯林的利益。

赛义德：

没错。国大党是印度教的组织，它代表的是印度教徒的利益。即使我们加入了国大党，在国大党内，我们也是处于弱势，一旦国大党掌握了权力，我们穆斯林的利益也不能得到应有的保证。

记者：

有人说，你提出的"两个民族"论，也与你对穆斯林阶层缺乏自信有关？一些人认为，在印度社会里，你们穆斯林人口少，教育落后，政治上不成熟，经济上不发达。在这种情况下，要想保护你们穆斯林的利益，就必须得到英国人的庇护。相反，如果英国人走了，你们与印度教徒的关系就会发生逆转。

赛义德：

这种说法也有一定的道理。

记者：

还有人说，你之所以提出"两个民族"论，也与英国殖民政府提出的"分而治之"的政策有关？

赛义德：

这从何谈起？

记者：

英国人在印度实现殖民统治，他们也知道，如果他们同时与印度教徒和穆斯林为敌的话，他们就很难来实现对印度的全面统治。因此，他们就必然要拉拢你们穆斯林的上层人士，照顾你们穆斯林的特殊利益，从而利用穆斯林来制约印度教徒的反英活动。

赛义德：

我们穆斯林同样是反对英国人的殖民统治，我们不可能联合英国人来损害国家利益。这种说法有些问题。

记者：

有些事实，你应该无法否认。英属印度政府两次任命你为立法会的委员，又授予你爵士勋章，还掏钱帮助你建立阿里加学院。很明显，这是英国殖民政府想拉拢你来为他们服务。

赛义德：

不管你们这些人怎么想，我只是想强调一点，我们与印度教徒的利益冲突，是两个民族之间的事情。我们不可能帮助英国人来统治我们的祖国。这一点，希望你相信我。

赛义德简传

赛义德·艾哈迈德汗（Al-Sayyid Ahmad Khan，1817—1898年），印度近代伊斯兰教改革家、哲学家和教育家。生于德里穆斯林贵族家庭。其父为莫卧儿王朝高级官员。幼年受过传统的伊斯兰教育。他博学多才，谙熟伊斯兰教义、教法和历史，精通乌尔都语、阿拉伯语、波斯语和英语。

1838年任英属东印度公司职员，后担任地方法官。1847年出版《伟大的遗迹》。1857年擢升为印度行政委员会委员，被封为爵士。1858—1863年先后在穆拉达巴德和加济布尔开办英语学校，普及世俗教育和传授西方科学文化。他创建科学协会，翻译出版西方教科书，发行乌尔都语和英语两种文字的科学杂志。

梵之音：印度思想之旅

1867—1870 年到英国进行考察，深受西方科学文化的影响。他回国后建立了一个委员会，创办《道德与情操》杂志，宣传宗教和社会改革的主张。力图使教义的个别原理适合于西方的哲学思想。1875 年在阿里迦创办了"伊斯兰英国——东方学院"（即今阿里格尔穆斯林大学前身），培养在印度复兴伊斯兰教的人才。1886 年他倡导建立了"伊斯兰教育协会"，组织穆斯林学者进行西方哲学思想和科学文化的研究，力图把伊斯兰教义和西方的科学文化结合起来，使伊斯兰教适应变化了的时代。

在宗教哲学思想上，赛义德对《古兰经》和伊斯兰教义进行了新的解释。他认为自然界、有机界和人类都受机械的自然规律的控制，这些规律是由"第一原因"即真主所创造的，真主所创造的自然界是真实地存在着。真主是宇宙万有的创造者和设计者，是独一的、自在的、无限的和永恒的，既不受时空限制，也不受任何精神意志的束缚，其万能包含和显现在其所有德性中。但真主的德性不是人们所能认识的。真主创造并赋予自然界和人的灵魂一定的目的和方向，并通过它们显现真主的存在。他认为人的理性是一种自然的认识能力，理性是检验和判断科学知识的标准，但对宗教信条除用理性知识判断外，还需要用真主的启示（即《古兰经》）来判断。

赛义德的主要著作有：《德里的遗迹》《圣徒之言》《对圣经的评论》《论印度政治现状、演说和书信集》《印度大起义的缘由》等。

第二十一章
改革：印度社会唯一可选择的道路
——对话罗纳德

引 子

印度民族主义运动兴起于19世纪60—70年代。印度民族主义运动初期的领导人不仅是一批著名的政治家，而且也是重要的思想家和哲学家。其中，最有代表性的就是本篇对话的主人公摩诃提婆·戈文德·罗纳德先生。罗纳德不仅研究过印度教的传统哲学和经典，而且，也大量阅读了西方的哲学、政治和法律著作。他竭力吸收西方文明的理性主义、自由主义和人道主义思想，力图用这些思想重新解释传统思想，把这些新思想融入印度教之中，以使印度教跟上时代的步伐。罗纳德的哲学被人称为"理性有神论"。他的社会改革思想更加富有革命性，最值得关注。让我们走近罗纳德。

一 "西印度复兴之父"

记者：

通过看你的一些资料，感觉你与印度西部有着某种特殊的关系。不然，为什么人们把你称为"西印度复兴之父"？

罗纳德：

你说得没错。我的一生都与西印度有关：我的出生地孟买在印度西部；大学毕业后，我是在印度西部的浦那和孟买参加了宗教和政治活动；我建立的宗教改革团体祈祷社，也是在印度西部的浦那地区；我搞的另一个机构叫浦那民众协会，也是在印度西部。

记者：

明白你的意思了。你的一生，可以说都是在为西印度的宗教改革、民族独立而奋斗。所以，人们把"西印度复兴之父"的美誉送给你。

罗纳德：

感谢人们对我的尊敬。但我还没有狭隘到那种程度，在我的很长一段时间，我也是把为整个印度服务作为我的己任。

二　印度国大党幕后决策人之一

记者：

关于你与印度国大党的关系，一些资料说，你是印度国大党的重要领导人。但我查了很多资料，很难有直接的证据证明这一点。

罗纳德：

情况是这样的：1885年印度国大党成立后，我参加了国大党的会议，并对很多重要问题给予了积极支持。但是，由于我是国会的立法会会员，依照我们的法律，也就是说，我的身份是国家政府官员，不适宜参加党派活动；所以，我没有正式列入印度国大党的领导人名单之中去。所以有人说我是印度国大党幕后决策人之一，这还是比较准确的。

三　理性的有神论

记者：

刚才我们谈了一些题外话，现在，该谈谈你的思想了？

罗纳德：

先谈哲学，如何？

记者：

在哲学上，你显然是位有神论者，但很多人说，你不是一般的有神论者，而

第二十一章　改革：印度社会唯一可选择的道路——对话罗纳德

是一位理性的有神论者。

罗纳德：

人们之所以把我称为理性的有神论者，原因在于我的"有神论"和普通的"有神论"有所不同。

记者：

不同在什么地方？

罗纳德：

我的哲学，严格说来是印度传统吠檀多哲学与西方理性主义哲学的一种综合，在我这里，综合的色彩非常浓厚。

记者：

说说看。

罗纳德：

我的哲学是这么说的：神是宇宙的最高本体或创造者，但是这个神也就是最高本体，不是那个有形的、看得见的形象的实体，而是看不见摸不着、纯精神的、抽象的实体。

记者：

吠檀多哲学中的"梵"似乎就是这样。

罗纳德：

是的。但是，吠檀多哲学中的神，是偶像之神。而我的哲学中所强调的神并非偶像之神，而是一种抽象的、精神的理性之神。

记者：

所以，人们把你的哲学称为"理性的有神论"，是不是？

罗纳德：

是的。

记者：

你认为宇宙中间存在着三种实体，也就是神、灵魂和物质。我想了解一下，这三者的关系如何？

罗纳德：

神是最高的精神，神是最高本体，是宇宙万物的始基和主宰。世界上一切事物，都是由神也就是最高精神所创造和管理的。

记者：

那灵魂是什么？

罗纳德：

灵魂是神或者绝对精神寓居于每个人内部的个体精神。

记者：

这种个体精神与吠檀多的"我"是不是一回事？

罗纳德：

差不多。

记者：

你所讲的物质，是不是我们看得见摸得着的自然界或者物质世界呢？

罗纳德：

没错。最高精神也就是神是基础，个体精神也就是灵魂和物质及自然界都是最高精神的显现而已。个体世界和物质世界统一于最高精神，三者构成一个统一的整体。

记者：

传统的吠檀多哲学认为，看得见摸得着的物质世界都是虚幻的假象。不知道你是不是也是这么认为的？

罗纳德：

并非如此。在我这里，物质世界，也就是自然界，是实实在在地存在，是真实的，而不是虚幻的。在这一点上，我与商羯罗完全不同。商羯罗认为物质世界是虚幻的，而我的理论与他的理论在这个问题上，是完全不同的。

记者：

人们把你的哲学称为理性的有神论，是否与你对现实世界的这个看法有关呢？

罗纳德：

没错。

四 神与灵魂关系的伦理学解释

记者：

刚才，我们从主体轮的角度来解释神、灵魂和物质的关系，你也时常从伦理学的角度来解释神与灵魂的关系。我想了解一下，你是如何看待这个问题的？

罗纳德：

我的哲学是这么认为的：神也就是最高精神不仅仅是宇宙的本体，而且也是最高的道德力量，它代表最高的善和爱。

记者：

你的意思是说，神也是一种伦理方面的上帝？

罗纳德：

是的。神代表着无限的道德力量，代表着智慧、善、爱、正义。

记者：

你把人的灵魂也就是个体精神看成是神在人世间的具体体现，而你又说神与最高精神代表着某种道德力量。那么，能不能说，灵魂也代表着某种道德力量？

罗纳德：

完全可以这么说。神具有道德上的神圣性质，同样，灵魂也具有最高的善和爱。

记者：

如果个体灵魂是善和爱，那么，能不能说人的本性就是善，就是爱？

罗纳德：

没错。我的哲学有一个基本的观点，那就是人性从本质上说是善的。

记者：

人世间充满着无限的邪恶和罪行，你怎么能说人性是善的呢？

罗纳德：

人世间的邪恶和罪行，是人的善的本性被肉体的私欲所遮盖的结果。一旦人的善良的本性被唤醒、被揭示出来，那么，人与人之间就会充满着爱和正义，社会也会达到和谐和统一。

记者：

说来说去，你的哲学就是认为人性从本质上是善的，而不是恶的。恶是人性善被遮盖的结果，而非人的本性。

罗纳德：

是这样。

五　改革：印度社会唯一可选择的道路

记者：

在印度的哲学家中，我感觉你是比较早的谈论个人自由的哲学家。你为什么把个人自由放到一个很重要的位置上来进行研究呢？

罗纳德：

在我看来，社会存在的目的是为了个人，是为了个人的自由与幸福才需要有社会的存在。个人是最终的目的，国家则是实现个人幸福和自由的工具，国家绝对不是目的。

记者：

一个东方学者竟把个人置于国家之上，这种观点确确实实是很另类的。

罗纳德：

另类不另类，我不管。总之，在我看来，一切国家和社会存在的最终目的是：解放人的智慧，最大限度地实现人的能力，最大限度地净化和完善人的道德品质，这是根本。

记者：

你讲这些话，是不是意味着个人的存在是绝对的，他的自由也是没有什么限制的呢？

罗纳德：

那倒也不是。我讲个人是国家和社会存在的终极目的，并不意味着人可以享有无限的自由，并不意味着他的自由可以不受任何限制。

第二十一章 改革：印度社会唯一可选择的道路——对话罗纳德

记者：

那我再问你，在促进个人自由实现这个问题上，是依赖个人的力量，还是依赖社会的力量？

罗纳德：

毫无疑问，取决于个人的自我奋斗。人只有最大限度地发挥自己的创造性和能动性，克服各种困难，才可以去争取最大的自由，而不能指望国家与社会赐予你这些东西。如果我们把这个理论扩展到民族这个高度来看，印度长期被英国所侵占，我们的自由，只有靠我们自己去争取，而不能指望英国殖民者会给我们什么自由。即便能给我们，也是虚假的、有条件的，而不是真正的自由。

六 "福利国家"

记者：

在印度近代哲学家中，你似乎是最早提出"福利国家"这个概念的人。你为什么想出这个概念？

罗纳德：

刚才，我们已经谈到，个人是国家和社会得以存在的理由和终极目的，国家和社会都不是终极目的。

记者：

谈到国家，我想问你，国家是一种什么东西？

罗纳德：

国家是一种集体的形式，代表着公民的力量、智慧、宽容和仁爱；国家是其国民意志的体现，它代表着全民的力量和智慧。

记者：

国家的功能是什么？

罗纳德：

制定法律、维持秩序、满足国民的各种愿望，归根到底，国家是实现个人幸福和自由的工具。国家如果能履行好自身的职责，就可以使每个人生活得更自由、更幸福、更完善。

记者：

谈到这里，我感觉你把国家作为实现老百姓幸福与利益的工具，这离"福利国家"的距离越来越近了。

罗纳德：

没错。一个国家应该是实现国民幸福与利益的工具，它不仅要在政治上给国民以自由，在经济上要管理好生产，在分配上要合理地分配好社会财富、尽最大的可能实现社会的公正。

七　法律健全的国家才能成为自由的国家

记者：

你把国家定义为实现国民幸福与利益的工具，那国家如何才能做到这一点呢？

罗纳德：

国家是一种国民福利的保障手段，国家应该平等地对待一切人，不管他是穷人还是富人。要运用国家的政策，调节好国家的财富分配。

记者：

工具是什么？

罗纳德：

法律最重要。一个好的国家要学会通过制定好的法律，公平地征收税赋，对所任命的官员进行有效的奖惩，这样"福利国家"就容易得到实现。一个真正自由的国家的标准是：在惩罚之前，必须首先制定法律，法无明文规定不得惩罚；在征税之前，必须获得承诺，国家必须向国民承诺要一丝不苟地用好这些税收，任何人、任何机构不得中饱私囊；还有，在制定法律之前，必须得到舆论的支持，这里的舆论是指民意，就是要得到人民的支持。总之，归纳为一句话，法律是一个国家公民享有自由的基础，只有在一个法律健全的国家，个人才能实现真正的自由。

记者：

如此看来，制定健全的法律，公平地分配社会财富，应当成为国家功能中最

第二十一章 改革：印度社会唯一可选择的道路——对话罗纳德

重要的东西。

罗纳德：

是的。

八　双重真理观

记者：

作为一个哲学家，不能不研究认识的来源这个问题。我想问你，人的知识是怎么来的？

罗纳德：

人的知识的来源，不外乎两种，一种是外在对象作用于我们的感觉器官所引起的知识，也就是说，通过感觉、理性等所获得的知识，这种知识我称之为外见。另一种是从内省直觉中得来的认识，这种认识叫内见。

记者：

内见、外见有什么区别呢？

罗纳德：

内见是最高灵魂与最高精神相连接的一种信仰，它与感官和理性的外见是不一样的。我们对于现象世界的认识无疑是依靠感觉和理性，但是，由于我们的认识能力或者理性有着很大的局限性，有很多问题，我们无法通过感觉和理性来把握。

记者：

什么问题是无法通过感觉和理性来认识的呢？

罗纳德：

这些问题如：世界和人的起源是什么？罪恶的起源是什么？神和宇宙的关系、灵魂的轮回、灵魂与肉体的关系等。

记者：

这些问题既然无法通过感觉和理性来发现，那通过什么途径来认识呢？

罗纳德：

启示，来自上帝的启示，而这种启示是人通过直觉才发现的。

九 复古是没有希望的

记者：

在改革取向上，人们把你放在激进改革派一边。很多人认为，印度要想获得发展，必须恢复古代的法律、权威和生活方式。

罗纳德：

没错。复古思潮在我们那个时代很流行，我们这些改革派，是少数派，很受孤立。

记者：

你的哲学有很大一部分是对古代吠檀多哲学的升华，而在政治和社会生活领域，你却对复古派不屑一顾。

罗纳德：

复古派的人，不懂得历史是发展的，不懂得许多死亡的和过时的东西已经不能再恢复了。这些人也不懂得传统的东西哪些是有用的，哪些是有害的。

记者：

是不是说好东西就可以恢复，不好的东西就应该放弃呢？

罗纳德：

原则上讲应该是这样。古代文化中不好的东西就应该放弃，而绝对不能恢复。

记者：

可否说得具体一点？

罗纳德：

古代印度经常焚烧寡妇、杀害幼婴，或者把人投入河中、推向悬崖、绞死、压死在车轮下。这些习惯都是恶习，能恢复吗？

记者：

很显然，不能恢复。

罗纳德：

婆罗门种姓与刹帝利种姓经常相互残杀，打得天昏地暗，这种习惯能恢

第二十一章 改革：印度社会唯一可选择的道路——对话罗纳德

复吗？

记者：

毫无疑问，不能恢复。

罗纳德：

古代的一夫多妻制度或者一妻多夫风俗，能恢复吗？

记者：

当然不能恢复。

罗纳德：

这些例子足以说明，恢复古代习俗的想法，既不能使我们得到解脱，也不切实际的。

记者：

这点，我是赞同的。社会在变化，有些东西已经没有生命力了，就应该让它永远成为过去。死了的东西，就让它死了吧；埋葬了的东西，让它永远埋葬了吧。一味地强调运用过去那些无用的东西，来为当下的社会寻找什么支撑点，是不可能的。

罗纳德：

没错。任何一个稍有头脑的人都应该知道，复古是没有希望的，改革是唯一有效的办法。

十　思想与观念的改革最重要

记者：

很显然，复古是有害的。一个社会要想发展，就必须改革那些落后、愚昧的风俗习惯、仪式和礼节。是不是说，只要把这些东西改掉了，改革就算大功告成了呢？

罗纳德：

错。社会要发展，必须要改革旧的风俗、旧的习惯。但是，风俗习惯仅仅是落后东西的表象和形式，真正需要改革的是落后的思想观念。在我们印度社会，阻碍我们社会进化的，并不仅仅是那些旧的风俗习惯，而且还有那些落后的思想观念。印度社会要发展，就必须对旧的思想观念进行彻底的改革，唯有如此，印度社会方有希望。

十一 阻碍印度社会进步的四种观念或思想

记者：

你刚才谈到阻碍印度社会进步的不仅仅是那些落后的风俗习惯，而根在落后的思想观念。

罗纳德：

这些落后的思想和观念主要有四种。第一种，是相互隔绝的观念，简称隔绝观念，就是指在印度教种姓制度的长期束缚下，人与人、集团与集团之间已经形成了一种相互封闭、相互隔离的状态。一个小集团的成员只与自己集团内部的人交往，似乎能和他吃饭、通婚、交往的人越少，他越完善。一个最纯洁的人，似乎只有自己给自己做饭吃，甚至不允许自己朋友的影子落到食物上来。

记者：

你这不是在夸张吧？

罗纳德：

一点都不。这个观念，在印度教世界根深蒂固。社会要进步，必须打破这种封闭的观念，取而代之的是兄弟情谊和平等的观念。要以平等和友爱的态度来对待一切人。

记者：

第二种观念是什么呢？

罗纳德：

第二种观念是，对外在力量和权势卑躬屈膝的观念，可以简称为屈从观念。所谓屈从观念是指印度人习惯于处于一种依附的状态、习惯于屈从外在的权威和势力，如宗教权威、政治权威。印度人向来缺乏对自己的信心，不相信自己内在的良知和理智。

记者：

如何根除这些观念？

第二十一章 改革：印度社会唯一可选择的道路——对话罗纳德

罗纳德：

作为印度人，要培养一种自我尊重感、培养自信心。当然，冰冻三尺非一日之寒，要想培养起自尊心，需要很多年的时间，就好像幼小的植物，需要很多年的培养才能长大。

记者：

还有什么观念可称得上是落后观念呢？

罗纳德：

那就是差别观念。所谓差别观念，就是由于血统或者出身而形成的种姓差别、男女差别、贫富差别。

记者：

如何看待这些差别？

罗纳德：

人和人之间在天资上确确实实有所不同，遗传和血统因素在其中起着很大的作用。但是，按照自然规律，遗传和血统并非是决定我们人生前途的唯一因素，决定我们前途的关键是我们后天的努力。

记者：

还有什么观念需要根除呢？

罗纳德：

那就是宿命观念。所谓宿命观念，是指在宗教神学的长期影响下，人们不关心世俗的生活，而把人生视为梦幻，把一切希望都寄托于神的慷慨。这种宿命论是一种毒害，要消除这种毒害，最好的办法就是真正尊重人的本性，并了解人的最高归宿，那就是与神在精神上的最高结合。

记者：

应你之见，印度社会要进步，必须根除隔绝观念、屈从观念、差别观念和宿命观念。

罗纳德：

没错。只有根除了这些落后的东西，改革才算得上真正的成功。

十二 论经济改革

记者：

据我了解，你不仅是一位哲学家，还是一位经济学家。我想请你从一个经济学家的角度，来谈一谈印度贫困的根源。

罗纳德：

我曾经写过一本书，书的名字叫《印度的政治经济学》。在这本书中，我对印度贫困的经济根源，作了详细的分析，不妨与你分享一下。

记者：

多谢。

罗纳德：

在印度社会，人们特别看重血缘关系，而不太看重契约关系。人们之间强调联合，而很少强调竞争；印度人心理习惯是极端地保守。印度的气候和土壤比较好，易于生产，劳动力便宜和特别地充足。但是，劳动力不固定，技术水平又低。在印度农民是整个人口的支柱，农民基本上是靠天吃饭，商业资本很少愿意参与农业生产。印度的商业和制造业在很大的程度上，只是为了当前的需要。所有工业的生产，都依赖于小农制度和零售买卖。在印度，缺乏富有的中产阶级，土地被国家所垄断。印度的法律制度赞同一种低下的生活水平，并鼓励财富的扩散和分裂。宗教的思想，对人们的财富持批判态度。这些都是古老的遗产制度所遗留下来的弱点。停滞、依赖、消沉、贫困，这些东西，都被用大大的字，写在印度大地和印度人民的脸上。还有，印度深受外国列强的奴役和掠夺，大批资源遭到掠夺。

记者：

听你讲印度的情况，我感觉好像也是在分析我们中国的事情。在与你差不多的时代，中国人面临的情况，也基本上是这样。那怎么办呢？你提出什么解决方案？

罗纳德：

我提出的方案是：印度要在英国的保护和合作下，迅速发展民族工业，改变原料输出国的地位；要鼓励私人投资，扩大并加强土地私有制；提高农业耕作技

第二十一章　改革：印度社会唯一可选择的道路——对话罗纳德

术，减低农业税收；建立农村银行和信贷机构。总之，要按照欧洲的方式，逐步发展资本主义。

十三　暴力革命手段最不可取

记者：

你的观点很直白。印度社会需要进行彻底的改革，不改革，印度社会就没有希望。问题是，以什么方法进行改革？

罗纳德：

方法有四种。

记者：

哪四种？

罗纳德：

托古改制是一种。托古改制就是通过复兴古代的经典如《吠陀》或《奥义书》，对它们进行改造或重新加以解释，使它们的思想适应现代社会的需要。借助这些经典的权威和影响力，来改革现代社会的种种弊病，以促进社会的进步。这是第一种方法。第二种方法是，通过宣传、教育来提高人们的思想觉悟，启迪人们内心的良知。第三种方法是，通过国家立法的方法，来进行改革。第四种，通过革命的或者暴力的手段。

记者：

四种方法，说来也都很简单。我关心的是，你最不喜欢哪一种？

罗纳德：

我不赞成暴力的方法。暴力手段不适合印度的国情，还会破坏社会的基础，隔断历史的连续性，给我们印度社会带来无穷的灾难。

十四　改革应当是全方位的改革

记者：

你非常强调印度社会的改革应当是系统化的改革，这是基于什么样的考虑？

罗纳德：

印度社会的落后，是全方位的落后，因此，印度社会的改革就应当是全方位的改革。印度社会要想取得进步，政治改革、经济改革、宗教改革、教育改革和社会改革都应当全面推进。哪一方面的改革被忽视，都会影响整个改革的进展。例如，如果政治改革跟不上，公民的政治权利得不到保护，公民的政治待遇没有保障，那么社会体系就不可能理性而公正地运行，社会体制就必然会是畸形的。同样，如果宗教改革滞后，人们的宗教观念是低等的或甘心服从，是奴隶型的，那么这个社会就不可能在政治、经济领域获得成功。一句话，印度社会的改革，必须齐头并进、系统地、全方位地开展，哪一块都不能少。

十五　印度教应当与伊斯兰教联合起来

记者：

印度教与伊斯兰教的冲突，是你们印度社会的最大问题。这个矛盾不解决，印度要想现代化是不可能的。

罗纳德：

没错。印度教与伊斯兰教是我们印度社会的两大法宝。但是，两大宗教之间长期以来相互攻击，印度教徒与穆斯林之间也是水火不容，这也是相当可悲的。

记者：

你认为这两大宗教之间能够联合在一起吗？

罗纳德：

当然可以，也是应该的。印度教和伊斯兰教在最核心的价值取向上，没有什么不同。因此，没有理由相互打持久战。就宗教各自存在的弊端来说，无论是印度教，还是伊斯兰教都有很多事情需要纠正。

记者：

具体有哪些？

罗纳德：

需要改正的方面很多：关于妇女教育上的不平等；宗教界限方面的过度夸张；在贪图享受和放荡不羁的言行方面，问题也很多；在对待一夫多妻或一妻多

第二十一章 改革：印度社会唯一可选择的道路——对话罗纳德

夫的不平等的陋习方面，问题也很多；此外，在结婚费用极度奢华方面；在对慈善事业缺乏应有的重视等方面，两大宗教都存在着同样的弊病。哪一个宗教都没有权利去批评对方，因为，它本身就存在着这样的问题。正是基于这个考虑，我才提出印度教徒与穆斯林应该携起手来，相互联合，相互学习，共同提高。如此一来，印度社会才会进步。如果放任这两大教派之间矛盾进一步激化，印度社会就没有希望，分裂是迟早的事。

罗纳德简传

摩诃提婆·戈文德·罗纳德（Mahadeva Govind Ranade，1842—1901年）出生于马拉特的一个笃信印度教的家庭，属婆罗门种姓。他的祖父和父亲都是英国殖民政府的官吏。罗纳德在孟买大学毕业后，曾担任母校的历史学教授、文学院长等职，以后又出任浦那等地的高等法院法官等。1867年他在浦那建立了宗教联谊会（祈祷者会），这是一个自由主义的宗教改革团体。另外，他和提拉克在一起组织了鼓吹社会经济和教育改革的民众协会。他是国大党发起人之一，并在1887年创立了与国大党相辅行的印度社会改革会议。

罗纳德是印度哲学家、经济学家和社会改革家，"国民经济学派"的奠基人。他自称其哲学、宗教学说是"纯洁的有神论"，认为人是哲学和宗教最高的信仰中心，"男女实际上是上帝的反映和肖像"。提出印度教徒与穆斯林联合起来，主张实行法制、建立"福利国家"，对印度社会进行全面的改革。被尊称为"西印度复兴之父"。罗纳德著有许多经济、历史的著作，其中重要的已编成《印度经济言论集》《宗教和社会改革言论集》《杂论》等。他是最先提倡用民族观点研究印度历史的，他用民族语言所写的《马拉特帝国的兴起》一书，在印度民族主义运动中曾起过非常重要的鼓舞作用。

第二十二章 论哲学与宗教
——对话斯瓦米·维韦卡南达

引 子

斯瓦米·维韦卡南达是印度近代最著名的哲学家,在印度近代思想史上虽然有许多社会改革家、宗教改革家和政治思想家,他们也有对哲学问题的各种论述,但是大多不够系统、不成体系。真正具有自己完整哲学体系的,对哲学问题研究最多,对哲学发展贡献最大的还是要数维韦卡南达。因此,有人称他为"印度新吠檀多哲学的首创者"。吠檀多的整个思想体系,在印度近代思想史上占有十分重要的地位,对以后的印度哲学家、政治思想家和民主主义思想运动的引领,都产生了深刻的影响。从某种意义上讲,如果不去认真研究维韦卡南达的思想,要理解印度哲学、理解人道主义在现代印度思想中的发展,是不可能的。

维韦卡南达坚信人的能力,他力求使自己的宗教、哲学为印度和全人类服务,以促进人类的精神生活,并彻底从非正义、恐惧和罪恶中解放出来。维韦卡南达的声音,在印度人民中产生了巨大的影响,他唤醒印度人民起来反对各种人权压迫现象,反对一切在政治、经济和社会领域的不平等。

让我们走近维韦卡南达。

一 罗摩克里希那的得意门生

记者:

我刚刚与你的老师罗摩克里希那先生对过话,罗摩克里希那告诉我,他为拥有你这个伟大的弟子而自豪。

第二十二章　论哲学与宗教——对话斯瓦米·维韦卡南达

维韦卡南达：

我非常感谢我的老师罗摩克里希那先生，我之所以成为现在的我，与他老人家的指导有很大的关系。

记者：

在我的印象中，你原来的理想并不是要当一个哲学家，而是想当一名法官，是罗摩克里希那把你引导到哲学和宗教这条路上来的。是不是？

维韦卡南达：

可以这么说。

记者：

说说你与罗摩克里希那相识的过程如何？

维韦卡南达：

当然可以。1863 年，我生于加尔各答的一个贵族之家，最起码说是一个小康之家。我的父母对我的教育很重视，他们不仅让我在文学、音乐方面接受良好的教育，而且还让我在体育如游泳、摔跤等方面都经受了全面的训练。可以说，我早期受到的教育是全面的，当时我的理想就是要当一名法官。但是……

记者：

你是不是想说自从与罗摩克里希那认识以后，你就改变了主意？

维韦卡南达：

是这样。我记得那是在我 18 岁的时候，大约是在 1881 年，我认识了我们加尔各答地区的哲学大师罗摩克里希那。

记者：

据说，你对罗摩克里希那一开始并不相信？

维韦卡南达：

没错。一开始，我对罗摩克里希那的学识确实很怀疑。但是，短暂的怀疑和抵制期过后，我便抛弃原来的看法，并无条件地承认罗摩克里希那的哲学体系，从此他也成为我的朋友和导师。是罗摩克里希那改变了我的一生。

记者：

我想了解一下，罗摩克里希那有哪些哲学思想对你影响最深？

梵之音：印度思想之旅

维韦卡南达：

哦，这涉及我的思想渊源，这是个比较复杂的问题。我建议以后找专门的时间来谈这个问题，你看可以不可以？

二　行万里路

记者：

我们中国有句俗话，叫作"读万卷书，行万里路"。意思是强调要想成为一个有思想的人，除了要认真读书以外，还必须到处走走、到处看看，知行合一，方能成为一个大学问者。

维韦卡南达：

没错。在我的老师的引导下，我走上了哲学和宗教之路。1886年，我的老师与世长辞，对我的打击很大。之后，我进行了一次广泛的旅行：我从北部的喜马拉雅山到南边的科摩林角，几乎走遍了整个印度。这使我对祖国的山山水水、国情民生，有了深度的了解。

记者：

这是深度的旅行，这对你的思想产生了什么影响呢？

维韦卡南达：

通过这次旅行，我慢慢地认识到，我们印度具有丰富的精神遗产和悠久的文化历史。但是，我们这个民族太退化了，我们没有能力来根除缠绕自身的贫困、衰弱和各种各样的社会弊病。

记者：

哦，怎么说？

维韦卡南达：

印度社会要想发展，就必须有一个脱胎换骨的过程。这个过程，就是要想尽一切办法来实现我们这个民族精神的净化。而实现我们这个民族精神的净化，就需要一个强有力的精神领袖。

记者：

于是，你把你的定位，从想当一个法官变成了要做一个民族的精神领袖。是不是？

维韦卡南达：

可以这么说。

三　思想渊源之一：吠檀多哲学

记者：

刚才我问你，你从你的老师罗摩克里希那那里学到了什么？你让我等一等再交流这个问题。现在可以说了吧？

维韦卡南达：

看来你对我思想渊源的探究很急迫。好吧，你请问。

记者：

我想问一下，对你的哲学与宗教思想影响比较大的，除了你的老师，还有别的什么人？

维韦卡南达：

任何一种哲学的出现，不可能不借鉴别人的思想、不可能不借鉴古人的思想，我也不可能是个例外。对我的哲学影响最大的，有这样几个方面。首先，对我影响最深的应当是我们印度的哲学，尤其是吠檀多哲学。

记者：

你是位吠檀多哲学家，这点，众所周知。我关心的是，印度古代吠檀多哲学在哪些方面对你产生深远的影响？

维韦卡南达：

印度教的两大经典也就是《奥义书》和《吠檀多论》，是我百看不厌的文献，我的很多理念直接来自这些经典。

记者：

可否说的再详细些？

维韦卡南达：

我的哲学理论中，"万物在本质上同一"这个理念，就出自《吠檀多论》；我的"摩耶原理"，也是来自于吠檀多哲学；我的哲学经常论及经验观点和超验观点之间的差别，这种做法也来源于吠檀多哲学。可以这么说，我的哲学的底色是吠檀多哲学，是古代印度的传统的宗教。我相信，你的哲学或许也应该是你们中国的传统哲学。

记者：

别说我，只谈你。

维韦卡南达：

也好。

四 思想渊源之二：佛教哲学

记者：

你刚才首先谈到了吠檀多哲学对你的影响。那么，其次呢？

维韦卡南达：

那就是佛学！

记者：

听说，你对释迦牟尼这个人非常崇拜？

维韦卡南达：

释迦牟尼是我心目中的英雄。释迦牟尼是一个有道德的人，他对那种人格化的神和人格化的灵魂不屑一顾，从来不对这些人格化的神和人格化的灵魂顶礼膜拜。释迦牟尼也是一个有英雄气概的人，虽然有些好斗，但是却随时准备为了别人而奉献自己的生命，为了人类的利益而全心全意地工作，为了人类的精神解脱而全心全意地思考。

记者：

那佛教的哪些观点对你影响很大？

维韦卡南达：

佛教强调"普度众生"，这个观念对我提出"众生解脱"有影响。我记得吠陀曾经说过这样的一句富有哲理的话，他说：当一个人用木筏渡过湍急的河流之后，他应当把木筏留给别人使用。吠陀本人在达到最高境界之后，仍然周游世界帮助他人摆脱困苦。他的这种博爱的精神和利他主义的思想，对我影响也很大。

五　思想渊源之三：基督教

记者：

我听说，你对基督教也很热爱。想必基督教对你的思想也一定有重大影响吧？

维韦卡南达：

没错！

耶稣是一位伟大人物，他能够在忍受巨大的痛苦的时候，还能宽恕压迫者，这需要一种极大的精神力量。一个不拥有无限的博爱精神的人，是做不到这一点的。我相信，人的内心潜伏着神性的火花；我也相信，所有的人都能够得到宗教的拯救。这些理论基本上都来自基督教。

六　思想渊源之四：罗摩克里希那

记者：

现在，我想你该说说，你的老师罗摩克里希那对你的影响了。

维韦卡南达：

关于这个问题，我用最简单的语言告诉你，你就能看出我的老师罗对我的影响有多大了。我的"灵魂具有神性，神性就在每个人之中""万物的同一性"和"人类宗教"这些思想都直接来自于我的老师。

记者：

如此看来，你的哲学的底色是吠檀多哲学，而对你的哲学影响最明显的应该是你的老师。是不是？

维韦卡南达：

可以这么说。

七　新吠檀多哲学的首倡者

记者：

一提到你的名字，人们就会说，你是印度新吠檀多主义哲学的首倡者和代表

梵之音：印度思想之旅

人物。我想问一下，新吠檀多主义哲学到底新在哪里？

维韦卡南达：

吠檀多主义哲学是印度传统的哲学，博大精深，与世界上其他著名的哲学比起来，可以说，无人能与之相比。

记者：

你对印度传统的哲学看得如此之高？

维韦卡南达：

我这种看法，一点都不过分。我们传统的哲学是世界上最厚重的哲学、最有深度的哲学。

记者：

哦？你既然如此高度评价你们的传统哲学，那为什么还要对这种哲学进行改造和完善呢？

维韦卡南达：

你这个问题问对了！任何事物都不是永远完美的，印度吠檀多哲学也是如此。它的最大问题是，具有民族荣誉的局限性和狭隘性，同时，与现代科学的距离也太大。因此，它的实用性也成问题，它最终也只能解决印度的问题，而无法上升到人类哲学的高度。

记者：

所以，你要对吠檀多哲学进行改造与完善？

维韦卡南达：

没错！所谓新吠檀多哲学，就是用西方的理性主义、人道主义和实用主义对我们传统的吠檀多哲学进行改造和革新。这就是所谓的新吠檀多哲学。

记者：

我明白你的意思。你是用西方的哲学与科学，来对你们传统的哲学进行改造和革新，以使之具有实用性，使之能够成为一种更强大的哲学，使之成为解决全人类的冲突、全面提升人类精神水平的工具。

维韦卡南达：

是这样！刚才，我还漏掉一点，我们的传统吠檀多哲学，还存在着一个明显的瑕疵，也是必须加以改造的。

记者：

是什么呢？愿闻其详。

维韦卡南达：

古老的吠檀多哲学，是被少数人垄断的哲学，只有那些高贵的人，也就是那些脱离了社会生活的婆罗门僧侣们掌握，普通教徒看不懂，大众更是看不懂。可以说，这种哲学被封闭在洞穴和森林中太久太久。我要用通俗的语言去把它从封闭的状态中解救出来，我要让吠檀多哲学走进普通的家庭、走进众生的社会，让人们在集市上，在山顶上，在平原上，都能听得见。还有，传统的吠檀多哲学晦涩难懂、经院味十足。我要通过我的改造和创新，使吠檀多哲学充满生活气息、富有诗意，并让它充满着科学性、实用性，能够最大限度地满足人们精神解脱的需求。

八　对传统吠檀多哲学的继承与发展

记者：

既然你的新吠檀多哲学，是对传统吠檀多哲学的传承。那么，我想问一下，你的哲学具体继承了传统吠檀多哲学的哪些理论？

维韦卡南达：

商羯罗是吠檀多哲学的代表人物，我对传统吠檀多哲学的继承，说到底，就是对商羯罗哲学的继承。我在很多方面都借鉴了商羯罗的哲学，并对之进行了完善与发展。

记者：

请细说无妨。

维韦卡南达：

商羯罗把"梵"看作是宇宙的最高本体、万物的始基和创造者，在商羯罗的眼中，"梵"是一种纯粹的存在；在"梵"中既没有时间、空间和因果关系，也没有方位、数量和质量的差异性。

记者：

商羯罗的哲学是这么看的。

梵之音：印度思想之旅

维韦卡南达：

商羯罗还认为，"梵"是整个宇宙的基础，世界的任何现象，无论是自然界、人类社会和人的精神活动，都是"梵"的表现，都是由"梵"生出来的。传统吠檀多哲学还把"梵"描绘成"真、智、喜"的三位一体。

记者：

何谓"真"？何谓"智"？何谓"喜"呢？

维韦卡南达：

所谓"真"，就是真实的存在；所谓"智"，是指无限的智慧；所谓"喜"，是指永恒的欢喜。商羯罗把"梵"视为"真、智、喜"的三位一体，表明"梵"不仅是真实的存在，还具有无限的智慧和永恒的欢乐。

记者：

商羯罗的这个看法，让人有的不好理解。

维韦卡南达：

其实也没有什么复杂的。在商羯罗的哲学中，从本体上看，"梵"是绝对、真实的存在；从宗教追求和伦理追求上看，"梵"又是充满着无限的智慧和永恒的欢乐的。这是一种最理想的境界。

记者：

那一旦人能够实现与"梵"的结合，自然就可以达到这种至高极乐的境界。是吗？

维韦卡南达：

没错。

记者：

看来，对商羯罗的这些观点，你是很好地予以继承？

维韦卡南达：

没错。我的新哲学，如果偏离商羯罗的哲学，就成了无源之水、无本之木。任何理论的发展，都离不开先贤们的哲学。

记者：

是这样。

维韦卡南达：

从继承和发展的角度来看,我把"爱"的观念糅合到商羯罗的"喜"的概念中去。在我这里,"喜"和"爱"是分不开的:只有"爱"才能产生"喜","喜"存在于"爱"之中。此外,在我这里,我还把"梵"的一元化予以格外地强调。

记者：

你强调到什么程度呢?

维韦卡南达：

在我这里,"梵"就是神,就是绝对,就是实在,就是宇宙的理性。在我这里,世界的本质就是"梵",是绝对的一元主义,而不存在其他的东西。在我这里,天空由于"梵"的控制而得以伸展;空气由于"梵"的控制而得以飘动;太阳由于"梵"的控制而得以发光;万物由于"梵"的控制而得以生存。总之,"梵"是大自然的实在者,"梵"是灵魂中的灵魂。

记者：

如果把你的所谓新吠檀多哲学与商羯罗的哲学比起来,你的一元化色彩也就是一神论色彩,明显要强烈的多。

维韦卡南达：

是这样。

九 世界是"梵"的真实显现,因而自然也是真实的

记者：

传统的吠檀多哲学认为"梵"是真实的,但它的创造物——世界则是虚幻的。不知道你对这个观点是怎么看的?

维韦卡南达：

这个观点,我向来是不赞成的。

记者：

原因是什么?

维韦卡南达：

"梵"是真实的存在，这一点是毋庸置疑的。"梵"通过时间、空间和因果关系这三个媒介得以创造着世界，无论是物理世界、还是精神世界或者心理世界都是"梵"实实在在的创造物。既然如此，那"梵"所创造的世界也必然是真实的。打个比方说，时间、空间和因果关系就好像一面镜子，"梵"就是借助于这面镜子，只是镜子的映射才显现为世界万物。

十 时间、空间和因果关系就是所谓的"摩耶"

记者：

你把世界分成物理世界和精神世界或者心理世界，我想问一下，这两个世界谁是第一性，谁是第二性？

维韦卡南达：

谁都不是第一性，谁也不是第二性，两者是平行并列的关系，它们共同起源于"梵"。

记者：

根据我的研究，传统的吠檀多哲学中的"摩耶"这个概念是一种虚幻的东西。既然"摩耶"是一种虚幻的，那么通过"摩耶"这个中介所显现的世界也是虚幻的。你怎么能说"摩耶"创造的世界是真实的呢？

维韦卡南达：

这个问题，你问得很好。我告诉你，所谓"摩耶"不是虚幻的力量，或者类似魔术师的东西，而是时间、空间和因果关系。

记者：

你把时间、空间和因果叫作"摩耶"，而不承认"摩耶"不是某种虚幻的力量？

维韦卡南达：

没错。既然"梵"不是通过虚幻的力量，而是通过实实在在的时间、空间和因果来创造世界，那么，任何说我们这个世界是虚幻不实的说法，都是站不住脚的。

十一　世界就是一种不断变化的物质，千差万别的都是物质的表现

记者：

根据与你的交谈，很明显地看出，你是用物质、精神并行的观点来看待世界的本体。我还是想问一问，在你的心目中，世界的本体到底是什么？

维韦卡南达：

这个问题很难回答。但既然你这么问，我也不能不回答。世界的本体就是一种不断变化的物质，千差万别的都是这本体的表现。

记者：

你是说物质是世界的本质？

维韦卡南达：

没错。整个宇宙不过是物质的海洋，无论是你，无论是我，都是这个海洋的一个微小的漩涡。大块的物质进入每一个漩涡，从而取得了漩涡的形式，再作为物质离开漩涡。在我身上的物质，在若干年以前曾经是你身上的物质，或者是太阳中的物质，或者是某种植物中的物质。

记者：

你的观点越来越唯物主义化了。在你这里，宇宙被描绘成一个物质的世界。我们之所以看到世界上各种各样、千差万别的物质，是因物质不断地变化而导致的现象。

维韦卡南达：

没错。物质是经常变化的，没有一个物质是衡常不变的。同样是一个大块的物质，有的时候表现为月亮，有的时候表现为太阳，有的时候表现为人，有的时候表现为大地、植物、矿物等。总之，没有任何一个物质是永恒不变的，每一种事物都是不断地变化着，所有物质都是处于凝聚着和分散着这个过程之中。

十二　万物之变皆有规律

记者：

自然界的一切事物的发展变化，按照你的说法都是永恒的。我不知道，这种变化有没有人可以把握的东西？

维韦卡南达：

自然是有的。自然界中一切事物的发展变化都是有规律的，皆按自身的规律运动着，没有一种事物可以例外，规律存在于一切事物之中。

记者：

规律这个东西太过抽象，具体什么是规律？

维韦卡南达：

如果火不燃烧、水不潮湿，那或许更好。但是，火就是要燃烧的，水就是要潮湿的，因为，这就是它们的规律。

记者：

所谓规律，用你的语言，就是物质不得不如此的倾向？

维韦卡南达：

可以这么说。如果物质违背它应该如此的倾向，那它就不是这种物质了。打个比方说，如果火不燃烧、水不潮湿，那么火就不是火，水也就不是水了。

记者：

你对规律的解释很有意思。

维韦卡南达：

事物的规律有两个特点，应该记住。第一，规律存在于事物的内部，存在于事物的发展变化之中，是事物内在的一种力量。这是一条。第二，规律是人们对事物的一种认识，没有人们对事物的认识，就没有规律。因此，规律是人们对事物的一种认识或者观念的一个部分。

记者：

那到底是规律决定人的观念，还是人的观念决定规律呢？

维韦卡南达：

总体讲，是规律决定人的观念。但是，我明确地跟你讲，在特定的时候，人们的观念也决定者规律。没有人对事物的认识，任何规律都不存在。

十三　对立与矛盾无处不在，但和谐和统一是绝对的

记者：

你在很多时候特别强调事物内部的矛盾性，但是，你又多次强调，和谐和统一是绝对的。这如何讲呢？

维韦卡南达：

在现实生活中，矛盾无处不在、无时不有，爱与恨、好与坏、吸引与排斥、向心力与离心力等等，这些矛盾现象每时每刻都存在。但是，我告诉你对立的现象只是从不同的层面所看到的同一个事物的不同的方面，是一个整体的两种形式。

记者：

你的表述是标准的对立统一思想。

维韦卡南达：

可以这么说。好与坏并不是两种割裂的分离的存在，而是一个这样理解，那就是：同一个现象现在表现为好的，明天就可以表现为坏的；同一个东西对一个人可能会产生痛苦，但对另一个人则可以产生快乐；火会烧坏孩子，但可以为一个饥饿者烹调一份好饭；同一根神经，可以带来痛苦的感觉，也可以带来快乐的感觉。

记者：

在你这里，矛盾的现象被紧密地结合在一起。

维韦卡南达：

没错。矛盾的各个方面谁也离不开谁，阻止坏事往往也是阻止好事的唯一办法。阻止死，我们就必须阻止生。没有生的死，没有痛苦的快乐，乃是一种自相矛盾。生死苦乐都不能单独存在，为什么？因为，它们中间的某一方面，只不过是事物另一方面的不同表现。

记者：

你的辩证法，确实很老到！在你这里，生死快乐似乎就是同样的一个东西。这不禁让我想起德国哲学家马丁·海德格尔"向死而生"的名言。

维韦卡南达：

没错！生的观念中就包含着死，痛苦的观念中就包含着快乐。一个人，要想生就必须面临每一刻为生而死，生与死不过是从不同的立场所看到的同一个事物的不同的表现，它们都是同一个波浪的起伏，一个整体的两种形式。

记者：

看你讲辩证法，我有这样一个感觉，不知对不对？

维韦卡南达：

说说看。

记者：

你虽然反复强调事物的矛盾性与对立性，但我感觉，你最终认为，事物的矛盾性与对立性都是暂时的、相对的，而它们的和谐和统一性则是绝对的、永恒的。也就是说，在事物的对立统一中，统一性占据着永恒的主导地位。不知我的感觉对不对？

维韦卡南达：

没错。和谐与统一才是绝对的。

十四　唯有诉诸人的天赋，才能认识梵与真理

记者：

谈完了世界的本体性，我们该就认识论问题作一些交流了。我发现，你在认识论方面的理论，也充满着很多的矛盾性。首先我问你，人的知识在多大程度上，依赖于感觉经验？

维韦卡南达：

人类知识产生于经验。人类所拥有的理性知识，不是来自于推理，就是来自于归纳，但最终也是以经验为基础，离开了经验，就不可能认识任何事物。

第二十二章 论哲学与宗教——对话斯瓦米·维韦卡南达

记者：

这一点，你说得很有道理。人类的很多活动如科学研究，就是以经验为基础，离开了经验，很多活动就无法进行。但是我又明显感觉到，在认识论问题上，你也经常走偏了方向。有时候也特别看不起感觉、经验的重要性，似乎感觉、经验也只能认识普通的一些知识，相反，对于一些高端的知识，感觉经验就显得有些心有余而力不足？

维韦卡南达：

你说得没错。人间的很多东西如终极真理、如"梵"这些东西是靠经验无法认识的。

记者：

那如何认识这些终极真理和"梵"呢？

维韦卡南达：

你是明知故问。认识真理和"梵"不能诉诸经验，而只能诉诸人的天赋认识能力。我把这种天赋的能力命名为"自明性"，人类只有通过这种"自明性"，才能获得关于"梵"的知识。而这些东西，用科学的方法是无法认识的。

记者：

那在你看来，什么样的人才有这种天赋的能力呢？

维韦卡南达：

别的人我不敢说，最起码说我们印度教的教徒，很多就是具有这种天生的"自明性"的人。他们能够在练习瑜伽的实践中，通过他们的直觉、通过他们的冥思苦想而最终领悟到"梵"的存在，最终实现个人与"梵"的同一。

记者：

你还是很看重直觉在认识"梵"、在实现人的解脱中的最终作用。

维韦卡南达：

可以这么说。

十五　我在某种意义上是一个唯物主义者

记者：

和你谈哲学，感觉头有点晕。你的哲学里面一会儿是传统吠檀多哲学的一些观点，一会儿是西方哲学中唯物主义的许多东西，也有一些自然科学的内容。我想问一下，在你看来，你是个唯物主义者呢，还是唯心主义者？

维韦卡南达：

我知道你们中国人搞哲学，总要在唯物主义和是唯心主义之间分清楚。说实话，我们印度人分不清楚这个东西。但既然你反复问了，我到底是唯物主义还是唯心主义，我只能这么告诉你：我在某种意义上是一个唯物主义者。

记者：

如何讲？

维韦卡南达：

我在某种意义上是一个唯物主义者，因为我相信，整个宇宙只有一个至高无上的本体也就是统一者。这个统一者，传统的唯物主义称之为物质，而我把它称为上帝。正规的唯物主义认为，万事万物包括精神来自于物质，而在我这里，天下万物产生于"梵"。如果说我与传统的唯物主义有什么共同点，那就是我们都对这种统一性给予无限的强调；差别是，一个认为这个至高无上统一性是物质，而我则认为是"梵"。仅此而已。

十六　人的问题依然是新吠檀多哲学最关心的问题

记者：

与你交谈，感觉你对宇宙世界的问题非常关注。能不能说，你的学术问题最核心的关注点首先是世界的本原问题？

维韦卡南达：

你还没有完全理解我的哲学。在我这里，我们最关心的依然是人的问题。

记者：

你所关心的人的问题包括哪一些？

维韦卡南达：

新吠檀多哲学的核心是人的问题。它具体包括：人的本质是什么？人如何活着？人最终的命运和归宿是什么？人应该通过什么方式和途径实现精神的解脱？

第二十二章 论哲学与宗教——对话斯瓦米·维韦卡南达

记者：

依你之见，似乎你们新吠檀多哲学所有的研究最终都是为了解决人的问题？

维韦卡南达：

其实，无论是我们新吠檀多哲学，还是传统的吠檀多哲学，归根结底，所关心的根本就是人的问题，而不是什么时间的本体问题或别的什么事。一切一切的研究，都是为了解决人的解脱这个核心问题。

十七 "梵"是太阳，人是影子，两者的本质是一样的

记者：

你既然如此关心人的问题，那我问你，人的本质是什么？

维韦卡南达：

据说，你在人学方面的功底也不错。我倒想先问问你，你认为人的本质是什么？

记者：

马克思曾经说过这样的一句话，大意是：人的本质是社会关系的总和。这关系之中，既包括物质方面的关系，也包括精神方面的关系。对马克思的这种说法，我还是认同的。

维韦卡南达：

在我看来，人是物质和精神的有机的统一体。关于人，有两个方面必然是要提到的：第一个方面，就是物质的方面。物质的方面具体就是指人的肉体、人的心理和生理活动。

记者：

你把人的心理活动称之为人的物质方面的东西？那我问你，你说人的精神方面是指什么呢？

维韦卡南达：

人的精神方面是指人的内在的、永恒的、精神本性，我用一个词来表达，就是"我"。

记者：

你的意思是说，构成人的精神方面的本质就是"我"，这个"我"与婆罗门

梵之音：印度思想之旅

教中的"梵"是一样的？

维韦卡南达：

没错。"梵我归一"就是这个意思。

记者：

我想我关心的是，在构成人的物质方面和精神方面，这两个方面之间，哪一个方面的地位更高？

维韦卡南达：

人的物质方面只代表着人的低级性质，而人的精神方面我经常用"我"或者人的灵魂——力来表示，这个东西代表着人真正的本性。相对来说，人的精神方面是人性的主要方面，物质方面是人性的次要方面。与人的物质方面比起来，人的精神方面要重要得多。

记者：

从何能体现出它的重要性呢？

维韦卡南达：

人的精神方面也就是那个与"梵"统一的"我"，是一种尖刀刺不穿它、烈火灭不了它、风吹不干它、水融不化它的一种东西；它无始无终、不动不变、无形无色、全知全能；它既不是肉体，也不是心灵，而是超越两者。

记者：

说来说去，你所要表达的人的精神方面就是"梵"。

维韦卡南达：

可以这么说。如果把"梵"比作太阳，把"我"比作太阳在水中的倒影，同一个太阳可以照在不同的水面上，它的影子可以很多，也可以不一样。但是，太阳和它的影子，在本质上讲是相同的。

记者：

说来说去，还是"梵我归一"的那个理论呗。

维韦卡南达：

是这样。"梵"代表天，"我"代表人，它们的关系就如同太阳与它的影子的关系是一样的，两者的本质没有什么不同。

十八　人的身体是宇宙中最伟大的身体，
　　人的存在是宇宙中最伟大的存在

记者：

据了解，传统的吠檀多哲学倾向于过分抬高人的精神方面，而特别贬低人的肉体和物质方面。不知你对这个问题是怎么看的？

维韦卡南达：

我很看重人的精神方面，但是，我对那种过分贬低人的肉体和物质方面的做法，也是不赞同的。与其他生物相比，人的肉体能力要远远高于其他生物。

记者：

并不尽然！很多动物要比人有力气的多，敏感的程度也要比人强。

维韦卡南达：

你说得没错。我说人的肉体能力要高于其他生物，并不是仅指人有力气比其他生物大，也不是说人的感觉比动物敏感。而是说，人的肉体方面比其他生物更能有机地组织在一起，有着强大的统一性。

记者：

你的意思是说，人比其他动物要高明，是因为人能够把他的生理、心理和思维等方面的能力有机地统一在一起？

维韦卡南达：

是的。此外，人对外界刺激的反应要远远比其他动物敏感得多。尤其是人对外界所做的各种行为，往往具有明确的计划性、强烈的目的性和选择性。

记者：

那么，是什么原因把人和其他动物分开来的呢？

维韦卡南达：

人的大脑。是人的大脑使人和动物根本地分开，从而使人在世界上享有特殊的地位。正是基于这个原因，我才说人的身体是宇宙中最伟大的身体，人的存在是宇宙中最伟大的存在。

记者：

你用一种诗一般的语言，来描绘人的身体的价值。这种言论，在印度哲学家中是比较少见的。

维韦卡南达：

可以这么说。人高于一切动物，也高于一切天使，没有任何东西比人更伟大。

记者：

你对人的价值的强调，真是前无古人！

维韦卡南达：

如果说人内在的灵魂和精神能称之为神或者神性的话，那么我们人类的身体就是神的庙宇，离开我们的身体，神就不可能存在。实实在在一句话，我们的身体是神性得以存在的前提，离开人的身体，神性就成为无源之水无本之木，最起码说，它失去了存在的依托。

十九　人活着时就可达到解脱

记者：

传统的吠檀多哲学认为，人的肉体是罪恶的根源，因此，要想实现人的精神的解脱，就必须消灭肉体，才而使人的内在的精神本性得显现。对这个观点，你怎么看？

维韦卡南达：

我对这个观点不以为然！

记者：

从何谈起？

维韦卡南达：

我从来不主张断灭人的肉体，而主张提升人的肉体性质。

记者：

提升人的肉体性质？此话怎么讲？

维韦卡南达：

尽管人的肉体、感官在物质世界的刺激下，会产生各种自私的欲望。但是，只要通过人的努力、通过瑜伽的修炼,是完全可以将这种自私的肉体性质予以转化的,从而使之升华为精神性质。

记者:

按照你的语言,能不能得出这样的结论:既然人的肉体性质可以发生转变,那么,是不是意味着,在不消灭肉体的情况下——也就是说在人活着的时候,也可以实现解脱?

维韦卡南达:

结论就是你讲的,人活着的时候,通过瑜伽的修炼,人内在所具有的那种精神性质,也能够被揭示出来。这种东西,也完全可以取代肉体的自私性,从而使人达到一种崇高的精神境界。这就是解脱。

二十　瑜伽修行的四种方法

记者:

印度吠檀多哲学强调,人要实现精神的解脱。你提出在保有身体和生命的情况下,也能实现精神的解脱。我想了解一下,人实现精神解脱的路径有哪些?

维韦卡南达:

路径有四种:有知识的方法,有感情的方法,有行动的方法,有心理的方法。

记者:

愿闻其详!

维韦卡南达:

知识的方法,我称为智瑜伽。这种方法,就是强调要通过学习宗教的真理和知识的途径,来实现人的精神解脱。在印度各种宗教理论中,"吠檀多不二论"就是强调这种通过学习的途径来实现解脱的。这是智瑜伽的核心内容,也是智瑜伽的代表。

记者:

他们是怎么考虑的呢?

维韦卡南达:

"吠檀多不二论"者认为,人的自私、烦恼和痛苦,都是由于无知所造成的,

梵之音：印度思想之旅

要想消灭这种无知的状态，就必须认真学习宗教知识和真理、认真学习"梵我同一"的最高真理。久而久之，人就能实现精神解脱。

记者：

你刚才说的感情的方法，指的是什么？

维韦卡南达：

我把这种方法称为信瑜伽。意思是说，通过各种对神的无限忠诚和各种虔诚崇拜的方法，来实现人的精神解脱。

记者：

那在印度的哲学派别中，哪种哲学流派是这种瑜伽的代表呢？

维韦卡南达：

印度教毗湿奴派下属的各个支派都主张这种瑜伽，他们认为，学习知识不是主要的。

记者：

那最主要的是什么呢？

维韦卡南达：

最主要的是培养对神的无限忠诚和深厚的感情。具体的方法有：对偶像的绝对崇拜，一天要多次向神祈祷，为神供奉祭品，不断地福诵神的名字。久而久之，人就能培养对神的感情，最终达到与神的结合。

记者：

你说也可以通过行动的方法，来实现人的解脱。这种方法具体是指什么呢？

维韦卡南达：

所谓行动的方法，我称之为业瑜伽。它强调要通过无私的行动和忘我的工作，来实现人的解脱。

记者：

在我的印象中，印度教的《薄伽梵歌》就特别提倡这种方法。

维韦卡南达：

没错。《薄伽梵歌》主张对神的崇拜主要靠无私的行动。一个人必须抛弃私心、抛弃私欲，不能用自私的欲望支配自己的行为，而是要无私、忘我地为社会工作，履行自己的社会义务和职责。这样，就可以得到神恩，从而得到解脱。

第二十二章 论哲学与宗教——对话斯瓦米·维韦卡南达

记者：

那你说心理的方法,是什么方法呢?

维韦卡南达：

所谓心理的方法,就是说,通过对人的生理和心理予以有效地控制,从而使人在生理和心理上得到修炼和升华,从而达到精神的解脱。此种方法,被人认为是最直接、最稳妥的瑜伽修炼之道。故,被称之为王瑜伽。

二十一　业瑜伽是我最推崇的修行方法

记者：

你介绍的这四种瑜伽修行的方法,让我大开眼界。我很想知道,这四种修行方法,你最推崇的是哪一种呢?

维韦卡南达：

我给你介绍的四种方法,各有其优点,也各有其缺点。

记者：

那怎么办?

维韦卡南达：

很简单,那就是将这四种方法加以综合,取其精华弃其糟粕。你要知道,这四种方法不是相互矛盾和对立的,而是相互补充的。因此,一个人要综合瑜伽修行的方法,既要努力学习宗教知识,认真培养宗教感情;又要强调无私地工作和奉献。这样就可以加速实现精神的解脱。

记者：

你还没有回答我的问题。

维韦卡南达：

在这四种瑜伽修行的方法中,我最推崇的是第三种,也就是业瑜伽。

记者：

理由是什么?

维韦卡南达：

明人不说暗话。我是个现实主义者,我看重的是一个人必须努力为社会工作，无私为社会奉献。人只有在生活和现实世界中勇敢地同各种邪恶现象做斗争，不断提高自己的修养，同时忘我地为社会工作，只有这样，他才能够实现精神的解脱。在这里，无私最重要。一个人，只要做到无私，他可以不需要任何原则，他也可以不过问什么是灵魂，他也可以不去思考任何形而上学的问题，都能够实现精神的解脱。

二十二　释迦牟尼是业瑜伽的最高典型

记者：

在你所接触的人中，有没有谁能够达到你所讲的业瑜伽的标准？

维韦卡南达：

刚才，我们已经谈到业瑜伽重视的是无私、重视的是行动。一个人，只要能够全身心地履行自己的社会职责和义务，无私为社会奉献，一丁点儿都不考虑社会对自己行为的回报，他就可以实现精神的解脱。在这里，我认为有一个人，他做到了这一切。

记者：

谁？

维韦卡南达：

释迦牟尼。释迦牟尼在觉悟成道之后，仍然留在世界上，为解救社会众生而无私地奉献，不求社会回报，没有任何个人的动机：不为金钱、不为名誉，更不为别的什么东西。他正是通过自己的修炼，而从他身上产生出一种感化人类、感化世界的力量。我最佩服的就是释迦牟尼。

记者：

关于瑜伽修炼、关于吠檀多哲学，我们已经谈的很多。我想用我自己的理解对你的新吠檀多哲学总结一下，不知对不对？

维韦卡南达：

你总结给我看看，最好是与传统的吠檀多做个比较。

记者：

那是必须的。在我看来，你的新吠檀多哲学与你们印度传统的吠檀多哲学至少有三点不同。第一点,新吠檀多哲学不贬低人的身体,而是把人的身体看作是人居住的庙宇。这是第一个不同点。

维韦卡南达:

是的。传统的吠檀多理论把把人的身体看成是虚幻的,因而竭力贬低人的身体,请你接着讲。

记者:

第二点,你所创立的新吠檀多哲学主张"有生解脱",强调人在活着的时候就可以获得解脱。

维韦卡南达:

是的。接着讲。

记者:

这第三点嘛,你的新吠檀多哲学强调,人要通过现实社会的生活,强调忘我地工作和大公无私的奉献来实现人生的最终的命运,也就是精神的解脱。而传统的吠檀多更多的是强调学习、冥思苦想,强调的是对某种宗教理论的死记硬背。

维韦卡南达:

大概区别,你总结的差不多。虽然表述的还不十分准确,但是,你能够说出大概,已经不错了。

二十三　宗教的价值与异化

记者:

我记得你年纪轻轻就参加了一次世界性的宗教大会,并在这次大会上提出了"普遍宗教"的思想。我想,你是在什么情况下提出"普遍宗教"思想的呢?

维韦卡南达:

你说得没错。1893年,我参加了在美国芝加哥举行的世界宗教大会。在这个大会上,我提出了"普遍宗教"的思想,引起了大家广泛的关注。

记者:

在你所在的那个时代,各种宗教之间的矛盾很深,彼此都强调自己所信仰的宗教的伟大。而你则提出了"普遍宗教"的思想,肯定会引起很多人的关注。

梵之音：印度思想之旅

维韦卡南达：

其实，"普遍宗教"的思想并不是我的独创。

记者：

难道是哪位与会者的思想启发了你？

维韦卡南达：

并非哪位与会者的思想启发了我，我的思想直接来源于我的老师罗摩克里希那，他提出了"人类宗教"的思想。我的思想与他的"人类宗教"的思想可以说是大同小异，本质上讲是一样的。

记者：

关于你老师"人类宗教"的思想，我们已经做了交流。我想请你谈一谈你为什么要把你老师的思想予以强化，并使之系统化为一种理论性的学术？

维韦卡南达：

要回答这个问题，我必须要说清楚这样几个理论问题，说清楚了，你就明白了。

记者：

很好，请讲。

维韦卡南达：

首先，我要说的是，宗教在人类生活中是至关重要的活动。人的活动是多元化的：吃穿住行用能够满足人的物种生活的需要，而人的心理或者精神的需要，只能靠宗教来满足。吃喝玩乐，只能满足人的低层次的需求。相比之下，宗教是人的心灵所能进行的最伟大、最健康的实践活动。它能够使人超越低层次的感官和理智的局限性，促使人去追求某种无限的境界，从而促使人超脱尘世的烦恼和痛苦，享受到极度的清静和欢乐。

记者：

宗教有这么大的作用？

维韦卡南达：

不仅如此！宗教还是推动人类心灵净化的原动力，没有任何理想能够像宗教那样吸引人类的心灵。宗教还具有一种道德指引的价值，它引导人们去行善、引导人们去与恶进行抗争。

第二十二章 论哲学与宗教——对话斯瓦米·维韦卡南达

记者：

在你的眼中，宗教确确实实是一种伟大的正能量。

维韦卡南达：

没错！如果宗教的学术和理想能够被人正确地说明和阐述，并能够得到每个人的正确理解的话，那么，人类的痛苦和冲突、社会的灾难和罪恶就会自动消失。

记者：

对宗教问题，我也做过长时间的跟踪和研究。我发现，宗教本来或许会如你所讲能够推动社会的发展，但是，宗教在某些时候也成为引发社会冲突和矛盾的原因。这种时候，教派们都强调自己的至高无上性，导致人间的许多冲突都与神的冲突相联系。

维韦卡南达：

你知道这是为什么吗？

记者：

我未做过系统的研究，愿闻高见。

维韦卡南达：

宗教本来是推动社会的发展的动力，但之所以常常成为诱发社会冲突和矛盾的诱因，是因为宗教的异化。为什么会出现这个情况？我试着给你解释一下。

记者：

你说。

维韦卡南达：

但凡宗教大抵具有三方面的内容：一是哲学，二是神话，三是礼仪。哲学表达宗教的整体，阐述宗教的基本原则、目的以及实现目的的学说。而神话是有关创教者或者各种神灵之间在道德和精神方面的种种奇事的传说。这种传说把有关人或超人变成揭示和解释宗教哲学的媒介，从而使宗教哲学具体化。

记者：

那么，礼仪指的是什么？

维韦卡南达：

所谓礼仪，是由各种礼节和仪式所组成。这些礼仪具有双重的作用：一是通过这些礼仪把教徒置于宗教的控制之下；二是借助这些礼仪，宗教主持可以把教徒严密地组织起来。如此一来，每一种宗教都有自己的哲学，都有自己的神话，也都有自己的礼仪。不同的宗教都有不同的哲学、神话和礼仪，而每一种宗教都强调自己的哲学、都强调自己的神话、都强调自己的礼仪的至高无上性和正确性。

记者：

于是，各种宗教之间就产生了差异、就产生了矛盾，冲突油然而生？

维韦卡南达：

正是如此！宗教的异化就因此产生。

二十四　各种宗教之间的共同性

记者：

既然每种宗教都有自己的哲学，也都有自己的神话和礼仪，那就说明它们之间的差别是根本性的，那你怎么还提出宗教的普遍性问题呢？

维韦卡南达：

这个问题你问到点子上了。其实，我们刚才讲的各种宗教在哲学、神话和礼仪方面的差异性，是宗教之间的低级差异。很多人强调这种差异有其低级的动机，背后或许与利益有关。

记者：

难道在各种宗教之间存在着某种高层次的共同性和普遍性？

维韦卡南达：

没错！各种宗教之间存在着某种共同性。

记者：

这种共同性具体体现在哪些方面呢？

维韦卡南达：

各种宗教都信仰神，尽管各种宗教所信仰的神的名称不同，但是它们都是同一个至高无上、永远无限的实体。如基督教信仰上帝，伊斯兰教信仰安拉，佛教信仰佛陀，印度教信仰毗湿努、湿婆、婆楼等神灵。这些神灵虽然名称不同，但是本质上它们都是无所不知的、全知全能的显现而已。

记者：

你是说，基督教的上帝，伊斯兰教的安拉，佛教的佛陀，本质上都是同一个神？

维韦卡南达：

是的。其次，虽然各种宗教所崇拜其神灵的方式不同，所施行礼仪和解脱的途径不同，但是它们所要达到的最终目的是一致的。

记者：

目的是什么呢？

维韦卡南达：

一切宗教所要达到的目的，都是为了实现人类精神的完善和精神的统一。此外，虽然各种宗教所实施的戒律不同，但它们对自己信徒的要求基本是相同的。大家都要求其信徒去行善、相互宽容、去爱别人、彼此帮助。

记者：

在我的印象中，佛教强调以慈悲为怀、普度众生，伊斯兰教提倡普遍兄弟之情，基督教提倡圣爱和神爱世人。

维韦卡南达：

印度教提倡施舍和宽容，耆那教提倡戒杀和非暴力。这一些都是差不多的。所有的宗教都教导人们去行善、去学会爱。

记者：

既然各种宗教所信仰的神灵是同一个，最终追求的目标是同一个，所宣扬的慈悲和仁爱是同一个，所以，你就有可能建立起一个"普遍宗教"了？

维韦卡南达：

正是如此！

二十五 "普遍宗教"：
打破所有现有宗教的名称，包容一切宗教与教派

记者：

"普遍宗教"除了你刚才强调的几点外，是不是还有什么别的特征？

维韦卡南达：

当然有的。首先，"普遍宗教"是一种适合于一切人的宗教：穷人可以，富人也可以，男人、女人、高等的人、低等的人，所有国家的人，都可以信仰这种宗教。第二个特征，在我这里，印度教、伊斯兰教、基督教、佛教彼此之间将没有任何障碍。"普遍宗教"的信徒可以去清真寺崇拜穆罕默德；也可以走进基督教的教堂，在十字架前跪拜；也可以进入佛教的寺院，祈求佛陀和佛法的庇佑；也可以走进森林，与印度教徒一起禅思冥想。

记者：

你的"普遍宗教"真是别有特色。这不禁让我想起我们中国的先圣孔子的"天下大同"的思想。如果你的"普遍宗教"真的能成为人类共同信仰的宗教，我还真的愿意相信，人类必然越来越和平，人与人之间的冲突会越来越少。

二十六　社会要适应最高真理

记者：

谈完了你的"普遍宗教"学说，我们应该谈社会变革方面的事情了。

维韦卡南达：

是的。

记者：

你非常强调社会要适应"最高真理"。我想了解，你所谓的"最高真理"是什么？

维韦卡南达：

社会是一个庞大的机构，社会要进化，就必须要有方向，这个方向就是"最高真理"。如果一个社会与"最高真理"背道而驰，就必须改善这个社会，使之适应"最高真理"。

记者：

"最高真理"是不是就是吠檀多哲学？

维韦卡南达：

你说的不对。所谓的"最高真理"，就是西方人经常谈的自由、平等、博爱。

记者：

你的意思是不是说，印度社会还存在着很多与自由、平等、博爱背道而驰的东西？

维韦卡南达：

没错。印度的种姓制度就与这个"最高真理"背道而驰。一些婆罗门阶层为了其私利而为种姓制度鼓与呼，这种制度是印度最大的耻辱，必须加以修改。还有，印度社会歧视妇女也与"最高真理"背道而驰。西方世界的妇女们有行动的自由，有读书和自己选择丈夫的权利。印度社会必须承认妇女是神圣母亲的象征，唯有如此，印度社会才有希望。还有，印度社会两极分化，这也与"最高真理"背道而驰。印度社会有上亿人生活在死亡的边缘，这些人是我们这个民族巨大的财富，没有这些人所奉献的劳动，印度社会就会瘫痪。而印度社会从来就是嫌贫爱富，对这些穷人、落难者很少给予关注。对我讲的这几种现象必须加以变革，唯有如此，印度社会的发展才有正确的方向性；西方世界所倡导的自由、平等、博爱才可能会在印度社会生根开花。

二十七　东方人与西方人的取长补短

记者：

研究你的思想，我发现里面存在着一个非常大的矛盾。例如，在用什么样的一种哲学指引社会的改造这个问题上，你的看法就非常矛盾：你一会儿强调用印度的思想去征服世界，你一会儿又强调自由、平等、博爱是"最高真理"，社会变革应该以"最高真理"为原则。你不觉得这是明显矛盾的吗？

维韦卡南达：

我承认，你的看法是对的。关于这个问题，一个合理的解释是这样的。

记者：

请讲。

维韦卡南达：

我曾经提出，天下宗教就其基本的原则和最终的目的是一致的，因此，无论

梵之音：印度思想之旅

是东方的印度教、佛教思想，还是西方的基督教思想，从根上应该说是一样的。我们无论是强调用印度的思想对世界的改造作用，还是强调自由、平等、博爱这些"最高真理"，从原则上讲，应该是不矛盾的。

记者：

听上去也能自圆其说。

维韦卡南达：

另一点，如果我们跳出非此即彼的思维模式，我们就能够看到东西方文化各有优点。例如：西方文化是一种物质文化，它的科学技术是先进的，它能够生产出大量的物质财富。当然了，西方的思想过度强调物质享受，而容易造成人们精神和道德的崩溃。相对来说，东方文化以我们印度文化为例，它是一种精神文化，它强调人的精神和道德修炼；但是，它贬低人的物质欲望，忽视人的物质增长。

记者：

那你的结论是什么？

维韦卡南达：

我的结论总结起来有两条。第一条，我们完全可以把印度哲学和西方自由民主的体制、科学技术的生产方式结合在一起。将东西方结合一起，就能够建立一个理想的社会。这是第一个结论。第二个结论是，我要对东西方人说句话，如果要强调精神追求，就应该以东方人为榜样；如果要学习科学技术、学习机器制造，我们东方人，就应当跪拜在西方人面前，好好地向西方人学习。互相学习，取长补短，只有这样，这个世界才会和谐。

记者：

你虽然不到40岁就离开了人世，这对一个哲学家来说是很年轻的，但是，你的思想体系非常系统。我也曾经跟你之后的若干位印度思想家作过交流，可以说，你的思想对他们的影响是无处不在、无时不有。直到今天，还有人把你的思想奉为真知灼见。

维韦卡南达：

后人如何评价我的思想，我不在乎。我所在乎的是，希望我的思想能够为复

第二十二章 论哲学与宗教——对话斯瓦米·维韦卡南达

兴我的祖国、解放我们的人民起到应有的作用。

维韦卡南达简传

斯瓦米·维韦卡南达（Swami Vivekananda，1863—1902年），原名兰特拉纳特·达塔，法号辨喜，印度近代哲学家，社会活动家，印度教改革家。他生于加尔各答，属刹帝利种姓。他的父亲维萨瓦纳特·达塔是一位成功的律师，有着广泛的兴趣。他的母亲布瓦尼什瓦妮·朵维深深地虔信于宗教，有着强烈的性格和其他品质。

作为一个早熟的孩子，维韦卡南达在音乐、体育等方面都表现优秀。在他毕业于加尔各答大学的时候，他已经学会了不同学科的广泛知识，尤其是西方哲学和历史方面。他天生拥有瑜伽士般的气质，甚至从小时候起就常常练习冥想，在某段时期也积极参加梵社运动。1884年，他进入加尔各答市立学院攻读法律，大学毕业后，奉事印度教改革家罗摩克里希那，决心献身于印度的宗教和社会改革活动。1893年他出席了在美国芝加哥召开的世界宗教会议，途中曾访问中国广州等地。会后，他到美国和欧洲各地旅行，宣讲印度吠檀多哲学，颇受西方学术界重视。1897年回国，同年在加尔各答建立以他老师命名的"罗摩克里希那传教会"。

1899年，维韦卡南达又在喜马拉雅山麓创立旨在宣传和研究印度吠檀多哲学的"不二论书院"。他一生致力于印度古典哲学吠檀多派理论的研究与革新，因而被称为"新吠檀多派"的首倡者。

1893年他在美国创立了第一个吠檀多研究中心，后来在英国、法国、瑞士也成立了研究中心，形成了"世界综合研究罗摩克里希那——辨喜运动"。

1902年7月4日维韦卡南达病逝，年仅39岁。死后，他创立的"罗摩克里希那传教会"在国内外都得到很大的发展，20世纪80年代在孟加拉、斯里兰卡、缅甸、马来西亚、新加坡、日本、英国、美国等地都建立了活动中心。

梵之音：印度思想之旅

印度吠檀多哲学通过维韦卡南达等人在美国和西欧的传播，对西方资产阶级某些哲学流派产生了一定的影响。

维韦卡南达的哲学著作有《业瑜伽》《王瑜伽》《信瑜伽》《智瑜伽》《吠檀多哲学》《理性与宗教》等。

第二十三章 论"印度自治"
——对话提拉克

引 子

提拉克是印度民族主义运动初期的著名领袖,国大党内部激进派的领导人。他的核心思想是他所提出的"印度自治"的口号。1906年,"印度自治"成为印度国大党的政治纲领。

作为一位伟大的民族主义运动的领袖,提拉克的宗教与学说与他的民族主义思想紧密地融合在一起。他的很多思想,有时会用宗教和传统哲学的外衣包裹起来,这成为提拉克学说的特点。也正是因为这样,提拉克才易于为印度人民所接受,才在印度社会产生重大影响。

一 天生一位革命家

记者:

你是一位哲学家,也是一位思想家。但纵观你的一生,感觉你天生就是一位革命家。

提拉克:

好多人都这么说。我出生的年代正是印度民族大起义的前夕,我的出生地马哈拉斯特拉又是富有反抗传统的马特拉人居住的地方,他们的性格对我也有些影响。

记者:

介绍一下你所参与的革命活动,如何?

梵之音：印度思想之旅

提拉克：

我 24 岁从浦那德干学院毕业以后，就开始参加政治和社会活动。我与同事在浦那创办了一所独立的中学，也就是新英语学校。我还用民族语言出版了一份报纸《狮报》，用英语出版了《马拉特报》，宣传民族主义思想，揭露殖民当局的暴行。

记者：

创办报纸是很容易的事。我不知道你所创办的报纸在当时的影响如何？

提拉克：

《狮报》的发行量是三万份，在当时的影响还是可以的。

记者：

三万份，不得了！即使是在今天，也是了不起的发行量啊！据说，你还与国大党有一些关系？

提拉克：

没错。印度国大党成立以后，我就参加了这个党的活动。我还参加发动群众向英国殖民主义者发起挑战，我还组织了对印度教神祇的祭奠活动。

记者：

你的一生是一个革命家和活动家的一生。据说，你因为参加参加革命，数次被捕，有这情况吗？

提拉克：

有的。我会慢慢给你讲。

二　列宁的声援

记者：

你一生因为参加革命被捕几次？

提拉克：

1897 年，我因从事反英宣传，英国殖民当局借口我与一位英国官员被杀有关，就把我拘捕起来，我被判刑一年零六个月。这是第一次。第二次，是在 1905 年，印度的民族解放运动进入高潮，我加入了反英运动，并明确提出争取印度完全自治的目标。1908年，英国殖民当局以反政府和阴谋暴动为由，将我逮捕。并交孟买高级法院审判，我被判处苦役6年。

记者：

据说，为了抗议政府对你的判刑，孟买有10万多人举行了6天的罢工？

提拉克：

据说有这个事。我也听说俄罗斯的列宁先生写了一本书，书名是《世界政治中的引火物》。在这本书中，列宁公开对英国殖民当局逮捕我提出强烈谴责。他认为，孟买有那么多的工人举行游行示威和罢工来支持我，表明印度的无产阶级已经成长起来，同时，也标志着英国想在印度为所欲为的美妙时光已经成为过去。

记者：

据说，你在狱中一方面继续关心印度的民族解放运动，另一方面还继续你的梵文研究。听说你计划写10本书，不知你这个目标有没有完成？

提拉克：

第一次在狱中，我写了一本书，书的名字叫《吠陀中的北极发祥地》。这是我写的第一本书，我确确实实计划写10本书，但后来只完成了《薄伽梵歌秘奥导引》，其他的书都流产了。

记者：

我认为学术研究和政治活动同样重要，你该把这个研究进行下去。

提拉克：

很遗憾，在后来的活动中，政治活动占据了我的绝大多数时间，学术研究受到很大的影响，一生也没有写过几本书。

三　一边坐牢，一边研究薄伽梵歌

记者：

传说你对印度的传统文化非常着迷。有人说，你一边坐牢，一边研究印度的古典文化，还写了一些相关的书。有这事吗？

提拉克：

有的。我曾经坐过6年牢，从1908年一直坐到1914年。在这6年中，我整天研究《薄伽梵歌》这本书，我为此写的书是《薄伽梵歌秘奥导引》。

记者：

印度的传统文化又不是《薄伽梵歌》一本书，你为什么对这本书投入那么大的精力呢？

提拉克：

《薄伽梵歌》是印度古代文明最优秀的成果，它不仅是印度教这棵大树上结下的最甜蜜的果实，而且包含了东西方的一切形而上学和伦理原则，它还包含着孔子、苏格拉底、康德、边沁、穆勒等人的哲学和伦理思想。

记者：

是吗？你对《薄伽梵歌》评价如此之高，也难怪你在坐牢的时候还在研究它。那请问，你最欣赏《薄伽梵歌》中的哪一些思想呢？

提拉克：

《薄伽梵歌》宣传"业瑜伽"这个思想，是我最为欣赏的部分。

记者：

怎么说呢？

提拉克：

在我们印度，印度教徒为了实现精神瑜伽，曾经练习过多种瑜伽形式，如：智瑜伽、信瑜伽、业瑜伽、王瑜伽等形式。在这些形式中，《薄伽梵歌》是业瑜伽的代表。《薄伽梵歌》主张一个人应当抛弃个人的私利和荣辱，通过无私的行动和对社会的贡献来实现解脱。这种思想，就是行动的哲学，就是献身的精神。我认为，这种精神应该是印度古代文明的精华。只有这种通过行动来实现自身提升的瑜伽方法，才能够为印度社会的崛起，为反抗英国殖民者做贡献。正因为这一点，我才能够做到一边坐牢，一边研究《薄伽梵歌》。

四　西学也是宝

记者：

你在刚才的对话中说，《薄伽梵歌》也体现了西方的一些思想。这让我觉得你对西学似乎也情有独钟。

提拉克：

可以这么说。我素来认为，印度民族要崛起，要尊重传统、继承传统。但同时也必须学习西方，吸收西方先进的东西。只有把印度的传统和西方的东西结合在一起，我们这个民族才有希望。在我们印度社会中，有两种人是没有希望的：一种人精通梵文和传统，但不了解西学，这样的人，眼界很窄；另一种人只了解西方的东西，对印度古代的传统一无所知，这样的人，也同样没有希望。

记者：

问你一个具体的问题：你读过哪一些西方思想家的书？

提拉克：

黑格尔、康德、斯宾塞、边沁、穆勒、伏尔泰、卢梭的书我都读过，我最喜欢的是边沁的《功利主义》。

记者：

你强调的行动哲学和献身精神与边沁的"功利主义"之间，确确实实存在着一些相似之处。

提拉克：

不管怎么说，在我看来，唯有将印度的传统文化与西学的行动主义糅合在一起，才能为印度的崛起，为我们这个民族的复兴、为推翻英国的殖民主义，做出应有的贡献。否则，都不会有什么实际的效果。

五　"梵"也就是西方哲学中的"逻格斯"或"普遍意志"

记者：

人们说，你经常喜欢用西方哲学的一些观点和术语来表达印度的传统哲学。是这样吗？

提拉克：

是的。

梵之音：印度思想之旅

记者：

可否具体地说一说？

提拉克：

当然可以！

印度的传统哲学认为，宇宙的最高本体是一种精神实体，这种精神实体就是"梵"或者神，世界万物都是"梵"或神的显现，也是"梵"的创造物。人也是如此，人也是"梵"的显现。人的本质上内在的"我"也与"梵"是同一的，"我"是"梵"在地面上的一种显现。"我"虽然被肉体所掩盖，暂时脱离了"梵"，但是，经过人的主观努力，"我"最终还是要回归到"梵"，与"梵"相结合，到达"梵""我"合一的境界。

记者：

这些观点是典型的印度吠檀多哲学的观点。我想知道，你是如何用西方哲学的一些术语来表述这些思想的？

提拉克：

我的表述是："梵"与西方哲学所经常说的"逻格斯"或"普遍意志"具有同样的意思，与希腊哲学中的理智、理念或普遍规律性也是一个意思。在"逻格斯"、人或世界的基础中，有一种本源的统一性。这个世界之所以存在和发展，是由"逻格斯"所决定的。把这个世界拎在一块的，乃是它的意志。人力图与神相结合，当这种意图得以实现的时候，个人的意志就沉没于普遍意志之中，从而达到"梵""我"合一的境界。

记者：

还真是有那么一种意思，你还真的用西方哲学的一些语言来对印度传统哲学做出了一些对应性的表述。

提拉克：

我之所以能够用西方哲学的一些术语来对印度传统吠檀多哲学进行对应性的表述，原因在于这两种哲学之间也存在着某种相融性，而正是这种相融性，才让我能够做到用西方哲学的语言来对印度传统哲学来进行相应的表述。

六　为世界服务就是为神服务

记者：

通过研究你的经历，我发现，你经常能够用印度普通民众所喜闻乐见的方式来为你的政治、哲学服务。

提拉克：

印度是全世界上宗教气氛最浓郁的国家。我们这些搞哲学的人，如果不能够用宗教的术语或观念来表述我们的政治思想，就无法对印度民众起到启蒙的作用。

记者：

言之有理！我知道，你是一个非常重视号召人们努力和积极为国家做贡献的政治家。我想请你谈谈，你是如何用宗教观念做到这一点的？

提拉克：

我的哲学有三种基本的因素，那就是："梵"，在这里有"普遍意志"的意思；"我"，在这里是"个人意志"的意思；还有世界。

记者：

你是说，你的哲学包括"梵""我"和世界三种要素，对吗？

提拉克：

是的。我告诉人们，在"梵"与"我"——也就是人与神的结合中，绝对不能忽视世界的作用。一个人，只有先与周围的世界结合在一起，他才能与"梵"或神相结合。

记者：

也就是说，与现实世界相结合，成为与"梵"或神相结合的必经环节。

提拉克：

没错。既然现实世界具有如此重要的作用，我号召人们，要想实现与神的结合，每个人必须通过自己扎扎实实的工作，来寻求与周围世界的结合。一个人如果仅仅强调与"梵"的结合、与神的结合，而把现实世界遗忘了，他就不可能真正地走向解脱之道。而唯有通过自己的劳动，为世界服务，为普通人服务，扎扎实实地做好自己眼面前的工作，只有这样，他才能真正实现与"梵"或神的结合，实现人的终极的目标。离开现实世界的行动，一切都无从谈起。

记者：

所以，你说"为世界服务就是为神服务"？

提拉克：

是的。

七　自由与平等是一种天赋的权利

记者：

很多西方学者赞成"天赋人权论"。你是一位典型的东方学者，但感觉你对这个观念也是赞成的。我感兴趣的是，"天赋人权论"与印度的吠檀多哲学有相通之处吗？

提拉克：

天赋权利是我们印度哲学的应有之意。

记者：

如何讲？

提拉克：

有一点，我相信你会同意的。

记者：

哪一点？

提拉克：

我们每一个人都有自己的灵魂，这个灵魂就是"我"，它代表着人的精神本质。

记者：

这一点，我相信绝大多数人是赞同的。

提拉克：

"我"来自哪里，你应该知道吧？

第二十三章 论"印度自治"——对话提拉克

记者：

你说呢？

提拉克：

"我"来自于宇宙的最高本体，也就是"梵"，"我"与"梵"在本质上讲，是相同的。可以说，所有的"我"，不管是这个人的"我"，还是那个人的"我"，都是同一而没有差别的。

记者：

你的意思是说，既然所有的"我"在本质上讲，都是同一的，都是没有差别的，那自然也就是平等的。

提拉克：

是的呀。人虽然在种族、肤色、贫富等方面可能存在着很多差异，甚至是很大的差异；但在本质上讲，都是相同的。这就是平等的权利，这种权利是平等的，也是神赋的平等。

记者：

那为什么说自由也是平等的，也是神赋予的呢？

提拉克：

这很好理解。作为"我"的终极来源"梵"是最高本体，它具有无限的力量和智慧，因而，从本质上讲，是自由的。"我"与"梵"在本质上讲，是等同的，因此，人自然也就具有自由的可能、具有无限自由的本性；因此，自由自然成为每个个体生命的本质。这种自由是自然的，自然也就是神赋予的。

记者：

经过如此解释，似乎"天赋人权"理论本来就存在于印度古老的哲学之中。我还原认为，你们这些哲学，与现代的理论是根本冲突的，没想到，居然被你解释得天衣无缝。

提拉克：

我从来就是用这种方法来解读印度古代哲学。

八 民族自治不仅是一种权利，而且是一种义务

记者：

你不仅把"天赋人权论"解释成印度吠檀多哲学的应有之意，而且你还用这种理论为你的"民族自治"理论提供依据。这种解释，步子是不是迈得太大了？

提拉克：

一点都不大。作为每一个人来讲，他的本质是自由的。一个民族不过是每个自我的结合体，那么，从总体上讲，一个民族也应该是自由的。当外部世界阻碍这种自由实现的时候，作为这个民族的每一个组成部分的个人，就有义务来改变这种状态。

记者：

所以，你说对印度民族来讲，追求它的自治，摆脱英国殖民统治，不仅是它的权利，而且也是一种必须履行的义务？

提拉克：

没错！如果每个印度人都能够像履行自己的义务一样，去履行自治，那么，我们这个民族的自治，就一定能够实现。对于我们这个民族来讲，我们不能把自治的希望寄托在未来，而应该实现今生的自治。如果一个民族一味沉溺于来世的自治的，这个民族是没有希望的。

九 民族主义是一种本能

记者：

大量的资料表明，你是印度最早民族主义运动的著名领导人，是你在印度第一个提出了印度自治的口号，是你推动和掀起了20世纪初第一次印度民族主义运动的高潮，也是你用印度教发动广大印度民众，使印度的民族运动从少数上层人士的改良运动变为轰轰烈烈的群众性运动。

提拉克：

你给予我这么高的评价，我受之有愧。我不过是印度民族主义运动的参与者

和推动着之一。

记者：

你太过谦虚！太过谦虚也是一种骄傲哦。

提拉克：

那倒也是。

记者：

作为一位伟大的民族主义者，你是如何看待民族主义的呢？

提拉克：

民族主义是一个民族在心理上和精神上的要求，是一个民族的本能，是一种无论如何都不能被压制下去的本能。

记者：

既然是本能，那么，这种能力是不能被压制去的。

提拉克：

没错。当一个民族遭受异族侵略和统治的时候，它的民族本能就必然会表现出来，必然会对外来的异族进行反抗，从而产生民族主义思想。国家的规模越大，民族主义的浪潮就会越高。

记者：

请问，构成一个民族需要什么条件呢？

提拉克：

要构成一个统一的民族主义思想需要有很多条件。首先，民族的成员需要有种族、宗教和语言的统一性；其次，需要有地理的统一性。

记者：

是不是也应该有共同的历史与文化呢？

提拉克：

这是自然。民族主义是一种观念，也是一种意识。在这种观念和意识中，共同的历史与文化起着重大的作用。

记者：

我想听听你对印度民族主义的看法。

提拉克：

不同的国家，面临的民族主义的要求也不一样。对印度来讲，至关重要的要求就是：从殖民主义的枷锁中摆脱出来，从而获得一种自己管理自己的权利，只有实现了完全的自治和管理，民族主义才能得到最终的实现。

记者：

据我了解，你们印度是一个多民族的国家，当你们的国家实现了完全的自治之后，你们的各个民族如何实行管理？

提拉克：

这个问题问得很好。印度自治之后，应当建立印度联邦共和国。在这个共和国中，各个民族的人们都应当享有民族自治权，应当享有言论、出版、集会、结社等权利，也应当拥有司法权、行政权、关税自主权以及发展工商业和教育的权利等。

记者：

你的理想，说到底就是要建立一个类似于英美一样的国家。

提拉克：

可以这么说。

十　为自治而斗争

记者：

你的思想中，争取印度民族的自治显然占有十分重要的地位。我想了解一下，你将支持采取什么样的方式来实现民族自治呢？

提拉克：

这个问题也问得好。民族自治对我们印度来讲，它是一种权利，也是一种必须履行的义务，谁也逃避不了。要想实现印度的自治，其方式大概有四种。

记者：

哪四种？

提拉克：

一种是"自产"，即自己生产。

记者：

什么意思？

提拉克：

所谓"自产"，其意思是说，凡是印度人所需要的商品，都由印度自己生产。印度要大力发展民族工业，印度有钱人要开办自己的工厂，生产自己的产品，以满足国民的需要。印度人自己开办的工厂多了，印度自治的可能性就会大大提升。

记者：

还有什么方式？

提拉克：

第二种方式，就是经济抵制。具体说来，就是要抵制英国货。英国对印度的统治，说到底是经济掠夺，他们向我们倾销他们的过剩商品。我们印度人就不应该购买他们的商品，这样，他们的工厂就会倒闭，殖民统治的根基就会土崩瓦解。第三种方式是民族教育。我们印度人要开办自己的学校，使用各地的民族语言。在鼓励孩子们学习自然科学的同时，要加强对印度传统文化的教育。唯有培养出一代又一代具有爱国主义思想的新人，印度的最终的自治，才有可能。

记者：

那第四种方式呢？

提拉克：

第四种方式，也即最后一点，很关键。在印度的政治家中，很多人主张通过和平、议会的方式来获得民族的自治权利。

记者：

难道你对此不认同？

提拉克：

我坚决不认同！这是一种政治的乞讨，英国人不可能给印度真正的自治权利。要想实现印度的自治，我们就要发动群众，采取各种暴力的形式进行反抗和斗争。

记者：

具体如何做呢？

提拉克：

罢工、罢市、抗税、不替英国人做事等都是具体的方式，这些方式如果能轰轰烈烈地举行起来，并进行大规模的群众性运动，就能从根本上摧毁英国的殖民统治。

记者：

实践证明，你提出的几种办法还是管用的。

提拉克：

应当是。

提拉克简传

巴尔·甘格达尔·提拉克（Bal Gangadhar Tilak，1856—1920年），印度国大党早期领袖之一，主张通过暴力革命推翻英国殖民统治，实现印度独立。但回避农民土地要求，强调印度教传统，维护种姓制度。

提拉克出身于马拉塔族婆罗门小地主家庭。曾学习法律，1880年在浦那开办新英语学校。1881年创办《月光报》和《狮报》，宣传民族主义思想，揭露殖民当局的暴行，反对稳健派元老们的妥协媚英行为，主张同英国殖民当局做一切形式的斗争，包括武装的暴力斗争在内，以实现印度独立自主。1884年提拉克参加创建"德干教育协会"。1893年和1895年先后举办纪念印度甘奈希（Ganesh）神节和马拉塔民族英雄西瓦杰庆祝会，以唤起印度人民的民族意识。

20世纪初，提拉克在印度国民大会党内组织和领导激进派，积极参加1905—1908年反英斗争，以提拉克为代表的激进派的活动，把印度的启蒙运动推向了革命的民族主义运动阶段。提拉克作为国大党新一代领袖的特征是强调群众性的革命政治行动，而国大党正是以这个特征迎接20世纪初的"亚洲觉醒"时代。

提拉克1908年被殖民当局逮捕，并于1908年7月13日判处6年监禁。晚年思想趋向于"温和派"，接受印度自治主张。1916年建立印度自治同盟。同年与真纳缔结《勒克瑙公约》。主要著作有《奥里安神》《薄伽梵歌秘奥导引》等。

第二十四章　世界就是"自我"

——对话伊克巴尔

引　子

伊克巴尔是英属印度著名的穆斯林诗人、哲学家和社会活动家。在现代印度的哲学家中，他是第一个运用西方哲学方法重新解释伊斯兰教思想的人，在印度现代史上占有非常重要的地位。尤其是早在印度独立之前，伊克巴尔就第一个提出建立"巴基斯坦国"的主张。1947年印巴分治后，巴基斯坦人民把伊克巴尔奉为巴基斯坦最伟大的诗人和哲学家。伊克巴尔的哲学包括关于自我的哲学、关于完人的哲学以及关于神的哲学等。

让我们走近伊克巴尔。

一　一个混合型思想家

记者：

作为一位穆斯林哲学家，很显然，你的思想最核心的内容是来源于伊斯兰教的《古兰经》。

伊克巴尔：

没错！我是一位穆斯林哲学家，对我思想影响最大的毫无疑问是以《古兰经》为代表的伊斯兰宗教和哲学思想。在伊斯兰宗教哲学思想中，对我影响最大的是波斯哲学和苏菲派神秘主义学说。

记者：

请你接着讲。

伊克巴尔：

我的哲学还受到欧洲哲学的影响。

记者：

哪位哲学家对你的思想影响最大呢？

伊克巴尔：

对我的思想影响最直接的是英国剑桥大学的黑格尔派哲学家麦克塔格特。

记者：

关于这位哲学家，我了解很少，似乎也谈不上有太大的名气。

伊克巴尔：

你看的书虽然不少，但是，也有很多东西被你遗漏掉了。麦克塔格特是一位著名的黑格尔派哲学家，他是我的导师，所以，我一开始看的西方哲学的书，就是他的书。当然，还有很多欧洲哲学家，对我的影响很大。

记者：

说说看。

伊克巴尔：

德国的哲学家尼采、法国的哲学家柏格森，还有我老师的老师，也就是黑格尔，这几个人你应该有所了解吧？

记者：

当然，这几个人，我还是有所研究的。你的学说看来是一个混合型的体系：伊斯兰宗教哲学是你的哲学的基础，欧洲哲学的很多东西都被你吸收到你的哲学中去。那么，你这样做的目的是什么呢？

伊克巴尔：

很简单，我就是要复兴伊斯兰宗教，不让它继续衰败下去。

二 "自我"：从一般词汇到特殊哲学用语

记者：

研究你的哲学，我发现，"自我"是你哲学中最重要、最核心的一个概念。

伊克巴尔：

你的感觉没错。

记者：

在我们中国的文化中，"自我"这个概念，并不是受欢迎的一个概念。

伊克巴尔：

什么原因呢？

记者：

在我们中国的哲学中，"自我"这个概念，一般具有自私、自负、自利等负面含义。人们虽然不是刻意地贬低这个词，但很少把这个词作为高大上的东西来予以张扬。

伊克巴尔：

"自我"（Khudi）这个词来自于波斯语，它最初的意思，和你刚才讲的差不多，也是具有自私、自负、自利等含义。当然有时候，也具有人格的意思。

记者：

那你为什么把这个词从一般的词汇，作为构成你哲学体系中最重要的一个概念呢？

伊克巴尔：

我把这个词的含义进行了改造，并赋予它特殊的内涵。也正是在这个特殊内涵的基础上一步一步地构成了我的哲学体系。

记者：

那请你讲一讲"自我"这个词的含义到底是什么？

伊克巴尔：

别急，咱们一步一步地往下谈。

三　"自我"是宇宙的最高本体，是万物存在的始基

记者：

你把"自我"作为构成你伟大哲学体系的基石，我希望你对这个最核心的概念详细地解释一下。

梵之音：印度思想之旅

伊克巴尔：

在解释这个概念之前，我不妨把我写的诗，读几段给你听听，如何？

记者：

我喜欢哲学语言来解释，对诗的兴趣是一般的。

伊克巴尔：

我的诗一般都具有哲理性，我的哲学也往往以诗的语言来表达，建议你最好听听。

记者：

既然如此，那你就读两段给我听听。

伊克巴尔：

三段，如何？

记者：

可以。

伊克巴尔：

我在我写的《自我的秘密》中，有一段是这么写的：

存在的方式皆因自我的作用，

你看到的一切都是自我的秘密。

当自我唤起自在的觉悟时，

它就显露出思维的宇宙，

千万个世界隐藏在本源中。

（伊克巴尔：《自我的秘密》，

刘曙雄译，北京大学出版社 1999 年版，第 67 页）

记者：

继续。

伊克巴尔：

同样是在这本书中，还有这样一段：

自我为了行动的目的产生出：

主体、客体、结果和原因，

升起、运动、飞翔、闪光和跳跃，

第二十四章 世界就是"自我"——对话伊克巴尔

燃烧、发光、呼吸、死亡和诞生。
时间是它的竞技场,
天空是它征程中扬起的尘浪。
……
它将自己分解,以造成原子,
将自己略一铺撒,使沙漠生成。
它一旦厌倦铺撒,
便堆积成一座座山峰。
证明自己是自我的性格,
每个原子都眠伏着自我的潜能,
它是无声的力量,为行动而急不可耐,
它的行动有其必然的内在原因。

(伊克巴尔《自我的秘密》,第68—69页)

记者:

听你的诗,感觉有点费劲,我还是请你用哲学的语言把"自我"到底是一个什么样的东西,直来直去地说一下。

伊克巴尔:

当然可以。我的诗告诉人们,"自我"是一种超自然的精神实体,是一种永恒无限而又神奇的精神力量。

记者:

你说"自我"是宇宙的最高本体,是什么意思?

伊克巴尔:

这话,我说过。宇宙是一种存在,它是由无数个大大小小的世界而构成的庞大体系。宇宙的存在就是靠"自我"这种永恒无限的力量来维持着,宇宙的运动也是靠"自我"来推动着。没有"自我",就没有宇宙。

记者:

感觉"自我"似乎是一种力量,一种能量。

伊克巴尔:

没错。"自我"就是一种神奇的力量,一种神奇的能量,它存在于万事万物之中，构成万事万物的本质。它还是宇宙万物的创造者，也是宇宙万物变化的根本原因。这样，你对"自我"应该明白了吧？

记者：

基本明白。说来说去，"自我"是一种无限的能量，是万物的创造者，是万物变化的根本原因。但我想问一个问题，你是一位伊斯兰教哲学家，在伊斯兰教中，人们崇拜的真主或安拉与"自我"是不是一回事？

伊克巴尔：

你的感觉是对的。说到底，"自我"就是真主、就是安拉、就是伊斯兰教至高之神。

四 "自我"：作为人的生命、意识和精神本质

记者：

你把"自我"看成是宇宙的最高本体，也是宇宙万物发展变化的原因。那么你认为，体现在人身上，"自我"是一种什么样的表现呢？

伊克巴尔：

你这个问题问得很有水平，也是我接着要讲的。吠檀多哲学主张"梵我同一"，依照这个观点，无论是宇宙，还是人，都是"梵"的不同的表现形式。

记者：

你刚刚讲的是吠檀多哲学，而你是穆斯林哲学家。

伊克巴尔：

没错。但是，吠檀多哲学有些观点，特别是这"梵我同一"的观点，我是认同的。把这个观点移植到我们穆斯林哲学中来讲，那就是说，这个"自我"也就相当于吠檀多哲学中的"梵"。它不仅仅是宇宙的最高本体，体现在人身上，它也代表人的至高本性，也就是生命和精神。

记者：

你的意思是说，你哲学中所提到的"自我"，在人身上代表人的生命、意识和精神？

伊克巴尔：

是的。我有几句诗是这么说的：这被称为是"自我"的闪光点，是我们身上生命的火花。它因为爱更直觉，更具活力，更能燃烧，更显光明。

记者：

你的诗大概意思我是明白的，也就是说，被称为宇宙最高本体的那个"自我"在人身上，体现为生命，自然也体现为精神，同时也体现为意识。是不是？

伊克巴尔：

正是。

五 灵魂与肉体并不对立

记者：

很显然，你的哲学也受到了吠檀多哲学的影响。但根据我的研究，吠檀多哲学对人的灵魂特别地看重，而对人的肉体不屑一顾。他们认为，人的肉体代表着人的自私的本性。并认为，人只有不断地改造肉体，人才能够获得"梵我同一"的境界。不知道你是否同意这个看法？

伊克巴尔：

我相信你是明知故问。我从来也不认为灵魂与肉体是对立的，在我这里，人不仅仅是一个精神的个体，也是一个肉体的个体，两者密不可分。离开精神谈肉体，不对；离开肉体谈精神，也不对。一句话，人是精神和肉体的统一，不能厚此薄彼。

记者：

难怪一些哲学家说，你伊克巴尔思想的最高成就就是：不仅仅看到了宇宙本体的至高无上的一面，也看到了人不仅是灵魂精神性的存在，也是具有外壳的肉体的存在。他们都认为，在这一点上，你远远地超越了吠檀多哲学家。

伊克巴尔：

感谢这些哲学家对我的评价。我想，他们的评价还是实事求是的。

六 "自我"的属性

记者：

你可否谈一谈"自我"的属性有哪些？算个学术性的总结。

伊克巴尔：

"自我"具有四大特征。

记者：

请讲。

伊克巴尔：

第一，"自我"具有统一性。人有各种各样的感觉、情感、思想和意识的变化。在这些复杂的变化背后，拥有一种统一性，这种统一性能够把人各种复杂的感觉、情感等统一起来。这个统一性，就是"自我"的性质，这是第一。第二点，是人的创造性。所谓的创造性，就是说，"自我"能够唤醒人类并激励人类去行动、去从事发明、去从事创造的那种能力。第三点是自由性，这是"自我"的最核心的特征。"自我"中蕴藏着无限自由的能力，"自我"有能力选择自己的行动，而其他任何事物则做不到这一点。第四点，是永生性。尽管肉体的死亡是明显的事，但是，作为人的本性的"自我"则是不死的，是永生的。人不应该担心死亡，而应该想尽一切办法去追求永生，也就是人性和灵魂的永生。这就是"自我"的属性。

记者：

你总是结合人来讲"自我"的属性。难道这些属性这同样适合宇宙的那个作为高大上的存在吗？

伊克巴尔：

自然是。

七 人与神或是平等的

记者：

按常规来讲，宇宙是一种高大上的存在，人类相对来说，则是一种低层次的存在，而你却用与人类关系特别密切的一个词，也就是"自我"把两者统一起来。不知道你对此是基于何种考量？

伊克巴尔：

你这个问题问的很有水平，一般人还真问不到这个问题。作为穆斯林哲学家，在我的哲学中，"自我"既代表我们伊斯兰教的最高神也就是真主，同时，我又用这个词代表人的生命、意识和灵魂，我的用意应该说还是比较深刻的。

记者：

请讲。

伊克巴尔：

印度是吠檀多哲学的天下，他们太过强调宇宙的地位，而对人的存在尤其是肉体的存在不屑一顾，这是印度哲学最大的硬伤。而我就要改造这个哲学，我用"自我"这个特别人类化的词把神和人连接在一起。动机之一是，这样做，可以加强人与神的亲密关系。你想一想，既然人在本质上是与神是相通的，那么，人只要在行动和思想上不断地去领悟、认识那个最高的存在，那么，人最终就能够实现与神的结合。人与神之间的那个鸿沟，那个被吠檀多哲学极度夸大的鸿沟，将不复存在。

记者：

言之有理！

伊克巴尔：

如此一来，我们就可以大大提高人的地位，把人提高到神的水平上来。在我的哲学中，人与神具有平等的价值，神没有什么绝对的权利，去强迫人服从它；同样，人类也没有义务去绝对地服从神。人、神平等，是一个必然性的结论。

八 "完人"：人发展的最高境界

记者：

在你的著作中，我发现有个一名词感到特别好奇，我想问一下你为什么要创造这个词呢？

伊克巴尔：

你不会说"完人"（又称穆民）这个词吧？

记者：

正是这个词！

伊克巴尔：

你可能没有读过《古兰经》。

记者：

说实话我还真读过《古兰经》，不止一次，但可能不系统。

伊克巴尔：

"完人"这个词不是我的创造，它很早就出现在《古兰经》中，它指的是穆斯林中那些信仰和道德都十分完美、操守纯正的人。

记者：

应该是那些贤人。

伊克巴尔：

差不多。我用这个词来代表我所主张的人类发展的最高境界，每个人都应该以此为目标。

记者：

印度宗教强调种姓制度，普通人很难越过种族的界限而有所发展。不知道你所提出的"完人"是什么样的人才有资格往这个方向发展？

伊克巴尔：

在我的哲学中"完人"可以出自社会的任何等级、任何阶层。一个人只要有坚强的意志、无限的信心和忘我的劳动，就可以达到"完人"的境界。

记者：

你的观念显然和印度教的一些说法不完全一样。

伊克巴尔：

人要成为完人首先要学会爱，只有通过爱的思想和行为人性才能得到完善。同时，要想成为"完人"，人还必须学习科学和艺术，科学艺术对人成为"完人"具有很大的作用。

第二十四章　世界就是"自我"——对话伊克巴尔

记者：

据我对你们伊斯兰教的理解，有很多伊斯兰教的学者鼓吹宿命论、遁世论和禁欲主义，而你则强调积极有为成为一个至善之人，你的观点应该很另类吧？

伊克巴尔：

可以这么说。你应当知道在我们那个时代，印度是英国殖民地，在这种情况下鼓吹宿命论、鼓吹禁欲主义，那简直就是英国殖民主义的帮凶。所以我提出了我的"完人"理论。

九　心仪十月革命

记者：

一些资料说，你对俄罗斯爆发的十月革命非常欣赏？

伊克巴尔：

没错！我曾经写了一首诗，诗的名字是《真主的命令》。这首诗主要是写俄国的十月革命。

记者：

你为什么对俄国爆发的十月革命那么感兴趣呢？

伊克巴尔：

我虽然对共产主义学者们鼓吹的无神论和唯物主义属性非常不赞成，但是，我对俄国的十月革命非常地欢迎。原因是，这样的革命解放了受苦受难的奴隶们，这是一个人民执政的时代，这是一个独裁者被埋葬的时代，这是一个封建落后的东西被驱除的时代。我相信任何人都欢迎这样的革命。

记者：

对俄国后来的情况，你是否了解？

伊克巴尔：

有些了解，但因后来，我忙于穆斯林运动，也没有时间关注十月革命了。

记者：

你真的认为十月革命就标志着人民执政的时代到来了吗？

伊克巴尔：

你是什么意思呢？难道你掌握了更多的关于俄国十月革命的资料？

记者：

有一些，但我不想说太多。看来，你还真是一个社会主义者。

伊克巴尔：

我还真不是一个什么社会主义者，至少不是你认为的那种社会主义者。我热爱人类，任何一次革命，只要它反抗暴政、反抗独裁、反抗一切不公正，我就喜欢。

十　原本是一位印度民族主义者

记者：

作为一个穆斯林哲学家，你的思想对巴基斯坦人民有很大的影响。有人告诉我，你最早不是一位穆斯林民族主义者。我想知道，这个情况是否属实？

伊克巴尔：

没错。我从一个印度民族主义者转变为穆斯林民族主义者，有一个时间点。

记者：

什么时间？

伊克巴尔：

1908年。在这年之前，我在欧洲留学，后来我回到了印度。在这之前，我是一个印度民族主义者；之后，我就成为穆斯林民族主义者了。

记者：

原来是这样。

伊克巴尔：

我明确告诉你，当作为一个印度民族主义者的时候，我是一个强烈的、忠诚的印度民族主义者。我曾经写过一首诗歌颂印度。我把印度视为我的祖国，我把我的很多情感都倾注到印度上。在我看来，世界上最美的地方，就是印度了，印度是我们的祖国，是我们的花园，也是我们的保卫者。我希望无论是哪一个种族，都能够和平共处在伟大的印度共和国之内。

十一　走向穆斯林民族主义

记者：

很显然，是在欧洲的留学生涯，促使你的思想发生了很大的转化。

伊克巴尔：

是的。我原来很热爱印度，对穆斯林世界则没有特殊的感情。但是，从欧洲留学回来以后，我感觉，穆斯林与印度教徒在思想、文化和生活方式上，存在着很多的差别，这使得两个民族不可能融为一体。印度是印度人的世界，穆斯林在这样的世界中，没有独立存在的空间。穆斯林应该联合起来建立一个穆斯林的国家。

记者：

你这个设想是否太过大胆？

伊克巴尔：

的确。但这个设想在我活着的时候，就得到了许多印度穆斯林的认可，至于以后是否能够得到实现，我不得而知。

记者：

我告诉你，1947年，印度和巴基斯坦已经分开，你所期待的那个巴基斯坦伊斯兰共和国已经成立。我还告诉你，你的这个国家与我所属的中国关系非常好，甚至说，你们的巴基斯坦是中国人称之为"巴铁"的最好的朋友。

伊克巴尔：

很荣幸啊！

伊克巴尔简传

阿拉马·穆罕默德·伊克巴尔（Allama Mu-hammed Igbal，1877—1938年），巴基斯坦伊斯兰哲学家、诗人和社会活动家。他是巴基斯坦建国的"精神导师"，

梵之音：印度思想之旅

被称为"阿拉玛"（圣贤）。他同有巴基斯坦"国父"之称的真纳一起，被誉为巴基斯坦的缔造者。

伊克巴尔1877年11月9日生于旁遮普省锡亚尔科特一个笃信伊斯兰教的中产阶级家庭。1899年在旁遮普大学获硕士学位。1905年赴欧洲，先后在英国剑桥大学和德国慕尼黑大学学习哲学和法律，获哲学博士学位。1908年回国，开始在拉合尔国立学院担任哲学、英国文学教授，旋又放弃教育活动，悉心从事政治、哲学研究和文艺创作活动。1930年被选为全印穆斯林联盟年会的主席，翌年出席在伦敦召开的英印谈判会议。

伊克巴尔用乌尔都文、波斯文和英文写过大量的诗歌和哲学著作。他的哲学代表作是《伊斯兰宗教思想的重建》《自我的秘密》《无我的奥秘》《波斯思想史》。他的作品还有《波斯雅歌》《永生集》《杰伯列尔的羽翼》《还应该做什么，呵，东方民族》《方的信息》《格里姆的一击》《驼队的铃声》《汉志的赠礼》等。

第二十五章 关于"自我的科学"
——对话薄伽万·达斯

引　子

薄伽万·达斯是印度现代著名的哲学家、思想家,他是印度新吠檀多主义思潮的主要代表人物之一。他的哲学被人们称为是"关于自我的科学"。达斯对印度现代哲学最重要贡献是,他系统认真地研究了西方自然科学和社会科学的各个学科,对古代吠檀多思想进行了系统性地批判、吸收和改造,从而建立起一个具有印度特色的庞大的思想体系,内容覆盖哲学、心理学、社会学和一切自然科学。

让我们走近达斯。

一　"世界虚幻论"是错误的

记者:

商羯罗是你们印度最伟大的哲学家,但看你的那些哲学著作,感觉你对商羯罗的很多理论都不以为然?

达斯:

商羯罗是我们印度古代"吠檀多不二论"的伟大代表。他认为,只有宇宙的最高本体也就是"梵"才是唯一真实的,而世界上的其他事物都是虚幻的。"梵"通过一种神秘的力量也就是"摩耶"创造了现实世界,现实世界不过是"梵"的虚幻的显现。

记者:

商羯罗是这么看的,他的这个说法难道不对吗?

梵之音：印度思想之旅

达斯：

既然世界是虚幻的，虚幻的东西就不值得追求，所以人们只有放弃虚幻的城市，只有把自己的全部生命用于感悟那至高无上的"梵"，才能达到真正的解脱。

记者：

从逻辑上讲，应该是这样。

达斯：

商羯罗的理论，显然是消极厌世的哲学，对印度的发展有百害而无一利。

记者：

在你看来，现实世界是不是虚幻的？

达斯：

显然不是。现实世界不是虚幻的，它是最高本体"梵"的真实显现。既然"梵"是真实的，那么，我们看得见摸得着的世界也是真实的。

记者：

在西方哲学家中，有很多人把"梵"比作西方如黑格尔经常讲的"绝对精神"。他们认为"梵"就是"绝对精神"，"绝对精神"就是宇宙的最终原理。"绝对精神"在创造世界的过程中，不仅显现为个人的灵魂，也表现为世界万物。

达斯：

你刚才提到的这个西方哲学家的看法，我不反对。世界的最高本质也就是"梵"，不仅包括精神世界，也包括物质世界。同样，物质世界与精神世界的关系，也同样包括在里面。

记者：

商羯罗是一位了不起的哲学家，你竟然对他提出挑战，如果没有一个宏大的体系作为支撑，恐怕是很难撼动他的地位。

达斯：

我无意去撼动谁谁谁的地位，我只是要表达自己的思想而已。

二 一种万能的科学体系

记者：

据说，你把你创造的哲学体系称为"关于自我的科学"，如何理解"关于自我的科学"？

达斯：

所谓"关于自我的科学"就是论述最高本体即"梵"或"绝对精神"的学说，并把世界上的一切科学都包容在这个庞大的体系中。

记者：

听你的口气，似乎比我的口气还大！你想创立一种把世界上的所有科学都包容在一起的体系？

达斯：

这个，我已经做到了。我的体系包括三种科学：第一种是关于"自我"（精神）的科学。

记者：

如何理解？

达斯：

关于"自我"（精神）的科学，包括三个组成部分。第一部分是形而上学，研究的是关于"梵"本身的科学，此处的"梵"就是"绝对精神"。第二部分，是关于"个体自我"即个体灵魂的科学，我把这门科学称为心理学。第三部分，是关于"个体自我"在人体中的表现，也就是研究人的肉体和心理的关系，我把这门科学称为生理——心理学。

记者：

那第二种科学是什么呢？

达斯：

第二种是关于研究"非我"的科学。所谓"非我"，也就是关于物质世界的科学。这门科学研究的对象重点是宇宙，是宇宙发展史。具体也包括三个部分，它们是：化学、物理学、天文学。化学主要研究原子、超原子和其他基本的物质

梵之音：印度思想之旅

形式；物理学主要研究不同的力；天文学主要研究太阳、行星等各种天体以及它们之间的相互作用。

记者：

据我了解，你的天文学比你刚才讲的主要研究太阳、行星以及它们之间的相互作用要广得多。不知道我的了解对不对？

达斯：

你对我的了解还真不少！你问的，正是我接着要说的，我的天文学还包括地质学、地文学和生物学。生物学又包括植物学、动物学、矿物学和人类学。

记者：

你说的地文学指的是什么？我有点不明白。

达斯：

地文学就是自然地理学。

记者：

明白。那你的科学体系包括的第三种科学是什么呢？

达斯：

我的体系所包含的第三种科学是关于"自我"（精神）与"非我"（物质）之间关系的科学。在"自我"与"非我"之间的关系中，包括正反两个方面：正的方面，表现为各种能量的作用与反作用以及使两者相互联系的因果关系；反的方面，表现为一切经验的三重条件。具体说，就是时间、空间、运动。这门科学主要表现为数学。数学又分为时间数学，如算术；空间数学，如几何学和运动数学如动力学。由于时间、空间、运动是构成世界发展过程中全部经验的三个条件，所以，数学是贯穿于一切的科学。任何科学都不可能全部为人们所知，除非人们掌握了与它有关的数学。因此，如果要充分、彻底地了解一门科学，就必须运用数学去认识。

记者：

你的科学体系真是庞大，听得我几乎喘不过气来。我不知道，你为什么要创立这个无所不包的庞大的体系呢？

达斯：

这个问题你问得很好！我之所以要这样做，无非是想告诉人们，关于宇宙的最高本体,也就是对"梵"或者"绝对精神"的研究,与我现代科学对物质、精神及其物质和精神关系的研究是相一致的。我要让人们相信,吠檀多哲学与现代科学不矛盾,这是一个目的。第二个目的,我就是要告诉人们物质和精神关系,既不能把它们混为一谈,也不能把它们彼此绝对对立,而是相互矛盾又相互统一。既然如此,吠檀多的一些哲学家如商羯罗过于强调精神而藐视物质的做法,就是错误的。

三 心理学即人学

记者:

在你的哲学体系中,我感觉心理学占有很重要的位置。这是为什么?

达斯:

我的哲学体系中,形而上学是基础、是中心,而心理学则是形而上学的一个部分。

记者:

你的心理学具体是研究什么的呢?

达斯:

我把心理学定义为研究"个体自我"的科学。

记者:

什么叫"个体自我"?

达斯:

所谓"个体自我"也就是研究作为个体的人的灵魂的科学。

记者:

神秘的很呐!

达斯:

研究人的灵魂,不仅要研究人的精神,还要研究人的肉体、生命和行为。

记者:

你把人的心理、思想、行为都纳入心理学的研究范围,你的心理学简直就是研究人的科学，具体说来就是人学。

达斯：

也可以这么说。

四　认识科学："去伪存真的艺术"

记者：

通过研究你的理论，发现你把心理学又分为认识科学、欲望科学和行为科学。我先问一下，何谓认识科学？

达斯：

认识科学包括这样三个层次：第一个层次是，对当前事实的认识，也就是感觉或感知；第二个层次是，对过去事实的认识即记忆或回忆；第三个层次是，对未来事实的认识即期望或者预见。人的所有的情感和理智活动，都是这三个方面的结合。

记者：

你的心理学，我感觉有点逻辑学的味道。

达斯：

没错。我的认识科学，是分成若干个步骤：第一个步骤是，正确地观察事实；第二个步骤是，正确地概括和归纳各种事实之间的关系；第三个步骤是，对同类新发现的类似事物之间的关系，做出正确的判断。

记者：

概括起来，你的认识科学可以概括为：确定概念、进行判断、进行推理，应该是一种标准的逻辑学。

达斯：

可能也不尽相同。我的认识科学，除了注重概念、判断和推理外，还强调很多非理性的直觉、感悟，而这些形式也同样是认识世界不可缺少的手段。

五 欲望：驱动万物继续发展的正能量

记者：

你的人学还包括欲望科学，尤其是你们印度的哲学家，大多对欲望这个东西持不欣赏的态度。

达斯：

没错。其实，用这种态度来对待欲望是不公平的。

记者：

哦？为什么这么说？

达斯：

什么叫欲望？你能解释一下吗？

记者：

还是你来说吧，什么叫欲望？

达斯：

所谓欲望，就是感到自己渺小，从而争取伟大的动力。这就是欲望。

记者：

这个命题，以前没听说过。

达斯：

在印度哲学中，我们素来认为"梵我归一"。这意味着什么呢？

记者：

意味着什么？

达斯：

就我们每个人来讲，意味着每个人的人体中，蕴含着某种无限的东西；对无限的精神来讲，也意味着它从无限的精神蜕变成一种有限的个体。那么，与有限的肉体相一致的个别的"自我"，则试图证明它拥有一切能量，它试图证明自己是无所不能的，从而努力去恢复它所失去的无限及其属性。

记者：

你是说，"梵"作为一种神圣的力量，被局限在一个个体的人身上，这种力量必然会驱使人类更加伟大,这种驱使人类更加伟大的动力,就是欲望?

达斯:

可以这么说。一言以蔽之,人类那种追求自我保护、自我增长和自我繁殖的那种动力,就是欲望。

记者:

如此说来,欲望也并非一种不好的东西,而是一种正能量的东西?

达斯:

是的。欲望就是使一切生物和一切世界过程充满着生命力,并促使其不断进化的那种动力、那种能力、那种潜力。

记者:

明白了。

达斯:

如果继续分析下去,欲望还包括三个方面,它可以分成若干个层次。最简单的欲望,就是衣食住行;高一级的欲望,还可以包括感情的需求乃至更加复杂情绪的需求。也正是因为这种欲望的存在,农业才得以出现,工业才得以出现,知识才得以出现,各种各样的教育和文化才得以出现。

记者:

你的欲望层次说让我想起美国心理学家亚伯拉罕·马斯洛的"需求层次理论"。那能不能说,宗教也是因为欲望才得以产生?

达斯:

正是如此!

记者:

难道欲望就完全是正能量的东西?

达斯:

这倒不是。欲望是一个中性的东西,它本身包括两种对立的方面:一种是引起痛苦的欲望,它经常会给社会造成仇恨和分裂;另一种是引起快乐的欲望,它会给社会创造爱、友谊和亲和力。

记者:

能不能说,你所创立的欲望理论,就是引导人们如何培养正确的欲望和情感，而对那种错误的欲望采取抵制和修正的方法，从而促进人类自我完善？

达斯：

正是如此。因此，有人说，我关于欲望的科学就是伦理学。

六　正确欲望是正确行为的动力

记者：

下面，我们来谈谈你创立的行为科学，如何？

达斯：

你不说，我也会谈的。

记者：

依照你的划分，人的欲望可以分成两种，一种是正确的欲望，一种是错误的欲望。那能不能说，正确的欲望指导的行为是正确行为，反之，不正确的欲望指导的行为就是错误的行为？

达斯：

是的！一个人只有在正确的欲望指导下，才能产生正确的行为。所以，我们说，正确欲望往往是正确行为的内在动力。爱别人就像爱自己一样，你希望别人怎样对待你，你就要怎样对待别人。一个人，只有有了正确的思想，才能产生出爱，他的行为，才可能是善良的、仁慈的。

记者：

是不是说，当人们都拥有正确的欲望，社会就必然是和谐的呢？

达斯：

并非如此。要促使产生正确的行为，仅仅靠正确的欲望还是不够的。它还需要一定的社会组织和秩序、制度来予以管理和制衡。只有这样，社会才能走向良性的循环，否则，仅仅靠欲望是远远不够的。

七　并非为种姓制度辩护

记者：

刚才，你提到，社会的和谐发展，除了人必须有正确的欲望以外，还需要有相应的社会组织来予以扶持。据你了解，在你们印度的历史上，有没有过符合你所要求的那种制度呢？

达斯：

有的。我们印度古代圣贤所建立起来的种姓制度，就是一种比较好的制度。

记者：

种姓制度将人强行划分为若干种等级，这违背了众生平等的基本要求，这怎么能够称得上是好的制度呢？

达斯：

你是只知其一不知其二。种姓制度虽然将人划分为若干种等级，存在着瑕疵。但是，它的好的方面，也应该予以肯定。

记者：

它的好的方面体现在哪里？

达斯：

种姓制度将社会划分为四个主要职能部门。第一个部门是教育机构，这个部门是由有学问的人所构成，这个阶层在印度的社会中享有极其崇高的地位。第二个部门是保护组织，它是由勇敢、果断和有决策能力的人所构成的。这个阶层对维持国家的稳定，同样有重大的作用。第三个部门是经济组织，它是由管理物质财物的生产以及分配的人所构成的。这些人也可以被称为商人，他们也为社会财富起着重要的作用。第四个部门是一个劳动组织，它是由具备专门技术的各种劳动者所构成的。这种社会分工，是依据各个人所具有的天然素质和才能而进行的，是一种符合自然的安排，是一种有机的组合。印度社会的和谐，基础就在这里。

记者：

还有什么？

达斯：

在种姓制度下，法律享有崇高的地位。法律把每个人的权利和义务规定得很具体。法律能够促使所有的人一起进步，朝着既定的目标前进。在这个制度下，人们依靠的是从属于集体的、有节制的、相互平衡的利己主义，而不是那种极端的利己主义。正是在这种制度的管制下，印度社会才不至于像别的社会一样陷于自杀性的竞争之中。

记者：

就个人来说，种姓制度是不是有很大的压制作用和阻碍作用呢？

达斯：

种姓制度把人的一生分成四个阶段：第一个阶段，要求人接受教育，增长知识；第二个阶段，要求人成家立业、生儿育女；第三个阶段，要求人退出社会竞争，搞公益、搞慈善，追求精神生活；第四个阶段，要求人抛弃一切世俗的事务，潜心于精神修炼，直至达到精神解脱的阶段。正是这四个阶段，才促使人做到权利和义务相统一，利己主义与利他主义相统一，物质与精神相统一。这何错之有呢？

记者：

你对种姓制度的解释与当今印度因种姓产生的社会割裂现实可是大相径庭啊！

达斯：

我所讲的是从种姓制度设立的源头立意出发的。至于最后发展成今天这个样子，那是始料未及的。不过话说回来，好经也有念歪的时候呢！

记者：

那倒也是。

八　人生境界与解脱

记者：

人生最高的境界是什么？

达斯：

精神的解脱是人生最高的境界。我的全部哲学的最终落脚点就是实现人生最高的境界——解脱。

记者：

解脱的具体内容有哪些？

达斯：

人生的目的是双重的：一是要满足外在肉体的欲望，二是要满足内在精神的欲望，最终达到至高至善的精神境界。

记者：

肉体欲望的满足是很容易的事，而精神欲望的满足是一件很难的事情。

达斯：

是的。人在前半生，他的核心工作是，积累财富、养育子女、履行义务、遵守法律。而人的后半生，则是以实现精神解脱为主要目标。精神解脱的目标实现了，人就可以完全超越个人主义和分离主义，从而达到利他主义和集体主义的最高点。

记者：

你曾经把解脱分为两种，即事解脱和心解脱。它们的具体内涵是什么？

达斯：

事解脱，是指一个人能够摆脱具体的世俗社会的各种事务，在活着的时候，就能够获得某种精神自由。在这种情况下，他对肉体的死亡，就不会感到恐惧。心解脱，是指一个人真正悟到普遍的"自我"与无限的"自我"；认识到自己的个体的"自我"与普遍的"自我"是同一不二的，从而使自己的生活与社会、与宇宙达到和谐统一，从而获得彻底的精神自由。

九　解脱之道

记者：

如何实现人的解脱呢？

达斯：

瑜伽，瑜伽是最好的方法。

记者：

什么叫瑜伽？

达斯：

在我的哲学中，瑜伽包括两种：一种叫生理—心理瑜伽，一种叫内省直觉瑜伽。

记者：

你的前人，印度哲学家斯瓦米·维韦卡南达也提到过智瑜伽、信瑜伽、业瑜

第二十五章 关于"自我的科学"——对话薄伽万·达斯

伽和王瑜伽四种修行方法,你这个瑜伽具体包括什么内容呢?

达斯:

综合起来讲,瑜伽是一种行为。它是通过克制人类肉体的情感、抛弃自私的欲望、摆脱物质的追求,并通过内省的方法来感悟"梵"的存在、来感悟"绝对精神"的存在,最终实现"梵我同一"的境界。

记者:

你的意思是说,人类通过瑜伽的方法,就可以实现人类的解脱?通过瑜伽,人类就能够证悟到"梵"的存在,能够意识到人与"梵"的同一?

达斯:

没错。瑜伽是一种宗教形式,无论是生理——心理型瑜伽,还是内省型的瑜伽,其最终的目的,都是为了证明领悟"梵"的存在。当人类彻底认识到"梵"的存在,并实现与至高无上的"绝对精神"同一后,人就实现了最高层次的解脱。

薄伽万·达斯简传

薄伽万·达斯(Bhagavan Das,1869—1958 年),印度哲学家,吠檀多派哲学的改革者,也是新吠檀多思潮中学院派的杰出代表。毕业于加尔各答大学哲学系,后入贝拿勒斯大学和阿拉哈巴德大学进修,获名誉博士学位。走出校门后,终生从事哲学研究和立法工作。

薄伽万·达斯研究了西方自然科学和社会科学的各个领域,认为这些领域都与印度吠檀多论有关。因此,他从现代科学的角度,对传统吠檀多进行了彻底的改造,把西方自然科学的各种学科都吸纳和融汇到自己的吠檀多中,从而建立起一个包括哲学、心理学、社会学和自然科学在内的庞大思想体系。为了突出自己哲学的科学性,他把自己创立的这个吠檀多体系,称为"关于'自我'的科学"。所谓"关于'自我'的科学",实际上,就是"关于梵的科学",因为薄加万·达斯所说的"自我",一方面指"绝对自我",即梵,另一方面又指"个体自我",即吠檀多哲学中的"阿特曼"。在薄伽万·达斯的体系中,吠檀多哲学

梵之音：印度思想之旅

中的最高本体——梵，被称为"绝对精神"。"绝对精神"在创造或显现世界的过程中，既显现为人的灵魂（即"自我"），又显现为世界万物（"非我"）。因此，他认为"绝对精神"不仅包括主体（"自我"）还包括客体（"非我"），它是主体、客体、主客体的关系这三者的统一。薄伽万·达斯反对传统吠檀多中那些把主客体混为一谈或把主客体相互分离的观点，主张主客体是处于一种相互否定、相互肯定的必然联系之中。所谓"关于'自我'的科学"，实质上，就是论述"绝对精神"（或梵）的学说，并且把世界上的一切科学都包括于这个体系之中。

他一生写了大量有关哲学、心理学和社会学的著作，主要有《感情的科学》《内心清净的科学》《社会组织的科学》《神圣世界的科学》和《一切宗教的根本统一》等。

第二十六章 哲学之研究

——对话薄泰恰里耶

引 子

薄泰恰里耶是现代印度著名哲学家。不同于甘地和泰戈尔这些作为政治领袖或诗人的思想家,薄泰恰里耶属于纯学院派的印度哲学家。其哲学的特点是,用西方哲学的方法,把传统吠檀多认识论提高到一个新的水平。在他的体系中,宇宙最高本体被看作是一种超越人的一切经验和理性思维的、无法言表的纯粹精神实体,这被称为"绝对"。在薄泰恰里耶看来,康德哲学的重要错误是,宣布"绝对"是不可知的。在薄泰恰里耶看来,"绝对"是可知的。因此,用什么方式,经过怎样的途径,来认识"绝对",就成为其哲学研究的主要课题。

让我们走近薄泰恰里耶。

一 一位经院学派哲学家

记者:

据我所知,你们印度很多的哲学家,有的是功成名就的政治家,有的是名满天下的社会活动家,但你的身份似乎与他们不一样。

薄泰恰里耶:

我知道你要说什么。我就是一位书生,就是一位老师,就是一位专业的学者,我不喜欢政治,也不喜欢参加什么社会活动。我的主要精力全部用来研究印度的哲学,同时也研究西方的哲学。

记者：

西方的哲学？主要是哪位哲学家的哲学？

薄泰恰里耶：

我最喜欢的西方哲学是德国古典哲学，尤其是黑格尔和康德的哲学。

记者：

你是一位纯学者，在印度的理论中，你的理论最具学术性，抽象色彩也最浓郁，说实话，也最难懂。

薄泰恰里耶：

你说得没错！但如果你了解了印度的"吠檀多不二论""数论""瑜伽论"和耆那教的哲学，同时你又精读过黑格尔和康德的哲学，我相信，你就会很容易看懂我写的书。

记者：

是吗？

薄泰恰里耶：

对！我们可以从什么是哲学说起。

二 哲学：并非某种世界观

记者：

那你说说看，在你看来，哲学是什么东西？也就是说，你如何来给哲学下个定义？

薄泰恰里耶：

这个问题非常难回答。不知道你在这个问题上是如何看的？

记者：

在一般的哲学家看来，哲学无非是某种世界观，它以整个世界为研究对象，并企图探讨世界背后的那种规律性的东西。

薄泰恰里耶：

你说得没错。就印度哲学来说，它总体上和你讲的某种世界观差不多，无非就是宗教的色彩浓了些。在印度的绝大多数哲学家看来，哲学是为宗教服务的。

人们研究哲学,就是为了让人们从痛苦中解脱出来。哲学的作用,就是为人们摆脱痛苦提供某种道路。而要达到这个目的,哲学就必须对这个世界有一个系统的解释,也就是说,哲学必须首先成为一种世界观。这是我们印度大多数哲学家的看法。

记者:

听你的口气,感觉你似乎有不同的看法?

薄泰恰里耶:

没错。在我这里,哲学并非宗教的某种服务性的工具;在我这里,哲学也并非是对世界的某种独特的解释;在我这里,哲学与某种事实性的东西,关系不大。

记者:

作为一位哲学家,你不能回避哲学到底是什么东西,你应该有个明确的表态。

薄泰恰里耶:

既然你如此坚持,我只能先告诉你,所谓哲学,与科学一样,都是理论意识的表现或表达形式。

记者:

那什么是理论意识呢?

薄泰恰里耶:

如果你知道了什么是理论意识,那你就明白什么是哲学的定义了。不过,理论意识这个词,是一个博大精深的概念,我们得慢慢往下谈,才能一步一步地说清楚这个词。

三 关于理论意识的"两可"之说

记者:

好吧。我们接着说,什么是你所谓的理论意识?

薄泰恰里耶:

所谓理论意识,简单地说,乃是人们对其可说的并且可以相信的事物的理解或者领悟。

记者：

你的意思是，作为理论意识的对象，至少应该具备两个条件：一是可以言说的，不可以言说的东西，不能作为理论意识的对象；二是可相信的，不可相信的，也不能作为理论意识的对象。

薄泰恰里耶：

没错！在我们的现实生活中，如果不具备这两个条件，它们就不能作为理论意识的对象，自然，也就不可能成为哲学的研究对象。

记者：

有没有这方面的例子？

薄泰恰里耶：

当然有了。比如人们常说，有两样东西——一个是兔子的角，一个是四方的圆——就不能作为理论意识的或者哲学的研究对象。原因是，它们所表达的内容是不可信的。即便你能把它们表述出来，也如同没说一样。

记者：

一句话，必须符合可言说性和可信性这两大要点，才可成为理论意识也就是哲学的研究对象。

薄泰恰里耶：

正确！

四　理论意识的四个层次

记者：

你说哲学与科学都是理论意识的表现或表达形式。我想进一步了解，理论意识包含什么样的内容？

薄泰恰里耶：

上面已经说过，在我的哲学中，如果你明白了什么是理论意识，那你就明白了什么是哲学，什么是科学。科学与哲学之间的界限也便一目了然。

第二十六章 哲学之研究——对话薄泰恰里耶

记者：

那就请你快讲。

薄泰恰里耶：

我认为，理论意识可以分为四个等级，它们分别是经验意识、客观意识、主观或精神意识和超意识，就是这四个方面。

记者：

希望你从低级再到高级的顺序，介绍一下各自的具体内容。

薄泰恰里耶：

关于这几个概念的解释，可能有点不好懂，你得有个思想准备。

记者：

虽然作为经院学派哲学家，你的学术语言肯定是晦涩难懂的。不过，我还是想请你用你那特有的经院哲学语言来解释这些概念，我来慢慢地理解，以便掌握你的学说原意。

薄泰恰里耶：

既然如此，那就请你听我讲。经验意识是与客观事物相联系的一种事物，它与客观事物之间的关系不是表面的或偶然的关系，这种关系本身就构成经验意识的意义或内容；经验意识就是对已经感觉到的或者认为已经感觉到的客体的理解；客体就是指客观事物。

记者：

我大体能够理解，你所讲的经验意识，主要就是对客观事物的感知。

薄泰恰里耶：

可以这么讲。下面，我来谈客观意识。

记者：

好的。

薄泰恰里耶：

客观意识也是客观的，但是，它与经验意识不同。经验意识必须与已经揭示的客观事物的感觉观念相联系，而客观意识却不需要这种联系。另外，经验意识与主体无关。但客观意识则具有一种使客体与主体相互联系的作用。因此，经验意识是把客体理解为事实，而客观意识则不把客体看作是事实，却把它看作是不依赖于他物的自在之物。

记者：

我隐隐约约地感觉你所讲的"自在之物"和康德笔下所讲的"物自体"有点相似。

薄泰恰里耶：

正是。

记者：

那请你继续往下讲。

薄泰恰里耶：

下面就是主观或精神意识。这种意识不与客体发生联系，而是纯粹主观性的，它不具有任何以客观态度为思考的内容。其内容只能以主观态度，即以一种使人喜悦的意识去冥思或证悟。前两种意识等级，不是把客体视为事实，就是把客体看作是与主体相联系的。而精神意识的内容，则是通过纯主观的态度去证悟的，这种内容被称为"实在"。在这里，我所讲的"实在"，和我们印度宗教中所讲的人的灵魂，或吠檀多哲学中所讲的人的"内在"内容差不多。

记者：

你的语言确确实实很抽象，听起来很费劲。不过，还是请你讲下去。越深奥的东西，或许给人的启示最大。

薄泰恰里耶：

理论意识的第四种，也就是最高级就是"超意识"。这种意识既不与主体，也不与客体发生联系，它是超越人的主客观差别的，因此，"超意识"的内容，是超越人的一切经验和理智的。这种内容被称为真理。这里所谓的真理，实际上是古代吠檀多哲学中那种无法言表的、超越一切概念和形式的至高无上的"梵"。

五 对《奥义书》的继承与发展

记者：

听你讲理论意识的四个等级，我感到喘不过气来。语言晦涩难懂，神秘得很。不知我感觉对不对？

薄泰恰里耶：

说说看，你的感觉是什么？

记者：

我读过你们印度的《奥义书》，在《奥义书》中有一个理论"我的四位说"。我感觉你对理论意识的研究，与古代《奥义书》中所提到的"我的四位说"隐隐约约有关联。

薄泰恰里耶：

你的感觉很灵敏，我的这个理论不过是对古代"我的四位说"的继承和发展。

记者：

希望你详细地讲一讲。

薄泰恰里耶：

没问题！我们印度古代《奥义书》的盛行，为了使人类精神也就是"自我"彻底摆脱外在事物的束缚，而达到"梵我同一"的最高理想境界，提出了"四位说"。按照这种学说，内在的"自我"自外至内，可以分成四个层次，即四位：醒位、梦位、熟眠位和大觉位。

记者：

请继续。

薄泰恰里耶：

在"醒位"时，人的感觉与外界事物相接触，产生了各种欲望和感觉，因而内在精神受到客观事物的束缚，是不自由的。在"梦位"时，人的内在精神虽然开始作为主导，但是仍然未摆脱在"醒位"时所获得的各种外在事物的影响。好比人在做梦时，所梦见的都是外界事物在头脑中的反映一样。

记者：

到"熟眠位"和"大觉位"时，会怎么样呢？

薄泰恰里耶：

到了"熟眠位"时，人的精神虽然摆脱了外在事物的束缚，但是，仍然保持着对主体自身的意识，此时，精神尚未获得完全的自由，要获得完全的自由，还必须摆脱对主体的意识。

记者：

那是不是到达"大觉位"时，人的精神就能够获得绝对的自由呢？

薄泰恰里耶：

没错！达到"大觉位"时，人的精神就能够彻底摆脱外在事物和内在主体的束缚，从而超越主观和客观的对立，而达到绝对的自由状态，从而上升到"最高的欢喜"。

记者：

经过你这么详细地介绍，我更加加深了我的感觉，那就是：你所提出的四个理论意识等级，不过是用另一种比较洋气的语言对古代印度吠檀多哲学中"四位说"的详细阐述而已。

薄泰恰里耶：

可以这么认为。只要有利于你理解我的哲学，我愿意你这么相信。

六 哲学与科学的界限

记者：

当我们讨论了理论意识的四个等级，是不是就可以对哲学、科学两者的区别做个说明了呢？

薄泰恰里耶：

当然可以。科学研究的对象是可以确定的事物，因此，科学便是我所讲的理论意识的四个等级中的经验意识挂起钩来。

记者：

你是说，科学对应的是经验意识，它所要研究的或思考的是外在的事物？

薄泰恰里耶：

没错。经验意识的内容，是科学所关心的，而哲学则不关心这些东西。

记者：

那理论意识的其他部分是不是哲学所关心的内容呢？

薄泰恰里耶：

是的。哲学与我所讲的后三种意识相联系，它研究宇宙的最高本体，这种本体是不可确定的"绝对"。只有后三种意识的内容皆以纯客观、纯主观和超越的态度所获得的纯粹思想的内容，才能构成哲学的论题。

记者：

难怪你早早说过，哲学不是世界观也不是方法论，哲学在你这里成为纯粹的"绝对"理论了。

薄泰恰里耶：

正是如此！总的来说，哲学与科学虽然都是理论意识的表现，但科学对应的是经验意识，而哲学对应的则是其他等级的意识。你明白了这一些，哲学与科学的界限便一目了然了。

七　哲学："对绝对的自明之物的阐述"

记者：

谈论了半天，你的哲学的概念到底是什么呢？

薄泰恰里耶：

在之前的谈论中，我曾经对哲学下一个定义，那就是哲学与科学都是理论意识的表现或表达形式。现在看来，那个定义太空泛了一些。根据后来的研究，我对哲学的定义是：哲学是"对绝对的自明之物的阐述"。

记者：

何谓"自明之物"？

薄泰恰里耶：

所谓"自明之物"，是指超乎人们可表达的事物之外的永恒的"绝对"。

记者：

听你的口气，这所谓的"自明之物"，就是印度吠檀多哲学中的"梵"。是不是？

薄泰恰里耶：

是的。哲学与科学不同，科学所研究的是可以确定的事物，而哲学所研究的则是不可确定的"梵"。这种"梵"就是不可确定的"自明之物","绝对""自在之物",对"绝对""自在之物"是不可直接表述出来的。当然啦,是可以通过间接的方法象征性地表达出来。

记者:

你是康德哲学的粉丝。但是,我感觉你与康德的哲学略有不同。康德认为"绝对"是不可知的,而你却认为"绝对"是可知的。

薄泰恰里耶:

没错。但是,"绝对"这个东西无法用科学的方法来阐述,只有通过直觉的方法去证实、去领悟。

记者:

说来说去,你的哲学宗教色彩非常浓厚。你的哲学似乎与理性无关,与科学无关,似乎只是依赖于直觉体验。

薄泰恰里耶:

这么说也没什么不妥。

八 哲学的三个层次

记者:

你对哲学的定义非常抽象,说来说去你的哲学就是对"梵"的证明、感悟与体验。与我们普通人所理解的哲学确实不一样。

薄泰恰里耶:

可以这么说,我的哲学就是"梵"学。哲学不是实际的思想,而是象征性的思想,哲学与经验意识无关,只与客观意识、精神意识和超意识的内容发生联系。

记者:

你把理论意识分成四个等级,科学对应的是经验意识,而哲学对应的是后三个意识。我想了解一下,你对哲学的等级划分是不是与理论意识的等级划分有关呢?

薄泰恰里耶:

当然有关。哲学与我所提到的理论意识的第二、第三、第四个等级有关。

与这等级相对应，我把哲学也分为三个等级。第一个等级是，客体哲学，它是以表达纯客观性"自在之物"，与客观意识相对应；第二个等级是，精神哲学，以表达纯主观性"实在"为内容，与主观意识或精神意识相一致；第三个等级，也是最高等级，是真理哲学，以表达"超验哲学"为内容，与超意识相对应。

九　关于客体哲学

记者：

客体哲学是你的哲学体系中的第一等级。我想了解一下，客体哲学与科学的区别。

薄泰恰里耶：

所谓客体哲学，是研究那些与主体相联系的自我存在的客体，也就是我们常说的"自在之物"。这些客体不是具体的事物，只是以客观的态度所冥想的事物。

记者：

我想了解一下，你所设计的客体哲学与科学所涉及的客观事物之间有无共同点？

薄泰恰里耶：

有的，两者都具有客观性。但不同点是，科学所研究的客观性是客观的、是实际的，是看得见摸得着的，而非形式的。但是，客体哲学所研究的客观性则是形式的，不是客观实际的。

记者：

感觉你所谈的这种客体，与柏拉图所讲的"理念"相似。"理念"虽然是从个别事物中抽象出来的，是一种共性，但这种共性既是客观存在，但又看不见摸不着，高于具体的事物。

薄泰恰里耶：

是这样。在我这里，客体哲学具体有两大分支：一是逻辑学，一是形而上学。这两门学科所研究的对象，虽然都具有客观性，但这种客观性都是形式的，不是实际的。可以说，是一种纯客体。逻辑学与形而上学所研究的，就是这个东西。

十 关于精神哲学

记者：

那么，你的精神哲学又是什么呢？

薄泰恰里耶：

前面说过，客体哲学仍与客观事物保持某种联系，而精神哲学则完全摆脱了这种联系，是纯粹主观的、是内省。

记者：

何谓内省？是不是所谓的内部感悟？

薄泰恰里耶：

差不多。内省是精神哲学最明确的形式，内省就是一种内向的、对主体自我的直觉的证明与感悟。在这个过程中，人们可以享受到极大的快乐和喜悦。

记者：

似乎内省也有个逐步的提升过程？

薄泰恰里耶：

没错。第一阶段是，证实、领悟个人内部的自我。在这种过程中，能够意识到个体自我与人的肉体和心理活动是不同的，能把内在自我与肉体化的主体区分开来。第二阶段是，体验个体内在自我和其他人的内在自我的联系和统一性。第三阶段是，证实、领悟超个体内在自我与超个体内在自我的统一性。

记者：

绕来绕去，还是对"梵我同一"的领悟。但到底什么是精神哲学？你还没有一个明确的定义。

薄泰恰里耶：

所谓精神哲学，是对明显联系到主体自我而被体验的一切内容的研究。这就是精神哲学。

记者：

这个定义，还是很抽象。我总觉得，你的定义说来说去，还是对你们印度吠檀多哲学中谈到的那种让人去感悟"梵我同一"的过程。

薄泰恰里耶：

正是！但我与古代吠檀多哲学家不同，他们认为，当人领悟到"梵我同一"时，便到此为止。而在我这里，这个过程并没有到此为止，其最终的过程是真理哲学，唯有真理哲学，才是哲学的最高层次。

十一 关于真理哲学

记者：

谈完了客体哲学和精神哲学，应该谈一谈你的最高层次的哲学了。

薄泰恰里耶：

是的。最高层次的哲学就是真理哲学。

记者：

何谓真理哲学？

薄泰恰里耶：

所谓真理，实质上就是古代吠檀多哲学中的那个"梵"。

记者：

你的意思是说，真理哲学就是对"梵"的信仰？

薄泰恰里耶：

这种表述也不太准确。无论是客体哲学，还是精神哲学都是对"梵"的信仰。

记者：

如何理解？

薄泰恰里耶：

在传统哲学中，把"梵"分为两种：一种是无属性的"大梵"或者"静梵"，另一种是有属性的"梵"或"动梵"。而无属性的"梵"，就是超越一切属性、形式和概念的无法确定的、不可言表的"梵"；有属性的"梵"，是指具有属性和形式具体的"梵"。

记者：

那你所讲的真理哲学所信仰的"梵"，是哪一种"梵"？

薄泰恰里耶：

很显然，是无属性的"梵"、"大梵"或者"静梵"。而其他哲学的对象则是那种具有一定属性和形式的具体的"梵"。大概可以怎么讲。你听明白了吗？

记者：

你刚才和我谈了很多东西，说句实话，我听了还是有点云里雾里的感觉。但总体是否可以这样归纳一下，你的哲学是一种信仰，这种信仰是分为若干个层次，最终的落脚点是对至高无上"梵"的感悟、证实和发自内心的崇拜。一句话，哲学不是科学，而成为一种信仰，一种对至高无上的神的信仰。

薄泰恰里耶：

你的归纳，还是有一定道理的嘛！

十二　否定并非简单地说不，而是对虚假东西的排除

记者：

如果说，辩证思维是德国哲学家黑格尔哲学体系的核心，那么，否定哲学则应该是你哲学体系的核心。

薄泰恰里耶：

可以这么说。关于这个问题，我首先需要说明的是，否定并非简单地说不，我所讲的否定，是对虚假东西的排除。

记者：

难道对真实东西的排除，不属于否定吗？

薄泰恰里耶：

是的。众所周知，真理与虚假幻觉的关系是相互对立，又相互联系着的，只有排除虚假幻觉的东西，才能得到真理。

记者：

道理是这样。

薄泰恰里耶：

在人们的头脑中，也就是心理中，看到一根绳子，往往会出现蛇的幻觉。如果我们要想获得关于绳子的真实的判断，那就必须在我们的头脑中排除蛇的

印象的存在，这就是否定。说到底，否定就是排除那些与真理相对立的各种虚假现象。

记者：

那你为什么说，要想认识宇宙的最高本体也就是你所讲的"绝对"，只能用否定的方法？

薄泰恰里耶：

我们已经过，"绝对"是一种不可确定的、无法言表的、纯粹的精神实体。任何已知的内容，任何肯定的属性，都会使"绝对"成为可以确定的东西。而这些属性，恰恰并非是"绝对"的内容。因此，要想把握"绝对"，就必须不断地否定。只有把否定的过程进行到最大的限度，进行到最后，一直到无法否定的时候，人们才有可能认识到"绝对"到底是一种什么样的东西。所以，要想认识到"绝对"，就必须把否定进行到底。

十三　否定的四个阶段

记者：

否定的方法，被你认为是认识"绝对"这个最高概念的唯一的途径。在我的印象中，你所提出的这个否定，是一个过程，似乎也分成若干个阶段？

薄泰恰里耶：

没错！我把这个否定的过程分为四个阶段。

记者：

哪四个阶段？

薄泰恰里耶：

第一阶段中，人的肯定注意力从大量客观事物中收回，而集中于从少量事物中分离出来的一种客观因素。肯定的、明确的、可限的客观因素占据了全部的注意力。除了这种客观因素之外的任何事物都被否定。一句话，所有被认为是非真实的东西都被排斥。

记者：

你的意思是说，在第一阶段中，一切作为幻觉的非客观事物都被排除？

梵之音：印度思想之旅

薄泰恰里耶：

是的。到了第二阶段中，人的注意力不是只集中于客体，也不是只集中于主体，而是交替于两者之间。在这个阶段，当注意力盯住客体时，就否定了主体；当注意力盯住主体时，也就否定了客体。也就是说，主客体交替地受到注意和否定。这就是第二阶段。

记者：

你这个第二阶段，是摇摆性的，一会儿主体受到关注，受到否定；一会儿客体受到关注，受到否定。

薄泰恰里耶：

大概意思，就是这样。到了第三个阶段中，注意力同时集中于主体与客体。在这种注意状态中，主客体是以同一系列的两个方面而出现的，这两个方面虽然不是模糊或者不明显的，但没有一个方面能以终极的方面而出现。在这个阶段中，肯定注意与否定注意之间的区别消失了，主体有时能以客体的形式出现，客体有时也以主体的形式出现。这就是第三个阶段的情形。

记者：

晦涩难懂！没想到，你的哲学这么让人难以理解。不过，还是请你继续讲下去。

薄泰恰里耶：

到第四个阶段，注意力在表面上虽然也表现为肯定的态度，但是实际上并非指向任何事物。无论是客观的事物，还是主观的事物，都并非注意力的指向。否定开始作为第一原则，一切限定都被排除了，只有"绝对的否定"。

记者：

看来，第四个阶段到达了终极的否定阶段。

薄泰恰里耶：

是的！到了这个阶段，一切存在都消失了，只剩下绝对的否定。这种否定不仅作为不可说明的限定，而且作为不可说明的自我联系或自我否定。这就是第四个阶段。

十四 将否定进行到底,就能证悟"绝对"

记者:

通过你介绍否定过程的四个阶段,我感觉明显是第四个阶段占有特殊重要的地位。因为,似乎只有在这个阶段,它才证悟到了"绝对"的存在。

薄泰恰里耶:

你的感觉没错!看来你是逐步了解了我的哲学。要达到"绝对",必须进行一系列的排除和否定。我们每个人都生活在经验之中,因此,首先的否定,就是排除人所感觉到的客体,这种否定导致着一种不依赖人的感觉经验的纯粹客体。

记者:

否定了这个所谓的纯粹客体,是不是意味着对主体的信仰逐步建立?

薄泰恰里耶:

是的。但不能说信仰,只能说确信。否定了客体,从而确定了对主体的确信。最终,主体"我"也被否定,导致超越主客观差别的"绝对"。到这个时候,否定的过程就达到了极限。因此,已经没有什么东西可以再被否定了。

记者:

是不是到这个阶段,否定的过程就被进行到底?"绝对"就被彻底地证实且被领悟到?

薄泰恰里耶:

是的。人们正是通过把否定的过程进行到底,才最终悟道"梵"的存在。

记者:

印度古代《奥义书》在描写"梵"时,经常用"不是这,不是那"这个方式来表示"梵"的要素。我感觉你这种表述否定的方法,与《奥义书》表述"梵"的方法非常相似。

薄泰恰里耶:

可以这么理解。我这个方法不过是对古代《奥义书》所宣传的方法的进一步的发挥而已。

十五　绝对的三种选择形式：真理、自由、价值

记者：

你的哲学反复强调唯有诉诸否定的方法，才能够揭示出"绝对"的内涵，即是将否定进行到底，对"绝对"的把握才透彻。但在一般人看来，否定得越多，越是使人们对"绝对"到底是什么，越发不好理解。难道否定是唯一证悟"绝对"的方法吗？

薄泰恰里耶：

我说过，否定确确实实是证悟"绝对"的唯一方法。但是，我在一些地方也说过，人们可以通过象征的方法想象"绝对"，从而对"绝对"做出近似的解释。

记者：

这不是明显是矛盾的吗？一方面，你把"绝对"看成是不可确定的、超越一切形式和概念的"实在"；另一方面，你又说，人们还可以通过象征的方法去对"绝对"进行某种想象性地理解。怎么能自圆其说呢？

薄泰恰里耶：

确确实实有矛盾，但像我这样做是有先例的。

记者：

你不是说商羯罗吧？因为商羯罗曾经在谈到"梵"的时候，作过这样的表述。他说，从否定的方面来看，"梵"可以被看作是不可确定的、无法言表的、超过理性思维的"绝对"；但从肯定方面来看，商羯罗又把"梵"称为是存在、意识和喜的三位一体。你的做法是不是受到商羯罗的影响？

薄泰恰里耶：

是的，的确如此！但是，我的做法与商羯罗又有所不同。商羯罗把"梵"看作是存在、意识和喜的三位一体。但在我这里，并非如此。

记者：

你是怎么看的呢？

第二十六章 哲学之研究——对话薄泰恰里耶

薄泰恰里耶：

在我这里，"绝对"或可想象为真理，也或可想象为自由，也或可想象为价值。但它却不是真理、自由和价值的三位一体，而是它们中的一个。

记者：

哦？我有点明白你的意思了。你关于"梵"的表述深受商羯罗的影响，但是，你与商羯罗的看法是不一样的。商羯罗把"梵"理解为存在、意识和喜的三位一体，而在你这里，"绝对"是真理、自由和价值的三个中的一个，而绝不是它们的结合体。

薄泰恰里耶：

没错！

记者：

那我再问你，你为什么要把真理、自由和价值作为"绝对"的某个可以选择的形式呢？这是你的独创？还是你对别人学术的借鉴？

薄泰恰里耶：

这个问题，你问的很好！在吠檀多不二论哲学中，"绝对"被看作是真理；佛教把"绝对"看成是自由；黑格尔把"绝对"理解成价值。我不过是对这些人理论的概括和综合而已。

记者：

原来如此！

薄泰恰里耶简传

薄泰恰里耶（Krishnachandra Bhattacharya，1875—1949 年），属于新吠檀多思潮中学院派的代表人物。1891 年考入孟加拉省立学院，毕业后，终生从事哲学教育和研究工作。1930 年担任胡格利学院院长，后任阿马尔内尔的印度哲学研究所所长。1935—1937 年，荣获印度哲学教授最高头衔——加尔各答大学哲学系"英王乔治五世讲座教授"。

梵之音：印度思想之旅

　　薄泰恰里耶对印度古代哲学进行了深入的研究，特别是吠檀多不二论、数论、瑜伽论和耆那教的哲学；此外也通晓德国古典哲学，尤其是康德和黑格尔的思想。所以，他的哲学就是在继承吠檀多不二论的基础上，批判性地吸收康德哲学中的认识论内容，而形成一种新型吠檀多理论——"吠檀多认识论"。他的主要著作有《哲学研究》《吠檀多主义》《自由的主体》等。

第二十七章 精神进化论

——对话奥罗宾多

引 子

奥罗宾多是现代印度最著名的哲学家、思想家,印度民族独立运动的重要领袖。在印度,人们大多将奥罗宾多与甘地、泰戈尔并称为"三圣"。

奥罗宾多的哲学极具体系化,多被称为整体吠檀多论或者精神进化论。奥罗宾多哲学的最大特点,在于其综合性:它大量吸收西方近现代哲学和自然科学的内容,将东西方的哲学、唯物论和唯心论、宗教与科学、超世论与入世论调和起来,融合为一个整体。当然,其哲学的基础,依然是印度传统的哲学思想,即吠檀多不二论。奥罗宾多的哲学在印度甚至在今天的欧美,都有广泛的影响。

让我们走近奥罗宾多。

一 民族主义就是一种宗教

记者:

你是一位革命性的哲学家,这在哲学家中不多见。

奥罗宾多:

搞政治,是我的职业,哲学对我来讲,就是一种辅助。我曾经领导印度独立运动十七年,在这十七年中,我曾经创办过报刊、出版过著作、发表过文章,到处也做过演讲。我之所以要这样做,就是要用印度的宗教思想来引领印度的民族主义运动。

梵之音：印度思想之旅

记者：

历史学家们把你的思想称为精神民族主义。你如何看待这个评价？

奥罗宾多：

我不反对这个评价。我就是要用印度教的精神哲学来重建我们印度的民族主义。

记者：

据说，你曾经说过这样的一句话，那就是："民族主义就是一种宗教，一种来自于神的宗教"。如何解释你的这句话呢？从理论上来讲，民族主义是民族主义，宗教是宗教，二者似乎没有多少干系。

奥罗宾多：

我刚才已经说过，在我们印度，每个人都是宗教分子。你如果要想调动印度人民反抗外来侵略，实现民族的复兴，就必须学习、善用这种宗教。因此，我把民族主义说成是一种宗教，这有利于最大限度地调动民众的政治热情。

记者：

这样看来，倒也能自圆其说。

奥罗宾多：

当然是了。自由、平等是神赋予人的天然权利，要求民族平等和自治，同样也是神赋予各个民族的天然权利。

记者：

你既然把一个民族的自由、平等、自治，都看作是神赋予各个民族的天然权利，那似乎民族主义真的成了宗教。

奥罗宾多：

当然是！民族主义就是一种宗教，民族主义运动就是神要发动的，是神的呼唤，我们不能违背神的呼唤。

记者：

有点意思！

奥罗宾多：

我们印度人民争取自由的斗争，就是要完成神赋予的争取自由的使命，这是对神最高的崇拜和忠诚。爱国主义是一种宗教要求，民族解放同样是一种宗教要求。无论是消极的抵抗，还是积极地抗争，都是神的要求，同样，为祖国而献身，这是最高层次的解脱。所以说，民族主义是真正的宗教。

二 不独立，一切都是假的

记者：

看你的著作，感觉你对西方文明不看好。

奥罗宾多：

也不能这么绝对，但有一点我从来就这么坚持。

记者：

哪一点？

奥罗宾多：

西方文化的特点是唯物论，一切以物质为中心，一味地强调、追求物质财富和物质享受，而对人们的精神追求和道德完善非常不重视。如此一来，必然导致残酷的竞争、野蛮的战争和侵略，社会的不平等也因此而形成。

记者：

与之相比，你是不是认为印度哲学与西方哲学有根本性的不同呢？

奥罗宾多：

当然是！我们印度的文化，尤其是印度教中的吠檀多哲学与西方的文化完全不一样。我们轻视物质享受、注重精神追求，主张人们要通过不断地瑜伽修行抛弃各种自私的欲望，从而实现灵魂的净化、道德的完善，使人和人之间的关系更加和谐，人与人之间更加相互尊重。这就是我们印度文化的特点。

记者：

是不是东方的文化都有这个特点呢？好像我们中国的文化也是如此。

奥罗宾多：

对你们中国的文化，我研究不多。但是我们印度的文化在这一点上，是我最予以欣赏的。正因为印度的文化具有这样的特点，我们的印度就能够承担起指导整个人类精神净化的能力，这是我们的使命。

记者：

这是否有点夸张？你是说印度有条件指导整个人类的精神净化。但是据我知道，你所在那个时候的印度，连国家的独立都谈不上，你还有什么资格去引领整个人类的精神发展？

奥罗宾多：

你这话一说，让我感到很惭愧！的确那时我们印度连自己的独立、连政治的主权都没有。一个公民没有独立和自由，他不可能对独裁者进行任何的反抗，同样一个国家没有独立和自治，那更没有可能去引领人类精神的发展，确确实实很好笑。

记者：

你看的很准！

奥罗宾多：

但也正是因为如此，我才提出印度人必须把国家的独立放到非常重要的位置。国家不独立、民族不独立，你在精神文化上的优势就不可能发挥，也更谈不上引领人类社会的净化。

三 为祖国献身是对神的最高奉献

记者：

作为一个政治家，你似乎特别主张人民应该对他的祖国做最大的贡献。

奥罗宾多：

印度是我们的母亲，是英雄的女神。印度的精神是我们这个民族的灵魂，只有这个精神才能把印度人联合起来，团结成一个强大的统一体。

记者：

据说你对你家乡的一个神明非常崇拜？

奥罗宾多：

没错！我的家乡在孟加拉地区，那里有一个教派叫性力派，属于印度教的一个教派。这个教派崇拜各种女神。在这个教派中女神被视为最高之神，具有无限的能力，她是宇宙万物的源泉，是最神圣的力量。

记者：

对这种神明的崇拜与你所强调的民族主义是什么关系呢？

奥罗宾多：

二者是统一的。崇拜这些女神就是崇拜我们的祖国，要为这些女神献身就是对祖国献身。每一个印度教徒都应该热爱自己的祖国，祖国就是他的母亲，任何一个教徒都应该在为祖国的服务中感到无限的快乐和自豪。当自己的祖国受到别人的欺凌，印度教的所有信徒都应当毫不犹豫地为保卫自己的母亲而献身，这种牺牲是最完美的。为祖国母亲献身的人不仅是政治上的勇士，更是宗教的圣徒。

四　达尔文进化论的不足之处

记者：

据说，你还是达尔文的粉丝？

奥罗宾多：

达尔文是我们那个时代所有人的偶像，对他的进化论自然我也热爱有加。但是……

记者：

但是什么？难道你认为达尔文的进化论也有什么问题？

奥罗宾多：

当然是了！达尔文所提出的理论仅仅解释了地上存在的短命的生物的进化现象，他没有对天上永恒的那些存在做出合理的解释。

记者：

你的意思是他的进化论比较狭隘，没有说明宇宙万物的进化现象？

奥罗宾多：

没错！

记者：

所以，你要创立一种新的进化论来对达尔文的理论取而代之。

奥罗宾多：

我倒没想过对谁的理论予以取而代之，我只不过是要创立一种新的进化论来解释我对整个宇宙世界的看法。

记者：

那请你介绍一下你的进化论思想如何？

奥罗宾多：

要想了解我的进化论，你要给我时间一点一点地解释。好多人认为我的进化论太过复杂，不从基本的概念入手是说不清楚的。

五　关于梵或实在的老三位一体说

记者：

希望你把你的进化论理论好好地给我介绍一下，让我看看你的理论是否比达尔文的理论更高明。

奥罗宾多：

我的理论肯定比达尔文的高明很多，最起码说，我的理论的适用范围要比达尔文的广泛得多。

记者：

如果把你的进化论理论称为广义进化论，那是不是可以把达尔文的进化论称为狭义进化论？

奥罗宾多：

有点意思！这倒是一个新提法，我看可以。

记者：

咱们扯远了，还是谈谈你那自以为高明的进化论吧。

奥罗宾多：

我的进化论太过复杂，如果想弄懂它，必须从一些基础的概念谈起。

记者：

非常愿意！请讲。

奥罗宾多：

对印度哲学中最核心的理论即"梵"进行改造，是我的进化论的基础。关于"梵"，在我们印度哲学中，这是个最高层次的概念，无论是物质的，还是精神

第二十七章 精神进化论——对话奥罗宾多

的，都是从"梵"中派生出来的。"梵"既是开端，又是终点；它是世界的起点，也是世界的终点。

记者：

看你们印度人的文化，不了解"梵"这个概念，什么东西都无法理解。那到底什么是"梵"呢？

奥罗宾多：

"梵"这个概念，是一个十分高大上的概念，很难予以明确地表述。常规地看，印度的哲学家大多数用两种方法来对"梵"这个概念进行阐述和界定。第一种方法是否定的方法。"梵"这个概念，很难用经验来予以界定，因此，人们只能用"不是这""不是那"来对"梵"进行界定。这种方法，我们称为否定式定义法。

记者：

难道人们就不能用肯定的方法对"梵"进行界定吗？

奥罗宾多：

那倒也不是。印度的哲学家经过长期的研究，来对"梵"这个概念予以解释。

记者：

请讲！

奥罗宾多：

现在，被人们公认的关于"梵"的普遍的概念是一种"三位一体"式的表述方法。也就是说，"梵"是真、智、乐三位一体，也就是说，"梵"是真、也是智、也是乐三位一体构成完整的概念。这就是传统的用肯定的方法对"梵"的概念进行表述。

记者：

你是不是就是在这个概念的基础上进一步提出你的进化理论的？

奥罗宾多：

前面说过，传统的关于"梵"的概念的界定，是我进化论理论的基础。我的研究要比传统的理论要全面的多、系统的多。我的很多研究，是采用现代哲学的方法，并借鉴了很多自然科学的成果。我的研究，如果没有对传统的"梵"的概念的革命性改造，就不可能提出进化理论。

六 关于梵或实在的新三位一体说

记者：

你多次强调，你的进化论是建立在你提出的"新三位一体"理论的基础上的。我想知道，你提出的"新三位一体说"到底包括哪些内容呢？

奥罗宾多：

旧的也就是传统的"三位一体说"认为，"梵"是真、智、乐的结合体。而在我这里，"梵"是纯粹存在、意识力和欢喜这三方面的统一体。

记者：

初次接触你的哲学，觉得你的这些东西很难理解：为什么这个"梵"既是纯粹存在，又是意识力，又是什么欢喜？有点不可思议！

奥罗宾多：

据说，你对自然科学曾经作过一些研究，也曾出版过有关著作。有了这个基础，我相信，我讲起来，你能够听得懂的。

记者：

先别给我戴高帽，得听你讲完了，我才能确定懂还是不懂。

奥罗宾多：

科学已经多次证明，宇宙间充满着无限的能量以及能量的无限的运动，这种无限的运动茫茫无际，已经超过了我们头脑中的时间和空间的概念；也无法用我们日常语言中的质量和数量来进行衡量。这种能量虽然是一种存在，但它超过了一切概念、一切形式。也正是在这个意义的基础上，我才说"梵"是纯粹存在、是绝对。

记者：

我明白你的意思。你说"梵"是一种纯粹的存在，是说"梵"本身就是一种茫茫无际宇宙运动的能量。

奥罗宾多：

正是如此！

记者：

那你为什么又说"梵"也是某种意识力？这又如何理解？

奥罗宾多：

所谓意识力，就是有力量的意识，或者说是可以称为有意识的力量。通过科学在证明宇宙间充满着无限的能量的无限地运动的同时，也充分证明了"梵"在创造世界的过程中，也具有明确的目的性。所以，我们把"梵"也称为意识力。

记者：

那你说，"梵"也是欢喜，这个词怪怪的，怎么理解？

奥罗宾多：

宇宙和"梵"是绝对、是无限，它不受任何物体的约束或者限制，它具有无限能量的自由和行动的自由。拥有了自由，必然伴随着无限的快乐和喜悦。所以，我说"梵"也是欢喜。

记者：

我明白了。你的"三位一体说"就是想告诉我们：宇宙也就是"梵"、也就是实在，它既是某种无限的能量、也是某种有意识的力量，同时，又是因拥有绝对的自由而能够予以享有的无限的快乐。可以这样理解吗？

奥罗宾多：

我感觉，你的理解和我想表达的意思差不多。

七　神学目的论的影子

记者：

听你讲解你的新三位一体说，我的脑海中突然想起一位希腊哲学家亚里士多德。

奥罗宾多：

你为什么想起亚里士多德呢？他是一位了不起的哲学家，他的书我看的也挺多啊。

记者：

亚里士多德曾经说过，万物皆有其动机。他的意思是说宇宙万物的存在都不是盲目的，都有其目的性，人类如此，非人类的物质世界也是如此。

奥罗宾多：

你的意思是说在我的哲学中也看到了亚里士多德的影子？

记者：

是的。

奥罗宾多：

说句实话，我没有把我的理论和亚里士多德的理论挂起钩来。但如果亚里士多德真的如你所讲是那么认为的话，那么我的哲学与他的哲学还真有相同之处。在我的哲学中，宇宙世界是力量与意识的统一体。假如宇宙只有意识而没有力量，那么它必然是静止不动的，宇宙的进化与创造活动就无从谈起。相反，如果只有力量而没有意识，那么宇宙所有的活动必然是盲目的，他所创造的世界肯定是混乱不堪的。我们这个世界井井有条、和谐统一，足见宇宙世界是一种有意识的力量，宇宙的任何活动都不会漫无目的的。

记者：

一些人批评你的学术也是一种神学、目的论的一种。

奥罗宾多：

那是他们的理解！我不在乎别人怎么对我的哲学进行归类。

八　精神进化的若干等级

记者：

说了这么多，该谈谈你的进化论了吧？

奥罗宾多：

别急，有些铺垫我还没有介绍完，现在给你讲进化论还为时尚早。不过，也快了。

记者：

你要讲什么？

奥罗宾多：

我要讲精神世界的若干等级，也就是"梵"或宇宙的若干等级，把等级问题

第二十七章 精神进化论——对话奥罗宾多

搞清楚，进化论自然就好理解了。

记者：

那快讲吧！吃一个肉包子，吃到现在尽是面粉，我希望尽快吃到肉。

奥罗宾多：

在我的哲学中，在我们印度哲学中，宇宙间的所有现象，都被视为"梵"显性的东西。"梵"就是精神，"梵"就是宇宙。也就是说，宇宙间的一切现象，都是精神的不同的表现形式。

记者：

希望你讲得详细些，它包括哪些等级？

奥罗宾多：

我把从"梵"到其表现形式按照从高到低的顺序说一说，那就是："梵"、超心思、心思、生命和物质。

记者：

有点意思！你把物质也视为"梵"或者精神的表现形式？

奥罗宾多：

没错！物质也视为"梵"即精神的最低级、最愚钝的表现形式。相对来说，生命、心思、超心思等等，其层次要远远超过物质，更不要说"梵"本身了。

记者：

我看在你的著作中，你在探讨宇宙的进化过程时，也把宇宙分为现象界和超然界，这两个名词也是怪怪的。希望你解释一下，我担心这些概念弄不明白，对理解你的进化论，或许是个障碍。

奥罗宾多：

好吧。所谓现象界就是物质的世界，它包括物质、生命和心思。物质是什么？物质就是无机界即无生命现象的东西，如金属、矿物；生命是指一切生命现象，如植物、动物等。

记者：

那心思是指什么呢？超心思又是指什么呢？

奥罗宾多：

心思是指人的心理或思维活动，它代表着有思维能力的人。超然界包括

"梵"和超心思。关于"梵"我们说的很多了，它一方面是宇宙的本体，是万物的起因；另一方面，它也是精神表现的最高形式，是万物进化的终点，是世界和宇宙和谐的、普遍快乐的理想的境界。

记者：

还没说到超心思……

奥罗宾多：

超心思是指超越人心理活动的意识，也可以称为超自然意识，它是起着连接现象界和超然界媒介或者桥梁的作用。

记者：

你一口气讲了这么多的名词，确确实实很难懂，我建议你不要再绕来绕去了，直接讲你的进化论吧！

奥罗宾多：

快了！下一段就是。

九　下降与上升

记者：

你的铺垫够多了，开讲你的进化论吧！

奥罗宾多：

好的。当你听完关于"梵"与老进化论、新进化论以及精神进化的若干等级的关系之后，再给你讲我的进化论，你就会很容易明白了。

记者：

希望你快点讲吧！我有点等不及了。

奥罗宾多：

不必着急。越是艰深的思想、越是有价值的学问，越是需要花费更多的时间去消化。好吧，我们言归正传。

记者：

好的！

第二十七章　精神进化论——对话奥罗宾多

奥罗宾多：

宇宙的演化也就是说进化包括两个过程：一个过程是，"梵"以超心思为媒介，下降到现象界；另一个过程是，现象界的万物，再通过超心思上升到"梵"。

记者：

你的进化论包括上升与下降两个过程，是不是？

奥罗宾多：

没错！下降的过程是一个退化的过程，是按照顺序一节一节地下降，也就是说，"梵"或精神是通过超心思下降到心思，由心思下降到生命，再由生命下降到物质。这个不断下降的过程，就是"梵"或精神的自我否定、自我退化。即由纯粹的精神状态转化为万物的过程。

记者：

自然界的万物终于得以出现。但"梵"是不是隐藏在万物之后继续发挥作用呢？

奥罗宾多：

看来不用我再讲，你已经明白我的进化论了。你说的一点也不假，在自然界出现之后，"梵"也就是精神披上了自己所显现的各种各样的外衣，犹如一种潜在的意识，包裹着形形色色的外壳。这种潜在的意识，隐居在万物之中，只要条件具备，它就恢复起本来的面目。也正是这个东西，推动着万物向"梵"，也就是精神进化。

记者：

有点意思！但我感觉与古希腊一位哲学家普罗提诺的思想有点相似，也感觉与德国的哲学家海德格尔的思想非常相似。你的进化论包括上升与下降两个过程，通过这个过程，万物的进化就得以实现了呢？

奥罗宾多：

没错。上升的过程又称为进化过程，它是从物质开始，从物质经过生命、心思、超心思，最终向"梵"也就是精神一节一节地进化，最后达到一种统一、和谐、祥乐的纯精神世界。

记者：

这样一来，你就把自然界与超自然界的万事万物统一于一个进化的体系中了?

奥罗宾多:

我是这么认为的。

十 与黑格尔的"绝对精神"论有一比

记者:

请问,你读过黑格尔的书没有?

奥罗宾多:

你想说什么?黑格尔是全球著名的大哲学家,他的书,我看过,但看的不太系统。

记者:

我感觉,你的进化思想在核心环节中,与黑格尔的哲学有相似之处。

奥罗宾多:

你不会怀疑我是剽窃黑格尔的哲学吧?

记者:

这我倒没这个意思。

奥罗宾多:

你说我的哲学与黑格尔的哲学有相似之处,相似在哪里?

记者:

这仅仅是我的感觉。我说出来,你看对不对?在你的哲学中,也就是你的进化论中,你把整个世界的变化,看成是"纯精神"自我退化和自我进化的过程。也就是说,你认为整个世界的变化过程是由"纯精神"转变成物质,再由物质转变为"纯精神"的过程。在你这里,世界的演变构成一个圆圈:"梵"也就是精神,是这个过程的演化或进化的起点,也是演化或进化的终点。

奥罗宾多:

你的归纳非常到位。我关心的是,黑格尔的哲学怎么说?

记者:

在黑格尔的哲学那里,"绝对精神"是从纯概念的形式"外在化"或异化为自然界。在自然界中，"绝对精神"披上自己各种各样的物质性的外衣，成为由外壳包裹着的思想或概念。这种精神隐藏在自然界的背后，支配着自然现象的变化，最终促使自然界又回归精神。你看看，他所讲的这一些，和你的进化论是不是有很多的相似之处？

奥罗宾多：

如果黑格尔的哲学真像你所讲的这个样子，那我们之间的哲学还真有非常相似的一面。有机会，我应该把黑格尔的哲学认真地研究一下。

十一　人性的完善与理想社会

记者：

根据我的研究，你创造性地提出了精神进化理论，目的是要促进人性的改造、促进社会的改造。

奥罗宾多：

是的。我们提出任何理论，都有一定的目的性。我提出的精神进化理论，目的就在为改造社会、重建社会、设计理想社会蓝图提供理论依据。

记者：

关于你的精神进化理论，希望你结合人性及社会的改造与完善，做个总结性的说明。

奥罗宾多：

关于这个问题，我们在之前的交流中已经谈过。但现在适当地重复，也不是什么坏事，重复也是一种最好的总结嘛。

记者：

同意，请讲。

奥罗宾多：

既然万物都是"梵"的显现，那么，人也不例外，也同样是"梵"的显现。"梵"以潜在意识的形式隐居于人的存在之中，从而构成人的精神性的本质。

记者：

也就是心灵和灵魂呗。

梵之音：印度思想之旅

奥罗宾多：

是的。人与人之间，虽然肉体不同，但内在的心灵即在本质上讲是统一的，这种统一性体现在人人具有追求仁爱、和谐、统一和欢乐的本能。

记者：

那如何解释人类产生愚昧、自私等的原因呢？

奥罗宾多：

人类之所以愚昧、自私、痛苦和分裂，归根结底，是在于人的无知。因为这种无知，使人类难以认识到自己内在的统一精神本性。

记者：

听你讲话，我突然想起古罗马有一位皇帝名字叫西塞罗，他曾经说过的话。

奥罗宾多：

你看的书真多！我想知道，西塞罗是怎么说的呢？

记者：

西塞罗和你一样，经常为人类的相互残杀而感到痛苦。他也通过研究发现，人与人之间矛盾、冲突乃至于战争的存在，在于他们不能认识到人类来源于同一个种族、是一类人、是一家子人，说到底是具有某种精神上的统一性。他认为，要想消除人类所面临的灾难，就得要促使人类去发现、去意识到这种统一性。

奥罗宾多：

听你这么一说，我的观点与西塞罗还真有点相似。我所提出的人的进化，就是指要通过人的自我的反思，使自己的生活、他人的生活乃至整个社会的生活实现统一与和谐。其次，我的理论还强调人与人之间的相互帮助。单个人的存在是孤独的，他的完善无法得到保证。因此，他必须用自己的智慧和力量，去帮助、启迪他人的精神进化。这就好比第一支火把点燃第二支火把，第二支火把再去点燃第三支，以此类推，如此一来，就可以实现人类整个精神的进化。

记者：

那人类进化的理想状态是什么？可否描述一下？

奥罗宾多：

人类进化完成之时，人类将摆脱无知的束缚，从而认识到自己与他人在本质上是统一的。彼此之间在统一精神的基础上，能够协调一致、能够平等和睦地生活。那时的世界，将是一个没有痛苦、没有黑暗，只有普遍幸福、光明、和谐、尽善尽美的理想世界。

记者：

感觉好像就是共产主义。

奥罗宾多：

应该差不多。

十二　人有进化，国家与社会也应该进化

记者：

你的精神进化学说，虽然涵盖了宇宙万物的进化问题，但我感觉你始终是以个人为中心，侧重谈论个人的精神进化。我关心的是，你也提出社会进化的理论。难道社会与个人一样，也存在着进化问题？

奥罗宾多：

当然是啦！就个人与社会的关系来讲，个人是社会的基础，是组成社会的微观的成分。国家与社会，无非就是无数个人组成的结合体。

记者：

没错！马克思曾经说过，人的本质是社会关系的总和。反过来说，国家与社会是人的结合体。

奥罗宾多：

人是"梵"的显现，是"绝对精神"的显现，那么，国家与社会同样也是"梵"的显现、"绝对精神"的显现。我们人的内部潜住着一个支配一切的心灵，同样，国家与社会的背后也同样也是存在着一个心灵。

记者：

你是说，人有心灵，国家也有心灵，社会也有心灵？

奥罗宾多：

是的！这种心灵就是我经常讲的潜在意识，也就是我们印度教所讲的"梵"。国家与社会和个人一样，不仅有表面的身体或机体，它的内部也隐藏着一个主宰一切的心灵或灵魂。

记者：

依照你的精神进化理论，个人进化的法则是：揭开表面无知的面纱，唤醒内部的心灵，使其内在的本质显现出来。难道国家与社会的进化也是如此？

奥罗宾多：

所言极是！国家与社会的进化也是驱除表面的自私性，揭示其背后的心灵，从而使其潜在的本质得以充分地显现。一旦能够做到这一点，国家就进化了，社会也就进化了。

十三 社会发展"最理想的法则"

记者：

关于社会进化的总体目标是什么，我相信你对此应该有所思考。

奥罗宾多：

是的。任何社会的进化，都应该具有明确的目标性。我所设计的社会进化目标，简单来说，就是通过内部自身的发展来完善本身，从而实现个人、国家、人类的和谐发展。这就是社会进化的终极目标。

记者：

你的这个目标，对个人、对国家、对人类同样都是适用吧？

奥罗宾多：

是的。对个人而言，就是要通过个人内部的发展，完善自己的个性；同时，也要尊重和帮助他人，实现同样地发展。如此一来，个人就同他人、就和社会共同体的发展协调一致了，每个人都会作为一种正能量贡献给社会、贡献给整个人类。

记者：

应该如此！

奥罗宾多：

对于国家来说，也是如此。也就是说，作为国家要通过内部的发展完善自己，从而帮助每个人都得到最大限度的发展。同时，也要尊重和帮助其他国家的发展。如此一来，国家的发展就能够与个人的发展、人类整体的发展相协调。同样，也会作为一种正能量贡献给整个人类。

记者：

亦应如此！

奥罗宾多：

对于整个人类来讲，同样如此。那就是要尽最大的可能，充分利用所有个人、国家和社会集团发展的积极成果，促进人类整体的持续进化，直到发现并显现出人类的神圣者。

记者：

人类的神圣者？什么意思？

奥罗宾多：

当人类拥有崇高的心灵的时候，自然就会神圣。有朝一日，人类将不是在理想上，而是真正地成为一个神圣的家庭。一句话，作为一个整体，人类得到了和谐发展，实现了内部的统一；同时，它的每个组成部分和每个群体，也同样得到自由地发展。当个人、国家、人类都能够和谐发展的时候，社会发展和进化的终极目标，就能够实现。

十四　人类进化的五个阶段

记者：

据说，你曾经按照从低到高的顺序，把人类进化的历史分成五个阶段。我想知道这五个阶段具体是哪一些？

奥罗宾多：

我把人类社会的历史分成这样五个阶段，第一是象征时代。

记者：

象征时代是什么意思？

奥罗宾多：

人类的最初阶段是宗教时代，在这个阶段，人民的想象力和直觉力都非常活跃。他们通过想象和直觉感受到，在他们生活和行动的背后，有一种神秘而浩大的力量在支配着他们，并且他们感到自己只不过是这种神秘力量的象征，

梵之音：印度思想之旅

这种力量被称为神。一切宗教的礼仪、禁忌，无不渗透着种种神的精神。

记者：

简单来说，所谓象征时代就是宗教时代呗。

奥罗宾多：

没错。在我们印度吠陀时代，就属于这个时期。第二个时期，叫典型时代。在这个时代，神秘的象征观念逐渐被淡化，不再占有主要地位，而伦理道德方面的观念，则上升为人们的心理典型。

记者：

心理典型是什么意思？

奥罗宾多：

也就是说，在典型时代，伦理道德观念成为社会的主导思想，宗教悄悄地发生了变化，逐步转变为实现伦理目标和促进道德修养的形式。第三个时代叫成俗时代。

记者：

成俗时代有什么特征呢？

奥罗宾多：

在成俗时代，伦理道德观念已经约定俗成，变成一种严格的固定不变的制度。这个阶段，各种观念的外在表现，甚至比观念本身更重要。作为伦理体系外在形式的家庭身世、经济职责、宗教礼仪、社会习俗都在人们心中固定下来，而成为绝对的权威，谁要怀疑它，谁就要受到惩罚。

记者：

你们印度的哪段历史，可以被称为成俗时代呢？

奥罗宾多：

印度的封建社会和欧洲的中世纪，就属于这个时代。第四个时代，可以称为个人主义时代。在这个时代，人们开始打破常规的习俗和那些神圣不可侵犯的东西，而主张用理智、理想、欲望去观察一切，去检验一切，以寻求社会已失去的真理。这个时代是成俗时代腐败和堕落的结果，也是对僵化的等级制度的反叛。

记者：

这个时代对应于世界史上的那个时代呢？

第二十七章 精神进化论——对话奥罗宾多

奥罗宾多：

文艺复兴和宗教改革时期就属于个人主义时代。从时间上讲，开始于 15 世纪，到 19 世纪到达顶点。个人主义时代的特点是，人们要用自己的理智重新发现被成俗时代的虚伪所掩盖了的真理，实现其向伟大真理的回归。

记者：

那第五个时代，又是什么时代呢？

奥罗宾多：

第五个时代，我命名为主观主义时代。到了主观主义时代，人们开始探讨自身和事物主体的秘密。在研究人与世界的时候，人们发现，他们的理智是一种不完善的工具，仅仅限于对事物表面的分析。因此，人们开始不得不用内省、直觉的方法去探讨表面事物更深层次的真理，这种真理，就是人类内部的心灵和宇宙最高的精神。到了主观主义时代，原来的理性主义开始隶属于直觉主义，实用主义也开始受到挑战。

记者：

那在人类历史上，又是哪一个时代对应于这个主观主义时代呢？

奥罗宾多：

19 世纪末 20 世纪初，标志着主观主义时代的到来。尤其是德国、法国哲学领域出现了一种直觉主义和生命论为主导的超理性主义思潮，更是主观主义时代到来的标志。

记者：

听你讲这五个时代，我有两个感觉。

奥罗宾多：

你有什么感觉，请讲。

记者：

第一个感觉是，你所提出的五个时代的名字，看不出前后相连的历史属性，如果能够换一些别的更恰当的名词，或许会更好。第二个感觉是，你关于划分历史五个阶段的理论好像不是你自己的创造？

奥罗宾多：

你是什么意思？

梵之音：印度思想之旅

记者：

我曾经看过一些书，这些书介绍德国历史学家卡尔·兰普雷克特的研究成果，他把人类走过的历史划分为：象征时代、成俗时代、典型时代、个人主义时代和主观主义时代。我感觉他的划分和你的一模一样，不会是他剽窃你的成果吧？

奥罗宾多：

这位哲学家比我年长 16 岁，但我们没有什么交集。很显然，他不可能剽窃我的成果。当然，我也没有剽窃他的成果，只能说是英雄所见略同吧。

十五　一切国家都是利己主义的

记者：

我读过你写的《人类统一的理想》一书，在这本书中你提出"人类统一"的观点。我想了解你为什么要提出这个设想？

奥罗宾多：

这个设想是我为了改变当下国家这个怪胎而提出来的。

记者：

你认为国家是个怪胎？从何说起？

奥罗宾多：

在人类历史上出现过各种各样的组织和机构，家庭、部落、种族、民族、阶级都是，国家也是。

记者：

国家是人类社会发展到最高阶段的产物，你称为怪胎，这是为什么？

奥罗宾多：

什么叫国家？国家是一个把个人当作牺牲品的、有组织的团体。这个团体要求个人必须无条件地服从整体的利益，而实际上它是要求个人服从某一个集团在政治上、经济上的利己主义，以此满足某个集团的目的和野心。

记者：

哦？你是说国家表面上代表的是整体利益，实际上代表的是少数特权、集团的利益。

奥罗宾多：

是的。国家是少数人欺骗多数人的工具，是少数人统治大多数人的机器。国家的存在，不仅不能解决整体利益与个人利益之间的矛盾，相反，还会使这种矛盾走向极端。

记者：

国家的矛盾形形色色、多种多样，难道所有的国家都是如此？

奥罗宾多：

不论体制如何，只要是国家，就概莫能外！

十六　"人类宗教"

记者：

你们印度的思想家都喜欢创立宗教，泰戈尔想创立"人的宗教"，你想创立"人类宗教"。

奥罗宾多：

这是我的理想。我之所以提出"人类宗教"的思想，就是为了解决国家目前存在的问题。刚才我们已经谈到，国家就是利己主义的工具，人类要发展下去，这种利己主义的东西必然要进行彻底地改造，不改造人类就不可能持久地存在下去。

记者：

我知道你提出人类统一的理论，那原来的国家该怎么办呢？

奥罗宾多：

国家这个东西毛病丛生，如何处理大概有两种。一种是在中央集权和统一的原则基础上建立世界国家。

记者：

又是集权又是统一，你这样的国家是不是依然是利己主义的呢？会不会又是某个特殊利益集团的国家呢？

奥罗宾多：

毫无疑问，是的。显然，这个思路不可取。另一个思路就是要在既有精神统

梵之音：印度思想之旅

一，又保持各自特点的基础上建立世界联盟。这个世界联盟不是靠强制性的行政手段、不是靠强制性的军事和经济手段去实现，而是通过精神和道德的手段来实现。

记者：

什么样的手段才是精神和道德手段呢？

奥罗宾多：

我提出的"人类宗教"，就是要解决这个问题。实现人类的统一面临两个困难：一要克服人类进化过程中所形成的各种利己主义；第二，实现人类的统一之后如何使这种统一可持续性地坚持下去。这两个问题解决不好，人类的统一就不可能实现。

记者：

你的"人类宗教"核心思想是什么？

奥罗宾多：

自由、平等、博爱。

记者：

自由、平等、博爱是18世纪法国大革命时期提出的口号，莫非你想用法国大革命的那一套思想来作为建立未来世界联盟的原则？

奥罗宾多：

我没有明确说过，但你的说法和我的真实想法不矛盾。

奥罗宾多简传

奥罗宾多（Sri Aurobindo，1872—1950年），本名室利·奥罗宾多·高斯，生于印度加尔各答，印度先知、诗人和民族主义者。北印度地区的政治人物、哲学家、教育家。

奥罗宾多7岁时到英国留学，曾在伦敦圣保罗中学和剑桥大学读书。他掌握拉丁、希腊、英、法、德等语言，阅读了大量西方古典和近代哲学名著。1893年回国，在巴洛达大学任教，并着手学习梵文和印度古代哲学经典，研究哲学、神秘主义及瑜伽。他所创建改进的新瑜伽，也成为今瑜伽研习主流之一。1905年民族解放运动高潮时，他积极投入反英斗争，在加尔各答创办爱国报纸《敬礼祖国》，担任爱国人士建立的国民学院院长职务，成为当时孟加拉民族运动的主要领导人。1907—1908年曾两次被殖民当局逮捕入狱。1910年移居印度东南海滨的法国属地本地治里，在这期间，他创办"奥罗宾多书院"，主编《雅利安》英文月刊。奥罗宾多是通过精神进化使宇宙得救的哲学的创始者，深受印度诗人泰戈尔所崇拜。

奥罗宾多一生著有百余种著作，主要哲学著作有：《神圣生命》《人类循环论》《人类统一的理想》《印度文化的基础》等。

第二十八章　论人与国家的命运

——对话泰戈尔

引　子

　　泰戈尔是最早获得诺贝尔文学奖的亚洲人之一。他是印度现代最伟大的诗人、文学家、社会活动家、哲学家，后人尊称他为"诗哲"。他的文学作品涉及包括大量的诗歌、散文、小说和哲学著作。他的哲学涉及人与宇宙的关系、人的有限性和无限性、人类的命运和实践的道路以及关于民族主义的评论等等。让我们走近这位才充满着人道主义、爱国主义和国际主义伟大情怀的印度思想家。

一　因《吉檀伽利》而获诺贝尔文学奖

记者：
你在 1913 年就获得诺贝尔文学奖，这非常了不得呀！

泰戈尔：
我是因写诗而获诺贝尔文学奖，代表作就是《吉檀伽利》。

记者：
在你们的语言中，"吉檀伽利"是什么意思？

泰戈尔：
"吉檀伽利"就是献给神的歌。

记者：
作为当事人，你是如何看待诺贝尔奖委员会把诺贝尔文学奖颁发给你的？

第二十八章 论人与国家的命运——对话泰戈尔

泰戈尔：

说句实话，我没有想到自己能够获得诺贝尔奖。诺贝尔奖委员会在给我的颁奖词中，介绍了他们授予我这个奖项的原因。

记者：

你认为他们说的准不准？

泰戈尔：

也差不多，跟我自己分析得差得不多。

记者：

那请问，诺贝尔奖委员会是如何评论你的诗的呢？

泰戈尔：

诺贝尔奖委员会认为我的诗具有深刻的思想性。同时，他们也认为，我的哲学具有很高的艺术性。

记者：

我相信诺贝尔奖委员会的评价没错。我关心的是，你的《吉檀伽利》主题是什么？

泰戈尔：

我的《吉檀伽利》是歌颂神的；但是，与其他诗人简单地歌颂神不一样，我更多地强调，人要追求与神的融合；同时，我也强调，在神的面前人人平等；同时，也鼓励人们，不要拜倒在神的面前，而失去自己的自由。

记者：

难怪你把自己说成并非一个纯粹的诗人。在我看来，你就是一位哲学家，也是一位传道者。

泰戈尔：

不瞒你讲，我也是这么认为的。我与别的诗人的不同之处，最集中的表现就在这里。我的诗，就是一种哲学，说到底，是一种人生哲学。我的诗，是以它的哲理而写成。当然，在表达我的哲学思想的时候，我的表述形式可能是一般的哲学家所不可比的。一般的哲学家，喜欢单纯的理性论证，而缺乏感情的支撑。但

梵之音：印度思想之旅

看我的哲学，就不一样。

记者：

不一样在什么地方？

泰戈尔：

我的哲学，能够用来歌唱，能够用于教育他人。我的哲学像天地间的云彩，能够化成一阵时雨，同时也能够染成五色的彩霞，以装点蔚蓝的天空。

记者：

深刻的思想与高超的艺术，这或许就是你能够获得诺贝尔奖的根本原因。我也想知道，你深刻的思想渊源在哪里？

泰戈尔：

说来也很简单。我思想的渊源有三大方面：首先是来自我们印度古代的《奥义书》和《吠檀多》哲学。《奥义书》中所谈的"梵我归一"的思想，对我影响很大。

记者：

其次呢？还有什么对你影响很大？

泰戈尔：

印度教对我影响很大，尤其是其中一个派别叫虔信派，对我影响最大。在虔信派看来，万事万物都具有灵魂；无论是山、无论是水，都是伟大神灵的大慈大悲；这些神灵爱每一个人，绝不会厚此薄彼。也正是在讴歌这些神的过程中，让我意识到人与人是平等的。

记者：

这第三个思想渊源恐怕是西方思想吧？

泰戈尔：

是的。年轻时，我在英国读大学，西方的人文思想、自然科学、人道主义学说，对我的影响很大。耳目濡染下，我自然会把西方的平等思想、人权、博爱这些观念引入我的诗歌创作之中。

记者：

我相信，诺贝尔奖委员会能够把这个奖项授予给你，或许与你能用印度的语言来传播西方的文化有关。

泰戈尔：

有这个因素。我也觉得，我们这些东方的文学家，应该去吸取西方文化中最优秀的东西。过分沉溺于古旧的传统文化中，只会是死路一条。

二　古希腊文明是城市文明

记者：

你说古希腊文明是城市文明，而古印度文明是森林文明。有这说法吗？

泰戈尔：

我先来解释你说的第一个问题。古希腊文明与我们印度文明是不一样的。

记者：

愿闻其详。

泰戈尔：

之所以说古希腊文明是一种城市文明，是因为它是在城墙之内培育起来的。无论是苏格拉底的哲学、还是柏拉图、亚里士多德的哲学，都是如此。

记者：

城市文明与你所讲的森林文明比起来，有什么特征呢？

泰戈尔：

城墙就是一个壁垒，它把人跟大自然分割开来，使人无法自由地接触大自然，从心理上就在人们的头脑中留下了深深的痕迹，会使人自然地养成这样的一种心理习惯。

记者：

什么习惯呢？我们现在都住在城市里，很想听听你怎么说？

泰戈尔：

现在的城市和过去的城市不一样。过去的城市，就是横亘在人与大自然之间的壁垒，人们的心理习惯于把城墙之外的东西，都称为异己的、敌对的东西，因而，对这些东西就产生了怀疑。古希腊的哲学，怀疑主义非常浓，就与它产生于城墙之内，有很大的关系。

记者：

你的角度很独特，请你继续。

泰戈尔：

其次，城市都是用来堆积战利品的。在城市里面，人们看到的都是从敌人那里夺来的财物。因此，城市文明也就意味着要不断地去征服他者、征服外人，只有这样，才能够维持自己的生存。因此，城市文明倾向于把自己的生存建立在别人的生存之上。

记者：

听起来似乎有一些道理。

泰戈尔：

还有一点，住在城市之中，人们倾向于这样的观点：自己是世界的中心，而外部的世界是邪恶的世界，它们没有生命，即便有，也是兽性。因此，住在城市的人，很少希望通过什么渠道去与别人进行沟通。城市文明欠缺理智，情感方面也比较匮乏。可以说，是一种缺乏沟通性的文化。古希腊文化，就是如此。

三 古印度文明源自于森林

记者：

与希腊文明比起来，你说古印度文明产生于森林。我想，它的一些特征不要讲，也是可以悟出来的。

泰戈尔：

既然说到这儿，那我就接着讲。

记者：

请继续。

泰戈尔：

我们的祖先是雅利安人，来到印度，早先就住在森林里面。森林，给我们的

第二十八章 论人与国家的命运——对话泰戈尔

祖先提供了躲避暴风骤雨和严寒酷暑的场所，提供了建筑房屋的材料，也提供了养殖家畜的木材。就连我们的祖先拜神祭祀用的原料，赖以生存的水源和食物，全部依赖森林。

记者：

这种文明的特征，应该与城市文明完全相反。

泰戈尔：

基本方面是不一样的。总体来讲，有两点不同。

记者：

哪两点？

泰戈尔：

我们印度人不像希腊人那样远离大自然，相反，我们生存于大自然之中，依赖大自然，与大自然保持着最密切、最和谐的关系。在我们印度人的心里，人一旦离开大自然，我们就无法生存下去。从一定程度上，大自然是我们的生产之源。这一点，希腊人不是这样认为的。

记者：

在我的印象中，荷马是非常重视与大自然的关系的。

泰戈尔：

例外或许是有的，但成熟阶段的希腊哲学，都不是这个样子的。其次，我们印度人习惯把自然界的万事万物都看成是有生命的、有感情、有精神的。我们强调，人与自然界在精神上是相通的，人与自然界是可以交流和沟通的。

记者：

也就是说，印度人倾向于万事万物都具有灵魂。如此说来，泛神论在你们印度文化中，也很有市场啰？

泰戈尔：

也可以这么讲吧。既然我们把外部世界看成富有情感。并且可以交流。因而我们倾向于人要与外部世界建立一种和谐的统一的关系，而不像希腊人那样，不是征服者，就是被征服者。

四　万事万物都是梵的表现形式，
　　人与自然万物在精神上是统一的

记者：

在你们印度哲学中，梵是一个非常神圣的字眼。

泰戈尔：

没错。在我们印度哲学中，梵被看成是宇宙的最高本体，是宇宙的本原和基础。正因为梵所具有的神圣性，我经常用一些非常高大上的词来表述它。

记者：

有哪些词呢？

泰戈尔：

我经常用"宇宙意识""宇宙精神""最高精神""神""普遍无上者""无限人格"来表示梵。

记者：

从哲学的层面，你的话，已经说到家了。但据我了解，对梵是否具有某些形式、属性，你与其他思想家的看法似乎有所不同。

泰戈尔：

是的。别人把梵说成是没有任何形式、没有任何属性，超越时间、超越空间。对此，我有不同看法。

记者：

你为什么有不同看法？

泰戈尔：

在我看来，如果梵没有形式、没有属性，超越时间、超越空间，看不见摸不着，人就不会对这些东西产生兴趣，就不可能去崇拜它、敬仰它。而只有梵被看成是一种有形式、有属性，看得见摸得着的东西，人们才会敬仰它，才会热爱它。

记者：

你的意思是说，梵并非是看不见摸不着、来无影去无踪，像云像雾又像风的东西。

泰戈尔：

当然是了。人的灵魂和宇宙的意识是统一的，天的意识和地的意识是统一的。总之，万事万物之间，精神上是相互沟通、相互和谐。这，才是我所主张的。

五　文明的定义

记者：

我们谈论了希腊文明，也谈论了你们印度文明。文明这个词，已经说了若干遍。我想问一下，你主张的文明这两个字的意思是什么？

泰戈尔：

所谓文明，就是各个民族为了按照它最好的理想去塑造它的国民而忙于制造的模型。它所有的机构、奖惩准则、有意识或无意识的学说，都是针对这一目标的。

记者：

你把文明看成是一种模型，看成是一种打造最好理想去塑国民的模型？

泰戈尔：

就是这个意思！西方文明就是通过它全部机构的努力，试图在身体方面、在纪律方面和道德方面培养出满足他们要求的完美的人。刚才，我们已经谈过，西方文明是城市文明，它的目标是占领城市外的财富。因此，西方文明培养出来的国民，就是最大限度地发挥他们的才干，去占有和利用一切得到的东西。为了得到这些东西，他们不仅要对大自然做斗争，也要与其他的民族做斗争；与天地斗，与人斗，在斗争中最终实现他们的理想。

记者：

那我问你，印度文明的最高理想是什么？

泰戈尔：

印度文明的最高理想，不是去追求财富，不是去占领别人的城市，我们所追求的，是与大自然和谐统一。我们的文明所培养的人，不是那些努力追求财富、权利的人,而是去追求宇宙最高本质,实现人格与宇宙高层次统一的文明。

记者:

若果真如此,印度文明与西方文明还真是有所不同。

泰戈尔:

在我们印度,最受尊重的不是国王,不是皇帝,不是将军,而是那些抛弃私欲和财产,在森林里修身的圣贤。在我们的文明中,唯有这些圣贤,才能够接近最高的神,才能够实现永久的宁静,才能够实现与宇宙的最高层次的统一。这样的人,是完人、是至善之人。而那些皇帝、君主、将军,都不过是仅仅获得短暂成功的人,他们与神的距离十万八千里,与圣贤根本不可同日而语。

六 对东方来说,西方是必不可少的

记者:

我看过你的一些演讲稿,尤其是,我曾经对你 1916 年访问美国、日本两国时的演讲稿做过认真地研究。我有这样的一个感觉。

泰戈尔:

什么感觉?

记者:

我感觉,你对西方文明是非常反感、厌恶乃至仇恨。字里行间,我能够体会出你对西方文明的失望。难道西方文明就像你讲的那么糟糕吗?

泰戈尔:

世界大战的爆发,是西方文明崩溃、堕落的证明,是它们长期推行民族主义所带来的必然结果。如果这种文明不进行改革,那么人类将彻底走向灭亡。这点,我一点都不怀疑。但尽管如此,并不说明西方文明一无是处。西方文明与我们印度文明比起来,确确实实,有许多方面值得我们学习。在一定程度上,可以说对于东方来说,西方是必不可少的。

记者:

此话怎么讲?

第二十八章 论人与国家的命运——对话泰戈尔

泰戈尔：

我们印度以前奉行的政治是专制政治，不公平的现象、政府滥用权利、讹诈百姓的事情数不胜数。这种制度，给全体印度人带来的苦难和不安，让人揪心。我真的盼望能够有别的文明来拯救印度人。

记者：

这是你的真实想法？

泰戈尔：

没错。英国人来到印度，给我们印度创立了法律制度。他们的法律制度非常好，对于文明的稳定和整个印度的进步，是必不可少的。借助英国给我们创造的法律制度，印度人开始懂得了普遍的法律标准，大家的平等意识也得到加强。无论人们的种族是什么，也无论人们的皮肤的颜色是什么，人们越来越认为，上帝面前人人平等，哪一个种族，都不应该享有特权。这种对秩序、这种对平等的意识，是西方人，具体说就是英国人带给我们印度的。

记者：

我感觉你还是一个比较理性的人，并没有因为自己的祖国遭受英国的侵犯，就不及其余的批评西方人。

泰戈尔：

激情是激情，理智是理智。与我们原来的政府比起来，英国人帮助我们建立起来的政府，毫无疑问是最好的政府。无论是东方文明还是西方文明，都是不同的生活观，都是我们研究真理、发现真理的不同的路径。东方文明有它的价值，但缺乏生命力；西方的精神虽然来的如暴风雨般猛烈，可能会带来一些麻烦，但是它富有朝气、拥有生命力。作为一个理性的印度人，应该学会平衡。

记者：

平衡什么？

泰戈尔：

平衡东方文明与西方文明的关系。古印度的统治也不是好的统治，它带来的愚昧也令人感到痛心，必须要借助西方文明进行调整。

记者：

你说的这些话，听起来耳目一新。但我相信，绝大多数印度人不会认同你的话。

在绝大多数印度人看来，英国人是外来的种族，它对印度除了侵略，什么都不是。

泰戈尔：

关于这个问题，我认为一些人的看法是不妥当的。我们必须看到，印度的历史并不属于一个特定的种族的历史。印度是一个有很多种族都做过贡献国家：早期的有达罗毗荼人和雅利安人；后来的古波斯人、希腊人和伊斯兰教的教徒们都对建设印度做出了重大贡献。英国人不过是建设印度的种族之一，英国人用他们的法律、纪律、商业，为印度的建设所做出的贡献，必须得到认可。英国人为印度的历史带来的生活的现实，我们没有权利排除英国人参与建设印度的史实。

记者：

如此说来，你对英国这个民族，还是很有好感的嘛。

泰戈尔：

当然是了。不列颠民族是一个了不起的民族，它产生了胸怀开阔的人，产生了不少具有伟大思想的思想家和伟大功绩的实业家，它的文学举世无双。英国人爱好自由和正义，憎恨欺骗。他们的思想很纯净，态度很坦率，对友谊非常重视。英国人的行为非常诚实、可靠。我与英国这个种族不少知识分子的接触，促使我不仅敬佩他们的思想能力和表达能力，我更加敬佩他们的豪爽的人性。这个民族和它的人民是伟大的，就像我感觉到的太阳一样。

记者：

但现实是，大英帝国对全世界，包括印度在内的殖民统治与侵略也是不容置疑的。

泰戈尔：

是的，但我认为，我们绝不能因为民族主义给世界带来的灾难，就否认西方文明存在的价值。

七　论人的有限性

记者：

你的书，用很多篇幅研究人性、研究人的本质。好多人都说，关于人性的问题，是你哲学的核心。

第二十八章 论人与国家的命运——对话泰戈尔

泰戈尔：

没错。人性问题弄不清楚,其他问题将无从谈起。

记者：

你曾经说过,人性是人的有限性与无限性的统一。我想问一下,何谓人的有限性?

泰戈尔：

所谓人的有限性,就是指人作为一个肉体而具有的那种性质。通俗地说,如你我一样,都是一个人,我们所不可避免地具有的那种本性,我称之为有限性。人的有限性是可以通过生物学、生理学和心理学来测量和确定的。

记者：

我明白你讲的人的所谓有限性,也就是指人作为一种物质性的存在所具有的那些属性。

泰戈尔：

可以这么讲。人的有限性具体包括这样的一些特征：一是首先要满足人作为一个肉体的基本需求,如衣食住行、生儿育女、寻求快乐、保持种群的延续等,这一些都是人的生存所必不可少的。作为一个人,不可避免地要想尽一切办法来满足这些需求,没有这些需求的满足,人类就无法生存下去。

记者：

是这样。如果连衣食住行都解决不了,人类怎么能够存在下去呢?

泰戈尔：

其次,人的有限性还体现在每个人都有强烈的自私的意识。在物质的追求上,人总是贪得无厌,人总是把拥有财产作为自己最大的满足。人的思想、爱好、行为等等,都被占有财富的意志所左右。占有的财富再多,也无法满足人类贪婪的欲望。这种贪婪,使人陷入一种对物质的疯狂迷恋之中。

记者：

可以这么说。在精神上,人也有很多自私的表现。

泰戈尔：

没错。人喜欢虚荣傲慢、自高自大、沽名钓誉、固执己见、嫉妒、报复。为了满足自私的心理,人有时候蛮不讲理。如果自私的心理得不到满足,人经常会铤而走险，干出违背人间道德的坏事。

记者：

人间的好多悲剧也由此而产生。

泰戈尔：

最后一点，人的自私性，表现在：每个人都认为自己是世界上最聪明的、最有力量的人，而要求别人无条件地服从于自己，听命于他的摆布，受命于他的监督，而不受别人的监督。

记者：

有这一点。

泰戈尔：

人经常为了保持自己的独特性，总要千方百计地证明自己是人间最伟大的人，他高于一切，他高高在上。其他人都是小不点，都是毫无意义的空气振动。

记者：

说来说去，你所讲的人的有限性，其实，就是我们每个人都有的那种本性。

泰戈尔：

没错。这种本性是人的生存必不可少的，但它是人的低级属性，不能代表人的最终的本质。人的最终的本质是人的无限性。

八　论人的无限性

记者：

那么，什么是人的无限性呢？

泰戈尔：

在我的书中，用来表达无限性的词很多。

记者：

这个，我知道。你用以表达人类无限性的词主要有："灵魂""无限人格""无限自我""无限者""生命之人""普遍之人""永恒之人""永恒精神"这几个词似乎都是指人的无限性。不知我说的对不对？

第二十八章　论人与国家的命运——对话泰戈尔

泰戈尔：

你说的一点都不错。人的有限性是指人的肉体性和物质性，人的无限性指的是人的精神性。归根结底，它就是存在于人体内的那种神性，也就是我们经常说的"梵"。人正因为拥有了这种神性，从而使人与万物、与宇宙、与神得以沟通。

记者：

刚才，你系统地列举了人类有限性的几个特征，你是否也列举一些人的无限性的特征呢？

泰戈尔：

这是必须的。人的无限性它代表着人的精力过剩，它与宇宙的最高精神也就是"梵"同出一源。"梵"虽然受控于人体，但"梵"竭力要恢复它原来的精神状态，竭力摆脱肉体的束缚。因此，正是这种人的无限性，迫使人不断地超越自己的愿望，不断地推动人超越有限的自我，驱使人净化。这是其一。

记者：

你的意思是说，人正因为拥有这种无限性，才促使人不断地超越自己的愿望，不断地实现自我净化？

泰戈尔：

是的，这种动力就是来自于人的无限性。其次，人的无限性驱使人类追求永生。

记者：

这又如何理解？

泰戈尔：

"梵"是人体内部那种永恒的精神，它原本就是永生不死，它与肉体不一样。正因为有了这种无限力的推动，人才不甘心死亡，而不断地追求永生，以期在追求生死轮回中得以解脱，从而实现与宇宙的最高融合。

记者：

你的意思是说，人正因为拥有这种无限性，才会不断地渴望永生、才会不断地渴望实现与宇宙的融合？

泰戈尔：

没错。第三点，人正因为拥有这种无限性，才会对大自然产生兴趣，才不会

梵之音：印度思想之旅

产生那种伤害对大自然的坏行为。

记者：

这又如何理解呢？

泰戈尔：

我们早就交流过，人内在的那种生命、那种神性与自然万物在本质上讲是统一的，它只不过是以不同的侧面来显示"梵"那种神性。正因为人与大自然有这种共同的神性，从而让人们意识到人与大自然有着这种天然的亲缘关系或者说是天然的感情。

记者：

你的意思是说，因为拥有这种神性，从而使人得以意识到这种大自然与人是亲戚关系、亲缘关系？

泰戈尔：

没错。人正因为与大自然有拥有某种共同的感情、被大自然的美丽所打动，才会对山川大河、花草动物产生爱慕之情。相反，如果没有这种共性，人就会藐视自然，就会企图征服自然，就会梦想自己做自然的主人。

记者：

这个，我明白。那第四点是什么呢？

泰戈尔：

人的有限性，决定着人类经常用机械的方法来安排自己的生活方式，一切都是被决定着的。因而，肉体的人缺乏创造性。相反，精神的人则决定着人具有无限的创造能力。它能不尽地创造事物，而且能够表达新的概念。可以说，人的这种无限性，决定着每个人都可以成为伟大的艺术家。

记者：

是不是意味着人正因为拥有这种无限性，从而决定着人类有可能不断地实现着从简单的动物向神性的跃迁？

泰戈尔：

可以这么讲。人就是一个由有限性和无限性综合起来的综合体，而决定着人类发展方向的是其精神，也就是无限性，有限性只不过是一种基础而已。

九　肉体："神性的庙宇"

记者：

你把人的肉体视为代表人性的有限的一面，而把精神、灵魂视为代表人性的无限的方面。是不是意味着，在对待精神与肉体的关系上，你与印度其他的思想家具有相同的心态？

泰戈尔：

此话怎么讲？

记者：

根据我的研究，印度很多的思想家极端看重精神的作用，而极力贬低肉体物质性的作用。你是否也是如此呢？

泰戈尔：

我与这些人的观点不一样。不管别人怎么认为，比如有些学者经常否定肉体的价值，而在我看来，肉体和灵魂都是实在的，而不是虚幻的东西。因此，人们在重视精神作用的时候，不能否定肉体存在的价值。有一点我要特别强调。

记者：

你强调什么？

泰戈尔：

那就是肉体对于灵魂、对于精神修炼的价值应该得到尊重。

记者：

从何谈起？

泰戈尔：

我曾经把肉体比作"神性的庙宇"，这个比喻就真切地反映了我对肉体与灵魂关系之看法的基本观点。

记者：

这话有点不好理解，能说得通俗一点吗？

泰戈尔：

"庙宇"代表着一种容器，"庙宇"也代表着一种伙伴，一种共同存在的东西，一种相互帮衬的存在。一些人认为，人无须肉体的帮助，就可以实行精神的解脱；而且，他们还认为，要想实行精神的解脱，就必须摆脱肉体的支配。而在我看来，这是错的。一个人，只要尽心尽力地修炼，在他活着的时候，在他现在的身体中，就可以达到精神的解脱。而且，有了肉体的支持，人的精神修炼或许比没有肉体支撑下的修炼来得更加容易些。

记者：

我基本理解你这些话的含义。你与印度那些蔑视肉体、轻视人生的思想家比起来，你还是比较重视现世的生活，重视生命的意义，重视人生的价值的，而不是仅仅沉溺于某种精神上追求。

泰戈尔：

大概如此吧。

十　在行动中实现自我

记者：

你对人类的命运非常关心。

泰戈尔：

作为一个学者，不可能不去关心这类问题。

记者：

那人类的最终命运是什么呢？

泰戈尔：

要回答这个问题，还得把我们刚才所探讨的问题做个总结，总结一出来，答案似乎也就出来了。

记者：

请讲。

泰戈尔：

如前所述，人有两个方面，肉体代表着有限的方面，精神代表着无限的方面。人的肉体代表着人的低级层次，它具有强烈的自私意识和独立意识，它会做出许多自私自利不顾他人的事情，从而使自己与他人隔离开来，使社会不能和

第二十八章 论人与国家的命运——对话泰戈尔

谐、不能统一。而精神则代表着人的高级属性，代表着人的真正的本质。人具有无限的创造力和真善美的本性，本质上讲，人也具有和大自然融为一体的本能。

记者：

你的意思是不是说，要努力去把人性中的那种精神性的东西最大限度地挖掘出来，并使之得以实现，就是作为人的最终价值或者说是命运了。

泰戈尔：

是的。一旦人的精神性被揭示出来，人与人之间就会充满爱，人类社会就会和睦相处，人与大自然就会和谐统一。回到你刚才说的问题"人类的最终命运是什么"，我告诉你：人类必须通过各种渠道，来转化自己的人性，使自己肉体的性质转化为精神的性质，使自己的潜在的真善美、和谐统一的本性充分显现出来，从而使人类相亲相爱、快乐，使社会生活和谐统一、完美无缺。这就是人类奋斗的目标，也就是人类最终的命运。

记者：

古印度大多数哲学家，都非常强调精神修炼，瑜伽就是最重要的一种。似乎人只要脱离生活、远离现实、藐视人生，他就会实现你所讲的人类的最终命运。对此，你是怎么看的？

泰戈尔：

这种做法，是完全错误的。我的观点很简单：人不能脱离社会、脱离生活，人只有在实实在在地为他人服务的工作中实现精神上的超越。离开日常的工作，远离人间，那是一种堕落，既不能实现精神上的超越，反而会让人陷入精神上的绝境，使社会更加糟糕透顶。

记者：

你曾经说，人类命运的实现过程，也是一种自我牺牲的过程。这如何理解？

泰戈尔：

刚才我讲，人要实现精神上的飞跃，归根结底，要通过实实在的工作，通过实实在在地为他人服务的工作才能得以实现。为他人工作，这是自我牺牲，必然有痛苦，绝大多数人一开始都是非常勉强的。就像一颗不熟的桃子，被活活摘下来被他人吃掉一样。但是，如果长期坚持下去，一旦形成习惯，就不会感到为他人服务是一种痛苦；相反，就会逐渐成为一种快乐。

十一　日本崛起的背后

记者：

通过看你的很多讲话稿，觉得你的很多观点都非常矛盾。

泰戈尔：

希望你说得详细些，举个例子最好。

记者：

关于欧洲文明，你一会儿表示欣赏它，认为欧洲文明代表着人类的希望与未来；你一会儿又以咬牙切齿的态度来谴责西方文明，似乎是欧洲的文明把人类带进了世界大战。

泰戈尔：

其实，我对欧洲的看法，也并不矛盾。欧洲确实是了不起，刚才我们也说过了，对于东方来说，西方文明是必不可少的。这一点，我非常明确。是欧洲带给人类法律、秩序、自由、平等、理性，世界需要这些东西。

记者：

那你为什么又经常痛批欧洲文明？

泰戈尔：

我之所以经常痛批欧洲文明，是因为，欧洲的民族主义，使欧洲成为一个侵略工具，并把整个世界带进了万劫不复的境地。如果欧洲能够改变这一点，我认为，欧洲同样是伟大的。接着说，你还认为我有什么观点是矛盾的？

记者：

关于你的祖国所在的亚洲，你的评价也是矛盾的。一会儿你把它夸得像一枝花，一会儿你又以不屑一顾的口气来评论它。这种爱恨交加的心情，在你的著作中时有出现。让人感觉，你对亚洲也是持一种矛盾的心态。

泰戈尔：

其实也谈不上什么矛盾。亚洲的文化，毫无疑问是世界文化的最好的文化。但是，它的文化也非常保守，经常拒绝进步，把面孔转向过去。我也说过，亚洲简直就是生活在过去，它像一座壮观的陵墓力图以它的全部的富丽堂皇使死者永垂不朽。还有一点，亚洲的很多学者，思想也非常保守。一见到别人批评我们，就感到极端地反感。很多人力图用自欺欺人的办法，把自己的耻辱和落后变成可以吹嘘的事情，这是我们亚洲的可悲之处。

记者：

似乎你对日本这个民族拥有特别的好感？

泰戈尔：

没错，日本的崛起仿佛是在一夜之间。当我们很多的亚洲民族——如我们的印度也包括你中国——正在迷雾之中，不知走向何处的时候，日本这个民族在一夜之间冲破它旧习惯的壁垒，以巨大的步伐，抛开它几个世纪的无所作为，以最先进的成就，赶上了现在的时代。与其他的亚洲民族相比，日本显得是那么自信，又显得是那么让人感到潜力无比。

记者：

我对日本的文化，也跟踪了若干年。日本的强大，主要在于它善于学习西方的东西。如果没有西方的东西，日本就不可能强大。

泰戈尔：

我不同意你的观点。日本的强大，并不在于它向西方学习什么、模仿什么，日本强大的真正动力扎根于它自己的文化。日本产生于古老的东方，它像一朵荷花、洒脱开放，同时牢牢扎根于它生长出来的泥土的深处。

记者：

不愧是诗人，你的评价也充满诗意！听你的意思是说，即便是没有西方文明作为榜样，日本也同样会崛起于世界文明之国，是这样吗？

泰戈尔：

也可以怎么讲。但是，有了西方文明作为借鉴，日本崛起的速度，就大大加快了。

记者：

那你认为，是日本文化中的什么因素，促使日本迅速崛起呢？

泰戈尔：

日本是古代东方之子。这个民族拥有一个最显著的特点，那就是，它能够无所畏惧地为它自己要求一切现代的礼物。当你们中华民族拥有比日本更先进的文化的时候，日本这个民族，它同样无所畏惧地向你们中国学习；当欧洲文明以先进的姿态出现在日本面前的时候，日本同样是无所畏惧地打开自己的心扉，学习、借鉴西方的东西。与亚洲其他民族比起来，日本的惰性是最少的。它是所有亚洲文明中，最早进入生机勃勃年代的文明，它以其热情和才能，承担着现代化文明的责任。

记者：

你用如此华美的语言盛赞日本，是不是因为你是在日本演讲，去讨好日本人？

泰戈尔：

并非如此。在任何场合，我都讲过，日本这个民族，它是亚洲国家中最早驱除僵死的外壳的民族，它具有一种伟大的冒险主义精神，正是这种冒险精神，才使它能够最大限度地借鉴值得它借鉴的文明的优点和长处。我相信，这一点让日本成为最先进的民族，同样，在未来很长一段时间，日本也能够走在亚洲其他民族的前面。

十二　印度要想进步，必须走出历史的泥潭

记者：

看你发表的批判欧洲的言论，很多人觉得很过瘾。但是，我觉得，你对你们印度文明是不是有点太过护短？全世界的人都知道你们印度的种姓制度是非常野蛮的，而你却为这些制度作辩护。我想问一下，印度文明与印度文化，真的就那么完美吗？

泰戈尔：

这是你的感觉。我是个文化守陈主义者，我喜欢我们印度的文化。但是，我从不护短。别人不好、欧洲不好，我予以强烈地批评，乃至无情地谴责；印度不好，我也同样如此！

记者：

在你看来，印度的文化和传统，除了我们以前谈的以外，你认为还有哪些需要适应社会发展的需要做出调整？

第二十八章　论人与国家的命运——对话泰戈尔

泰戈尔：

肯定是有的。印度文化培养的那种自以为是、那种认为老子天下第一的那种东西，就非常不好。

记者：

感觉印度的许多学者非常自恋。

泰戈尔：

没错！有时候，我也是如此。印度的很多人都认为，印度的社会、印度的精神已经尽善尽美。我们的社会在我们这代人出生之前几千年就建设得很好，我们的祖先有超人的眼光、具有超自然的力量。我们总是认为，印度社会的方方面面已经做好千千万万的准备，足以应对未来社会所有的要求。

记者：

实际情况是这样吗？

泰戈尔：

当然并非如此！印度太过落后于我们所面临的这个社会。印度如果不从自恋中走出来，我相信，它作为西方人奴隶的身份，不会得到改变。

记者：

还有什么呢？

泰戈尔：

那就是我们前面提到的种姓制度问题。虽然我在有些地方也拿印第安人的问题去将美国人的军，但平心而论，印度的种姓制度，确确实实是有问题的。

记者：

什么问题呢？

泰戈尔：

全世界很多国家都有种姓制度，例如他们属于同一个血统，他们的种族可以通婚。但是，在印度并不如此。人跟人之间，等级森严、戒备很深。印度各个种族之间相互排斥这种现象，在全世界都很突出；各个民族之间、各个种族之间，不能相互通婚、不能相互交流。这就是我们印度社会最大的毛病。有人批评，这种制度太野蛮。说实话，我对此不想辩护。

记者：

还有吗？

泰戈尔：

还是我们前面所谈到过的，印度的专制制度，非常野蛮。这种制度，让人成为超人，也让人成为懦夫。在专制制度下，各种各样的谎言、威胁大行其道，人们没有任何的精神自由。一个社会如果没有精神自由，那它就没有任何的生机。

记者：

依照你所讲的这些，面对未来，印度应该做一些相应地调整。

泰戈尔：

是的。可惜，我们的很多政治家、学者意识不到这一点。他们认为，印度社会长期固定不变，这是一种至高无上的完美。他们不知道，这犹如人的肢体由于麻木而无法感到疼痛是一样的。印度这个社会，非常需要做一些手术，但是，我们很多印度人意识不到这一点，相反，却把印度的落后推到别人身上去。总之，印度的复兴，不去做一些深层次的手术，是不可能的。

十三　走向绝对的人性真理

记者：

看你的著作，读你的诗歌，常常有这样一些有趣的发现。

泰戈尔：

什么发现？

记者：

你常常是写景必写人，写人必写景。你若是描写一条河流，那么一条渡船就会出现；你若是描写一个景色或者风景，那么其中必然会有人的形象出现。当一朵花出现时，它肯定会给人的灵魂带来信息；当你描写雨夜的时候，雨点也必然打在人住都某个神庙的尖塔上；你描写隐居的安静，这种安静必然会被一种轻微的歌曲的旋律所带来的喜悦所打破。一句话，写人必有景，有景必写人。人似乎永远是你写作的中心？

第二十八章 论人与国家的命运——对话泰戈尔

泰戈尔：

没错。在我的文学中，人是中心，而外部世界不是别的，是我们人类精神的摇篮。

记者：

很多人把你称为一个人道主义者。在你的笔下，神是伟大的，但人与神同样也是一样伟大的。

泰戈尔：

的确。印度的文化是崇拜神的文化，但是，一些人把神抬到天上去，把人贬到地下来。这一点，我绝对不能认同。在我看来，神有时拥有人性，人有时拥有神性，两者有相通的地方。绝对不能因为崇拜神，就把人打入万丈深渊之下。

记者：

据说，你还经常把人的存在方式视为万物运行的方式？

泰戈尔：

是的。既然人性也体现某种神性，而神性是万事万物运行必须遵守的法则；那么，我们也自然可以说，万事万物的变化也是按照人的方式来活动的：它们按照人的方式行走，按照人的方式去看、去思考、去感觉。总之，人性也是宇宙万物变化的规则之一。

记者：

这我就明白了。在你的哲学中，你对神性的颂扬往往也是对很多人性的颂扬。我记得德国有一位哲学家费尔巴哈曾经说过，上帝的本质不过是人的本质的另一种表现。你的哲学，似乎也让我感受到了这种费尔巴哈式的体验。难怪有人说，你的哲学充满着人情味、经常闪烁着人性的光芒。

泰戈尔：

你说的费尔巴哈，我不了解。但是他把上帝的本质看作是人的本质的另一种表现，这个观点我是赞同的。主导我们这个世界的，是神性、是人性，也是人情。相比之下，一些所谓的理智者，他们以冷冰冰的态度去观察世界，这是会必然把自然也看作是冷冰冰的。现实的存在，和那些所谓的理智者的看法，完全是不一样的。

记者：

我知道你所要表达的意思。你是说，世界的存在永远体现着人性的东西？

泰戈尔：

没错。我深深地相信人性，我深深地相信人情。太阳虽然短时被乌云所遮盖，但它永远不会熄灭；人性和人情的真理，或许在一段时间被弱化，但它终将是绝对的存在，任何人也无法改变这个东西。

记者：

你的意思是说，人类与国家的进步，永远是走在绝对的人性真理的道路上？

泰戈尔：

正是如此！

十四　"人的宗教"

记者：

据说你要创立一种新的宗教，这可不是一般的事。我好奇的是，在一个宗教派别林立、宗教门类众多的印度，你为什么要创立新的宗教呢？

泰戈尔：

我之所以提出要创立新的宗教，肯定是源于对现实中的宗教不满。

记者：

现实中的宗教？你指的是什么？

泰戈尔：

在我所生活的时代，印度教一统天下，印度教是我的母教。但是，它所宣扬的一些东西，很愚昧、很无知、很野蛮，我非常不满。还有一个问题是，在我所生活的那个时代，伊斯兰教和印度教的许多教派，矛盾非常尖锐。一些教派的头头，打着教派的旗子，挑起教徒之间的战争，把社会搞得是乱七八糟。如果不对这些宗教进行变革，印度社会的混乱就无法得到改善。

记者：

这就是你提倡要创立新宗教的原因？

第二十八章 论人与国家的命运——对话泰戈尔

泰戈尔：

是的。

记者：

我曾经看过你写的那本书即《人的宗教》，看来看去，也看不出你的宗教到底是一种什么样的宗教，感觉就是教导别人如何生活、如何为社会服务、如何实现理想的方法的一套总汇。

泰戈尔：

我的宗教应该具有这样的几个特征：第一，我所倡导的人的宗教，它虽然有信仰的对象，但它只是一种精神，也就是人体内部所拥有的那种神性、那种无限的人格、那种被肉体所遮盖起来的真善美的本性。这就是我提倡要崇拜的对象，而绝不是所谓的神灵或者是偶像。

记者：

你的意思是说，你的宗教崇拜的是一种抽象的精神，而不是任何看得见摸得着的神灵或者是偶像？

泰戈尔：

是的。宗教是干什么的？宗教就是要培养人性中那些固有的好的东西，并让其发扬光大。我的宗教，也有一些经典作为支撑。

记者：

这我相信。不过你所创立的宗教，不会把你的著作作为经典吧？

泰戈尔：

哈哈！真是笑话！我的宗教奉行的经典是《奥义书》，《奥义书》所提出的"梵我归一"的思想，就是我的宗教的指导思想。我的宗教，不需要任何组织形式，不需要庙宇，不需要任何神职人员。

记者：

就是一种自由的信仰呗。

泰戈尔：

没错。任何人只要追求"梵我同一"的真理，就可以成为我的信徒，就可以用来实践我的宗教的伟大理想。我的信徒不需要举行任何祭祀形式，也没有什么清规戒律，信仰就是一切，行动就是一切。

梵之音：印度思想之旅

记者：

说到底，是一种道德规范而已。严格来讲，不应该算宗教。

泰戈尔：

如何理解，悉听尊便。

泰戈尔简传

拉宾德拉纳特·泰戈尔（Rabindranath Tagore，1861—1941年），印度著名诗人、文学家、社会活动家、哲学家和印度民族主义者。1861年5月7日，拉宾德拉纳特·泰戈尔出生于印度加尔各答一个富有的贵族家庭。1913年，他以《吉檀迦利》成为第一位获得诺贝尔文学奖的亚洲人。

泰戈尔的诗在印度享有史诗的地位，代表作《吉檀迦利》《飞鸟集》《眼中沙》《四个人》《家庭与世界》《园丁集》《新月集》《最后的诗篇》《戈拉》《文明的危机》等，被称为"诗圣"。

泰戈尔曾赴英国学习文学和音乐，十余次周游列国，与罗曼·罗兰、爱因斯坦等大批世界名人多有交往，毕生致力于东西文明的交流和协调。他又是著名的小说家、剧作家、作曲家和画家，先后完成12部中长篇小说，100多篇短篇小说，20多部剧本，1500多幅画和2000多首歌曲。

1924年，泰戈尔应孙中山先生之邀访华，"泰戈尔热"在中国进入高潮。他会见了梁启超、沈钧儒、梅兰芳、梁漱溟、齐白石、溥仪、辜鸿铭等各界名流。他熏陶了一批中国最有才华的诗人和作家，其中郭沫若、冰心受到的影响最深。郭沫若、冰心等人又以他们的作品，影响了一代又一代中国读者。泰戈尔的作品中"信爱、童心、母爱"的思想，博大仁慈的胸怀，独具魅力的人格，赢得了无数中国读者的敬仰。

第二十九章　真理就是神

——对话甘地

引　子

甘地是印度现代史上最伟大的人物。在印度，他被尊称为"国父""圣雄"。甘地把他的毕生精力都奉献给印度的解放事业，为印度的独立做出了杰出的贡献。在其为争取民族独立的斗争中，甘地也创立了一个完整的独具特色的思想体系，即"甘地主义"。其学术思想的灵魂是"真理就是神一元论"，即"非暴力不合作理论"。他的理论，不仅对印度人民，而且对其他争取民族独立的国家，都产生了很大的影响。

让我们走近甘地。

一　学术渊源的多元化

记者：

研究你的哲学和思想，觉得很费劲。

甘地：

为什么？

记者：

你对很多哲学问题的论述，非常分散，一片一片的；有时候，也相互矛盾。如果不把相关论述综合在一起，反反复复地进行归纳和分析，很难知道你想说什么。

甘地：

不好意思啦，你的感觉是对的！我想告诉你，我是一个政治家、是行动派，

梵之音：印度思想之旅

我不是哲学家。不怕你笑话，我没有接受过什么系统地哲学训练，因此，在表达思想的时候，我也很难用系统的逻辑性的哲学语言去表达，而只能采用陈述、经验和体会的手法来描述。

记者：

可以理解。我曾经看过你的自传（《自传——我体验真理的故事》）。我想弄清楚的是，哪一种思想对你影响最大？

甘地：

毫无疑问，我们印度的传统文化，对我影响最大。

记者：

你是说印度教？

甘地：

印度教是其中之一，佛教、耆那教对我影响也很大。

记者：

除了印度的传统文化对你影响大以外，还有哪些文化对你也有影响？

甘地：

应该说很多。在革命之余，我曾经研究过基督教的《新约全书》，还读过英国思想家约翰·鲁斯金的书，也读过美国作家亨利·索罗的书。

记者：

据说，俄国托尔斯泰的书你也看过？

甘地：

托尔斯泰是一个伟大的文学家，他曾经以"神的王国就在你心中"的观点对基督教进行新的解释，给我留下了非常深刻的印象。还有，托尔斯泰强调"人生活在这个世界上，要学会忍耐，忍耐可以产生力量，忍耐可以产生尊严"。这对我影响也很大。

记者：

据说，你的很多理论受索罗影响很大？

甘地：

我所提出的"文明不服从"的思想，在很大程度上受到索罗的影响。他就是强调"非暴力哲学"这种思想。

记者：

你是一位政治家，日常的事务很多，还能够抽出这么多的时间来阅读，很了不起！

甘地：

除了刚才提到的这些人的著作以外，我还喜欢读伊斯兰的书，喜欢读的拜火教书，喜欢读拉斯丁和当时很多神学家的书。没有这些人的书作为支撑，我是不可能提出我的理论来的。这一点，毫无疑问。

二 昔日的坚持："神就是真理"

记者：

据说，在你年轻的时候，对神特别地崇拜？

甘地：

没错。在童年的时候，我们每天都被大人教导去反复背诵印度经典中那些神的名字。

记者：

据我了解，在你们印度经典中神的名字有上千个，你能够把这些名字都一一背诵出来吗？

甘地：

不止一千，谁也背不上来。

记者：

据说，在很长一段时间，你把神看成是真理？请问，为什么在你的心目中，神就是真理呢？

甘地：

首先，我声明一下，"神就是真理"这是我以前的观点。现在，我并不这么认为。

记者：

这点我知道。我关心的是，之前，你为什么把神看成是真理？

甘地：

刚才，我已经说过，我们整天在背诵神的名字，长期浸染在这种文化教育之中。当时，我认为，我们的神像万物一样都有名称，当然，也可以说神没有名称。神有许多形式，我们则认为它没有形式。另外，我们认为神可以用许多语言和我们讲话，我们也可以认为神是没有语言的。总之，不管我们的看法对不对，神在我们的印象中，是一种至高无上的存在。它既可以有名称，可以没有名称；它既可以有各种各样的形式，也可以没有任何形式；它既可以用许多语言讲话，也可以不用任何语言就让人们理解它的伟大。符合这样的一种存在，它就可以说是至高无上的存在。因此，我提出了"神就是真理"这样的公式。

记者：

你这个公式中，把神等同于真理，真理是不可能有错的，因而，神也是一种神圣的永远不可能错的存在。

甘地：

可以这么说。实际上，在那一段时间，我们的内心深处认为，神不仅仅是真理，而且是高于一切的真理。

三 公式转换的背后

记者：

众所周知，你早先是坚持"神就是真理"这个公式，后来，你又把这个公式改成"真理就是神"。细心的人都明白，你做的两个公式的意义是不一样的：前者强调神的伟大与至高无上，后者则强调真理的伟大与神圣。

甘地：

是这么回事。我把"神就是真理"这个公式改为"真理就是神"。这中间也是经过反反复复地研究与思考，才这么做的。

记者：

原因有哪些？

甘地：

具体说来，是在我提出"神就是真理"两年后才改过来的。之所以提出

第二十九章 真理就是神——对话甘地

"真理就是神"这个命题，原因很多很多，最起码说有两点。

记者：

愿闻其详。

甘地：

神这个词，含义非常不明确，也非常暧昧，不同的人有不同的解释。有的人把这个"神"理解为一神论的"神"，也有人把这个"神"理解成多神论的"神"，还有人把这个"神"理解为泛神论的"神"。

记者：

是这样。

甘地：

相比"神"，真理这个概念，意思非常鲜明而明确。我把真理放到首位来予以强调，容易给人们清楚、明白的印象，使人不会产生误解。这是第一个原因。

记者：

其他原因呢？

甘地：

再就是，在我所接触的各种宗教中，每个教派都有自己的神。佛教崇拜佛陀，伊斯兰教崇拜安拉，基督教崇拜上帝，印度教崇拜毗湿奴、湿婆、黑天和罗摩等大神。既然大家崇拜的对象都不一样，那么，我们就很难用某种"神"的概念来把不同的信仰者整合起来。

记者：

你是说，各种神的崇拜者信仰不一样，很难找到一个为大家所公认的"神"的概念。因而，也无法将大家统一和联合起来。是不是？

甘地：

是的。但是，真理就不一样了。无论是佛教、伊斯兰教、基督教还是印度教，或者是那些无神论者，他们都清楚地知道真理的意思。

记者：

你是说，真理能够为各个不同的宗教所认可？即便是那些无神论者也认可真理这个概念？你强调真理的首要地位，就可以把一切人联合起来，以实现你的政治目的？

甘地：

对！我的目的就是如此！我是个政治家，我不会隐瞒我的观点，我就是想借助真理一词的号召力和凝聚力，把我们印度不同信仰、不同民族、不同种族的人们联合起来，为我们这个民族实现独立做点贡献。

四 真理是神的又一个名称，除了神或真理外，世界上再也没有其他的东西了

记者：

你有时候说"神就是真理"，有时候说"真理就是神"。在你这里，这两句话，也容易让人想起似乎真理和神本来就是一回事似的。

甘地：

是的。在我这里，真理是神的另一个名称，神也是真理的另一个名称，两者同根同源，本质上是一回事。

记者：

理论有点高深。那我先问你，神这个东西，到底是什么？

甘地：

在回答"神是什么"之前，我问你一个问题。

记者：

请问。

甘地：

我们周围的各种事物经常会发生变化，而且常常会死去。万事万物在变化之中，有一种力量，经常把它们结合在一起。

记者：

有这种现象。那又怎样？

甘地：

在万变之中，我相信有某种不变的永恒的力量，这种能将万事万物结合在一起，且永恒不变的有生命的力量就是神。

第二十九章 真理就是神——对话甘地

记者：

这种说法，和你们古代印度很多哲学家的说法非常相似。你们那些古代的哲学家总是喜欢从变化中找出不变，从多种多样中找出唯一，从千变万化的自然中寻找某种背后的终极性的精神动力。

甘地：

没错。这种终极的精神性动力，就是宇宙存在的基础，就是我所讲的那种"神"。

记者：

关于"神"的问题，我听明白了。但你所说的，真理与神这两个词是同根同源。又是什么意思？

甘地：

在我们的语言中，真理（Satya）这个词是从萨陀（Sat）一词延伸出来的。而 Sat 这个词就是实在，就是神。因此，无论是真理或是萨陀这个词，也都是神的最重要的名词。

记者：

你的意思是说，在印度的语言中，真理、存在、神，都是一个意思，它们是宇宙的最高实在；或者说，天下的万事万物，都是它们的不同的表现形式？

甘地：

可以这么说。世界上除了真理、除了神、除了萨陀以外，再也没有别的什么东西了。此外……

记者：

你还想说什么？

甘地：

在我的书中，我还经常提到，神或者上帝不仅是世界的终极存在，而且，也是支配世界万事万物发展的那种规律。正是这种有生命的规律，才是决定世界万事万物得以运动的终极原因。

记者：

我知道你说过这样的话，那就是"一个有生命的神是我们命运的最终的裁决者"，是不是这个意思？

甘地：

正是！

五 真理或神是一切道德的本质

记者：

历史上，很多政治家历来是强调政治斗争的策略性和技术性。他们关注的，往往是什么能够使他们的政治斗争取得成功，而对道德问题很少关注。

甘地：

是的。成则王侯败则寇，是政治的一般原则。绝大多数政治家都是这么认为的。

记者：

你似乎与他们不一样？

甘地：

作为一个政治家，我不可能不去关注能够使我的政治斗争取得成功的那些东西。但是，在我看来，在任何情况下，必须重视道德这个东西，即便是政治斗争，也应该遵循道德原则。

记者：

那，这个道德与你所反复强调的神和真理，是一种什么样的关系呢？

甘地：

我的观点非常明确，也非常简单。在我这里，神是真理，也是爱；神是伦理，也是道德；神是无畏，也是光明，是光明的源泉；神也是良知。

记者：

在残酷的政治斗争中，你竟然还能够相信这些东西？

甘地：

别人信不信，是别人的事情。我发现，在死亡之中，存在着生命；在虚假之中，存在着真理；在黑暗之中，存在着光明。这种永恒的生命、这种伟大的真理、这种永恒的光明，就是神、就是真理、就是爱、就是至高无上的善。

记者：

归纳起来，你的观点是否可以表述为：神或真理就是永恒不变的道德法则，任何行为即便是政治行为，都应该服从这些法则的支配。

甘地：

是这样。

六 只有认识到神，人们才能具有无限的力量，才能战胜一切敌人

记者：

那么，从认识论的角度，你如何看待神？

甘地：

我在我的《自传》中曾经这么说过，大意是：真理是至高无上的原则，它包括其他原则。这个真理，不单单是指言论真实，而且也指思想的真实；不仅仅是我们所理解的相对真理，而且是绝对真理、永恒的真理，也就是神。

记者：

说来说去，无论是从本体论的角度，还是从伦理学的角度，或者从认识论的角度，神与绝对真理、永恒真理都被你画上了等号。

甘地：

可以这么说。就人来说，唯有认识神，也就是说，唯有认识真理，人才有无限的力量，才能战胜一切敌人，才能成为完美的人。这就是我的结论。

七 神性存在于每一个人的心中

记者：

一提起你，没有人不知道你的"非暴力学说"。在具体讨论"非暴力学说"之前，我想知道，有人说，关于人性也即人性本善，是你提出的"非暴力学说"的基础。这如何解释？换句话说，你是如何看待人性问题的？

梵之音：印度思想之旅

甘地：

关于人性问题，不同的学者有不同的看法。我对人性问题的看法，与我们印度古老的哲学是一致的。

记者：

愿闻其详。

甘地：

在我们古代印度的吠檀多哲学中，有一个观点认为，人是一个小宇宙，就像外面的大宇宙一样，它包括物质和精神。物质代表肉体，精神代表灵魂。肉体是人的外在的表面的部分，是代表物质的低级属性。

记者：

那是不是意味着，灵魂是人的内在的精神部分？它代表着人的高级属性呢？

甘地：

没错。人内在的精神部分也就是通常所讲的自我，才是人的真正的本性。它是神性在人身上的真正的显性，它来源于神。人的精神是神性在人身上的体现，那么，人性自然也必然是善，而不可能是恶。

记者：

既然你把每个人都看成是神的化身，把人的精神看成是神性在人身上的体现，那么，人性自然是善的了。但在现实生活中，人经常表现恶的一面，而且有时候表现到令人发指的程度。那我问你，这种恶是从何处而来的呢？

甘地：

这个问题，你不问，我也会说的。人的自私和邪恶是肉体的属性，它产生于肉体，和人内在的本性不是一回事。

记者：

你还没回答人的恶是从哪里来的。

甘地：

当人内在的本性被表面的肉体所遮盖而无法显现出来的时候，那么，人的邪恶的行为就会产生。

记者：

你的观点非常明确。就是说，人的本性是善的，人之所以在一定的情况下会显现出恶，那是人的本性被肉体（之欲）所遮盖。

甘地：

没错！这就是我关于人性的看法。我之所以提出"非暴力学说"，与我对人性的看法是密切相关的。

八　"非暴力学说"的内容

记者：

你说过，你的"非暴力学说"是从关于人性的研究中推导出来的。其间的逻辑关系是什么？

甘地：

既然神性代表最高的善和爱，具有无穷的潜力和转化力，一旦人感悟到内在的神性，他就会主动地去爱别人、会主动地帮助别人感悟到自己的神性。

记者：

我理解你这话的意思。你的意思是说，人性原本是善的，但有的人领悟到，有的人领悟不到。如果能够领悟到自己内在的神性和善，他就会发出无穷的力量，他会加倍地爱别人，同时，也帮助别人感悟到内在的神性。

甘地：

非常正确！如果人性是恶的，人就不可能发现这个东西。还有，从另一方面来讲，对那些犯了错误的人来说，他们之所以犯错误，是因为内在的神性被肉体私欲所遮盖住了。这些人一旦被别人用"非暴力"等手段予以启迪，从而认识到内在的神性，他们就会良心发现，从而终止自己的错误行为。如果相信人性是恶的，自然就不会出现这种情况。因此，我说，我的"非暴力学说"是从人性善中推导出来的。

记者：

这点，我基本明白了。再请问一下，你的"非暴力学说"具体包括什么内容呢？

甘地：

"非暴力"在我们古代印度教和佛教中，也是一条宗教的戒律和道德准则。

普通来讲，它包括两个内容：第一是戒杀，即不杀生；第二，不做伤害他人感情的事情。我的"非暴力学说"大体上也是包括这两条。

记者：

在现实生活中，我们都是很现实的人，我们不可能做到不杀生和不伤害他人感情。例如，我们人类要活着，就要吃、就要喝。为了使我们周围的环境干净些，我们可能会使用杀虫剂，这必然会伤害一些生命。如果严格按照你所讲的那样去做，我们人类就活不下去了。

甘地：

为了人类的利益，我们可以做一些杀生的行为。因为，在这种情况下，我们人类的动机是善的。

记者：

同样，还有这样的情况：有些人是神经病患者，也有些人是病态的杀人狂，他们经常手中持刀，到处瞎闯、乱砍乱杀，可以说就是赤裸裸的恐怖主义。在这种情况下，如果杀死这些人，那是不是也违背了你的"非暴力"原则了呢？

甘地：

没有！为了人类的利益，为了整体的利益，消除暴力的暴力是可以接受的。因为它的动机是善良的、是爱的。在这种情况下，即使伤害生命，也无可指责。

九　唯有诉诸"非暴力"，才能实现最高真理

记者：

真理，咱们谈过了，"非暴力"也谈过啦。我想问一下，这两者之间是什么关系？

甘地：

这两者的关系非常微妙。我问你，一个光滑的、没有任何印记的金属硬币的两面，哪一面是正、哪一面是反的呢？

第二十九章 真理就是神——对话甘地

记者：

一枚硬币两面都没有印记，那我只能说哪一面都是正、哪一面是都反的。

甘地：

没错！真理和"非暴力"可以被看作同一事物的两个方面，两者不可分割。在一定情况下，可以说真理就是"非暴力"，"非暴力"就是真理。

记者：

你这话太玄乎。依我看，真理是最高的道德原则，"非暴力"仅仅是一种手段。

甘地：

你的这种说法，我也是同意的。真理是宇宙的最高道德准则，也是人类应该追求的最高理想，它是先天所固有的，我们人类无法改变这些东西。但是，"非暴力"则是人可以用行动予以实施的。上帝赋予我们支配手段的能力，我们就可以通过实施"非暴力"来实现真理。

记者：

你的意思是说，真理是人力无法改变的，而"非暴力"这种手段，则是人可以予以调整和支配的？

甘地：

没错。我们人类，应该把我们的主要精力集中在"非暴力"手段的应用上，要善于并敢于用"非暴力"去解决人类的所有问题。

记者：

有人说，你把"非暴力"这种手段绝对化，说你试图用"非暴力"手段去解决社会的一切问题：什么"非暴力不合作运动""文明不服从运动"等。这些，都是你把"非暴力"推向绝对化的具体表现。

甘地：

别人怎么说是别人的事情。总之，在我看来，"非暴力"手段就是爱的手段，这种手段，是实现人间真理、解决所有问题的最好的方法。因此，每个人，都应该把运用"非暴力"或者"爱"这种手段，去解决所面临的社会问题，这是必须去履行的崇高义务。

十　"非暴力"不等于"消极抵抗"

记者：

不知别人是怎么看的，反正我看到你的名字，就会想到"非暴力"三个字，就会进而想到"消极抵抗"这个词。我想问一问，你所说的"非暴力"是不是就是"消极抵抗"？

甘地：

错！当年，也就是1906年，我在南非领导印度的侨民进行反种族歧视的运动。有人把这个运动称为"非暴力"抵抗，有人则称之为"消极抵抗"。我当时就对"消极抵抗"这个词表示不满。

记者：

为什么不满？

甘地：

"消极抵抗"这个词的意义太狭隘，一来，会使人想到这是弱者的斗争，让人们看不到希望；二来，它也包含着仇恨的种子，容易导致暴力冲突。因此，"消极抵抗"这个词不能代表我们所要进行的斗争的真正性质。

记者：

我记得，你后来用"坚持真理"这个词来代替"消极抵抗"，确确实实听起来顺畅了很多。你是怎么想出这个词的呢？

甘地：

这个词不是我想出来的。我是在当时印度的一家报纸上，刊登一则悬赏广告，征求读者的意见。我是通过这个方法，才创造出"坚持真理"这个词。

记者：

如此说来，你所讲的"非暴力"与"消极抵抗"不是一回事。

甘地：

是的！"非暴力"从来就不是"消极抵抗"，而是积极地抵抗。

十一　坚持真理者的必要条件

记者：

你说,"非暴力"是积极抵抗?

甘地：

没错。因为上面说过,"消极抵抗"是软弱者干的事,"非暴力"并非是软弱者的武器。能够运用"非暴力"这个工具的人,都是由严格的材料制成的特殊的人,可以说,是超人,他们在意志上是最伟大的强者。

记者：

原来如此！也就是说并不是每个人都可以用"非暴力"这个手段来追求自己的目标的。

甘地：

没错。只有那些具有远大的理想的人,才可能具备使用"非暴力"手段这个条件；而这些具有远大理想的人,从来不是消极的弱者,他们能够使用非暴力手段进行的抵抗,当然也不是消极的,而是积极的。

记者：

明白了！那我问你,能够采用"非暴力"手段的这个人,也就是你所讲的坚持真理的必要条件是什么？

甘地：

刚才,我可能说漏了一句话,现在我强调一下,那就是：坚持真理,就是我的"非暴力"理论的具体运用；坚持真理者,就是指那些能够采用"非暴力"手段的人。

记者：

这个,我明白。我是说,什么样的人,才是坚持真理者的基本条件？

甘地：

这些人必须公正而忠诚,必须胸怀坦荡、没有任何私心杂念；必须有修养,必须无所畏惧；必须谦虚谨慎、绝不骄傲自大；必须敢于用自己的思想和语言来实践自己的忠诚,在行为举止上具有坚强的性格和刚毅的意志；必须保持思想和行动的一致，能够实践最基本的美德；必须具有宽广的胸怀容忍一切，必须忠诚地信仰神。

记者：

如此看来，符合你所讲的，能够坚持真理，也就是能够用"非暴力"手段来实现理想的人，还真不是一般人，可以算得上超人。

甘地：

是的，意志上的超人，行动上的超人。非超人不能实现我的"非暴力"和坚持真理的理论。

十二　坚持真理的种类

记者：

"非暴力"是一个原则性的说法，有没有具体的形式可以介绍一下呢？

甘地：

当然有了。坚持真理也就是"非暴力"手段主要有：一、谈判；二、调解；三、鼓动或示威；四、经济抵制；五、不合作；六、文明的不服从；七、直接行动；八、绝食；九、罢工；十、警戒、纠察；十一、静坐；十二、不纳税。

记者：

有这么多手段啊！这么说来，你所讲的"非暴力不合作"，就显得非常具体啦。那在这些形式中，你认为最有效的形式是什么？

甘地：

绝食是最好的手段。

记者：

你是说，为了抗拒统治者而拒绝进食这种手段最好？

甘地：

没错。在我所提出的坚持真理也就是"非暴力"的各种手段中，最有效的形式是绝食。通过绝食，既可以使绝食者达到自我的净化，又通过绝食一心求死这种行为，来迫使对手改变其顽固性。因而，这种手段往往最有效，也最悲情。当然……

记者：

当然什么？

甘地：

当然，绝食也是一种极端的手段。作为坚持真理者，不到最后的时候，不要用这种手段，这种手段往往玉石俱焚，成本太大。

十三　不能让人民的个性牺牲于政府狂想的祭坛上

记者：

看你写的那些文章和著作，感觉你特别强调个人的自由？

甘地：

我曾经提出若干种政治改革的方案，方案的核心点就是要让人民、要让每个人都有自由感，要让每个人都有精神自由，这是国家存在的理由。如果达不到这个目的，国家的存在就值得怀疑。

记者：

你的话，似乎说得有点过分了些。与个人比起来，是不是国家显得更重要？没有国家，就没有个人。这一点，似乎很多人都这样认为。

甘地：

我的说法，与你的说法不矛盾。我强调的一点是，在某种意义上讲，个人比国家和社会更重要。

记者：

理由？请你说得详细些。

甘地：

国家发展的能量，是来自于个人。国家要想得到发展，就必须保证个人得到发展，如果个人得不到发展，国家就失去了最基本的动力，这是其一。其二，国家的道德是建立在个人的道德基础之上的，如果每个人的道德都是贫穷的，那么，这个国家就没有了昌盛的可能性。

记者：

那到底如何处理个人和国家的关系？

梵之音：印度思想之旅

甘地：

关于国家与个人的关系，我的观点非常明确，二者是一种既合作又不合作的关系。之所以说二者的关系是合作的关系，意思是说，国家与个人之间互为发展的前提和条件。个人不能牺牲国家，同样，国家也不能牺牲个人的自由，这是合作的一面。不合作的一面，那就是民众与国家的合作，是有条件的，如果这个条件国家不具备，民众就可以采取"非暴力不合作"的手段来抗拒政府。

记者：

在什么条件下，个人有权利抗拒政府呢？

甘地：

如果国家的权利是沿着道德的轨道前进，个人就应该与国家和法律合作；反之，如果国家或者权利违背了道德法则，那么，个人就不应该与这种法律合作。

记者：

你的意思是说，当国家不能够沿着道德的轨道前进时，人民就有权利对这样的国家和政府采取种种不合作的方法。

甘地：

是的。如果国家和政府肆意对人民施行剥削，或对人民中的一部分采取歧视的行为，那么，每个人的最高义务就必须是用"非暴力不合作"的方法对国家施加道德的压力。一个公民越是能够迫使强大的国家在道德上作让步，越是能够显示出个人的强大。这样的国民多了，国家的发展就会顺当起来。

记者：

既然你把促进个人的发展作为处理国家与个人关系的优先选择。那么，为了使这种关系处于和谐的状态，最需要做的是什么？除了我们刚才所讲的"非暴力不合作"。

甘地：

这个问题问得好！要想使国家沿着道德的轨道正常地运行，有两点是必须做的。首先，国民对国家保持强大的德德的压力。其次，就是要分解政府的权力。

记者：

如何分解权利？

甘地：

一种分解，就是不让个人或某个特殊的群体享受更多的权力，打散权力、分散其力，这是其一。其二，就是要最大限度地发挥基础群众在权力分散上的作用。在我们印度，乡村的作用，就是一个最大的载体。当每一个乡村人，宁愿准备为乡村而死，也绝不屈服国家的非道德行为的时候，我们这个国家，就有希望了。

十四 一切宗教都是正确的，一切宗教都有自己的谬误

记者：

我看好多印度学者写的书，他们都说，你是印度教的同伙。同伙，这可不像是个褒义词。我想了解一下，你如何看待印度教？

甘地：

我生活在一个印度教的家庭，我对印度教的看法和对其他宗教的看法完全一样。

记者：

在你看来，宗教是一种什么样的东西？

甘地：

人类认识世界、认识真理，有各种各样的方法。不同的宗教，只不过是认识真理的不同的方式而已。

记者：

你把认识宗教作为认识真理的方式？

甘地：

没错。所有的宗教，都具有这样的几个特征：宗教体现人的本性，宗教可以纯净或者提高人性的性质，宗教可以唤醒人内心的良知，宗教可以帮助人们了解彼岸世界的需要。还有，宗教可以促使人们追求真理。从这个角度，我认为一切宗教都是正确的。我们对所有宗教，都应该采用宽容的态度。当你以宽容的态度对待宗教，你对世界的了解，就是全方位的，就可能是正确的。

梵之音：印度思想之旅

记者：

那你又说"一切宗教都有自己的谬误"，如何理解？

甘地：

宗教虽然有我刚才讲的好的方面，它也存在不好的方面。所有宗教都容易导致人们狂热，所有宗教都容易导致人们出现非理性的活动；它极容易引发仇恨、战争和狂热。所以，我们在宽容各种宗教的同时，也必须警惕宗教所存在的内在的瑕疵。

记者：

咱们不去泛泛而谈了，你能否明确阐述一下对印度教的态度？

甘地：

刚才，我们已经说过了，我不反对印度教。印度教的薄伽梵歌和罗摩衍那是我终身永恒的伙伴。这一点，毫无疑问，影响了我的终身。但是，我刚才也说了，所有宗教都有瑕疵，印度教也不例外。例如，印度教所推行的种姓制度，禁止人们相互接触。印度教的这种做法，就把人类贬低到无赖的地步。还有，印度教动辄用动物来作为祭品，这是相当不人道的，与我的"非暴力"原则背道而驰。我对这种做法，也予以强烈地谴责。这就是我对印度教的看法。

甘地简传

莫罕达斯·卡拉姆昌德·甘地（Mohandas Karamchand Gandhi，1869—1948年），尊称"圣雄"甘地（Mahatma Gandhi），印度民族解放运动的领导人和印度国家大会党领袖。他是现代印度的国父，也是提倡非暴力抵抗的现代政治学说——甘地主义的创始人。他的精神思想带领国家迈向独立，脱离英国的殖民统治。

甘地的一生饱经忧患，历尽坎坷。他出生于英国殖民桎梏下的印度，成长在一个虔诚信奉仁爱、不杀生、素食、苦行的印度教的家庭。他自幼腼腆、羞怯、循规蹈矩。13岁便依父母之命与一同龄文盲女孩结婚。16岁丧父，第1个孩子

第二十九章 真理就是神——对话甘地

出生便夭折。19岁时，不惜被开除种姓身份，远涉重洋，赴伦敦求学。当有个来自南非印度人的案子要他处理时，他便义无反顾地踏上了前往南非的历程。1929年12月31日，国大党拉合尔年会通过争取印度独立的决议，并授权甘地领导新的不合作运动。1942年4月，在印度国内广大群众反英情绪高涨和日本侵略者迫近印度的形势下，甘地提出了英国"退出印度"的口号，并先后发起了1940—1941年第三次不合作运动和准备发动第四次不合作运动，均被英国镇压下去。甘地入狱直到1944年5月。战争结束后，处于内外交困的英国政府慑于印度民族解放运动再起的压力，答应印度独立的要求。

通过"非暴力"的公民不合作，甘地使印度摆脱了英国的统治。这也激发了其他殖民地的人们起来为他们的独立而奋斗。Mahatma来源于梵语的敬语mahatman，原意"伟大的灵魂"（Great Souled）。这是在他授予印度诗人罗宾德拉纳特·泰戈尔"伟大的导师"（Gurudev）称号后，1915年泰戈尔赠予他的尊称，意为合圣人与英雄于一身。

第三十章　论普遍之爱

——对话拉达克里希南

引　子

　　拉达克里希南是印度现代著名的哲学家和政治家，曾任印度第二届总统。他精通东方和西方尤其是印度优秀的传统，他的学说力图在东西方两大文明之间建立起沟通的桥梁。他的哲学是在继承印度吠檀多思想的基础之上，批判性地吸收西方哲学的精华，把东西方哲学融合起来，从而建立起一个新的哲学体系。他的哲学包括关于普遍解脱的人文观，关于普遍之爱的精神宗教等等。

　　让我们走近这位总统级的哲学家。

一　来自婆罗门之家

记者：
听说你的哲学贵在融合印度与西方的文化？为了进一步了解你的哲学，我想问一下你的家庭情况。

拉达克里希南：
你问得有道理！对哲学家来说，他的哲学就是他的人生，他的人生就是他的哲学。关于我的人生，是得从我的家庭说起。

记者：
我的初衷也是如此。

拉达克里希南：
我出生在1888年，我老家的那个小镇名字叫提鲁塔尼，大约位于南印度马德拉斯西北 40 英里处。

记者：

听说你的父母都是贵族？

拉达克里希南：

贵族谈不上。我的父母都是泰卢固族婆罗门，信仰正宗的印度教。

记者：

你的父母都信奉印度教，我相信，他们的宗教信仰会对你产生深远的影响。

拉达克里希南：

你说得没错。我从小在两个地方长大，一个地方就是我的家乡提鲁塔尼小镇，另一个就是附近的提鲁帕提。

记者：

提鲁帕提是个什么地方？

拉达克里希南：

大概也是一个小镇吧，具体我也回忆不起来了。这两个地方都是著名的印度教圣地，住在这里的都是印度教徒，在这样的环境下长大，我不可能不受到印度教的影响，自小我就相信印度教。

记者：

在那个童年时代，印度教对你意味着什么呢？

拉达克里希南：

深受印度教的影响，让我深信存在着一个看不见的世界。这个世界虽然看不见、摸不着，但是，它是实实在在地存在。对这个世界的信仰，也使得我终身从未改变过这种信仰。

二 20 岁出版哲学专著：《吠檀多伦理观》

记者：

据说，你的小学教育基本上是西方式的。

拉达克里希南：

没错。至今我也弄不明白，我的父母是个典型的婆罗门教信仰者，但他们培养我的方法，却与一般的婆罗门的家庭的培养方法不一样。

记者：

请说。

拉达克里希南：

8岁的时候，我父母把我送到一所德国教会在印度开办的学校。在其后很长的一段时间，我都是在基督教会开办的学校接受教育。

记者：

既然是基督教会开办的学校那自然就是西方式的教育喽！

拉达克里希南：

是的。在学校里面，我们的教材就是基督教的《圣经》，老师讲的都是基督教的那些东西。

记者：

你喜欢这些东西吗？

拉达克里希南：

我喜欢学习基督教的文化，但是，我对基督教传教士对我们印度教那种尖锐的批评和恶意的讽刺非常反感。他们的那种说法，使我的民族自尊心，受到极大地伤害。

记者：

所以，你下决心要研究你们印度教的文化，是不是要对传教士的做法做出某种反应？

拉达克里希南：

没错！这些基督教的传教士喜欢猛烈批判印度教，把印度教说的是一文不值。更激发了我潜心深入地钻研印度教的热情，目的是找到印度教中那些具有生命力的东西。

记者：

结论是什么？

拉达克里希南：

我在二十岁的时候，出版了我的学说论文，名字叫《吠檀多伦理观》。在这本书中，我提出，西方人认为"《吠檀多哲学》没有伦理观"的观点是错的。并指出《吠檀多哲学》没有损害道德，而是把道德原则看作是认识最高实在的必不可少的前提。

记者：

你的观点显然和传教士们的观点不一样。这不会影响到你的著作的出版吧？

拉达克里希南：

这倒没有。

三　官至共和国总统

记者：

据说，你不仅是一位享誉世界的哲学家，在政治上也是一位了不起的人物？

拉达克里希南：

印度社会重视文化、重视知识分子。你在学问上做出了名堂，政治地位自然会很高。

记者：

你是如何一步一步被任命为共和国总统的呢？

拉达克里希南：

这里面的事情很多很多，我只能说个大概。从 1931 年起，我担任国际联盟文化合作委员会的委员；1946 年，联合国成立的时候，我出任联合国教育科学和文化组织的印度代表团的团长和该组织的执委会委员；1948 年，我被任命为该组织的副主席；1947 年，我被选为起草印度宪法的议事会议员；1949 年，我出任印度驻苏联首任大使。

记者：

那你什么时候当上印度共和国总统的呢？

拉达克里希南：

从 1952 年起，先当了几年的副总统。同年，我在联合国教科文组织的大会上，被选为该组织的主席。其后，也就是 1962 年，我当上了印度共和国的总统。

记者：

一个学者，出版了那么多的书，还能在政治上取得如此成功，很了不起！

梵之音：印度思想之旅

拉达克里希南：

行政上的事，不过是例行公事而已，我真正上心的，还是我的哲学。

四　一生中最重要的著作

记者：

你一生中可以说是著作等身。可否告诉我，哪部著作是你一生中最重要的著作？

拉达克里希南：

如果问哪一部书是我最重要的著作，说句实话，还真不好说。有人说，我那本 1932 年出版的《理想主义人生观》是我最重要的著作。实际上，从 1926 年到 1933 年，其间六七年出版的书，都是我人生中最重要的著作。

记者：

这期间有没有一个大体一致的中心思想？

拉达克里希南：

当然是有了。

记者：

能否详述一二？

拉达克里希南：

可以！不过我得先告诉你，我的很多著作，都是一些讲义和教案。1926 年，我应邀到英国牛津大学曼彻斯特学院，为乌普顿作每年一次的讲座，最初的讲题是"印度教的教义和生活方式"。同年，我访问美国，在芝加哥大学的哈斯克尔做讲座，讲授《比较宗教学》。这段时间，可以说是我的哲学高产期。1927 年，我为乌普顿作讲座的讲义在伦敦出版，题为《印度教的人生观》。1928 年，我出版了《我们需要的宗教》。1928 年，又出版了《基尔卡文明的前途》。1929 年，我继续在牛津大学主持乌普顿比较宗教讲座，讲义题为《宗教中的东方与西方》。同年，我还在牛津大学希伯特讲学，题目是《理想主义人生观》，此书出版后，很多人认为这本书最重要，他们说这本书标志着我为研究宗教思想做出了创造性的贡献。

记者：

那么，这本书的中心思想是什么？

拉达克里希南：

在这本书中，我考察了基督教、印度教、伊斯兰教、佛教和你们中国的道教，提出了这样的一个思想，那就是：真正的宗教，应当是一种以人和世界在精神本质上相统一为基础的精神宗教。只有这种宗教，才能指导人们全面地观察自己的一生，促使统一精神渗透到每个人的身体、情感和灵魂中去，从而使个人生活和社会生活和谐统一，把人从各种痛苦中解脱出来。

记者：

听你说的热血沸腾，但我看不出你的思想和印度教中所讲的"梵我同一"的思想有什么不同之处。你似乎就是把印度教的传统思想原汁原味地运用到你对各种宗教的研究之中去。不知我的感觉对不对？

拉达克里希南：

你的感觉没什么不对。

五　曾到中国讲哲学

记者：

据说，你曾到中国讲过学？

拉达克里希南：

我们印度有很多学者都曾到你们中国讲过学。

记者：

中国是一个礼仪之邦啊！他们对来这儿讲学的人，都非常欢迎。

拉达克里希南：

好像并非如此。

记者：

从何说起呢？

拉达克里希南：

我们的大诗人泰戈尔曾经到你们中国作过访问，前前后后五十多天，但大部分时间都关在房间里生闷气。

记者：

我印象中有这事。据一些史书讲，当时中国正处于一个特殊的时期，中国的很多学子觉得泰戈尔的思想太过保守，因此，对他的演讲采取比较抵制的态度。

拉达克里希南：

你说得没错！

记者：

那么，你在中国演讲的时候，是否遇到过类似的事？

拉达克里希南：

我是1944年到你们中国讲过学。前前后后共作了12次演讲，后来我把演讲稿汇编成一本书出版，书的名字叫《印度与中国》。在这本书中，我披露了我对你们的教育、宗教，尤其是孔教和道教，印度与中国的关系，以及战争与世界安全方面的成果予以发表。

记者：

我问的问题是，在你在中国演讲的时候，是否遇到过类似针对泰戈尔的那些批评和抗议？

拉达克里希南：

没有！绝对没有！中国人很热情，也很讲文明。

六 唯物主义不能真正解释宇宙现象

记者：

在哲学界，有一个流派，被称之为唯物主义，他们总是喜欢从物质的角度去解释宇宙现象。对这个流派的很多理论，多年来，我也难以最终做出是非优劣的判断。不知道你是怎么看的？

拉达克里希南：

对唯物主义我还是有些研究的，我的看法非常简单：唯物主义把世界看成是一种自动的机械装置，它的运动都是无目的、无方向的运动；世界在唯物主义者的眼中，没有生命、没有意识、没有价值，一切都是随机枯死的存在。

记者：

看来，你对唯物主义真的不感冒。

拉达克里希南：

是的。唯物主义解释世界的眼界很狭窄，他们只能看到事物的眼前的一些现象，而不能认识到自然界内在的秩序和规律。总之，在解释宇宙世界的问题上，尤其是解释各种生命现象的来源上，唯物主义是极端无能的，因而是错误的。

七　宇宙的最高本体是梵或绝对

记者：

听说你看书面很广、也很杂？

拉达克里希南：

是的。欧洲学者的书，我看的很多，包括柏拉图、普罗提诺、康德、柏格森还有布拉德莱的书，我都看过。

记者：

感觉你的思想在骨子里面还是婆罗门教的一些东西。

拉达克里希南：

自幼我就喜欢钻研《奥义书》《薄伽梵歌》《梵经》以及商羯罗写的《梵经注》。正如之前我说的那样，我对印度的《吠檀多哲学》，是坚信无疑的。我之所以认为唯物主义是错误的，一个主要的原因，就是用唯物主义的观点无法对世界做出合理的解释，而唯有我们印度的《吠檀多哲学》，才能对这个宇宙世界做出合理的解释。

记者：

关于世界的本质，你的看法是什么？

拉达克里希南：

在我看来，宇宙的最高本体就是"梵"，也可以称之为"绝对"。"梵"是唯一的存在，万事万物都是"梵"的外在表现；"梵"是纯意识、纯自由，并具有无限的可能性；只有在"梵"那里，才能解释整个宇宙现象。

梵之音：印度思想之旅

记者：

你说"梵"是纯意识，怎么理解？

拉达克里希南：

所谓"纯意识"，就是说"梵"是一种不可名状的、永恒存在的、纯粹的精神实体。宇宙万物都不能不与"梵"保持密切的联系。此外，我之所以说"梵"是纯自由的，就是说，"梵"不受任何事物的限制和干扰，能够自由自在地行动。

记者：

那你说，如何理解"梵"具有无限的可能性？是不是说"梵"拥有取之不尽用之不竭无限的能力？

拉达克里希南：

就是这个意思！"梵"能够创造出无穷无尽的事物，即便是被我们人类认为是神秘的宇宙，也仅仅是"梵"所创造的一种事物而已。

八 宇宙的本质是一种有意识的精神

记者：

你们印度的哲学家，绝大多数都是把宇宙看成是一种有意识的精神。我想你也应该是这样吧？

拉达克里希南：

是的。宇宙的本质是一种精神，这种精神是世界的本源和基础，万事万物都是由它显现出来的。刚才我们已经谈过，这种精神就是"梵"、就是"绝对"。它不仅显现出万物，而且寓居于万物之中，并作为万物的精神本质。

记者：

你是说，这种"梵"或者说"绝对"，它可以存在于石头、植物或者动物之中，甚至人体之中？

拉达克里希南：

对！正是这种万物背后的"梵"，决定了万事万物在精神本质上讲是统一的；也正因为这种统一性，世界上的万事万物如石头、植物、动物乃至包括我们人类，都存在着统一性。存在着相互联系。

记者：

有人把你的说法称之为"泛神论"。

拉达克里希南：

至于人们用什么名词来说我的结论，那是他们的自由。我的看法就是这样！

九　论物质存在的三维性

记者：

既然万事万物的本质是精神性，那能不能说，我们面前的世界都是不存在的，因而是虚幻的？

拉达克里希南：

还真不是这样。我的宇宙观不反对物质性，我所反对的是唯物主义。在我的《理想主义人生观》和《印度哲学》等著作中，多次表明了我对物质世界的看法。

记者：

那你如何看待物质世界是不是虚幻的这个问题？

拉达克里希南：

在我的眼中，物质世界是真实的存在，这个世界不是幻觉，也不是虚无。从来源上讲，它是由"梵"的意志所决定的；"梵"是真实的，因而世界也是真实的。世界的真实性，归根结底是由"梵"或者说造物主的思想所决定的。

记者：

看来你并非完全否定世界的物质性。

拉达克里希南：

没错。任何现实世界都是通过物质性、时间性和空间性所决定的；但任何存在也都不是简单的时间性，不是简单的空间性和简单的物质性，而是三种性质的统一或者三者的同时并存。

记者：

我不关心时间性和空间性。我更关心的是，你是否完全否定外部世界的物质性这一点。

拉达克里希南：

如前所述，我不否定这一点。

十　万物各有其价值

记者：

你认为，世界的发展变化具有明确的目标性和方向性？

拉达克里希南：

没错。这就是规律，这是宇宙进化的过程。

记者：

你是如何看待宇宙进化的问题的呢？

拉达克里希南：

关于宇宙进化问题，不同时代的人，有着不同的看法。公元前8世纪，我们印度的《奥义书》，具体来说是《泰帝利耶奥义书》把宇宙进化分成五个阶段，包括物质、生命、本能的情感意识、反应的意识和心灵的意识等五个阶段。在我们现阶段，人们把宇宙进化的排列顺序排列为：物质、有机物、动植物、人类、最高精神状态。

记者：

依照你刚才提到的这个排列顺序，很显然宇宙进化的终极目标是永恒的精神王国，也就是说，宇宙万物也有一个从低级到高级的过程？

拉达克里希南：

你讲的原则上没错。我认为，即便最高精神是万物进化的终极状态，但并不意味着其他过程是低级的，是可有可无的。相反，整个世界是统一体，无论是物质还是生命，在其独特的位置上，都有其独特的价值和作用，谁离开谁都是不行的。

记者：

你的思想很明显，贯穿着一种重视生命的看法。

拉达克里希南：

可以这么说。到了我们这种年龄的哲学家，与以前的那些哲学家相比，没有几个人会去否定物质世界和肉体世界的价值。因为,科学很发达,已经一再向我们揭示出物质世界的内在的东西,搞哲学的人,不能闭门造车。

十一　唯有直觉方能认识最高真理

记者:

任何一位哲学家都必须对人类知识的来源问题做出回答。这是个认识论方面的重要问题。

拉达克里希南:

的确。认识世界有三个层次:一个是感觉经验,一个是理性思维,一个是直觉。

记者:

请你把这三个途径介绍一下。

拉达克里希南:

所谓感觉,也可以称为感觉经验,具体来说,就是通过人的感觉器官来认识世界。它的功能就是,通过感觉来收集来自外界和人体内部的各种各样的信息,为进一步的理性思维和判断提供充分的材料。理性思维,包括分析和综合两个过程。理性通过分析感觉提供的材料,从而产生一种新的综合。

记者:

那么,直觉与你所说的前两者有什么区别?

拉达克里希南:

不要急,咱们慢慢分析。感觉和思维这两种认识过程,对我们分析外部世界非常重要,但是,这两个途径也有很多的不足。

记者:

说说看。

拉达克里希南:

感觉它只能认识事物的表面特征,而对事物的本质触及不到。还有,感觉经常会出错,错觉、幻觉常常让我们措手不及,不知其所以然。有时候,一些感觉印象常常发生矛盾,从不同的角度观察某一个事物,所得出的印象也有很大的不同，甚至会得出相反的结论。

记者：

没错。我们中国人经常说的一个故事叫盲人摸象，不同的人感觉一头大象是不一样的。

拉达克里希南：

说完了感觉，咱们接着说理性思维的缺陷。理性思维包括分析和综合两个阶段。要想分析事物，必须把认识者和被认识者区分开来，同时，要想分析事物，人们还要把被认识的各个事物先进行分离。进行区分甄别然后再进行综合，以此获得事物的统一性。你应该知道，这种综合虽然表面上帮助人们获得了事物某种统一性，而实际上它往往破坏了事物的内在统一。还有一个问题，理性思维只能借助各种符号或者象征，即各种概念来进行认识，离开了符号，就无法发挥作用。

记者：

照你的分析，无论是感觉还是理性思维，都存在很多不足啰？

拉达克里希南：

完全正确！这两种路径都不可能帮助人们认识宇宙的最高本质也就是"梵"或者"绝对"。

记者：

你常常说"梵"或者"绝对"是世界的绝对真理，而无论是感觉还是理性思维，都无法认识这个东西。我想问你，人们通过什么渠道，才能认识到"梵"的存在呢？

拉达克里希南：

只能通过直觉来判断。

记者：

直觉是什么东西？

拉达克里希南：

直觉是一种在瞬间就能够达到高潮的直接的认识。

记者：

有点不好理解。

拉达克里希南：

直觉比感觉和理智更优越，它能够直接领悟所认识的对象。它不是依靠符号或象征，它是建立在主客体、认识者和被认识者完全统一的基础上而得出来的。

记者：

我还是无法准确理解你所讲的直觉到底是什么。

拉达克里希南：

你总是喜欢把各种问题追问到底。关于直觉的问题，随着研究的深入，我后来也发现，它也不是与感觉和理性思维完全不同的东西。严格说来，它是理性思维的最高阶段。

记者：

你是说，直觉是理性思维的更高一级的阶段？

拉达克里希南：

是的。但是，这种最高级的理性，显然要比一般化的理性具有更高的层次。直觉可以摆脱理性的偏见，它可以摆脱理性分析过程中那种必然要采取的把各个事物进行分离、综合的那个低级阶段。只有这种建立在更高水平上的直觉，才能帮助人们获得最圆满的经验。

记者：

说来说去，你的直觉还显得有点神秘。

拉达克里希南：

咱们边聊边说吧，这个问题确实有点复杂，我也一时说不清楚。

十二　人：有限方面及无限方面

记者：

据说，你的哲学把人分成两个方面，哪两个方面？

拉达克里希南：

一方面是有限方面，另一方面是无限方面。

记者：

你的这个说法，我是似曾相识。不过，还是请你说一说，有限方面指的是什么？无限方面指的又是什么？

拉达克里希南：

人的有限方面是指人的肉体和生理方面。

记者：

如此说来，人的精神就应该是指人的无限方面喽？

拉达克里希南：

是的。无限的方面是指人的内部那种与宇宙最高本体"梵"相同一的精神，我经常把这个东西称为"自我""灵魂"或者"心灵"等等。

记者：

根据我的研究，你们印度的传统素来把人的肉体、感情都视为虚幻的东西，好多哲学家都倾向于消灭人类肉体方面的欲望，唯有如此，才能实现人类灵魂或内在精神的真正本性。不知道你对此是如何看的？

拉达克里希南：

我不同意这种看法。人的精神固然重要，但人的肉体同样重要。肉体可以说是精神的一个部分。

记者：

精神是精神，肉体是肉体，怎么能说肉体是精神的一个部分呢？

拉达克里希南：

不管别人怎么说，我就是这么认为的。在我看来，人类的内在精神从未割断和肉体的联系，否则，人类生命的完整性就不复存在。一句话，肉体对于精神来说是必不可少的。正如一部伟大的戏剧在剧院演出一样，剧院就是肉体，而上演的戏剧就是精神，彼此的关系是谁也离不开谁。

十三　"普遍解脱"或"一切解脱"

记者：

在你的哲学中，有一个名词用得很引人注目，这个名词就是"普遍解脱"。我想了解一下，你何以提出这个概念？

第三十章 论普遍之爱——对话拉达克里希南

拉达克里希南:

"普遍解脱"也可以称之为"一切解脱"。在谈论这个概念之前,我们先来谈谈人的精神方面的问题。刚刚我们已经说过,人的精神方面代表着人的无限的方面,正是人的精神推动着人的肉体向上发展。可以说,正是这种精神,推动着人的进化。

记者:

这种进化的目的是什么?

拉达克里希南:

进化的目的就是解脱。

记者:

何谓解脱?

拉达克里希南:

人与神在精神上是相同的。正是通过这种相同的精神,人类才认识到我们印度文化中所讲的"梵"的存在,从而实现我以及我们人类自身与"梵"的结合。到了这个时候,我们人类将从完全情欲、自私和贪生怕死的羁绊中解放出来。到了这种状态,我们人类可以说就实现了解脱。

记者:

解脱是否可以说就是终极目标呢?

拉达克里希南:

个体的解脱很重要,但这不是人的最终的命运。真正的解脱是普遍的解脱,也就是说,一个人达到解脱后,他要去度化别人,去启迪和帮助别人一起获得解脱。只有当世界上的所有人都能够解脱,整个社会才能实现和谐,才能从各种痛苦和烦恼中解放出来。

记者:

听你的意思就是说,人们不能仅仅追求个人的精神自由,而是要去普度众生,实现整个人类的精神解放?

拉达克里希南:

就是这个意思!

十四　宗教：一种能改变人性并显现出人内在神性的生活方式

记者：

在我看来，你们印度的文化，就是宗教文化。但通过看你的著作，感觉你对宗教的理解与别人差距很大。

拉达克里希南：

对于什么是宗教这个问题，各有其看法。有人认为宗教就是对上帝或神灵的信仰和崇拜；有人认为宗教就是按时参拜教堂、举行神圣的仪式；也有人认为宗教就是要远离世界，唯有如此，才能摆脱一切烦恼。

记者：

关于宗教的定义，还有很多。

拉达克里希南：

的确如此！刚才我提到的这些，各有其道理，也各有其瑕疵，但总体来讲，它们都没有把宗教的要义说出来。

记者：

那你的观点是？

拉达克里希南：

我对宗教的定义是：宗教是一种能改变人性并显现出人内在神性的生活方式。

记者：

这个定义，确实有点另类，希望你详细解释一下。

拉达克里希南：

我们印度大多数哲学家，都同意这样的观点，那就是：人体的内部存在着一种与宇宙最高实在相同一的精神，这种精神是人存在的依据，也是将人的肉体方面和精神方面联系起来的桥梁。人正是通过这座桥梁，得以与天地连接在一起。

记者：

你们印度的哲学家，确确实实，大多数都持有类似的观点。

第三十章　论普遍之爱——对话拉达克里希南

拉达克里希南：

那什么是宗教？宗教就是去发现、去证实、领悟这种精神的生活方式，这就是宗教。

记者：

哦！你把宗教界定为一种生活方式。你的意思是说，这种生活方式的目的，就是去发现、证实、领悟、理解、接受让人与神连接在一起的那种精神？

拉达克里希南：

没错！人一旦成为这种宗教的信徒，他就能够彻底悟出人、神之间的相互沟通的媒介。人与神实现了和谐统一，人与世界也就实现了和谐统一。

十五　走向"普遍之爱"

记者：

你把宗教视为一种生活方式，宗教的使命被你定义为去发现、领悟那种神圣的精神。其间的过程，应该不会那么容易吧？

拉达克里希南：

当然是。领悟、证实至高无上的精神，从而获得解脱，这不是一个容易的过程，这中间包含着各种各样的斗争，同时要与私欲相斗争，过程相当复杂，也相当不容易。大概说来有两个阶段。第一个阶段是道德阶段，也就是说准备阶段。在这个阶段，人们要抑制自己的情感；同时，要克制自己的私欲，要一步一步地使自己对宗教的忠诚逐步代替自己的情感；丰富的知识将逐步代替愚昧无知，普遍之爱将逐步代替自私的欲望。

记者：

那么，第二阶段是什么？

拉达克里希南：

到了第二阶段，就是反思、冥想，一步一步地领悟那种最高精神。到了最高阶段，人的自私性将会消除，人的自我牺牲精神和博爱将会得到张扬。到了那个阶段，人将不再是一个低级趣味的人，而是一个拥有爱天下所有人甚于爱自己的那种至高无上的人。

梵之音：印度思想之旅

记者：

这就是你所讲的"普遍之爱"？

拉达克里希南：

没错！"普遍之爱"就是我哲学的最终归宿。

拉达克里希南简传

萨瓦帕利·拉达克里希南（Sarvepalli Radhakrishnan，1888—1975 年），印度哲学家，政治家。拉达克里希南生于南印度马德拉斯省的蒂鲁塔尼，其父母是泰卢固族婆罗门，信仰传统的印度教。但他在基督教教会学校接受中学和大学教育，获得哲学博士学位。1909 年起历任迈索尔大学和加尔各答大学的哲学教授、安得拉大学和贝拿勒斯印度教大学的副校长、还在英国牛津大学斯波尔丁学院和美国芝加哥大学当过客座讲师和教授，讲授东方宗教和伦理学。

1927 年任孟买印度哲学会第三次会议主席团主席，1931—1939 年任日内瓦国际联盟国际知识合作委员会委员。1939 年授英国科学院院士称号，后为荣誉院士。1944 年曾到重庆讲学，写成《印度与中国》一书，并于当年出版。印度独立后，1946—1950 年出任联合国教科文组织印度代表团团长，1948 年任印度大学委员会主席，1949 年他担任印度驻苏联首任大使，1952 年任印度共和国副总统，访问了亚洲、欧洲和美洲许多国家，1957 年访问中国。1962 年当选为印度总统。

9 月 5 日是印度的教师节，这一天也是前印度总统萨瓦帕利·拉达克里希南的生日，他本人就是一位著名的教育家。1962 年，拉达克里希南当选为印度第二届总统后，他的一些学生和朋友就请求他同意在 9 月 5 日，也就是他的生日这天，举行庆祝活动。拉达克里希南回答说："与其单独给我庆祝生日，不如让我荣幸地将 9 月 5 日这一天作为广大教师的节日。"于是，印度的教师节由此诞生。

拉达克里希南在印度现代哲学史上被誉为综合东西方哲学的典范。他的哲学思想把印度古代吠檀多不二论和西方哲学融合在一起。他主张宇宙的最高实在是

第三十章 论普遍之爱——对话拉达克里希南

一种无限的、永恒不变的精神实体,称为"梵"或"绝对"。这种精神实体是宇宙万物存在的基础。他强调梵的能动性,认为万事万物皆是梵的力量的显现。与此相一致,他认为人的真正本性就在于内部所具有的与梵相同一的精神性,通过直觉的方式证实、领悟这种精神性乃是人生的目的。

拉达克里希南出版宗教哲学著作近20部,代表著作有《奥义书的哲学》《印度哲学》《东方宗教和西方思想》和《宗教与社会》等,成名作是《泰戈尔的哲学》。

第三十一章 论哲学、科学与宗教
——对话尼赫鲁

引 子

尼赫鲁是一位杰出的政治家，也是一位具有丰富的哲学思维和多方面文化修养的思想家。在印度哲学史上，尼赫鲁占有重要的位置，对印度现代思想的发展起着重要的作用。尼赫鲁的哲学，涉及哲学的目的、人生的意义、哲学与科学、宗教的关系，以及"非暴力不合作"等方面。

让我们走近尼赫鲁。

一 我不是专业哲学家

记者：

以前接触过你的一些著作，虽然你经常谈到哲学问题，但总感觉你的哲学不系统。不知道这种感觉对不对？

尼赫鲁：

我是一位政治家，也可以说是一位国务活动家，我不像那些知识分子一天到晚钻到书本里去研究，我对那些东西不感兴趣，自然也谈不上有什么系统的哲学体系。

记者：

既然如此，你为什么还要用那些名目去谈论各种各样的哲学问题呢？

尼赫鲁：

哲学是一种工具，有哲学的帮助，可以帮助我们这些行动者，透过一些社会的表面现象，看清楚社会发展的一些规律性的东西。同时，哲学也可以提供人们的道德修养。总之，没坏处。

记者：

根据我的初步研究，感觉你的兴趣非常广泛。就哲学来讲，感觉你对印度教六派哲学都很感兴趣，对佛教吠檀多哲学、古希腊哲学、现代西方实用主义哲学，以及马克思主义的辩证法都很感兴趣。

尼赫鲁：

没错！对这些东西，我都花了很长时间去思考、去研究。但是，我还是强调一下，我对纯粹的哲学问题不感兴趣，我只是为了行动，才去研究哲学。

二 哲学根在民族的特殊性

记者：

研究你们印度的哲学，尤其是最古老的吠檀多哲学，感觉你们印度的学者具有极强的思辨能力，他们所构成的哲学体系，令人望而生畏。

尼赫鲁：

你的说法有些问题。所有哲学都不是什么纯粹思想发展的结果，相反，任何哲学都是人类社会实践及其当时历史条件的产物。

记者：

我看不出你们印度的《奥义书》哲学、吠檀多哲学跟你所讲的社会实践有什么关系。

尼赫鲁：

你看不出，只能说明你的研究还不到位。我通过研究我们印度的一些哲学大家的理论，其中包括你所提到的《奥义书》哲学和吠檀多"不二论"。表面上看，这些哲学只追求某种永恒不变的实在，而不涉及人生以及社会实践各种变化的问题。

记者：

我感觉是这样。

尼赫鲁：

但其实这仅仅是表象。实际上，创造这些理论的理论家们，都生活在一定的社会环境中，他们必然会受到当时的历史条件和社会实践的影响和限制。

记者：

你的意思是说，所有哲学都并非哲学家纯粹杜撰创造的产物，而都是当时特定时代作用于哲学家而产生的东西？

尼赫鲁：

哲学产生的渊源，说到底是民族的特殊性。比如，你们中国的哲学，是你们中国的民族特殊性所决定的；而犹太人的哲学，是犹太人民族的特殊性所决定的；古希腊哲学，是由希腊民族的特殊性所决定的；同样，我们印度哲学，也是由我们印度民族的特殊性所决定的。

记者：

你这倒也是一家之言呐！

尼赫鲁：

在我们印度，哲学表面上是由少数特殊人去研究的。但实际上，这种哲学，作为一种民族的思维方式，它是根深蒂固地存在于我们这个民族的特殊的心理。不管谁去研究，最终都会得出大致差不多的东西。这就是哲学，哲学的来源就在这里。

三 哲学就是要解答今天的问题

记者：

我对那些体系化的哲学感兴趣，而对那些离现实太近的东西兴趣不大。

尼赫鲁：

你是个书生，你这样的书生，大多如此。在我看来，哲学分成两类：一类是，经过哲学家创作加工出来的体系；另一类是，一般常人所具有的世界观或者说是方法论或者人生观，这同样也是哲学。

记者：

你毫无疑问是讨厌前者，而偏爱后者。

尼赫鲁：

没错。有时候，我沉浸在古代的哲学之中，也感到非常沉醉，但是，时间一长，我就感到很厌倦。便想尽一切办法，尽快从这些书生气太足的体系中逃脱出来。

记者：

你研究哲学，是要达到什么目的？

尼赫鲁：

我所关心的是现世、是今天，而不是什么别的世界，更不是什么可望而不可即的来世。灵魂这个东西，到底有没有？存在不存在？我对此不感兴趣。这类东西可能很重要，但我从来不愿为这些事情烦心。我是个现实中的政治家，我要关心的是今生今世的问题。一句话，哲学如果不能帮助我们解决当下的问题，这样的哲学看不看、研究不研究，意思不大。

四 理论必须与实践相结合

记者：

古希腊的哲学家苏格拉底，就对他之前的很多自然哲学家很不满意。他认为，哲学、哲学家一天到晚都在研究宇宙是怎么形成的？构成宇宙万物的成分是什么？在苏格拉底看来，这一些是毫无意义的事情。我感觉，你与苏格拉底倒有几分相似之处。

尼赫鲁：

或许是吧。不管苏格拉底怎么看，在我认为，哲学应该研究当下的人生问题和当下的社会问题。

记者：

具体是什么？

尼赫鲁：

当下的问题如个人生活与社会生活的问题：如何促进社会的和谐？如何保证个人与社会生活的均衡问题？如何调和个人与团体之间的关系？如何持续不断地改善和提高个人与社会的生活？如何使社会不断地发展？如何使人类毫不停留地

梵之音：印度思想之旅

勇往直前？这一些问题应该成为哲学的问题。

记者：

据我了解，很多研究哲学理论的人，也同样关注很多社会问题呀？

尼赫鲁：

问题是，很多搞哲学理论的人，脱离社会生活、脱离社会时代。他们经常被一些过去僵化的教条所束缚、捆绑，理论停滞不前，也解决不了实实在在的问题。宇宙问题说不清楚，社会问题又解决不了，自然就会感到失望。这些人，不是在绝望中搞空谈，就是炮制一些绝望的教条欺骗别人。

记者：

你对搞形而上学研究的人的看法，确确实实与苏格拉底有点相似。那如何才能确保理论研究与实际相结合呢？

尼赫鲁：

要做到这些，必须坚持精确的客观知识，通过理性的试验，尤其必须要通过实践和实验，来不断地充实和验证这些知识。核心点是，我们必须保持警惕，不要陷入空洞理论的汪洋大海之中。你当知道，那些理论和人们的日常生活及男男女女的需求没有关系，浪费太多的时间在这些问题上，简直是自杀。一句话，哲学必须解决今天的问题。

五　因果报应子虚乌有

记者：

听说美国有一家出版社曾经约你写一篇文章，你一开始答应了，但最终没有写出来. 我很好奇，这是一篇关于什么的文章？

尼赫鲁：

你对我的了解还挺细的。20世纪30年代末，美国一家出版社要我写一篇关于人生哲学的文章，一开始我确实答应了，但后来越思考越觉得这个问题很复杂，最终没有写成，很遗憾。

记者：

你当时没有写这篇文章是不是因为你认为这个问题不重要？

第三十一章　论哲学、科学与宗教——对话尼赫鲁

尼赫鲁：

错！我越思考越觉得这个问题必须说清楚，所以后来到了 20 世纪 40 年代，我在撰写我的著作《印度的发现》就专门列出一节专题，探讨人生之哲学。

记者：

原来如此！据说你对各种类型的宗教人生观都不屑一顾？

尼赫鲁：

没错，无论是印度教、伊斯兰教的还是佛教、基督教的，他们都是各种各样教条、耽于仪式的综合体。这些宗教人生问题的理解方法都非常的不科学，都是一种巫术，带有一种盲从、迷信的色彩。

记者：

难道对你们印度教和佛教的看法也是如此吗？

尼赫鲁：

是的。无论是印度教还是佛教都提倡一种理论叫"业报轮回"，其实这种看法是很成问题的。

记者：

所谓"业报轮回"核心点是"善有善报、恶有恶报"，难道你不同意这种看法？

尼赫鲁：

是的。人死后是否有灵魂这个问题完全是一种假设，它从来没有得到科学的证明。主宰着人类生命行动的因果论是否准确，善是否一定有善报，恶是否一定有恶报，这令人感到怀疑。不管你对这些理论怎么看，我从来不相信它们，它们也从未对我的生活产生过什么影响。

六　非暴力是好理论，但是否可行也成问题

记者：

听说，你也是甘地的崇拜者？

尼赫鲁：

甘地人生哲学的核心是"非暴力"，提倡人们通过爱的力量、通过自我牺牲

和忍受痛苦的行为去感化他人、去洗涤和唤醒他人内在的善行或神性,从而使他人改恶从善、改邪归正。

记者:

这个理论应该非常符合你们印度人吧?

尼赫鲁:

甘地很伟大,"非暴力"理论也很伟大。但是,我对甘地理论是持有保留态度的。

记者:

哦?说来听听。

尼赫鲁:

"非暴力"作为一种理论,它是否具有高度的科学性值得怀疑,具体说这种理论没有经历过严格的逻辑证明,很勉强。这是这个理论的第一个毛病。其次,甘地特别强调手段的重要性。在甘地看来手段就是"非暴力",他认为在任何情况下都应该用"非暴力"或爱的手段来解决一切社会问题。但你应该知道,在我们这个只考虑目的而不择手段的世界上,你那么强调"非暴力"这种手段而排斥其他的手段,我真怀疑他的这套理论在实践中是否可行。一套理论说的再好听,如果在行动中行不通,不可能取得成功,那么这种理论的价值也值得怀疑。

七 评马克思主义人生哲学

记者:

你对各种类型的宗教人生观不看好,你对甘地的"非暴力"理论也有不同看法。那我想问一下,在印度广泛流行的那种宿命理论,你如何看?还有,影响越来越大的马克思主义理论,你感觉如何?

尼赫鲁:

先谈宿命论。生命在于行动,人的生命是通过人积极地思考和行动表现出来的,宿命论教人只相信命运的安排,而不主张人用积极的行动和思想去改变人生。这一点,我坚决反对。鼓吹这种理论,就是让人甘心安于现状、甘心忍受屈辱和压迫。一句话，这种理论是鼓吹无为，其结果就是死亡！

记者：

那对马克思主义呢？你怎么看？

尼赫鲁：

马克思主义理论里面有很多东西，我很喜欢，也接受它。

记者：

具体说说马克思主义理论有哪些理论，你是比较认同的？

尼赫鲁：

马克思主义理论强调"一元论"、强调精神与物质的一致性、强调物质与物质之间的作用与反作用、强调物质的运动、强调因果关系、强调事物的发展要经过正反两方面的发展和飞跃并不断变化的那种辩证法。这些，我都喜欢。

记者：

你不喜欢的地方是什么？

尼赫鲁：

关于不喜欢的地方，我想你应该知道，在后来担任印度总理的时候，我就公开批评过马克思主义的那些不好的地方。马克思主义过分强调暴力、过度强调组织化、强调压制个性、偏爱集体，这就是它的毛病。这种做法，与民主、与仁道、与人性解放背道而驰。印度不能搞这个东西，否则，就是倒退。

八　生命的本质在于行动

记者：

各种各样的人生观，你都抒了一遍，说得通俗点，就是批评了一遍。人生哲学的核心是生命的本质问题，我问你，你对关于生命的本质问题是怎么看的呢？

尼赫鲁：

这个问题可以分两方面内容，一方面，是人的思想和行动的基本要素，是生命的表现形式或存在形式，两者相互作用、相互转换，是相辅相成的；思想指导行动，又在行动中得到完善；行动也可以反作用与思想，促进思想可以更充分地理解事物；思想与行动相互转换、相互循环，便构成了人的生命；这种循环不是周而复始的，而是螺旋式上升。因此，思想和行动能够不断地提高。

记者：

你的意思是说，人的生命，不过是思想与行动相互循环、相辅相成？

尼赫鲁：

没错。但是，从更本质的层面看，人的生命更深层次的本质是行动，人不是思想。

记者：

此话怎么讲？

尼赫鲁：

从更深层次的本质来看，思想也属于行动的一种方式，行动是生命的本能。要求行动是生命本能的表现，没有要求行动的热情，则意味着生命力的消失。

记者：

有点拗口。

尼赫鲁：

我不是个思辨型的哲学家，在那么多的概念中绕来绕去，我也感到头发晕。我只是告诉你，生命的最终本质是行动，一切思想如果仅仅是停留在不行动的状态，那么，它们都是毫无意义的存在，唯有变成行动的思想，才是有价值的。

九 生命的本质也在于变化

记者：

在我的印象中，你也说过，生命的本质在于变化。这又如何解释？

尼赫鲁：

人生不是固定不变的，而是不断地变化的。过去、现在和未来等时间因素都是生命的表现形式，三者是相互依存、相互联系的。现在介于过去和未来之间，起一个桥梁作用，现在即既是过去的产物，又是未来的起点。

记者：

你说得没错。人不过是过去、现在和未来等因素的组合。

尼赫鲁：

作为一个现在的人，必须了解过去，了解了过去，就能够更好地认识现在。而认识好过去和现在，我们就能够更好地展望未来，从而对未来充满信心。

记者：

所以，你说生命的本质在于变化？

尼赫鲁：

是的。难道不对吗？

十　真正的人生目的

记者：

作为一名成功的政治家，在你看来，什么是真正的人生目的？什么是真正的人生快乐？

尼赫鲁：

这个问题很难用几句话说清楚。不过，我可以把我1957年在日本东京大学的演讲的大意说给你听听。我认为，那次演讲代表着我关于人生目的思考的最成熟的表达。

记者：

愿洗耳恭听。

尼赫鲁：

我在东京大学的演讲中，是这样来谈论这个问题的：人生真正的人生快乐乃是你与伟大的目标结合在一起，全心全意地投身于这个目标，忘掉你自己的小我，忘掉你个人渺小的苦痛和悲哀；尽自己最大的努力，为实现这个伟大的目标而工作；即使当你耗尽了自己全部精力的时候，你被当作废物而丢掉，你也在所不惜，因为，你完成了你自己的工作；我从来不抱怨人生的不幸，而过一种牢骚满腹的生活。

记者：

真是一种高大上的人生追求！

尼赫鲁：

不怕你笑话，我就是这么想的。

十一　哲学的缺陷

记者：

作为一名政治家，我感觉，你研究哲学问题，并不是仅仅为了解决人生问题，或许还有更多的考量。

尼赫鲁：

没错。我所思考、研究的所有问题，解决人生问题只是目标之一，同时解决印度所面临的其他社会问题，也是一个重要的目标。

记者：

在你看来，社会的根本问题是什么？

尼赫鲁：

这个问题说到底是和谐问题，也就是个人与其所隶属的团体和谐发展问题。具体说，包括三个方面。

记者：

哪三个方面？

尼赫鲁：

第一，要保持个人的精神生活与物质生活协调发展；第二，要保持个人与其所在社会团体的协调发展；第三，要保持各种社会结合体之间的协调发展。

记者：

据我了解，你对哲学方法是不甚看好的。

尼赫鲁：

哲学虽然在指导人生，探索人与自然、人与社会的关系中，起过非常重要的作用。但是，任何一种方法，都有瑕疵，或者说缺陷。

记者：

体现在印度传统哲学方面，又是什么呢？

尼赫鲁：

我们印度的传统哲学，只关心人生的终极目标，而不关心人的日常生活和具体问题。我们的哲学，满足于一系列复杂的思辨，探讨一些玄而又玄的所谓真理，而对普通大众所关心的社会问题漠不关心。哲学家们把自己囚禁在象牙塔之中，哲学成为少数哲学家的宠物与专利。哲学脱离了群众，高高在上，普通人根本不理解你们这些哲学家在思考什么、在研究什么、在写什么。基于这些缺点，所以我说，用哲学的方法，或者说仅仅依靠哲学的方法，是无法解决社会问题的，自然也无法解决个人问题。

十二　科学与哲学的结合

记者：

在你看来，哲学方法存在着很多瑕疵，那如何来弥补这些瑕疵呢？

尼赫鲁：

那就是，要用科学的方法，来予以弥补。

记者：

与哲学比起来，科学是不是相对务实些呢？

尼赫鲁：

没错。哲学关心人生的终极目的，而对日常的实际问题关注甚少。相比之下，科学只关注自然界和社会的实际问题，而对人生的终极目标这类玄而又玄的问题，基本上不感兴趣。科学强调理性、注重实践。在科学和科学家面前，凡是经过思考和实验证明了的东西，才被相信为真理。否则，你说的再好听，都应当将其抛弃。

记者：

科学比哲学确确实实来得给更具体一点。

尼赫鲁：

科学注重客观实际，注重探讨，科学推动了世界文明的发展，也大大提高了人类改造和征服自然的能力。

记者：

你是说，人们如果能够用科学的方法来推进社会的改造，你的和谐社会的目标就能够实现？

尼赫鲁：

单靠哲学，不行；单靠科学，也不行。应当将两者结合起来，才能发挥更大的作用。就科学来说，它很关注实际，但是它缺乏哲学的眼光、缺乏哲学的想象。有了哲学的帮助，科学的成就或许会更大；有了哲学的支持，科学家或许敢于进一步去冒险，敢于到惊涛骇浪中去拼搏探索。

记者：

你终于找到了一条改造世界的方法，那就是科学与哲学相结合的方法。是不是？

尼赫鲁：

这也还不够，它还需要与宗教的配合。

十三　宗教方法弊端甚多但其价值也不可取代

记者：

你刚刚说，要想实现和谐世界的目标，仅仅靠哲学和科学也是不够的，还必须诉诸宗教。在我的印象中，你对宗教这个东西是颇有反感的，为什么又认为宗教有其存在的价值呢？

尼赫鲁：

宗教确确实实毛病很多，我曾经把宗教存在的缺点概括为四大点。

记者：

哪四点？刚才我们交流时谈得还不深透，我想请你结合印度的宗教，把宗教问题说得更透彻一点。

尼赫鲁：

当然可以！宗教存在四大缺点，第一，宗教总是把真理束缚在某种固定的形式和教条中，阻止了人们的好奇心，阻止了人们思维的发展，从而影响了人们对未知世界的探索。第二，宗教鼓励人们进行各种烦琐的礼节和教仪，使人们沉溺

第三十一章 论哲学、科学与宗教——对话尼赫鲁

于这些千年不变的仪式之中，人们的行动受到了大大地限制。第三，宗教教人们服从造化，服从信仰，服从一切现成的社会秩序，从而阻止人们改变现实社会的各种努力。第四，现实社会的各种官方的宗教组织，都发展成为追求自私利益的组织，从而不可避免地成为一种社会障碍，阻碍社会的进步，阻碍社会的变革。

记者：

印度是世界上宗教氛围最浓郁的国家，宗教的缺陷是不是在你们印度表现得最为显著呢？

尼赫鲁：

是的。印度的宗教派别很多，宗教信徒可以说遍布大街小巷。印度教徒、穆斯林、锡克教徒以及信奉其他宗教的人，都各自把自己的宗教说成是一枝花，把别人的宗教说成是豆腐渣。为了宗教，为了自己的教义，经常是打得头破血流。这种现象严重伤害了印度社会，我对此感到极度地厌恶，我经常对这种现象加以谴责，做梦都想把它们一扫而光。

记者：

既然如此，那你为什么还说要建设一个和谐社会，宗教方法必不可少？

尼赫鲁：

这个问题，有很多人都问我。我对宗教经常是持批评的否定态度，但是，我从来没有否定过精神方法存在的必要性。如果抛弃现有宗教的各种弊端，诉诸直觉和信仰的宗教方法，对于建设一个和谐的社会，还是具有很大价值的。

记者：

这从何谈起？

尼赫鲁：

在我们印度的哲学中，我们强调"梵我同一"。"梵"就是宇宙精神，就是神的精神，这种精神存在于宇宙万物和人类自身之中。这个东西，是真善美的代表，是假丑恶的敌人。我们人类只要能够感悟到这种宇宙精神也就是"梵"的存在，那么，就能够让每个人都认识到人类的同一性，从而，为实现世界的和谐发展打好基础。

记者：

你这样讲也能自圆其说，请继续。

尼赫鲁：

但是，我告诉你，对于那种隐藏在万事万物背后的那种宇宙精神、那个"梵"，绝不是靠科学，也不是靠哲学这种所谓理智的方法所能够理解的，它必须依靠人的直觉、依靠人的感悟，才能够理解。这种方法，本质上讲就是宗教的方法。

记者：

经过你这么一解释，我基本明白了。你认为，人性背后最深层次的东西，是通过简单的科学和哲学的方法所无法发现的，而唯有通过宗教的方法才能发现。所以，你提出，要建设一个和谐的社会，必须把哲学的方法、科学的方法、宗教的方法结合在一起，才有可能实现。

尼赫鲁：

基本意思差不多。

十四　科学与宗教的结合乃印度的最高专利权

记者：

关于科学与哲学的结合，这一点绝大多数人能够理解和接受，但是，你提出的科学与宗教的方法结合在一起，则往往令人费解。

尼赫鲁：

很多人都是这么认为的，你也是这么看吗？

记者：

先别谈我的看法，我还是问你，为什么把科学与宗教的看似两种格格不入的方法结合在一起？

尼赫鲁：

我们印度社会有一个非常典型的特征，那就是科学技术非常发达，同时，宗教也非常发达。我们从未感受到科学与宗教有什么冲突，可以说，唯有在印度，科学与宗教才得到最高层次的结合。

第三十一章 论哲学、科学与宗教——对话尼赫鲁

记者：

从理论上如何解释？

尼赫鲁：

很好解释。刚刚我们已经说过，宗教方法可以用直觉方法帮助人们去感悟世界内在的精神。而这种内在的精神绝不是仅仅靠哲学和科学的方法就能够感悟的，科学不过是诉诸实验、诉诸理性的分析，来发现宇宙世界内在的规律。两种方法一点都不矛盾，处理得好，可以说是相辅相成、相得益彰。

十五 "非暴力"：原子时代的唯一选择

记者：

在以前的交流中，你明确地表过态，说你并不认同甘地的"非暴力"理论。但据我了解，在你成为印度的政府首脑和领袖之后，你对甘地的"非暴力"原则则持一种非常赞同的态度。我很想知道，是不是地位的变化，促使你改变了对甘地"非暴力"理论的看法？

尼赫鲁：

你这个问题，问得很刁钻。我只想告诉你，我对甘地的"非暴力"理论的看法与我地位的改变无关，而是时代使然。

记者：

愿闻其详。

尼赫鲁：

你说得没错。我在过去，确确实实是不赞同甘地的"非暴力"理论。他的理论把"非暴力"视为改变印度现状、实现印度独立的唯一正确的方法，其他的方法就不行，我对此持不同看法。实现印度独立，"非暴力"是个选择，除此以外，还有别的方法，这是我对甘地理论的第一个批评。第二个批评是，甘地理论认为，"非暴力"理论是一种可以解决一切社会问题的手段。而在我看来，这种方法并非普遍适用，也并非是百分之百都正确的。甘地认为"非暴力"是无条件的，甚至在对方使用暴力手段的时候也可以应用。而我则认为，"非暴力"的使用是有条件的，只有在对自己有利的条件或环境下使用，这种手段才可行。如果

环境和条件对自己不利，这种方法就不能采用。

记者：

我关心的问题焦点是，你后来为什么改变了你对甘地的"非暴力"理论的看法？

尼赫鲁：

20世纪50年代后，人类进入了一个新时代，就是原子时代。原子弹这个东西是极具毁灭性的东西，原子弹的威力足以摧毁整个人类的文明，而没有谁能够获胜，没有谁能侥幸活下来。在这样一个时代，如果你继续鼓吹阶级斗争、主张暴力革命，那你是对人类的犯罪，那太危险了。所以，我才改变了对甘地的"非暴力"理论的看法，而主张在新的时期，人类必须用和平、合作、"非暴力"的方法，来解决所有国内、国际问题。

记者：

从实践的层面，你觉得这样可行吗？

尼赫鲁：

当然可行。我在国内推行混合经济的政策，也就是允许国营经济与私营经济同步发展的政策，就体现出这种"非暴力"的原则。在国际上，我与你们的周恩来总理签署的《中印两国总理联合声明》所提出的那些原则的核心点，也是"非暴力"，这个原则得到了越来越多国家的认可。因此，"非暴力"是可行的。

十六　"综合的哲学"：马克思主义+甘地学说

记者：

我们之间谈的已经很多了，我感觉你的思想可以用"综合性"或"混合型"来表述是比较贴切的。你的思想中马克思主义的成分有，甘地的学说也有。

尼赫鲁：

你说得没错。马克思主义的阶级斗争理论，我非常熟悉。这个斗争确确实实是存在的，任何人也否定不了的。但是，要解决这些社会冲突，不能一味地用暴力的手段去解决。暴力的手段，意味着破坏与毁灭、玉石俱焚。暴力的手段多了，社会将毁灭，社会的发展就无从谈起。尤其是，我们刚才已经谈到了，人类已经进入了原子时期，一颗核武器就可以对人类构成毁灭性的打击。因此，全人类必须把"非暴力"作为解决国内、国际问题的原则。这就是我的看法。

尼赫鲁简传

贾瓦哈拉尔·尼赫鲁（Jawaharlal Nehru，1889—1964年），出生于安拉阿巴德市（今属北方邦）——传统印度教的七大圣城之一。"贾瓦哈拉尔"，意思是"红宝石"。印度开国总理，也是印度在位时间最长的总理，任期为1947—1964年。

1905年，尼赫鲁远赴英伦，进入英国贵族子弟学府哈罗公学学习。1907年10月，尼赫鲁提前考入剑桥大学，1910年，他又进入伦敦法学院攻读法律，并拿到了律师执照。在法学院的两年对尼赫鲁日后的政治生涯至关重要，他在这里接触了各种流派的思想，尤其对"费边社会主义"心驰神往。

印度独立后，尼赫鲁出任第一任总理。在清除了英印政府时期的两大势力之后，尼赫鲁又着手制订了印度经济发展的战略。尼赫鲁的发展战略一是实行公、私营并举的"混合经济"，二是以"建立社会主义类型社会"作为印度经济政策的目标。1954年6月，尼赫鲁与应邀访印的中国总理周恩来发表声明，公开提出"和平共处五项原则"。次年，又与印度尼西亚总统苏加诺等人共同发起万隆会议，与广大发展中国家共商大计。1961年又同铁托、纳赛尔共同发起不结盟运动。

参考文献

1. 朱明忠：《印度教》，海峡出版发行集团、福建教育出版社 2013 年版。

2. 魏道儒主编：《世界佛教通史》，中国社会科学出版社 2015 年版。

3. [英] G·T·加勒特主编：《印度的遗产》，陶笑虹译，世纪出版集团、上海人民出版社 2005 年版。

4. L·A·贝克：《东方哲学简史》，赵增越译，中国友谊出版公司 2006 年版。

5. [荷] 许理和：《佛教征服中国：佛教在中国中古早期的传播与适应》，李四龙、裴勇等译，江苏人民出版社 2017 年版。

6. [德] 汉斯·约阿西姆·施杜里希：《世界哲学史》，叔君译，广西师范大学出版社 2016 年版。

7. [英] 亚当斯·贝克夫人：《释迦牟尼的故事》，赵炜征 译，陕西师范大学出版社 2010 年版。

8. 姚卫群：《印度婆罗门教哲学与佛教哲学比较研究》，中国大百科全书出版社 2015 年版。

9. 刘安武：《印度两大史诗研究》，中国大百科全书出版社 2015 年版。

10. [印度] 巴萨特·库马尔·拉尔：《印度现代哲学》，朱明忠、姜敏译，商务印书馆 1991 年版。

11. 黄心川：《印度哲学通史》，大象出版社 2014 年版。

12. 尚会鹏：《印度文化史》，广西师范大学出版社 2007 年版。

13. [德] 奥特弗利德·赫费：《世界哲学简史》，张严、唐玉屏译，社会科学文献出版社 2010 年版。

14. 艾丹：《泰戈尔与五四时期的思想文化论争》，人民出版社 2010 年版。

15. ［印度］谭中、［中国］耿引曾：《印度与中国——两大文明的交往和激荡》，商务印书馆出版 2006 年版。

16. 洪修平主编：《东方哲学与东方宗教》，江苏人民出版社 2016 年版。

17. 孙晶：《印度吠檀多哲学史》（上卷），中国社会科学出版社 2013 年版。

18. 朱明忠：《印度吠檀多哲学史》（下卷），中国社会科学出版社 2013 年版。

19. 孙晶：《印度吠檀多不二论哲学》（修订本），中国社会科学出版社 2014 年版。

20. 王惕：《释迦牟尼传——成佛之路》，华文出版社 2013 年版。

21. 金寿福译注：（古埃及）《亡灵书》，商务印书馆 2016 年版。

22. ［英］凯伦·阿姆斯特朗：《轴心时代》，孙艳燕、白彦兵译，海南出版社 2010 年版。

23. 孙晶：《印度六派哲学》，中国社会科学出版社 2015 年版。

24. 姚卫群：《印度宗教哲学概论》，北京大学出版社 2006 年版。

25. ［德］卡尔·雅斯贝尔斯：《大哲学家》，李雪涛等译，社会科学文献出版社 2010 年版。

著后记：人生与思想

一

如果要用最短的语言来概括我的前半生，就是这两个字：极端。

法国古生物学家德日进说他所感悟的是"两极之间的痛苦"，而我所感觉到的是两极之间的和谐与幸福。

我在文革开始前的1965年出生在江苏北部一个极端落后的农庄，我的家被前后左右几条河流分隔在一个极端孤僻的地方，周围的河流水很多，用几根木棍搭的桥摇摇晃晃，随时都有塌下去的危险。对于小时候的我来说，似乎出一次家门都是一件天大的事。在就读高中之前，我只到县城去过一次。至于北京、南京、上海，在我的头脑中不过就是一些名词术语而已。

不过，那时我得到了当时对很多人来说都是极端不可能得到的东西，那就是一个方方正正的收音机。白天干过农活或放学后，我便喜欢躺在院子中用几根棍子和一些绳子捆绑支起来的软床上。至今依然记得那时的月亮是那么的干净和清澈，那时候我的眼睛也特别的好，凭借月光就可以读书。夜深人静、万籁俱寂时，我喜欢打开收音机随便乱调频道，无意间拨到一些来自外国（如美国）和台湾的电台上。通过这些电台我听到了一些与我整天在广播里听到的不一样的东西，当时就在我的心中埋下了怀疑一切的种子。从此怀疑主义的习惯便贯穿于我的一生，任何时候、任何情况下，都没有任何改变，至今依然如此。

回顾过去的五十余年，我也在人生的两个极端之间来回爬行。到底哪端是魔鬼，哪端是天使，我确实也不知道。

就平生的活动范围来讲，出生于农村的自然安排，决定了我必然要不断回到生我养我的江苏苏北老家。那里虽然说离周围的大中城市，如上海、南京等并不

著后记：人生与思想

算远，但由于其地理位置实在是偏僻得很，交通极端落后，因此直到现在，依然保存着与中国几百年以前极为相似的状态：狭窄的乡间小道，败落的农舍，人们漠然无助的眼神，以及赌博、酗酒、东家长西家短的古旧习气，这些依然没变。当然，自然的风光还是挺美的。古老的村落犹如坐落在一片原始森林之中，高高的白杨树到处都是。尤其是在春天，到处是各种野花，其秀丽妩媚之态丝毫也不亚于北京植物园里的景色。我总喜欢回到那个地方，父母健在是第一位的原因。到那片土地上待几天，也是一种修身养性，别样地放松一把。过去如此，将来也是如此。

作为另一个极端，阴差阳错，23岁以后，我就一直浪迹在中国最繁华的都城北京。虽然说我自1988年8月28日来到北京，在此整整生活了近30年之久，但直到今天，我也从未把自己看成是一个城市人，内心深处总觉得自己是一个"客家人"。都市的那种繁华，那种典雅，那种让人晕眩的政治气味，那种达官贵人纸醉金迷的生活，与我毫不相干。我只是喜欢这儿唾手可得的图书，以及几处难得的山水宝地。平生最大的爱好就是在周末怀揣自己喜欢看的书，到香山、八大处、北海公园、玉渊潭、陶然亭、怀柔雁栖湖畔坐上几个小时。兴致好的时候，看看书，没有兴致的时候，就在草地上躺一躺，信马由缰，海阔天空，胡思乱想一番。

一端是繁华无限的都市，另一端是偏僻至极的乡村。正是在这两端之间不断爬行，我的生命得以延续，也正是在这种延续之中，我拓展着自己对存在与生命的思考。

我生命的另一个两端，一端是居于庙堂之高的中南海，另一端是处于江湖之远的建筑工地。哲学上有一句话叫偶然决定一切，这句话套到我身上一点不错。我从来就不是一个规规矩矩学习的好学生。在南京师范大学期间，我的每门课基本上都在70分左右。80分以上的科目凤毛麟角。全班那么多人都拿过奖学金，我一次也没拿过。不仅如此，我还被当时的班主任勒令在全班同学面前做过检讨。我一直认为这次事件对我很不公平，也是我人生不大不小一个污点。原因在于与我一起做检讨的几个同学好像是因为偷同学的东西而被勒令做检讨的，与他们一起做检讨实在是一种耻辱。每每想起南京师范大学，脑海中总不免泛起这些非常不愉快的联想。但不管怎么说，南京师范大学毕竟是我人生的一个跳板，是我人生历史不可或缺的组成部分，没有它就不可能有后来的一切。

之后我又北上求学去了中国政法大学。离开中国政法大学以后，我工作的第一个单位是中共中央办公厅秘书局，这个多多少少有点神秘的地方，还真让人有一种"尚书房行走"的感觉。"居庙堂之高则忧其民，处江湖之远则忧其君"，特殊的工作让我每天考虑的都是与社稷江山和天下苍生有关的问题。后来移师新华社，其感觉依然大同小异。

进入 21 世纪后，我也与许多不满足于机关生活的人一样投身商海，先是到几家金融公司做管理，后又到一家房地产公司寻求发展机会。干了几年，总觉得受人左右不是个滋味，也与我下海的初心背道而驰。于是后来干脆辞职，自己去寻找建筑项目。在建筑行业接触的人也与以前大不相同，这个行业真是难得见到一两个有点趣味的人。不过这也是一个不需要太多智慧的行业，倒是可以保留更多的脑力用于学术研究，这也就是我一直在两个极端间徘徊的原因。

二

科学与宗教也可以说是两个极端，普通的教科书可能会告诉读者，科学与宗教存在着诸多矛盾与冲突，似乎科学只有不断摆脱宗教的羁绊才能取得进步，否则将寸步难行。而在一些极端的人士看来，科学与宗教之间简直就是水火不相容的。19 世纪下半叶的两位美国学者约翰·威廉·德雷珀（John William Draper）和安德鲁·迪克森·怀特（Andrew Dickson White）就是典型代表。德雷珀在其所著的《科学与宗教的冲突史》（*History of the Conflict between Religion and Science*, New York：D. Appleton, 1875）一书中，把科学的历史形容为"两种彼此敌对力量冲突的描述，其一是人类智能发展的动力，其二是由传统信仰和人类利益而来的压力"。德雷珀描绘宗教与科学的关系所用的最多的字眼就是"挣扎""仇恨"和"一种苦毒致命的仇恨"。他控诉天主教会"以火烧和刀杀的酷刑"和"沾满血的手"来"凶狠地镇压一切现代化的改进"。而怀特在其所著的《基督教世界科学与神学论战史》（*A History of the Warfare of Science with Theology in Christendom*, New York：Dover Publications, 1960）中更是把科学与宗教看成是互不相容的水火关系。在怀特看来，"在所有现代历史中，所谓以宗教利益为出发点对科学的侵扰，无论动机是如何认真，都会带给科学和宗教极端的邪恶"。即便不是把科学与宗教之间的关系看作是一场战争，也是把科学看成是与宗教和哲学没有多少关联性的东西。

美国学者罗伯特·所罗门在其《大问题：简明哲学导论》中如此写道："哲学、宗教和科学一直都是紧密相关的。它们虽然各有侧重，但目标都是一样的，那就是强调思想和认识的重要性，强调理解我们这个世界，从某种更宏观的甚至是从宇宙的角度来审视我们生活的重要性"。对此我是同意的。在我的学术生活之中，对宗教和对科学的学习与研究处于一种等量齐观的水平。我喜欢学习科学，物理学、化学、数学、生命科学、遗传学、人类学都是我的最爱。好多东西虽然看不懂，我也喜欢看。知识就是一种感觉，看多了自然就会明白，久而久之就会悟出许多东西。到了醍醐灌顶、大彻大悟的时候，就是你构筑体系进而著书立说的时候了。

从学术研究方法论上，我也一直穿行在两大极端之间。一个极端是我一直希望在某个专业，如哲学、刑法学这个领域能悟出一些创造性的东西，另一个极端总是希望尽可能多地了解所有学科的知识，希望自己成为无所不知的所谓通才。

我也喜欢研究宗教。那些高深莫测、晦涩难懂的宗教典籍和有关的学术专著，如影随形般陪伴着我的周围。很多朋友对我说，像你这样把这些截然不同的东西放在一起看会把你逼疯的。而在我看来，完全不是这么回事。我在科学中看到宗教的影子，在宗教中寻觅到科学的痕迹。综观人类文明历史，宗教、神学、哲学与科学一直在发生互动，也正是在这种互动中解决了一个又一个世纪难题。人类所面临的若干重大问题都是在科学与哲学、与宗教的互动中得到解决的。美国科学史学家罗伯特·默顿（Robert K. Merton）在其《17世纪英格兰的科学、技术与社会》（*Science, Technology and Society in 17th Century England*, Bruges：St. Catherine Press, 1938）中提出了著名的"默顿命题"，即"由清教主义促成的正统价值体系于无意之中增进了现代科学"。著名科学作家洛伦·艾斯利（Loren Eiseley）说过这样一句话："在一些历史上罕见的奇特运作中，基督教文明以清楚明确的方式孕育了实验科学的本身。"

笔者也正是在英国大气学家詹姆斯·洛夫洛克（James E. Lovelock）提出的"盖亚假说"中，找到了将科学与宗教有机结合在一起的平衡点。这个假说把宗教典籍认为的万物都有生命看成科学，把科学中的若干理论看成了必须予以信仰的宗教教条。随着对于科学与宗教的研究的不断深入，我越来越感觉到"盖亚假说"中隐含的巨大学术价值。可以说，我们人类能够观察到的和没有观察到的宇宙，本身就是一个有思想、有感情、有意识、有欲望的"活体"。这个宇宙世界之所以是一个活体，原因在于构成这个世界的基本元素是一种有生命、有意识的基本元素——"智子"。

作为一个个体的人，与拥有几乎无限长年龄的宇宙比起来，真是渺小到极端。作为几乎无限小的个体要完全把握几乎无限大的宇宙，是根本不可能的。"朝菌不知晦朔，蟪蛄不知春秋"，用庄子的这句话来形容这种情形绝不为过。但是，依赖于人类智慧的无限叠加，人类也必然会一步一步走向宇宙世界的最隐秘之处。

屈原在二千多年之前就发出了"天问"。任何文化创造，任何学术行为，无论是艺术的还是科学的，最终极的追求都是要彻底地理解宇宙的本质和人的存在这两个伟大的主题。思考宇宙和人类的本质和起源，是一个民族之所以伟大的标志；对一个人来说，也是其精神境界和情操高尚的体现。可以毫不夸张地说，在人类所有文化活动中，恐怕谁也找不出比这两个主题更伟大的主题了。唯有赋予宇宙以生命，才更有利于理解宇宙。也唯有从宇宙的角度，才更有利于理解生命本身。

假说起始于神话，成熟于宗教，系统化于哲学，实证化于科学。当然，这个过程也充满着无数的风险。稍有不慎，就有可能落入万劫不复的地狱之中。"我自己只求满足于生命永恒的奥秘，满足于觉察现存世界的神奇的结构，窥见它的一鳞半爪，并且以诚挚的努力去领悟在自然界中显示出来的那个理性的一部分，即使只是其极小的一部分，我也就心满意足了。"这是爱因斯坦的心声，自然也是我的心声。

三

如今呈现的"开放的思想"丛书，是我几十年思考宇宙与人类这个伟大主题的阶段性成果。物理学的测不准原理（uncertainty principle）决定了人类对世界

著后记：人生与思想

的认识存在着一个永远都达不到的边界区域。我企图探寻人类所有的知识领域，这个极端的幻想，也注定了我对每个问题的研究必然存在各种不足与误判。我心知肚明！须臾也不敢狂妄自诩能穷尽什么人间真理。但我愿意做出承诺：我将用我的生命来继续这种思考，直到自己生命烟消云散的那一天！

最后，我必须说几句最重要的话。回顾自己的前半生，我不得不承认我是天底下最幸运的人，每当我遇到生活中令人头疼的沟沟坎坎时，总会得到贵人相助，学术活动也是如此。父母、妻子魏晓莉、女儿李瑞琪对我给予了最毫无保留的支持，没有他们的理解和支持，粗枝大叶的我生活上必然是一团糟的，想做成什么像样的事根本不可能。我小学、高中、大学、研究生期间以及工作后相识的老师、同学、同事、朋友们，对我也是有求必应，只要我提出什么需要帮助的事，总会得到他们无私而迅速的响应。我感念上苍，让我生处这样一个充满爱的环境。因此，我必须对如下尊敬的老师、同学、朋友们表达我最真诚的感谢，并祝福他们好人一生平安：

江平、曹子丹、夏锦文、何秉松、赵景文、马吉祥、姜正成、周潞嘉（老舟）、袁超、马先斌、杨明法、程合红、王清、徐建、王加栋、李家伟、许剑秋、徐耀中、陈虹伟、张德勤、陈健全、徐蕾、王辉阳、郭君正、唐旭东、张怡宁、王妍予、贾丽红、李濡歧、王华、黄姗、晋璧东、肖钢、侯正新、杨瑞勇、侯小波、周五一、朱云波、杨雪冬、楚海鹏、楚海建（排名不分先后）。

李华平

2017年11月11日于北京